Edmund D. MOREL

Membre de la Section de l'Afrique Occidentale de la Chambre de Commerce de Liverpool
Directeur de la *West African Mail.*

Problèmes de l'Ouest Africain

Traduit de l'Anglais

PAR

A. DUCHÊNE

Chef du Bureau de l'Afrique au Ministère des Colonies.

PARIS
AUGUSTIN CHALLAMEL, ÉDITEUR
RUE JACOB, 17
Librairie Maritime et Coloniale

1904

Problèmes

DE

l'Ouest Africain

Edmund D. MOREL

Membre de la Section de l'Afrique Occidentale de la Chambre de Commerce de Liverpool
Directeur de la *West African Mail*.

Problèmes

DE

l'Ouest Africain

Traduit de l'Anglais

PAR

A. DUCHÊNE

Chef du Bureau de l'Afrique au Ministère des Colonies.

PARIS

AUGUSTIN CHALLAMEL, EDITEUR

RUE JACOB, 17

Librairie Maritime et Coloniale

1904

INTRODUCTION

Lorsque parut en Angleterre, il y a quelques mois, l'ouvrage de M. E. D. Morel (1) dont nous avons entrepris la traduction, les rares Français qui en eurent aussitôt connaissance furent à la fois étonnés, charmés, attristés. Ainsi donc, il s'était trouvé quelqu'un de l'autre côté du détroit pour s'intéresser à des territoires de l'Ouest africain qu'on pouvait croire un peu négligés, traités en parents pauvres, dans la grande famille britannique. Et ce consciencieux écrivain s'était livré sur l'Afrique occidentale à l'enquête la plus éclairée. Son libéralisme l'avait mis en garde contre certaines préventions; qu'il s'agît de l'islam, de l'esclavage, des qualités ou des défauts de la race noire, il ne jugeait tout que par lui-même, à la lumière des faits, en évitant de s'arrêter à de trop faciles préjugés. Il ne se préoccupait pas seulement, d'ailleurs, de ce qui concernait l'Angleterre, il se montrait également curieux de ce que d'autres Puissances, la France surtout, avaient accompli dans l'Afrique occidentale; il examinait, appréciait, comparait, soucieux de dire ce qu'il croyait être la vérité aussi bien à l'égard de ses compatriotes qu'envers leurs concurrents étrangers.

Sans ambages, avec une franchise parfois un peu brutale, M. Morel déclarait ne pas trouver que tout fût pour le mieux dans les possessions britanniques de l'Ouest africain. On s'était mépris, trop souvent, selon lui, sur les ressources présentes et futures de ces régions, sur les mœurs et les besoins de leurs habitants; on y avait,

(1) *Affairs of West Africa.* — Heinemann, éditeur, Londres.

d'un cœur léger, abandonné des territoires qu'on pouvait avoir intérêt à conserver; on n'y avait été ni clairvoyant, ni prévoyant, on y avait manqué d'esprit de suite et de méthode. A cette œuvre imparfaite il opposait l'action patiente et raisonnée de la France, celle qui nous a permis de nous assurer en Afrique un immense empire, et d'en souder entre elles les différentes parties.

Pour beaucoup d'Anglais, ce que M. Morel, dans son ouvrage, disait ainsi des succès de la France en Afrique occidentale aura peut-être été comme une révélation. En France, où nous sommes trop souvent injustes envers nous-mêmes, plus d'un lecteur se réjouira de voir un Anglais déclarer si méritoires tant d'efforts accomplis par nos compatriotes. On reconnaîtra qu'au témoignage de M. Morel nous avons réussi et ne cessons de progresser dans la plupart de nos possessions, alors que près de nous, en des territoires isolés les uns des autres, nos voisins obtiennent des résultats médiocres, en s'obstinant à conserver, sans les avantages qu'ils ont trouvés ailleurs dans le *self-government*, un système administratif et des procédés financiers où semble se démentir le sens pratique du peuple anglais.

Mais si l'auteur se montre favorable à la France quand il s'agit des possessions qui dépendent aujourd'hui de notre gouvernement général de l'Afrique occidentale, les lecteurs constateront qu'il juge au contraire avec une grande sévérité ce que nous avons fait au Congo depuis 1899. Avons-nous mérité des appréciations si peu indulgentes? M. Morel en est convaincu, car il voit dans le régime économique que nous pratiquons au Congo, dans les concessions territoriales qui y ont été accordées, un système qui s'est inspiré de celui que les Belges ont appliqué dans l'Etat indépendant. Or, il condamne sans merci les procédés selon lesquels le Congo belge est actuellement exploité. Il y voit une étrange confusion d'intérêts commerciaux et d'action administrative, l'abus constant d'un pouvoir qui ne tolère aucune initiative concurrente et fait bon marché des droits des indigènes; et de ce régime il rend directement responsable une autorité souveraine, qui lui semble avoir oublié la mission dont les Puissances l'avaient investie en 1885 dans l'intérêt commun de la civilisation.

Bien des personnes s'étonneront de la forme agressive et du ton généralement acerbe que l'auteur emploie pour développer ces critiques. Elles objecteront sans doute qu'il aurait dû s'appuyer sur une documentation plus rigoureuse, avant de s'attaquer à l'Etat indépendant, avant aussi d'englober dans les pratiques qu'il condamne le système d'exploitation que nous avons nous-mêmes mis en vigueur au Congo. Mais c'est se méprendre en vérité sur l'objet de cet ouvrage et les tendances générales de son auteur. M. Morel n'est pas de ceux qui s'égarent dans les analyses subtiles à l'excès et qui, par l'accumulation des détails, veulent mieux prouver, veulent trop prouver, ce qu'ils affirment. Il aime à synthétiser son opinion, à la résumer en une formule, à la concrétiser quand il le peut dans l'exposé d'un fait et le récit d'une anecdote. C'est avant tout un pamphlétaire; le mot ne lui fait pas peur et la chose plaît à son esprit. Ses convictions une fois établies, il lui paraît impossible de transiger avec elles. Il n'admet pas qu'on puisse rester neutre en face de doctrines qu'on réprouve, de réglementations qu'on juge funestes, de décisions qu'on trouve odieuses ou arbitraires. Une telle impartialité surtout se confondrait presque à ses yeux avec une trahison, quand la question lui semble se poser, en Afrique, de répudier ou de maintenir cette politique de la « porte ouverte » qui fut si longtemps chère au cœur de tout Anglais, et qui, sur la terre classique du libre échange, est encore loin d'être condamnée, malgré les doctrines nouvelles dont M. Chamberlain se fait aujourd'hui l'apôtre.

Notre rôle ne saurait être ici d'intervenir dans ces discussions passionnées. Le seul but que nous nous soyons proposé, en traduisant l'ouvrage de M. Morel (1), c'est de présenter au public français un livre où le talent et la science de l'auteur égalent son indiscutable compétence, où chacun peut avoir intérêt à chercher, selon les cas, un fait, un document, une opinion. Notre tâche aura, nous voulons le croire, été suffisamment remplie, si, demeurant toujours l'interprète fidèle des pensées exprimées par l'écrivain anglais, nous avons pu sans défaillance faire mentir le trop fameux adage : *traduttore traditore.*

A. D.

Janvier 1904.

(1) M. Morel, en prenant connaissance du manuscrit de cette traduction, a bien voulu y apporter un certain nombre de notes nouvelles, que nous avons reproduites et qui donnent à son ouvrage un caractère plus grand d'actualité.

Problèmes

DE

l'Ouest africain

PREMIÈRE PARTIE

CHAPITRE PREMIER

CINQ ANNÉES DU COMMERCE BRITANNIQUE AVEC L'AFRIQUE OCCIDENTALE

« L'Afrique occidentale, ce grand pays où s'absorbe l'activité des manufactures anglaises. »
Mary KINGSLEY.

On rencontre encore — et trop souvent hélas ! — des gens qui s'étonnent de voir l'Angleterre prendre un souci quelconque de l'Ouest africain ; ils ne veulent pas convenir que nous avons là, dans le présent, des intérêts qui méritent quelques égards, et, quant à la question de savoir si plus tard dans ces immenses régions l'esprit d'entreprise britannique pourra se donner carrière, ils ne daignent pas même un instant s'en préoccuper.

Les chiffres assurément sont d'ordinaire, pour le lecteur, d'un intérêt médiocre ; ils possèdent toutefois une portée pratique supérieure à beaucoup des plus brillantes dissertations. Ceux qui liront cet ouvrage me pardonneront donc, je l'espère, si, pour me justifier à leurs yeux de leur infliger une publication nouvelle, je réunis quelques chiffres que je leur présenterai comme particulièrement dignes de leur attention. Les statistiques auxquelles je me réfère sont empruntées à l'administration des douanes; elles montrent l'étendue, la nature, le champ d'action du commerce anglais dans l'Afrique occidentale durant les cinquante dernières années. En les parcourant, il est facile de constater trois faits. Tout d'abord, bien que des Européens se livrent au négoce sur la côte occidentale depuis cinq siècles et demi, ces transactions, jusqu'à l'abolition sur mer de la traite des noirs, ont été limitées, à de très rares exceptions (1) — en ce qui concerne tout au moins les exportations — à la marchandise humaine, à la poudre d'or et à l'ivoire : le commerce de l'huile et des amandes de palme, qui sont aujourd'hui les principaux articles d'exportation de l'Ouest africain, est ainsi d'origine relativement récente, tandis que l'acajou et le caoutchouc apparaissent, en quantités appréciables, depuis quelques années seulement, ce qui prouve bien la fertilité, la puissance de production et les ressources, presque infinies de ces contrées. En second lieu, le développement des relations commerciales qui se sont établies, sous la forme d'un commerce légitime, entre la Grande-Bretagne et l'Ouest africain, a rencontré jusqu'à ce jour des circonstances absolument défavorables; il s'est poursuivi en l'absence de voies ferrées, facilité seulement par quelques routes, au milieu de guerres intestines arrêtant souvent pendant des mois entiers toutes transactions, et alors qu'on se bornait à gratter la surface du sol de la plus fertile région qui fût au monde. En troisième lieu,les chiffres reproduits ci-dessous n'indiquent que l'importance actuelle du commerce de la Grande-Bretagne avec l'Ouest africain et les gains réalisés par les milliers d'Anglais et d'Anglaises qui bénéficient directement ou indirectement de ce négoce; il faudrait y ajouter les capitaux anglais que représentent en Afrique occidentale l'installation de factoreries, l'achat de machines, l'acquisition d'un matériel de navigation fluviale, des dépôts de charbon, des surf-boats et des allèges, des magasins, etc., sans négliger d'y comprendre aujourd'hui les chemins de fer, les dragues, les appareils électriques et bientôt, nous pouvons l'espérer, les machines à égrener le coton, et sans omettre de mentionner une flotte d'une soixantaine de vapeurs employés au transport des marchandises et des passagers, toutes choses qui doi-

(1) Parmi les principales exceptions on peut mentionner la gomme provenant du Sénégal, le poivre et les épices, provenant de la côte de Guinée. (*Note de l'auteur.*)

vent entrer en ligne de compte si l'on veut estimer, au regard de l'Angleterre, la valeur de l'Afrique occidentale.

L'importance totale des produits naturels ou fabriqués (1) d'origine anglaise, importés dans les possessions anglaises de l'Ouest africain, de 1896 à 1900, était respectivement représentée par les chiffres suivants :

1896	1,828,395 liv.	
1897	1,763,461	
1898	1,999,505	
1899	2,116,080	
1900	2,148,149	
Total général	9,855,590 liv.	(246,389,750 fr.)

Augmentation en cinq ans, 17 1/2 0/0.

L'importance totale des produits naturels ou fabriqués d'origine anglaise, importés dans les possessions étrangères de l'Ouest africain, pendant la même période, était respectivement représentée par les chiffres suivants :

1896	970,080 liv.	
1897	1,002,318	
1898	1,217,991	
1899	1,490,603	
1900	2,145,319	
Total général	6,856,311 liv.	(171,408,000 fr.)

Augmentation en cinq ans, 121 0/0.

Si nous ajoutons les deux totaux nous trouvons que la valeur des produits naturels ou fabriqués d'origine anglaise transportés dans l'Ouest africain de 1896 à 1900 a été de 16,711,934 livres, en augmentation de 138 0/0.

Du commerce anglais d'exportation dans l'Ouest africain, passons au commerce anglais d'importation dans la métropole, en provenance des mêmes régions.

L'importance totale des produits bruts importés par la Grande-Bretagne, en provenance de l'Afrique occidentale anglaise, dans

(1) Les chiffres ici donnés ne comprennent pas, cela va sans dire, les marchandises d'origine étrangère ou coloniale transportées des ports anglais dans l'Afrique occidentale anglaise. (*Note de l'auteur.*)

les années écoulées de 1896 à 1900, a été représentée respectivement par les chiffres suivants :

1896	2,223,925 liv.
1897	2,153,412
1898	2,352,285
1899	2,427,946
1900	2,137,023
Total général	11,291,591 liv. (282,361,775 fr.)

L'importance totale des produits bruts importés par la Grande-Bretagne, en provenance des possessions étrangères de l'Afrique occidentale, pendant la même période, a été représentée respectivement par les chiffres suivants :

1896	333,803 liv.
1897	553,130
1898	622,287
1899	651,013
1900	806,077
Total général	2,966,310 liv. (74,158,500 fr.)

Ces deux totaux réunis montrent que la valeur des produits originaires de l'Afrique occidentale, importés en Angleterre de 1896 à 1900, a été de 14,260,931 livres.

La valeur du commerce direct de la Grande-Bretagne avec l'Ouest africain pendant les cinq années écoulées de 1896 à 1900 a donc été de 30,972,865 livres. Il y aurait lieu d'y ajouter une somme de 1,750,888 livres, représentant les marchandises d'origine étrangère ou coloniale transportées des ports anglais jusqu'en Afrique occidentale pendant la même période (1).

(1) L'importance totale du commerce, — avec l'Angleterre, l'étranger, ou d'un port du littoral à l'autre, — dans chacune des colonies de l'Ouest africain de 1896 à 1900, y compris le numéraire, est ainsi représentée :

Gambie	1,797,916 livres.
Sierra-Leone	4,616,503 —
Côte d'Or	10,393,850 —
Lagos	8,853,461 —
Protectorat de la côte du Niger (et pour 1900 « Nigeria »)	8,183,288 —
Total général	42,728,479 livres.

Le commerce des anciens territoires de la Compagnie du Niger, de 1896 à 1899 inclus, n'est pas compris dans ce total, le public n'ayant à cet égard aucun chiffre à sa disposition. (*Note de l'auteur.*)

Parmi les possessions étrangères de l'Afrique occidentale, il y a certainement intérêt à voir quelles sont celles où les marchandises britanniques se sont principalement écoulées, et quelles sont celles en provenance desquelles l'Angleterre a principalement importé des produits bruts. Cet examen conduit aux constatations suivantes :

Les possessions étrangères ayant acheté en cinq ans pour 6,856,334 livres de marchandises anglaises, sont ainsi réparties :

	Possessions françaises	Possessions portugaises	Possessions allemandes	Autres
1896....	348,258 liv.	402,415 liv.	68,355 liv.	151,022 liv
1897....	401,224 —	360,121 —	91,320 —	149,653 —
1898....	531,818 —	428,320 —	109,580 —	178,246 —
1899....	693,255 —	503,788 —	126,047 —	167,513 —
1900....	709,900 —	1,081,072 — (2)	120,910 —	212,175 —

Les possessions étrangères ayant exporté pendant la même période, à destination de la Grande-Bretagne, pour 2,966,340 livres de produits bruts sont ainsi réparties :

	Possessions françaises	Possessions portugaises	Possessions allemandes	Autres
1896....	203,442 liv.	33,937 liv.	42,001 liv.	54,423 liv
1897....	312,430 —	116,551 —	68,191 —	55,952 —
1898....	431,192 —	85,544 —	35,165 —	70,186 —
1899....	461,267 —	68,021 —	48,736 —	73,019 —
1900....	534,727 —	75,037 —	91,681 —	101,632 —

Les possessions françaises sont de beaucoup dans cette liste, on l'observera, au rang de nos principaux acheteurs et de nos principaux fournisseurs. Nos exportations et nos importations, à destination ou en provenance de ces possessions, se sont élevées à 4,627,543 livres, soit à 50 0/0 de notre commerce total d'importation et d'exportation avec l'ensemble des colonies étrangères de l'Afrique occidentale. L'importance croissante des possessions françaises de l'Ouest africain aussi bien pour la vente des marchandises britan-

(1) Les chiffres donnés ne comprennent pas naturellement les marchandises d'origine étrangère ou coloniale transportées dans ces mêmes possessions en provenance de ports anglais. (*Note de l'auteur.*)

(2) Augmentation due à des importations exceptionnelles de charbon et de matériel télégraphique. (*Note de l'auteur.*)

niques que pour l'approvisionnement des marchés anglais de la métropole est un fait que, pour nos hommes d'Etat, il est de la plus haute conséquence d'avoir à cœur. J'aurai l'occasion de revenir sur ce sujet. C'est déjà l'un des facteurs principaux de la situation dans l'Ouest africain en tant que cette situation affecte les intérêts commerciaux britanniques, et ce le sera de plus en plus avec le temps, car la France, maîtresse de ces régions au point de vue territorial, peut le devenir au point de vue commercial.

Les conclusions générales auxquelles conduit l'examen de ces statistiques sont de diverse nature. Avant tout, un fait apparaît clairement, c'est que le commerce de l'Angleterre avec l'Afrique occidentale se développe considérablement et qu'il a devant lui des perspectives illimitées; il en est ainsi surtout aujourd'hui que des efforts sérieux et persévérants sont tentés de toutes parts pour rendre accessibles les ressources encore intactes de l'intérieur au moyen de routes et de voies ferrées, ainsi que par l'amélioration des cours d'eau navigables, tandis que la cessation des guerres intestines doit, sur beaucoup de points, permettre un accroissement notable de la population, et, par voie de conséquence, augmenter chez les indigènes la puissance de production et d'achat. Il est également démontré que tous les ans l'Afrique occidentale absorbe une quantité de plus en plus grande de marchandises manufacturées d'origine anglaise; que l'exportation de ces mêmes marchandises à destination des possessions britanniques de l'Ouest africain est en augmentation constante et qu'elle s'accroît dans des proportions exceptionnelles à destination des pays étrangers de la même région, particulièrement des colonies françaises; que, dans l'industrie des transports de l'Afrique occidentale, l'Angleterre tient une place qu'elle consolide sans cesse, comme en témoignent les quantités de plus en plus fortes de marchandises d'origine étrangère ou coloniale transportées par mer à la côte occidentale d'Afrique en provenance de ports britanniques; enfin, que le continent européen — l'Allemagne surtout (1) — reçoit des possessions anglaises de l'Afrique occidentale une quantité de plus en plus grande de produits bruts, déduction qui semble raisonnable si l'on considère que de tels produits sont importés par la Grande-Bretagne elle-

(1) Les importations allemandes, comme les importations anglaises, sont en grande partie destinées à être réexportées à destination d'autres pays d'Europe et d'Amérique. (*Note de l'auteur*).

même, sur son propre sol, dans des proportions restant stationnaires. Et la conclusion finale, c'est que, eu égard à l'étendue limitée des possessions anglaises de l'Afrique occidentale, par comparaison avec les possessions des puissances étrangères dans cette partie du monde, ces dernières offrent un champ baucoup plus vaste pour la vente des marchandises britanniques. Par conséquent, il est du devoir étroit du gouvernement anglais et des chambres de commerce anglaises, sans négliger en rien les brillantes perspectives que, sous une sage administration, les possessions britanniques de l'Ouest africain offrent à l'esprit d'entreprise de nos compatriotes, d'être toujours prêts à considérer l'avenir et à protéger notre commerce avec les possessions étrangères de l'Afrique occidentale contre une législation quelconque qui tendrait à lui en fermer l'accès. Ils ont l'obligation d'insister pour assurer la stricte observation par les signataires de tous les traités internationaux garantissant en Afrique occidentale la liberté du commerce aux sujets de toutes les nations. A cet égard, la diplomatie britannique s'est montrée d'une faiblesse singulière. Mais il est possible encore de remédier aux fautes déjà commises et de nouveaux dangers qui semblent menaçants seront évités si le peuple anglais sait seulement comprendre avant qu'il soit trop tard l'importance des intérêts en jeu.

CHAPITRE II

AUTREFOIS ET AUJOURD'HUI

> Le passé a disparu avec ses folies et ses maux.....
> Mettons-nous donc en face du présent et contemplons l'avenir.

Dans le précédent chapitre nous avons examiné de façon pratique sur quelles bases il y avait lieu d'inviter le public anglais à suivre avec plus d'attention qu'il n'en montre aujourd'hui les choses de l'Afrique occidentale, et nous nous sommes efforcés — avec succès, nous voulons le croire, — de prouver combien ont la vue courte et sont singulièrement mal informés ceux qui voudraient se désintéresser d'une partie du monde où, de manière si frappante, le commerce a visiblement chance de se développer. A aucun moment pour le public anglais il n'a été nécessaire à un tel point d'apprécier clairement les problèmes avec lesquels nous nous trouvons aux prises dans l'Afrique occidentale. En peu d'années, la politique de l'Angleterre dans l'Ouest africain s'est complètement transformée. Les événements se sont succédé avec une rapidité déconcertante. L'activité des Français a galvanisé l'indifférence officielle, et après une courte mais dangereuse période de rivalité internationale, les droits politiques de l'Angleterre ont été reconnus sur une étendue de territoire considérable, moins importante à beaucoup près cependant, qu'elle l'aurait été grâce à l'adoption d'un programme pacifique, méthodique, réfléchi, si les pionniers de notre commerce avaient été écoutés et si les gouvernements successifs avaient été capables de secouer l'influence paralysante des résolutions prises en 1865. On a rapporté sur certain ministre chargé du Foreign Office, un fait, que m'a d'ailleurs relaté un de ceux qui en furent témoins et qui met bien en évidence les sentiments qui prévalaient alors dans les cercles officiels. Une députation de négociants s'était présentée chez Son Excellence pour lui demander l'autorisation de hisser le pavillon national sur certains points de la côte occidentale d'Afrique où des commerçants anglais se livraient à des transactions depuis de longues années et où les chefs du pays s'étaient montrés sincèrement désireux de recevoir la protection britannique. Pour la bonne règle, la députation produisait des traités conclus entre les chefs et les commerçants résidents anglais. Ceux-ci ne réclamaient nulle récompense. Il n'était question d'aucun engagement de dépense. Tout ce qu'on demandait au gouvernement, c'était de donner satisfaction aux vœux exprimés par les chefs. La députation faisait remarquer que l'acceptation du gouvernement ne modifierait en rien les relations établies entre les indigènes et les représentants du commerce anglais et ne ferait que cimenter une entente amicale qui existait déjà. Mais — et la députation insistait sur ce point, — les traités conclus, s'ils étaient approuvés par le gouvernement, auraient la force d'un instrument diplomatique inestimable, si le temps venait un jour, comme il semblait prêt d'arriver, où l'Angleterre trouverait devant elle en Afrique occidentale des compétitions étrangères. Le ministre ne fit que jeter les traités à travers la table.

Il y eut à cette époque bien des occasions perdues, alors qu'avec un peu de perspicacité politique, on pouvait pour l'avenir assurer à notre pays des profits considérables, et il paraît extraordinaire, mais il est malheureusement vrai, qu'aujourd'hui encore, en dépit des leçons du passé, notre Foreign Office semble demeurer impuissant à faire preuve d'une initiative prévoyante en ce qui concerne l'Ouest africain. Sur ce point, nous aurons à nous étendre plus longuement.

Mais si nos gouvernements successifs ont mis une impardonnable négligence à sauvegarder les intérêts britanniques dans l'Afrique occidentale, — laissant les années s'écouler les unes après les autres jusqu'au jour où les Français se furent avancés si loin vers le Sud dans l'*hinterland* naturel de nos anciennes colonies qu'il fallut bien agir pour sauver du désastre ce qui pouvait encore en être sauvé, — n'oublions pas que la presse et le public anglais sont également à blâmer. Tout récemment, au plus fort de cette action rivale de la France et de l'Angleterre dont la convention de 1898 marque le point culminant, alors que les deux puissances lançaient des expéditions, ici et là, à travers les territoires situés à l'ouest du Niger et s'efforçaient d'arracher aux malheureux chefs du Borgou les traités les plus variés, en arborant leurs pavillons sur les routes parcourues, je me rappelle avoir entendu le directeur bien connu d'un journal non moins réputé, auquel je collaborais alors, me demander de lui montrer Nikki (1) sur la carte, car il n'avait pas la moindre idée de sa position.

M. Chamberlain prit le pouvoir au moment même où les entreprises françaises dans l'arrière-pays de l'Afrique occidentale avaient atteint leur plus haut degré d'intensité menaçante, et il s'attacha le mieux possible à les contrecarrer avec vigueur. Une politique sans méthode aurait cependant compromis la situation de façon irrémédiable; et, si M. Joseph Thomson n'avait pas réussi à nous acquérir des droits en concluant des traités avec les émirs du Sokoto et du Bornou en 1884 au nom de la Compagnie nationale africaine de commerce, — devenue plus tard la Compagnie royale du Niger, — et, il faut l'ajouter, sans la fidélité loyale de ces Etats indigènes aux conventions ainsi passées avec la Compagnie, le magnifique domaine de la Nigéria septentrionale aurait subi le sort du Fouta-Djallon, du Mossi et de tant d'autres pays s'étendant en arrière de nos colonies, en d'autres termes serait tombé aux mains des Français.

(1) La capitale du Borgou, vers laquelle tendaient les efforts des expéditions Lugard et Decœur. (*Note de l'auteur.*)

L'homme à qui revient surtout l'honneur d'avoir conservé à l'Empire la Nigéria septentrionale est sir George Taubmann Goldie, et pourtant on peut déplorer l'usage qu'en certains cas il fit de la Charte de sa compagnie — procédés que nous payons aujourd'hui au Congo français et ailleurs; il n'en est pas moins conforme à l'évidence même d'affirmer que, sans sir Georges Goldie, les possessions de la Grande-Bretagne dans l'Afrique occidentale auraient été réduites environ de moitié. Il y a lieu de s'étonner que le Gouvernement n'ait pas réussi à assurer la collaboration continue de sir George Goldie dans l'Ouest africain après la résiliation de la Charte de la Compagnie royale du Niger. Un des anciens adversaires de sir George Goldie disait dernièrement de lui que « nul ne sait mieux diriger notre administration de l'Ouest africain selon des vues pratiques, humanitaires, économiques, prudentes, dignes d'un homme d'Etat, nul n'est mieux qualifié pour être au premier rang dans ce qui touche la politique et le commerce de l'Afrique occidentale », déclarations auxquelles on doit donner la plus large acceptation.

Mais ceci, après tout, c'est de l'histoire ancienne, et ce qui doit nous occuper surtout aujourd'hui, c'est le présent. Ce que nous avons à tâche de considérer attentivement, c'est l'orientation générale de l'action anglaise dans l'Ouest africain, au point de vue administratif, financier, politique et commercial. Dans l'ordre des relations internationales, nous n'avons rien à redouter quant à la possession de nos territoires. La seule rivalité que nous ayons à craindre est la rivalité pacifique de la concurrence commerciale, mais le commerce est ce qui explique notre présence dans l'Afrique occidentale : il est le nerf de notre administration et ses besoins réclament la vigilance constante, l'attention la plus sérieuse du monde officiel.

Ceux qui ont foi dans l'importance considérable de l'Ouest africain pour la Grande-Bretagne, et qui de même sont convaincus du grave danger auquel s'expose à divers points de vue la politique actuelle de l'Angleterre dans cette partie du monde, ont le devoir impérieux de parler comme ils le font et d'en développer les motifs, assurés qu'ils demeurent que l'intérêt général les oblige à faire valoir leurs arguments, si impopulaires puissent-ils être.

CHAPITRE III

LA PRATIQUE ET LA THÉORIE

« Le caractère des indigènes, le climat, tout est contre une action précipitée et hâtive. Avancer lentement, sans laisser derrière soi une œuvre mauvaise ou incomplète, gagner le respect et les égards des indigènes, et n'user de la force que quand on est obligé d'y recourir comme à une ressource suprême, tels sont les moyens qui, à mon humble avis, conduisent au succès dans l'Afrique occidentale. Rappelons-nous les paroles d'un célèbre voyageur français : « Ne rêvons pas d'une transformation subite de l'Afrique. Employons une méthode lente, mais sûre. Efforçons-nous de transmettre aux indigènes le savoir que nous avons acquis, mais sans prétendre leur enseigner en quelques années ce que nous avons mis vingt siècles à connaître. » — Sir Claude MACDONALD, à Liverpool, 1892.

« Ces chiffres sont surprenants, Naturellement on s'attendrait à ce que, le commerce s'accroissant, la proportion des dépenses eût décru... Depuis cette date pourtant, les dépenses ont augmenté par sauts et par bonds, et en 1900 se sont élevées à 28 0/0 des exportations. En d'autres termes, les dépenses se sont accrues plus rapidement que le commerce..... Si cependant les dépenses avaient eu la même base que les années précédentes..... nous aurions pu échanger plus d'un million de livres en marchandises européennes contre la même somme en produits. En d'autres termes, plus élevées sont les dépenses, plus haut est le prix que le commerçant doit demander pour ses marchandises européennes, ou moins il peut donner pour des produits indigènes. Une double conséquence en résulte, c'est de réduire la demande de marchandises manufacturées et de diminuer le zèle des indigènes à recueillir des produits. Il peut s'ensuivre une autre éventualité qui ne devrait pas être perdue de vue; nos colonies, en effet, sont cernées par nos voisins français et allemands. Si, par suite de l'augmentation des dépenses et des taxes plus lourdes qu'elle rend nécessaires, nous ne pouvons plus offrir aux indigènes des marchandises en aussi grande quantité et à un prix aussi avantageux que nos concurrents, les produits qui se recueillent sur les frontières de nos colonies sont exposées à être attirées sur le territoire étranger, non sans préjudice pour le commerce national. » — M. Arthur HUTTON, président de la section africaine à la Chambre de commerce de Manchester (1).

Un homme d'esprit a dit que le meilleur moyen de faire passer un reproche était de le glisser sur le dos d'un compliment ; aussi, avant toute critique de certaines phases de l'administration anglaise en Afrique occidentale, quelques éloges sont-ils à la fois justes et nécessaires. Eviter d'ailleurs toutes personnalités, — qu'il s'agisse de louer ou de blâmer, — ce devrait être la préoccupation constante du critique en abordant les problèmes que nous voulons discuter,

(1) *Journal of the African Society*, janvier 1902.

car c'est dans le principe le système qui se trouve en cause, ce ne sont pas les agents du système. Par malheur, les colonies de la Couronne étant ce qu'elles sont, c'est-à-dire le despotisme organisé, — sans qu'il faille y voir nécessairement un despotisme tyrannique, — il est très difficile, pour ne pas dire impossible, d'écarter complètement les questions de personnes.

Le changement qui s'est produit dans la politique anglaise en Afrique occidentale est indissolublement lié à l'avènement au pouvoir du secrétaire d'Etat actuel pour les colonies, le très honorable Joseph Chamberlain. Son entrée en scène a coïncidé avec la période aiguë de certains événements qui fatalement ont dû modifier, quels que fussent les hommes d'Etat responsables à l'époque, notre première attitude en ce qui concerne l'Afrique occidentale. Ce point n'a pas besoin d'être approfondi, mais il est souvent négligé. Qu'on l'entende comme on voudra, il est un fait certain — un fait qui est grandement à l'honneur de M. Chamberlain — c'est que nul secrétaire d'Etat pour les colonies avant lui n'a montré un intérêt si vif et si personnel, comme homme public et comme homme privé, aux affaires de l'Afrique occidentale anglaise, un intérêt qui n'a jamais fléchi pendant la durée entière de son administration. A différents points de vue les résultats ont été excellents. Des chemins de fer, dont les premiers travaux avaient été entrepris par ordre du prédécesseur de M. Chamberlain, le marquis de Ripon, avant son éloignement des affaires, ont été construits; d'autres sont commencés; pour un plus grand nombre, des tracés ont été reconnus. Les études en vue de combattre le paludisme ont reçu du très honorable gentleman l'aide la plus chaleureuse. L'Afrique occidentale anglaise a bénéficié d'une large publicité, du jour où l'a faite sienne une personnalité politique aussi puissante que celle de M. Chamberlain, ce qui a contribué matériellement à l'arracher à l'ornière de l'oubli et de l'ignorance populaire. On peut ajouter aussi que les déclarations publiques, pleines de confiance, du secrétaire d'Etat pour les colonies sur l'avenir de l'industrie minière à la Côte d'Or ont beaucoup contribué à attirer des capitaux vers cette région. M. Chamberlain, du reste, a récemment reconnu qu'il fallait réfréner l'introduction de certains éléments peu recommandables, inséparables d'une renaissance, selon les conditions modernes, des entreprises de mines d'or dans une partie de l'Afrique dont l'exportation du précieux métal avait autrefois fait la renommée; c'est tout à son honneur, bien que cette initiative eût été plus efficace si elle s'était produite un peu plus tôt. D'autre part, les instructions qu'il fit publier en septembre 1901 sur la condition des travailleurs indigènes à la Côte d'Or constituent peut-être le document le plus admirable qui soit jamais sorti du Colonial Office (1). De même on peut avoir la conviction que tous les agents officiels dans l'Ouest africain sont animés des meilleures intentions, et cependant on peut, de temps en temps, contester certains de leurs actes, car il importe toujours de considérer qu'ils sont au service d'un système dont quelques-uns d'entre eux, en des conversations privées, volontiers reconnaissent les inconvénients, et qui laisse la porte ouverte à de fréquentes erreurs imputables avant tout à ses défectuosités, si pénible que soit le climat pour l'état physique et le moral des Européens. Mais il est déraisonnable, il est contraire aux vrais intérêts de l'Empire d'encourager certaines tendances qui pousseraient à transformer en une attaque personnelle contre un absent la critique sincère d'un acte déterminé de la politique anglaise dans l'Afrique occidentale, acte auquel on est bien obligé d'associer tel ou tel fonctionnaire, comme s'il fallait voir dans cette attitude un outrage à venger, presque un crime à stigmatiser, une offense suprême contre les convenances et l'honneur. Une semblable prétention serait absurde, funeste, coupable. Le pouvoir autocratique que le système des colonies de la Couronne confère aux gouverneurs de l'Ouest africain, aux commissaires de district, aux commandants militaires donne un intérêt absolument essentiel à ce que cette critique indépendante, aussi longtemps qu'elle est légitime, soit exercée chez eux par nos concitoyens, qu'il s'agisse ou non de mesures dont l'application se trouve assurée par un représentant spécial de l'autorité avec la pleine sanction du Colonial Office ou bien qu'on se trouve en présence de décisions dont le Colonial Office luimême a pris l'initiative. C'est seulement en discutant au grand jour que nous pouvons espérer éviter le retour d'erreurs aussi regrettables que celles auxquelles on a dû la guerre provoquée par l'impôt sur les cases à Sierra-Leone et la dernière révolte de l'Ashanti ; qui ont fait élaborer une législation en avance de beaucoup sur les besoins du pays et en opposition avec les sentiments des indigènes dont il est cependant à la fois de notre intérêt et de notre devoir impérieux de

(1) Ce document est publié *in extenso* dans le rapport annuel de la Chambre de commerce de Liverpool pour 1901. (*Note de l'auteur.*)

tenir compte ; qui nous ont obligés à renouveler sans cesse ces expéditions destinées à réprimer des troubles et dont nous avons eu tellement à souffrir dans d'autres parties de notre empire de l'Afrique tropicale; qui ont enfin suscité des embarras financiers issus d'une administration maladroite, dépourvue de pondération comme de sens politique.

Une réaction est toujours dangereuse dans l'ordre physique comme dans l'ordre politique; et peut-être ne faut-il pas trop s'étonner qu'une action soudainement hâtive, après le long effet de l'apathie officielle, n'ait pas été à l'abri de certaines objections. Mais on ne peut admettre que ce zèle intempestif, au lieu d'être un phénomène passager, s'enracine dans les habitudes et devienne une partie, une parcelle d'un nouvel ordre de choses. S'il en était ainsi, nous assisterions bientôt à une seconde réaction dans l'Ouest africain, et avec des finances embarrassées, des dépenses annuelles sans proportion avec le développement visible de la puissance de production, avec des taxes plus élevées, une population indigène sans liens avec nous et sans organisation, avec des rivaux énergiques qui progressent tandis que nous nous débattons dans une fondrière de difficultés spontanées, nous verrions une fois de plus le public retomber dans son ancienne indifférence empreinte d'hostilité. Il en serait ainsi jusqu'à ce que quelque personnalité brillante du Foreign Office, jugeant le moment opportun, abandonnât à une puissance étrangère un nouveau morceau de l'Afrique occidentale anglaise en échange de pêcheries de morues ou de toute autre chose également vitale pour la prospérité de l'Empire (1). La politique d'extension dans l'Afrique occidentale a eu son utilité; elle a maintenant atteint son but. Nous sommes assurés de posséder un territoire immense ayant une étendue de 700,000 milles carrés, dont les richesses naturelles ne le cèdent en rien à celles d'aucune autre partie du monde, qui renferme une population d'environ 30 à 35 millions d'habitants, sur les mœurs et les coutumes desquels nous n'avons d'ailleurs que des notions très confuses, dont nous ne connaissons pas même la langue le plus souvent : population composée des éléments les plus divers, dont il est difficile de pénétrer et d'utiliser les ressources, dont la collaboration volontaire, essentielle à notre domination, ne

(1) Le *Foreign Office* nous a fait perdre le Cameroun, la côte du Congo français, le Fouta-Djallon, et Dieu sait quoi encore. Ce faisant, il s'est montré le serviteur indifférent d'un public indifférent. (*Note de l'auteur.*)

peut être acquise qu'après une étude savante, attentive, à force de tact et de bienveillance. Ce serait maintenant pour l'Afrique occidentale anglaise le moment de se recueillir. Le pays, au point de vue politique, a besoin de repos. Il a pour ainsi dire été mis sens dessus dessous par la rivalité des Européens; d'anciennes divisions territoriales ont été biffées; les frontières d'Etats indigènes ont dû se plier aux exigences de la diplomatie européenne; des routes suivies de temps immémorial par le commerce ont été modifiées. L'indigène aujourd'hui a besoin de reprendre haleine. L'activité officielle devrait pour le moment se limiter surtout, avec esprit de méthode et d'économie, à l'exécution de travaux publics indispensables; elle devrait se borner à recueillir des données sur les populations et les régions qu'elles habitent les unes et les autres, à fortifier l'autorité indigène si rudement troublée par les récents événements, à protéger le commerce, à encourager les capitaux, à développer les industries indigènes en améliorant celles qui existent et permettant à d'autres de se créer; en un mot elle devrait se restreindre à une œuvre de consolidation graduelle, sûre, systématique. Notre rôle devrait être d'intervenir aussi peu que possible dans les institutions indigènes en restant scrupuleusement fidèles à la lettre et à l'esprit des traités conclus avec les chefs; d'assurer le progrès des populations sur la base de leur propre civilisation pour les musulmans comme pour les païens; d'employer la conciliation de préférence à l'autorité, l'or de préférence au fer. Le zèle excessif de l'administration devrait être tenu rigoureusement en échec par la crainte d'écraser de nouvelles colonies sous le fardeau d'une dette; l'armée et la police resteraient en réserve pour n'être utilisées qu'à la dernière extrémité. Le commerce, l'ouverture de bonnes routes et la science du gouvernement devraient être nos armes favorites pour arriver à atténuer des maux, dont quelques-uns pour le moins, en copiant l'Europe, ont autrefois été aggravés par nous, tandis que d'autres ont leur origine dans des croyances religieuses profondément enracinées et réclament au préalable une enquête approfondie, une étude attentive, avant qu'une action officielle intervienne pour les combattre si tout effort pacifique a vainement été tenté. De la patience, encore de la patience et toujours de la patience. Ce devrait être là, de toute nécessité, la pierre angulaire de la politique anglaise dans l'Afrique occidentale. C'est la tortue, et non le lièvre, qui a gagné la course.

Par malheur, le lièvre est pour le moment l'animal le plus populaire; la politique d'aventure, aujourd'hui comme il y a cinq ans, se pratique dans l'Afrique occidentale anglaise, et le résultat c'est que tout concourt à transformer maintenant en désastre ce qui pouvait se justifier naguère et ce qui manque aujourd'hui d'opportunité, depuis qu'ont pris fin les rivalités internationales. On abuse de l'énergie, dans l'application comme dans la conception. Qu'on nous concède que le principe actuel de la domination anglaise en Afrique occidentale, le système des colonies de la Couronne, est ce qu'il y a de pire au monde pour seconder l'effort d'une influence dirigeante demeurant en haut lieu naturellement active. Qu'on reconnaisse l'imperfection, le manque de souplesse d'un instrument qui ne laisse aux gouvernés aucune voix dans le gouvernement, qui interdit à ceux qui paient l'impôt direct et indirect tout contrôle efficace sur l'emploi des recettes ainsi perçues, qui permet de voir un acte législatif inconsidéré gaspiller le fruit d'années entières d'effort commercial; qu'on admette ces griefs et bien d'autres encore contre le système des colonies de la Couronne. Il n'en demeure pas moins certain que ce système peut être réformé, modifié, amendé complètement, selon les besoins du présent. La tâche n'irait pas au delà de ce qu'on peut demander à une politique. Peut-on soutenir avec raison que l'administration britannique s'est si bien dévoyée qu'un mécanisme fait pour le passé ne saurait s'améliorer et se remettre en état pour mieux s'approprier à notre situation nouvelle; que nous devons nécessairement nous obstiner à nous servir des mêmes rouages dans leur ancien état, malgré les impuretés qui les obstruent et la rouille qui les ronge? Si la machine qu'on voudrait maintenir intacte avait, dans le passé, fourni un utile emploi, on serait excusable aujourd'hui, d'hésiter à ne s'en servir qu'après l'avoir remise en état. Mais il est bien loin d'en être ainsi avec la machine gouvernementale de l'Ouest africain.

Et il est vraiment douloureux de voir que les quelques dernières années, loin d'apporter des améliorations, loin d'encourager pour l'avenir l'espérance des réformes, n'ont fait qu'aggraver le mal. Nous ne pouvons plus, il est vrai, perdre de nouveaux territoires, à moins d'abandonner volontairement ce que nous assurent les accords internationaux. Mais, à tous autres égards, pour ainsi dire, le système des colonies de la Couronne, tel qu'il est en vigueur dans l'Ouest africain et dans les nouvelles conditions où il fonctionne, nous réserve une suite de complications que seuls les insouciants peuvent contempler d'un cœur léger, voir avec indifférence; braves gens qui ne veulent pas s'écarter des sentiers aimables et par principe sont hostiles à toute discussion critique, autant qu'un chat peut l'être à un bain forcé.

La hâte et la précipitation sont à l'ordre du jour dans l'Afrique occidentale anglaise. Les dépenses progressent par sauts et par bonds, sans parler de celles qui s'appliquent à des travaux publics. Lorsqu'il s'agit de ces derniers, on s'engage dans des projets étendus et coûteux, conçus de la façon la moins pratique, sans qu'on cherche à tirer parti de la concurrence, à recourir à l'adjudication, à prendre les garanties dont s'entoure un homme d'affaires d'intelligence moyenne pour être sûr de faire produire à son argent le bénéfice le plus élevé. Une théorie étrange est devenue de mode dans l'ordre économique. Plus seraient élevés, dans cette opinion, les revenus d'une colonie déterminée de l'Ouest africain et plus prospère serait cette même colonie; on oublie complètement les effets de tout accroissement de taxes sur le commerce général qui se trouve alors diminué dans son importance et se porte sur le territoire voisin d'une puissance rivale. Si l'on trouve qu'une colonie de l'Afrique occidentale, une certaine année, en augmentant les impôts, a accru ses recettes de 10,000 livres, on manifeste aussitôt, dans les milieux officiels, une joie exagérée; on a bien soin de passer sous silence la diminution des transactions commerciales dont ces plus-values de recettes ont été accompagnées, ou bien on donne une toute autre explication. Le fait que les revenus ont augmenté est tenu pour la preuve positive d'une large prospérité et d'une sage administration. Puis tout accroissement de recettes est suivi d'une augmentation correspondante de dépenses. L'un va de pair avec l'autre. Cela ne réussit pas toujours, car il arrive que les dépenses dépassent les recettes *quand même* (1). Il est également entré dans les usages d'assister pécuniairement ces colonies par voie de « prêts », de « subventions » ou d'« avances », à l'exemple des colonies de l'Inde occidentale; ce qui n'empêche pas les rapports officiels de publier cette déclaration rassurante que « la colonie n'a pas de dette publique ». Mieux encore, il faut parfois l'aide d'un microscope pour y découvrir une trace de la « subvention », reléguée dans quelque

(1) En français dans le texte anglais.

passage discret, sous forme d'un habile renvoi. Lagos, Sierra-Leone, la Côte d'Or, la Nigéria, connaissent présentement toute la joie des emprunts d'Empire : Sierra-Leone, pour son chemin de fer et les frais de la dernière guerre suscitée par l'impôt des cases; Lagos, pour son chemin de fer; la Côte d'Or pour son chemin de fer et les frais de la guerre de l'Ashanti; la Nigéria, pour le rachat des droits que la Compagnie du Niger avait acquis par traités conclus avec les indigènes (traités aux termes desquels nous n'avons pas adhéré) et pour le recrutement d'une force armée. Et pendant ce temps nos voisins les Français — dans les possessions de la côte occidentale, proprement dites, les seules dont la comparaison soit possible avec les nôtres — obligent leurs colonies à payer une part considérable des dépenses de construction de leurs chemins de fer, imposent au commerce des charges moins lourdes, réduisent davantage les frais d'administration, gouvernent à meilleur marché et tout aussi bien, — mieux et de beaucoup dans certains cas.

La puissance de production de nos colonies, accusée par leur commerce d'exportation, seul témoignage véritable de la prospérité dans l'Ouest africain, tantôt croît lentement, par comparaison avec les dépenses, tantôt demeure stagnante, tantôt rétrograde. Quand elle s'accroît, l'augmentation est de beaucoup inférieure à la proportion correspondante de l'accroissement des dépenses. On fait avaler à des indigènes qui n'y entendent rien de « fortes doses » — véritables purgatifs — d'une législation calquée sur celle d'Europe. Le nombre des ordonnances mises en vigueur dans les colonies anglaises de l'Afrique occidentale pendant les quelques dernières années, particulièrement dans la Nigéria du sud (1), est simplement stupéfiant. La plupart sont de beaucoup en avance sur le temps et ne peuvent que demeurer lettre morte, car, Dieu merci, le mécanisme actuel n'est pas suffisamment souple pour en supporter l'application. Elaborer aussi peu d'ordonnances que possible et s'assurer qu'elles auront, telles qu'on les prépare, une utilité permanente, ce sont là des choses qui ne semblent pas entrer dans les conceptions officielles. Les objections vont croissant contre cette promptitude et cette fécondité des cervelles administratives, dans l'élaboration d'une législation prématurée, non seulement de la part des

(1) A la fin d'avril 1900, selon le rapport de 1900 pour la Nigéria du Sud « vingt « règlements étaient publiés. » Je serais effrayé de dire combien d'autres se sont, depuis lors, ajoutés à ceux-là. (*Note de l'auteur.*)

indigènes dont ce zèle, de plus en plus, embrouille toutes les notions, et qui deviennent, selon l'expression française, des *déséquilibrés*, mais encore de tous ceux qui, en relations d'affaires avec la côte, voudraient obtenir des sphères officielles moins de précipitation, de façon que leur œuvre, à chaque pas nouveau, soit réellement intelligible; et cependant l'on continue, de gaieté de cœur, à faire paraître de malencontreux décrets, que les légistes eux-mêmes, de leur cabinet, ne peuvent comprendre dans leur exacte signification, ou mettre en accord avec des intentions avouées.

La répression succède à la répression. Nous avons eu une expédition à Sierra-Leone, une dans l'Ashanti, deux en Gambie, une autre, qui eut son importance, et coïncida avec d'autres difficultés moins sérieuses, à Cross River dans la Nigéria du sud, tandis que dans la Nigéria du nord, qui n'a pas encore donné de revenus et qui n'a pas attiré un seul commerçant (on ne peut citer qu'une exploration, dont le but était la recherche de mines), il faut constamment, avec quelques semaines d'intervalles au plus, faire œuvre de répression. Je ne veux pas maintenant insister sur cette situation de la Nigéria septentrionale, car j'examine plus loin cette très intéressante partie de notre empire de l'Ouest africain, mais il est de toute évidence que le Parlement est dans l'obligation de plus en plus urgente de porter son attention sur les dépenses de cette contrée. Lagos seule, sous l'habile direction de Sir William Mac Gregor, a connu les bienfaits de la paix. Puisse-t-il en être longtemps ainsi !

Ces appréciations d'ordre général seront confirmées par des faits, des exemples particuliers, épars à travers ce volume. Il était toutefois nécessaire de les exposer dans une vue d'ensemble. Dans le chapitre suivant, nous essaierons d'indiquer brièvement sur quelles bases on pourrait tenter certaines réformes et par quoi celles-ci seraient motivées. Malgré l'optimisme officiel, il n'est pas douteux que, si l'on ne fait rien à bref délai pour améliorer l'état actuel des choses, la plupart des possessions anglaises de l'Afrique occidentale tomberont dans la fange des difficultés financières, qui paralyseront leur développement et leur progrès, tandis que les populaions indigènes seront comparativement plus pauvres que dans les territoires voisins appartement à nos rivaux en colonisation.

CHAPITRE IV

QUELQUES RÉFORMES NÉCESSAIRES

« C'est également un fait bien connu que ce système reposant sur les personnes, si bon soit-il, est rempli des pires abus au point de vue politique. Les administrateurs et ceux qui les dirigent ont leurs préférences et l'on voit des chefs indigènes contrecarrés dans leur pouvoir, leur autorité, leur dignité, parce qu'ils se refusent à rendre hommage à leurs vues. La conséquence, c'est qu'un administrateur, après avoir, en apparence, exercé ses fonctions avec succès, a d'ordinaire sa retraite suivie promptement par des désordres pires et des guerres plus acharnées qu'on n'en connaissait avant lui. C'est l'histoire de tous les systèmes de faiblesse et de despotisme, sans racines dans le pays ou parmi les populations qu'il y a lieu de gouverner ou de dominer. » — « Les colonies anglaises de la Couronne » (chapitre VI, *West Africa*), par C. S. SALMON, ancien secrétaire colonial et administrateur de la Côte d'Or, etc.

« Les habitants du pays et l'ensemble des commerçants qui paient la totalité des revenus n'ont aucune voix dans le gouvernement de leurs colonies et dans l'emploi de ces revenus, et sincèrement j'espère que le jour n'est pas loin où tous les Africains se lèveront pour protester contre ce système de gouvernement dit des colonies de la Couronne. » M. Arthur HUTTON, président de la section africaine de la Chambre de commerce de Manchester (*Extrait d'un discours prononcé*).

On concédera, je pense, que, malgré l'importance extraordinaire et sensationnelle des découvertes du major Ross, à qui revient tout le mérite des nouvelles données de la science, œuvre admirable accomplie par les écoles de Liverpool et de Londres dans l'étude des maladies tropicales et de l'amélioration sanitaire à la côte occidentale, il y a peu de chances pour les colonies anglaises de l'Ouest africain d'être avant longtemps des possessions où nos compatriotes des deux sexes puissent vivre heureux et se multiplier (1). L'hypothèse est en vérité si lointaine qu'elle ne saurait être utilement discutée. En réalité, à part l'exception des hauteurs de Fouta-Djallon, le jour où la voie ferrée de Konakry-Kouroussa les aura reliées à la côte, l'Afrique occidentale est impropre, et, selon toute vraisemblance, restera toujours impropre à la colonisation européenne. Il faut dès

(1) L'activité de l'école de médecine tropicale de Liverpool a dépassé toutes les prévisions, et l'œuvre si utile qu'elle a accomplie est reconnue par toutes les nations. A la brillante initiative de sir Alfred JONES, son fondateur et son président, est due la situation financière singulièrement forte où l'école se trouve, — avec le seul concours de la bienfaisance privée. (*Note de l'auteur.*)

lors considérer l'empire anglais de l'Ouest africain non comme une colonie proprement dite, mais comme un vaste domaine situé sous les tropiques.

Ces prémisses provoquent une question, ou mieux, une série de questions. Pourquoi sommes-nous dans l'Afrique occidentale? Que comptons-nous y faire? Quel but nous y a attirés? Quelle grande pensée nous y maintient? La réponse n'est pas un moment douteuse. Le commerce nous a conduits en Afrique occidentale, le commerce nous y retient et nous y retiendra. C'est là le *fons et origo* de notre présence dans l'Ouest africain. Le jour où il cessera d'en être ainsi, l'Afrique occidentale perdra tout intérêt pour l'Empire. Elle ne sera plus qu'un jouet coûteux et le peuple anglais est trop essentiellement pratique pour se soucier longtemps de jeux de cette sorte. Comme partout ailleurs, le commerce en Afrique occidentale naît de l'offre et de la demande. Celles-ci portent sur les produits de l'Ouest africain dans les marchés du monde et inversement sur les produits de l'industrie européenne dans les marchés de l'Ouest africain. Si l'on développe en cette partie du monde la circulation d'une monnaie facilement transportable sous forme de pièces d'argent, on rendra plus aisées les transactions commerciales, on n'en fera pas disparaître et on n'en altérera pas le caractère fondamental. L'extension de l'industrie minière dans telle ou telle partie de l'Ouest africain pourra, tant qu'elle durera, modifier dans une certaine mesure les conditions du trafic, mais le commerce restera, comme il l'a toujours été, la substance même des relations de l'Europe avec l'Afrique occidentale.

Rien n'oblige à déplorer cette constatation d'une vérité. Le commerce est le meilleur agent de la civilisation. Tout progrès dans le développement moral de l'humanité a correspondu à l'extension du commerce et à la création des voies et moyens destinés à faciliter les transactions. Les peuples les plus arriérés aujourd'hui sont, en thèse générale, ceux que leur isolement oblige à n'avoir avec le reste du monde que des relations commerciales faibles et précaires. A l'époque présente, où les nobles pensées dont s'inspirent la « philanthropie et la civilisation » servent à masquer en Afrique occidentale tant de vilenies humaines, à expliquer d'une excuse sincère ou hypocrite tout ce qu'il est pénible de constater, il n'est pas inutile peut-être de rappeler qu'on servira mieux l'intérêt des indigènes avec des choses d'une banalité courante, telles que le commerce et l'amélioration des voies de communication, qu'en multipliant les efforts pour leur imposer des lois et des institutions qui leur sont étrangères, qu'en décrétant de vive force, fût-ce avec de bonnes intentions, de prétendues réformes (1). En tant que nation, nous aurions tout à gagner et rien à perdre, si nous savions reconnaître que nous avons été conduits à incorporer dans l'Empire quelques 25,000,000 d'indigènes de l'Ouest africain, non pas afin d'améliorer les voies à des théocraties sacerdotales ou pour changer la tyrannie des forts sur les faibles, mais parce que l'Afrique occidentale constituerait, selon nous, un vaste domaine où librement et sans entrave se développerait le commerce anglais en même temps qu'un territoire immense où se pratiquerait la culture de produits devenus pour nous une nécessité économique.

Ainsi le développement du commerce est, au premier chef, la *raison d'être* (2) de notre présence dans l'Afrique occidentale.

Et maintenant quels sont les principaux facteurs du commerce dans l'Afrique occidentale anglaise et comment traite-t-on sous l'administration britannique ses légitimes revendications? Tout d'abord, il est certain que les deux principaux éléments à considérer sont le négociant européen et son client, l'indigène. Le négociant paie directement, l'indigène paie indirectement les sommes perçues en vue d'assurer le traitement des fonctionnaires et de pourvoir à tous les besoins du gouvernement, et s'il est vrai, comme il n'en faut pas douter, que la charge des impôts retombe finalement sur le producteur indigène, il est également certain que, sans l'initiative du commerçant, il n'y aurait pas de revenus locaux et par suite pas de fonds budgétaires pour aider au fonctionnement de la machine administrative. Il s'ensuit, et c'est une question de simple justice, que le commerçant devrait avoir le droit de faire entendre sa voix quand il s'agit de préparer une législation qui doit avoir une

(1) Dans la remarquable allocution qu'il a prononcée à l'Institut littéraire de Lagos, — le discours le plus habile, le plus digne d'un homme d'État qui ait jamais été prononcé par un fonctionnaire de l'Afrique occidentale, — sir William Mac Gregor disait en parlant de la prolongation du chemin de fer de Lagos : « Cette œuvre probablement n'exigerait pas des sacrifices beaucoup plus grands que n'en imposent nombre de campagnes militaires, elle apporterait le salut à bien des vies humaines toujours précieuses en assurant l'accès des pays et laisserait après elle une valeur active d'un intérêt permanent. En ceci la locomotive l'emporte sur le Maxim. » (*Note de l'auteur.*)

(2) En français dans le texte.

répercussion sur l'organisation intérieure et par suite sur le commerce de nos possessions de l'Afrique occidentale. En dehors de cette question de justice, la prétention qu'ont les commerçants d'être représentés dans le gouvernement de notre empire Ouest-africain peut s'aider d'un grand nombre d'arguments. Les négociants sont hommes d'expérience, grâce à de longues années d'un contact effectif avec les populations de l'Afrique occidentale. A fréquenter les indigènes, ils ont acquis certaines connaissances sur leurs coutumes et leurs lois; ils ont, sur le caractère particulier de ces peuplades, leurs conceptions, leur conservatisme inné, des notions qui ne peuvent nullement être aussi complètes chez des agents officiels dont le séjour en Afrique occidentale — interrompu, comme il l'est d'ailleurs, par de longs congés — est d'ordinaire de nature toute momentanée ou passagère; ils ont enfin le sentiment très net, fût-il même simplement instinctif, de certains traits caractéristiques que les conceptions propres aux indigènes expliquent et que le contact de ces derniers permet seul de discerner. Les commerçants sont ainsi mieux qualifiés pour prêter un concours très précieux à l'administration de l'Afrique occidentale anglaise.

Le fait est reconnu par les Français et les Allemands qui partagent avec nous l'immense zone d'influence de l'Ouest africain proprement dit. Toujours pratiques, les Allemands ont créé un Bureau d'informations (Kolonial-rath) à leur section coloniale et l'ont composé en majeure partie des personnalités dirigeantes du commerce de l'Ouest africain. Le Bureau d'informations coloniales (1) tel qu'il existe actuellement, compte parmi ses membres vingt négociants. Dans l'Afrique occidentale française, selon des bases un peu différentes, les négociants sont, en réalité, traités de même manière, et tout récemment les représentations qu'ils adressaient à M. Decrais, alors ministre français des Colonies, évitaient

(1) Cette admirable institution allemande, qui a le titre de *Kolonial Wirtschaftliches Komitee* (comité d'agriculture), pourrait également être imitée avec avantage par notre gouvernement. Annexé à la société coloniale allemande, le comité d'agriculture donne son attention exclusive à l'étude des ressources économiques des possessions allemandes et publie des notices particulières sur le cacao, le caoutchouc, la gutta-percha, le coton, etc. Des spécialistes ont été envoyés par le comité dans les mers australes pour étudier la gutta-percha; aux États-Unis, pour étudier le coton; dans l'Amérique australe et méridionale, pour étudier le cacao, etc. Le comité est, en réalité, composé d'un corps compétent d'agronomes et de botanistes à l'œuvre dans l'intérêt commun du gouvernement et du commerce. (*Note de l'auteur.*)

à la Côte d'Ivoire un grand mal qui la menaçait, nous voulons parler de la cession, qu'on envisageait, à un mandataire du roi Léopold, M. Empain, d'un monopole véritable sur toutes les régions minières de cette possession ; et cependant M. Empain (1) avait derrière lui les appuis les plus influents.

Le système français, bien qu'il soit loin d'être parfait, est incomparablement supérieur à tout ce que nous avons nous-mêmes. Il est quelque peu différent dans les diverses colonies, mais il est toujours en substance composé de deux organismes, l'organisme métropolitain et l'organisme actuel. Dans cette double organisation, toute colonie qui n'est pas représentée au Parlement français l'est auprès du ministère des Colonies par un délégué qu'élit le suffrage des habitants d'origine blanche. En Guinée française, où l'administration en vigueur est en avance sur celle de toute possession française (ou anglaise à ce même point de vue) de l'Ouest africain, un délégué, représentant les commerçants, est régulièrement élu, et actuellement c'est un négociant, M. Gaboriaud, qui, pour la défense des intérêts de la colonie, est en fonctions près le ministre des Colonies. Le point faible de cette institution, c'est que les agents de l'administration, dans chacune de ses colonies, ont aussi bien que les commerçants le droit de prendre part à l'élection du délégué, et très souvent il arrive que les fonctionnaires sont en majorité. Dans ce dernier cas, on désigne un homme politique français, pouvant user de son influence pour aider à l'avancement des fonctionnaires qui votent pour lui. Chaque colonie possède un « Conseil supérieur » ou un « Conseil d'administration », composé du gouverneur, des chefs de service, et de deux commerçants au moins. Au Sénégal les conseillers négociants ont toujours joui d'un pouvoir considérable, et l'on ne prend aucune mesure qui touche aux intérêts de la colonie sans en délibérer avec les grosses maisons de Bordeaux, qui se partagent le commerce des arachides (elles l'ont eux-mêmes créé), la principale industrie du Sénégal. En outre, cette colonie est particulièrement favorisée en ce qu'elle a l'avantage d'être représentée à la Chambre par un député et de posséder un conseil général qui lui soit propre, avec d'importantes attributions

(1) M. Empain, a reçu récemment du roi Léopold une concession immense dans la région de l'Arwimi (État du Congo) se rattachant à la construction d'une voie errée jusqu'aux Grands-Lacs. (*Note de l'auteur.*)

financières, les commerçants — à la condition qu'ils ne se divisent pas eux-mêmes — étant toujours en majorité dans ce conseil.

Avec nous, les choses sont toutes différentes. L'Angleterre, qui passe pour un pays où le bon sens est la vertu essentielle, refuse à ses négociants un statut bien établi dans la machine administrative de l'Afrique occidentale. On a pu dire avec exactitude que le commerçant est l'*uitlander* de l'Afrique occidentale anglaise. Il est rarement, s'il l'est jamais, consulté sur les affaires du pays, et, bien que M. Chamberlain ait, en mainte circonstance, déclaré verbalement qu'aucun acte législatif concernant les indigènes (en fait destiné à influencer la production locale ou, en d'autres termes le commerce) ne serait promulgué sans qu'au préalable on eût pris l'avis des négociants, des décrets de la plus haute importance, comportant une sorte de révolution dans notre politique traditionnelle sur la condition des natifs comme possesseurs du sol, ont été mis en vigueur dans la Nigeria du Sud, non seulement sans que les commerçants aient été consultés, mais encore sans qu'ils l'aient su autrement qu'en se référant aux ordonnances publiées dans la gazette officielle du pays. De temps en temps, — et pendant les deux dernières années en des circonstances de plus en plus fréquentes et d'un intérêt de plus en plus urgent, — les chambres de commerce de Liverpool et de Manchester qui, à elles deux, représentent la majeure partie du commerce anglais de l'Ouest africain (1), sont de leur propre initiative intervenues auprès du Colonial Office et du Foreign Office, parfois avec l'appui de quelque dix ou douze autres chambres du royaume, parlant au nom d'intérêts industriels plus ou moins directement lésés par suite de mesures spéciales. Lorsque le Foreign Office, — et je parle maintenant de circonstances récentes, — a reçu des mémoires ou accueilli les démarches de députations émanant des chambres, c'est qu'il s'agissait de questions présentant un intérêt international. Citons par exemple les tarifs différentiels frappant les marchandises anglaises dans les colonies françaises de l'Ouest africain (1898) et la violation de l'Acte de Berlin dans le bassin du Congo (1901 et 1902). Dans le premier cas, l'action des chambres réussit de façon surprenante; dans le second cas, elle n'a pas encore été suivie de succès.

(1) La Chambre de commerce de Londres s'occupe principalement — bien que non exclusivement — du commerce et des entreprises minières de la Côte d'Or. (*Note de l'auteur.*)

Lorsque, d'ordinaire, on fait une démarche auprès du Colonial Office ou qu'on lui adresse par écrit une requête, c'est à l'occasion d'un acte législatif à élaborer ou à approuver, ou de quelque mesure de politique intérieure à l'égard d'une tribu ou d'un chef indigène. Je ne vois nulle part que le Colonial Office ait une seule fois, sur une question d'importance, consenti à adopter les vues de ceux qui, la suite l'a prouvé, ont vu plus clair que les autorités constituées et dont l'avis, s'il avait été pris, aurait empêché de commettre des fautes graves. En 1895, la Chambre de Manchester et la Chambre locale de Cape Coast étaient fermement d'avis « qu'on laissât le roi de l'Ashanti (Prempeh) conserver tous les droits qu'il exerçait alors sur son peuple », mais qu'un résident anglais fût institué près de lui, car c'était là le meilleur moyen d'assurer une paix durable avec ses sujets, qui, s'ils avaient des torts, — avaient eu aussi — c'est la vérité historique, — des motifs légitimes de plaintes, en diverses circonstances, vis-à-vis des autorités britanniques. Prempeh, cependant, fut arrêté et déporté, et dès lors les Ashantis n'ont jamais cessé de conspirer contre les Anglais jusqu'à ce que leur irritation, enflammée par les procédés peu judicieux du gouverneur Hodgson, eût éclaté une fois de plus et provoqué la dernière expédition, qui devait coûter beaucoup de sang et beaucoup d'argent.

Mais ce qui montre de la façon la plus lumineuse quelle est la valeur de l'expérience acquise par les commerçants et quelle est la fatuité de ceux qui rejettent avec légèreté leurs conseils, c'est ce lamentable chapitre de l'histoire de Sierra-Leone qui a commencé le jour où fut mise en vigueur en 1898 l'ordonnance sur la taxe des cases et qui n'est pas encore close, quoi qu'on puisse dire, dans les régions officielles, pour établir le contraire. Je me propose d'aborder plus loin ce sujet avec quelques détails et il suffit d'affirmer ici que les négociants se sont presque mis à genoux, pour ainsi parler, afin de détourner le Colonial Office de son projet. Ils ont complètement échoué; ils ont obtenu des assurances officielles qui se trouvaient ensuite démenties par les faits. Or, leurs prédictions, leurs avertissements se sont trouvés vérifiés à la lettre; leurs vues ont dans la suite reçu l'entière approbation du commissaire spécial qui fut plus tard envoyé par le Colonial Office pour faire une enquête sur l'origine de la rébellion. C'est parce que le Colonial Office s'est constamment refusé à suivre les conclusions du rapport de ce commissaire que notre plus ancienne possession de l'Ouest africain a été réduite à sa condition présente. Son sort est devenu tel que si le chemin de fer en cours de construction dans la région orientale ne modifie pas entièrement l'état actuel des affaires — et il n'y a que peu ou pas de raison de l'espérer, — Sierra-Leone, avec le *régime* (1) présent, et sous l'effort de la rivalité des Français dans les pays voisins, est irrémédiablement ruiné.

N'est-il pas temps, à cet égard, de faire au moins quelque chose pour mieux mettre l'administration de l'Afrique occidentale anglaise en harmonie avec les nécessités modernes, et, au moment où la situation commerciale de la Grande-Bretagne dans l'Ouest africain est partout menacée par des compétitions étrangères, n'y a-t-il pas lieu d'adopter une méthode, — en instituant ce qu'on pourrait appeler le Conseil ou le Comité consultatif de l'Ouest africain ou autrement encore, — qui permette à l'expérience acquise de ceux qui donnent au gouvernement de quoi gouverner, d'être utilisée comme une force auxiliaire pour le développement de nos intérêts généraux dans ces contrées? Il serait facile de constituer le noyau de ce conseil ou comité consultatif.

On a dit que les commerçants ne peuvent pas se mettre d'accord entre eux. La chicane est mauvaise et l'on peut se demander si c'est de bonne foi qu'on la cherche. Sans doute, il y a des rivalités dans le commerce de l'Afrique occidentale. Dans quelle branche n'y en a-t-il pas? Mais soutenir que les rivalités commerciales empêchent de s'entendre sur les questions qui touchent à la prospérité générale du pays, c'est se placer sur un terrain très étroit. C'est soumettre un phénomène légitime, naturel, et salutaire, à une disqualification que rien ne justifie. Où serions-nous en Afrique occidentale aujourd'hui sans les pionniers, nos commerçants? S'ils s'étaient conformés à la résolution officielle prise en 1865 de se retirer de la côte, est-ce que le pavillon britannique flotterait aujourd'hui quelque part dans l'Ouest africain ailleurs qu'à Sierra-Leone? Si les commerçants avaient été dépourvus de sens politique, s'il leur avait suffi de limiter leurs horizons à ces vues étroites mais inévitables, sur la question commerciale, qui consistent à vendre meilleur marché qu'un concurrent, est-ce que l'abandon de la Côte d'Or n'aurait pas suivi la bataille de Katamansu, est-ce que la plus riche fraction de la vallée du Niger serait aujourd'hui un protectorat anglais? Ceux

(1) En français dans le texte.

qui soutiennent que le commerçant anglais dans l'Afrique occidentale est incapable de s'élever au-dessus des raisons misérables d'un intérêt personnel n'ont qu'à se souvenir de M. Gregor Laird. Le commerçant a toujours précédé l'administrateur en Afrique occidentale. Pour lui le vieil adage doit être renversé. C'est le drapeau qui a suivi le commerce, ce n'est pas le commerce qui a suivi le drapeau (1).

On a dit aussi que les négociants ont des vues divergentes sur certains éléments de la politique dans l'Ouest africain. Mais où peut-on rencontrer une collectivité humaine où n'existent pas des opinions diverses sur tel ou tel point? Est-ce que tous les membres d'un même ministère considèrent invariablement sous le même jour une mesure qu'il s'agit d'adopter? Les modifications qu'un bill déterminé doit subir avant d'être finalement arrêté et approuvé dans son ensemble par le Cabinet ne garantissent-elles pas qu'une législation issue d'un échange d'idées entre les personnalités qualifiées, — et qui, à moins d'être dépourvues d'individualité, ne peuvent sur tous les points avoir des opinions identiques, — a d'autant mieux gagné aux retranchements et aux additions que comportait la discussion du projet? Les commerçants sont en réalité d'accord sur ce qu'ils considèrent comme constituant les principes vitaux de la politique anglaise dans l'Ouest africain, principes que l'opinion publique, mieux informée, commence enfin à juger urgent de soutenir. Il n'y a pas de divergences de vues sérieuses entre les négociants quant à la nécessité absolue de respecter la propriété indigène, le besoin de bonnes finances, quant au danger de la fréquence des opérations militaires, quant au maintien indispensable des institutions propres au pays. Si l'on peut leur faire un reproche, c'est de n'avoir pas suffisamment jusqu'à ce jour pesé de toute leur influence sur les gouvernements successifs. Ils ne se sont pas élevés comme ils auraient dû le faire à la hauteur de leurs devoirs et de leurs responsabilités. Ils ont laissé des francs-tireurs accomplir une besogne difficile et généralement ingrate dont ils devaient eux-mêmes faire

(1) Ce fut entièrement grâce à l'aide des agents de l'Association africaine que les populations du Delta du Niger furent amenées à accepter la protection et la juridiction consulaire de la Grande-Bretagne. Les bons offices des négociants permirent aux consuls Johnston et Hewelt de remonter les cours d'eau jusqu'en des points où ils n'auraient jamais, sans être accompagnés des représentants du commerce, osé s'avancer. (*Note de l'auteur.*)

leur œuvre propre, celle d'appeler l'attention publique sur l'urgence des réponses dans l'Ouest africain. En des moments critiques, ils ont fléchi les genoux, ont craint d'être importuns, alors qu'ils devaient trouver la résolution et la fermeté dans des convictions qu'ils savaient saines. Leur attitude heureusement tend à se modifier aujourd'hui, et ce changement, s'il persiste, est destiné à donner de façon durable d'excellents résultats.

Jamais, à aucune époque de l'histoire de l'Afrique occidentale anglaise, il n'a été aussi nécessaire qu'aujourd'hui de faire collaborer à l'action administrative les principaux représentants du commerce. Jamais le département responsable de l'Ouest africain ne pourrait, mieux qu'aujourd'hui, utiliser cette collaboration. Depuis que, de de toutes parts, on donne une attention croissante aux affaires de l'Afrique occidentale à la suite du développement remarquable des relations de l'Europe avec cette région, à la suite également de l'apparition dans l'Ouest africain d'une industrie minière selon les procédés modernes, il se forme toute une armée de dangereux informateurs. Nous voyons d'anciennes erreurs s'insinuer en guise de vérités nouvelles, des conceptions fausses, déjà vieilles, retrouver un regain de vie, des théories condamnées reparaître de toutes parts pour égarer et susciter la confusion. Appels à la force, envisagés comme la solution de toutes les difficultés dont le contact avec des peuplades primitives est l'origine, dédain méprisant des lois et des coutumes indigènes, — c'est-à-dire la théorie du « nègre damné » dans son éternelle beauté, — tendances marquées à la prodigalité, insouciance des vérités économiques, et ainsi de suite, — voilà ce qu'on trouve à l'ordre du jour. Sur des erreurs grossières de géographie se greffent les notions les plus imparfaites de la condition politique et sociale des noirs, l'ignorance la plus divertissante de l'histoire et de l'expérience du passé dans tout ce qui touche à l'Ouest africain. Par une inversion des faits trop naturelle, on dénonce le sentimentalisme de ceux qui s'opposent à ce tourbillon d'erreurs et pourtant les dénonciateurs appuient leurs opinions sur des considérations de pur sentiment, — sentiment très décrié et responsable de tant d'erreurs dans l'Ouest africain, qui fait de l'indigène un être abject, brutal, paresseux et dégradé, très honoré par le don d'une bible et de vêtements, ou encore par le paiement, pour une dure journée de labeur, d'un shilling, augmenté peut-être, pour sa monnaie de poche, d'un supplément de trente centimes. Sans doute, on peut exagérer l'importance de ces appels à l'ignorance populaire; peut-être néanmoins tiennent-ils assez de place pour étouffer momentanément la voix de la raison. A force de répéter certaines choses comme un perroquet, pour peu qu'on le fasse de manière suffisamment soutenue, on arrive parfois à impressionner.

Dans de telles circonstances, le concours de tout un ensemble d'hommes expérimentés, très versés dans les choses de l'Afrique occidentale, en mesure de rappeler les exemples du passé, s'autorisant des intérêts qu'ils représentent et de connaissances techniques qui leur permettent de faire valoir leur compétence, apportant à la machine administrative un aliment qui leur donne droit au respect, devrait à coup sûr se recommander de lui-même aux autorités. Persister plus longtemps à rejeter ce concours serait également faire preuve de vues étroites et d'injustice.

Une autre question, également importante, qui se rattache à l'administration de nos possessions de l'Afrique occidentale est celle des agents de la Couronne. Essayer de définir les attributions de ces fonctionnaires serait assurément malaisé. On les trouve ici, là, partout, et leur intervention est la consécration suprême de l'extravagance et du gaspillage. Les agents de la Couronne constituent une anomalie qui devrait disparaître. Actuellement ils forment une sorte d'établissement intermédiaire entre le Colonial Office et les gouverneurs de l'Ouest africain; ils ne sont qu'un obstacle réel à de bonnes finances et à la bonne marche des affaires. On pourrait remplir un volume avec les exemples de procédés extraordinaires qu'emploient les agents de la Couronne. Les pouvoirs qui leur sont conférés entravent de toutes parts les colonies de l'Afrique occidentale. On ne laisse pas ces colonies acheter les denrées et approvisionnements qui leur sont nécessaires sur le marché public. Tout doit passer par les agents de la Couronne et la conséquence naturelle, c'est que les colonies doivent payer 40 ou 50 0/0 plus cher que si on leur permettait de provoquer directement des offres. Voyez de quelle manière leurs chemins de fer ont été et sont construits.

La construction est, en apparence, exclusivement confiée, sous la direction d'agents de la Couronne, à une société particulière, société qui, autant qu'on peut le savoir, n'était guère préparée à ce genre d'entreprises avant de retomber sur ses pieds, pour ainsi dire, en Afrique occidentale.

. La même société détient les fonctions d' « ingénieurs conseils » auprès du Colonial Office. Assurément il est anormal, au seul point de vue des affaires, que les mêmes personnes attachées comme ingénieurs conseils auprès d'un département ministériel appelé à s'occuper de l'Ouest africain, soient en même temps, à l'heure actuelle, chargées de la construction des chemins de fer en Afrique occidentale. Il y a incompatibilité entre les deux rôles. Des ingénieurs conseils, on peut le concevoir, devraient donner des consultations et se prononcer comme arbitres. On devrait par contre soumettre tous les marchés au système de la concurrence et de l'adjudication publique. L'impression qui prévaut au contraire actuellement, un peu partout, c'est que la construction de ces chemins de fer a coûté beaucoup de temps et beaucoup d'argent. Le chemin de fer de la Côte d'Or fut commencé en février 1898; on estime dans les sphères officielles qu'il atteindra Kumassi au commencement de 1904. En adoptant cette prévision la construction de cette ligne aura pris six années, soit 28 milles par an — la distance de Sekondi à Kumasi étant de 169 milles 1/4.

Il est encore trop tôt pour indiquer exactement ce que, par mille, la ligne aura coûté. Les estimations officielles, nous le savons, ne sont pas toujours irréprochables. Dans ce cas, elles sont elles-mêmes très élevées, soit £ 8,000 par mille pour la section Sekondi-Tarkwa, et £ 6,300 par mille pour la section Tarkwa-Kumasi.

Le mécontentement que soulève le système présentement suivi (soit la construction de chemins de fer laissée au bon plaisir du ministère ou, plus exactement, à celui des agents de la Couronne) n'est pas limité aux commerçants, aux directeurs d'entreprises minières et autres contribuables des colonies de l'Ouest africain. Il a gagné des fonctionnaires compétents et d'un rang très élevé. Je ne puis que reproduire les observations suivantes de sir William Mac Gregor, présentées à l'occasion d'une visite à la Chambre de commerce de Manchester en 1900, et en réponse à cette question de M. Arthur Hutton (1) : « De ce que vous avez vu, concluez-vous qu'il eût été préférable de la faire (la construction du chemin de fer) par adjudication ? »

Sir William Mac Gregor : « Je pense actuellement — et je l'ai dit au secrétaire d'État — qu'on aurait conservé vivants bien des malheureux qui pourrissent

(1) Président de la section africaine. (*Note de l'auteur.*)

actuellement dans leurs tombes, si l'on avait soustrait la construction au contrôle des agents de la Couronne (1). »

On estime, d'après des bases sérieuses, que le chemin de fer de Lagos, commencé en 1896, aura coûté £ 10,000 (2) par mille au moment où ses 125 premiers milles se trouvent en état d'être exploités — chiffre énorme.

Les agents de la Couronne, par l'intermédiaire de qui la colonie s'est procuré des fonds, exigent 5 0/0 d'intérêt, alors qu'avec les garanties présentées il leur est facile de les obtenir, et que sans doute ils les obtiennent du Trésor à 3 0/0. Pourquoi imposer à la colonie une charge supplémentaire de 2 0/0 (3) en arrivant ainsi, cette année même, à élever jusqu'au chiffre considérable de 54,000 livres, soit 22 0/0 des recettes totales du budget le montant des sommes à rembourser pour la construction du chemin de fer (4).

Pourquoi constamment transformer en fournisseurs les agents de la Couronne? Les retards qu'impose ce système ridicule ne sont que d'importance secondaire par rapport au gaspillage de fonds publics qu'il entraîne. Les agents de la Couronne semblent croire qu'ils en savent davantage sur les besoins matériels des colonies que les fonctionnaires en service dans ces colonies elles-mêmes. On m'en a cité récemment deux exemples qui donneraient à rire si les faits n'étaient malheureusement aussi contraires à la marche des affaires. Une colonie de l'Ouest africain demandait une locomotive de deux tonnes pour un chemin de fer à voie légère et de peu d'étendue. La demande fut régulièrement présentée. Après des mois d'attente, une locomotive de huit tonnes fut envoyée, trop lourde natu-

(1) Rapport de la Chambre de commerce de Manchester de 1900. (*Note de l'auteur.*)

(2) Les évaluations de M. Shelford sont de £ 7,000 par mille. Mais ce calcul ne correspond pas à la dépense. Il ne tient pas compte du prix des ponts entre l'île de Lagos et la terre ferme, qui se rattachent pleinement à l'exécution du chemin de fer. En mars de cette année (1902) la colonie avait déjà dépensé son emprunt de £ 1,053,700, ce qui met le prix de revient à £ 8,430 par mille. Mais bien que la ligne ait atteint son terminus actuel, elle n'est pas encore terminée, à vrai dire. En mars (1902), sir W. Mac-Gregor envisageait une dépense supplémentaire de £ 60,000 et ajoutait : « Il est probable que ce ne sera pas suffisant. » Dans la même circonstance le gouverneur examinant la situation de la colonie disait qu'une des deux principales causes d'anxiété était « la difficulté, révélée par l'expérience, d'assurer la mise en exploitation du chemin de fer. (*Note de l'auteur.*)

(3) La Guinée française a emprunté 180000 livres au taux de 4,10 pour cent et de 4 pour cent respectivement. (*Note de l'auteur.*)

(4) 11 s. 8 d, par tête pour la population totale du territoire. (*Note de l'auteur.*)

rellement pour les rails destinés à la supporter. Elle ne put recevoir aucune utilisation. De même, on avait fait établir, par les agents locaux dûment qualifiés, un projet de construction d'un pont. Un devis fut dressé, les plans et tout l'ensemble du dossier furent régulièrement constitués. Le pont fut réclamé d'urgence. Des mois s'écoulèrent; puis les agents de la Couronne, qui ignoraient tout de l'état du pays, au lieu d'envoyer les matériaux, adressèrent un contre-projet entièrement différent, de beaucoup plus compliqué, de beaucoup plus coûteux, et ne répondant en rien aux nécessités locales (1). La colonie attend encore son pont. Qu'on veuille le reconnaître ou non — et dans bien des cas naturellement il est manifeste qu'on s'y refusera — les agents de la Couronne, je ne puis que le répéter, sont considérés dans les cercles officiels et commerciaux de l'Ouest africain, comme un mal sans compensation et comme un obstacle au progrès.

Ainsi on peut résumer de la manière suivante ce que réclame la situation présente de l'Afrique occidentale anglaise : 1° un conseil ou comité consultatif où les commerçants seront largement représentés (2) ; 2° un contrôle rigoureux de l'élément militaire, des expéditions répressives plus rares, plus de tact et de patience dans les rapports avec les indigènes, les fonctionnaires qui, dans leur gestion, évitent l'emploi de la force, devant être considérés comme méritant, avant les autres, d'être avancés; 3° l'économie dans l'administration; 4° les finances passées très sévèrement au crible; 5° la suppression des agents de la Couronne; 6° le recours à l'adjudication pour toute

(1) Un autre incident de ce genre est cité par sir W. Mac-Gregor dans un de ses discours devant le conseil législatif. On avait adressé des plans en vue de l'installation d'un service de transports à vapeur ou, à défaut, d'un tramway. Les plans furent rejetés par les « ingénieurs conseils ». Le gouverneur fit ironiquement cette observation : « Il est douteux qu'un projet, dont l'exécution représente une dépense inférieure à 100,000 livres, soit jamais approuvé par les ingénieurs. » (*Note de l'auteur.*)

(2) Trois mois après la publication de cet ouvrage, M. Chamberlain (21 mars 1903) a fait savoir aux Chambres de commerce de Manchester et de Liverpool — qui concentrent entre elles les intérêts anglais dans l'Ouest africain — qu'à l'avenir elles pourraient correspondre directement avec les gouverneurs des possessions de l'Ouest africain; et que des instructions avaient été données par le *Colonial Office* à ces gouverneurs pour éviter la promulgation, dans les mêmes colonies, de toute législation affectant les intérêts commerciaux, avant que les Chambres aient eu l'occasion d'exprimer sur celle-ci leur opinion. Cette concession est considérée comme une tendance à entrer dans la voie de la réforme suggérée par le présent ouvrage, quant à la création d'un comité consultatif. (*Note nouvelle de l'auteur.*)

entreprise de travaux publics; 7° l'amélioration de l'état sanitaire; 8° l'étude scientifique des peuplades indigènes, de leurs coutumes et de leurs langues; 9° l'étude scientifique des produits naturels et l'amélioration des industries indigènes; 10° le maintien et non la suppression des institutions indigènes, le pouvoir des chefs soutenu et fortifié, l'absence de toute intervention dans l'esclavage domestique chez les peuplades protégées, le respect de la propriété foncière indigène; 11° l'établissement d'un service civil (Civil Service) sur le modèle de celui des Indes; 12° un gouverneur général civil.

DEUXIÈME PARTIE

CHAPITRE V

LA DÉCOUVERTE DE LA NIGÉRIA SEPTENTRIONALE.

Le XIXe siècle aura pour toujours été rendu mémorable par l'exploration de l'intérieur du continent africain. Il est difficile de s'imaginer, quand on voit mentionner dans les journaux les vapeurs naviguant sur le Tanganyika, les navires de haute mer, de 4,000 tonneaux, traçant leur sillon dans les eaux brunes du bas Congo, les canonnières parcourant le Niger, les chemins de fer perçant les déserts du Soudan oriental comme les forêts de l'Equatoria, les télégraphes s'étendant en un réseau de lignes sur le Soudan occidental et à travers les grands lacs du centre, — il semble difficile, dis-je, en lisant de telles choses, de se rappeler qu'à la fin du XVIIIe siècle l'intérieur de l'Afrique, à tous égards, était une case vide, un blanc sur la carte, et que, même dans les souvenirs de la plupart d'entre nous, l'étendue de nos connaissances géographiques sur d'immenses régions bien des fois plus vastes que la Russie d'Europe n'avait fait aucun progrès depuis l'époque d'Hérodote et de Pline. Quelle œuvre colossale ce fut que la solution de tant d'énigmes demeurées inintelligibles pour le monde pendant des siècles et des siècles! Quels prodiges de labeur, de courage, d'oubli de soi-même ont été nécessaires pour triompher des obstacles que la nature et l'homme avaient réunis pour arrêter les premiers pionniers des découvertes africaines! Combien de brillantes existences ont été immolées sur l'autel du Moloch africain!

Malgré le remarquable progrès de la science médicale et de l'hygiène, malgré la puissance du fusil moderne comme arme de défense contre les attaques des hommes et des animaux, les difficultés de voyage en Afrique sont à l'heure actuelle suffisamment grandes. Les maladies mortelles menacent de toutes parts le voyageur, qui toujours est exposé à une fin soudaine et violente. Mais ces difficultés pèsent peu dans la balance en comparaison des souffrances et des privations que les premiers explorateurs de l'Afrique inconnue durent supporter. Songez à Mungo-Park, et représentez-vous la situation d'un Européen isolé, errant à travers l'Afrique occidentale en habit bleu de gros drap, à boutons dorés, conservant ses précieuses notes dans la coiffe d'un chapeau haut de forme, frappé à coups de pied et à coups de poing, couvert de crachats, traité de façon blessante et méprisante, soumis à tous les outrages possibles, plusieurs fois emmené en esclavage, exposé pendant des heures de suite à un soleil brûlant, et sans eau, souvent sur le point de mourir de faim, torturé par la maladie et se trouvant en si misérable état dans diverses circonstances que la mort lui eût été salutaire — et cependant triomphant de toutes les difficultés pour revenir dans sa patrie, avec ses notes et tout ce qu'il possédait. Les tentatives de Park reviennent naturellement à l'esprit quand on s'occupe de la question que l'on propose de traiter dans ce chapitre, car ce fut Park qui en réalité découvrit le Niger, déjà connu vaguement des anciens ainsi que des Arabes (qui cependant lui attribuaient à tort une direction plus à l'ouest et l'identifiaient avec le Nil) (1), et ce fut lui qui ouvrit la série remarquable de ces explorations, finalement couronnée par les succès de Lander.

En 1805, Park repartit, entreprenant ce second voyage qui devait lui être funeste, avec la ferme conviction qu'il allait pouvoir prouver au monde l'exactitude de sa théorie sur l'identité du Niger et du Congo. Les péripéties de cet émouvant voyage sont connues de tous ceux qui s'occupent de l'Afrique. Après avoir surmonté d'invraisemblables difficultés, Park réussit à descendre le Niger jusqu'à

(1) Cette opinion était partagée, il est assez intéressant de le constater, par les habitants du bassin même du Niger encore à l'époque de Clapperton, comme en témoigne la carte du sultan Bello, qu'établit Clapperton à la demande de ce dernier et que nous mentionnons plus loin. (*Note de l'Auteur.*)

Boussa. Là, sur le point d'arriver au terme de ses ambitions, il périt, victime d'une fatalité cruelle, qui jeta son embarcation sur ces rochers perfides, célèbres depuis pour avoir été presque, entre deux nations chrétiennes, l'occasion d'hostilités. Il y a des côtés du caractère de Park qui laissent place à la critique, mais ses défauts se perdent dans l'étendue de son courage, dans son indomptable volonté, et dans l'optimisme infaillible avec lequel il poursuivait sa tâche, sans se laisser abattre par l'insuccès et démoraliser par le malheur. Comme exemple de ténacité humaine et de force d'âme poussée à ses plus hautes limites, Park probablement est sans rival parmi les explorateurs africains.

La fin tragique de Park accrut chez les Anglais le désir de voir pénétrer le mystère dont le cours du Niger demeurait enveloppé, et en 1816 le gouvernement britannique organisa dans ce but une seconde expédition, fortement constituée. Un détachement, sous la direction du capitaine Tuckey, remonta le Congo ; un autre, sous les ordres du major Peddie, entreprit de parvenir au Niger par une route située plus au sud que celle de Park, les deux parties de l'expédition devant, pensait-on, se réunir finalement en un point quelconque de l'Afrique centrale. Ce que ce projet avait de fantastique n'a pas besoin d'être mis en évidence, mais on doit se rappeler qu'à cette époque, dans les milieux compétents, on était d'accord pour se montrer favorable à la thèse de Park sur l'identité du Niger et du Congo. L'expédition échoua complètement. Le détachement envoyé vers le Niger excita le mécontentement des indigènes et dut revenir en arrière après avoir perdu son chef. Le capitaine Tuckey remonta le Congo jusqu'aux premières chutes, qui avaient arrêté les Portugais depuis 200 ans; puis, abandonnant les rives du fleuve, il se dirigea vers le nord, par ce qui était alors devenu la route des caravanes, jusqu'au haut Congo, sur le parcours actuel de la ligne Matadi-Stanleypool, construite par le colonel Thys. Il réussit à atteindre le haut Congo dans le voisinage de la moderne Léopoldville, mais les fatigues de la marche à travers les terres avaient durement éprouvé ses compagnons. La maladie survint, et finalement l'expédition dut revenir à la côte après avoir perdu 75 0/0 de ses membres européens. Depuis on fit plusieurs autres tentatives de moindre importance. Toutes se terminèrent par des désastres et il sembla, pour ainsi dire, que le continent noir refusait de révéler ses secrets. Mais les Anglais ne s'avouèrent pas vaincus.

La route de l'ouest fut considérée pendant un certain temps comme impraticable; toutefois, ce qu'il était impossible d'accomplir par l'ouest pouvait s'achever peut-être par le nord. En réalité, il fallait alors affronter et traverser le désert. Mais ce que les Phéniciens et les Romains avaient osé faire, un Anglais à coup sûr était, à son tour, en mesure de le tenter. Le désert n'avait pas arrêté les sectateurs de Mahomet et de longues caravanes, sous la conduite de négociants tripolitains, chaque année traversaient ces tristes soliudes. Pourquoi quelques Anglais ne se joindraient-ils pas à l'une de ces caravanes, et, protégés par l'influence du gouvernement britannique, soutenus de l'autorité du pacha de Tripoli, ne réussiraient-ils pas à atteindre les contrées fertiles du sud d'où les riches cargaisons de plumes d'autruche, de peaux, d'ivoire, de poudre d'or et les esclaves s'acheminaient vers les ports de la côte septentrionale?

Pendant longtemps, l'Association africaine s'était enquise des moyens de pénétrer ainsi dans l'intérieur du continent par la route du nord. Un jour l'idée fut accueillie avec faveur par les autorités et M. Lucas fut envoyé par l'association à Tripoli. Il ne fit qu'une brève exploration, mais il rapporta nombre de faits intéressants qui confirmaient la relation de Léon l'Africain sur l'existence de royaumes florissants, situés au loin vers le sud, et dans lesquels les arts et les métiers avaient atteint un haut degré de développement. Ritchie et Lyon suivirent Lucas. Lyon parvint à s'avancer jusqu'aux limites les plus méridionales du Fezzan, à l'entrée du désert (1). Il restait toutefois encore à traverser le désert lui-même et à pénétrer le mystère du Niger. Ce fut alors que le gouvernement anglais résolut de tenter un grand effort pour résoudre le problème et qu'il organisa une expédition, qui ne donna pas, il est vrai, tout ce qu'on pouvait en attendre, mais qui réussit néanmoins à jeter une vive lumière sur l'Afrique centrale inconnue et à découvrir au monde étonné la remarquable civilisation qui, sous l'influence des Arabes, des Berbères et des Peuls, avait pris naissance au cœur de ce noir « Soudan », la « terre des infidèles », et dans l'imagination populaire :

(1) Lyon, dans la suite, parvint à Tombouctou, en partant de Mourzouk, se trouvant ainsi le second Européen à visiter la ville mystérieuse. La question est demeurée toujours douteuse de savoir si Horneman n'a pas alors traversé le Désert et atteint le Tchad. Telle est en réalité l'opinion de Denham, mais on ne possède aucune trace du malheureux Allemand depuis son départ de Mourzouk, près d'un quart de siècle avant que Denham y arrivât lui-même. (*Note de l'Auteur.*)

« La terre de ces cannibales qui se dévorent entre eux, le pays des anthropophages, et des hommes dont la tête est plus bas que les épaules. »

Alors entrent en scène les héros de cette étude, — trois hommes, Clapperton, Denham et Oudney, dont aucun peut-être ne se recommandait comme spécialement désigné, comme particulièrement qualifié, pour la plupart des découvertes qui allaient être faites, mais qui, tous trois, étaient pleins de cet amour ardent de l'aventure par où leur race s'est toujours distinguée, et qui, grâce à leurs efforts réunis, allaient permettre à l'Europe occidentale d'apprécier la situation politique et sociale de la partie la plus riche, la plus peuplée, et sans doute la plus intéressante du continent noir. Le pays que ces Anglais auront été les premiers Européens à visiter et que nous désignons maintenant sous le nom de Nigéria septentrionale aura été finalement — ce qui s'imposait avec un intérêt particulier — incorporé dans l'Empire britannique de l'ouest africain grâce à la prévoyance d'un autre Anglais, sir George Taubman-Goldie et à l'habileté politique du vaillant Joseph Thomson. Un mot maintenant sur les trois compagnons. De Denham et d'Oudney, nous ne savons guère que ce qu'on peut trouver dans leurs propres récits; Oudney était médecin, et Denham avait le grade de major dans l'armée. Oudney était le vrai chef de l'expédition à la tête de laquelle l'avait placé le comte Bathurst, alors secrétaire d'Etat pour les colonies; mais sa mort intempestive eut pour effet de diminuer le rôle qu'il joua personnellement pendant les deux premières années où on le vit à l'œuvre. Clapperton a écrit de lui que c'était « un « homme modeste, de manières agréables, d'une ténacité inébranlable et d'une indomptable volonté, à l'âme tout ensemble éprise « de savoir, de vertu et de religion ». En s'associant à un « raid » sur Mandara (Bornou oriental) le major Denham a vu sa réputation se ternir quelque peu, très injustement d'ailleurs à mon humble avis, bien que son initiative en cette circonstance eût plus tard exposé Clapperton à de sérieux embarras. En critiquant la conduite de Denham dans cette occasion, nous devons considérer avant tout que l'empire du Bornou à cette époque, à cause de différentes révolutions dynastiques et opprimé comme il l'était par ses puissants ennemis de l'est, — le Baguirmi et le Ouadaï, — était, en état d'hostilités plus ou moins constantes au dedans et au dehors, et que des expéditions armées s'organisaient à tout moment, faction combattant contre faction, tribu contre tribu, la guerre étant en fait devenue une institution plus ou moins permanente dans la vie sociale du pays. En second lieu, nous devons nous rappeler aussi que les membres de l'expédition avaient reçu pour instruction de recueillir et de consigner dans leurs rapports des renseignements sur toutes les phases diverses de la vie dans les pays qu'ils pourraient traverser. Dès lors, il était impossible pour Denham de s'enquérir exactement des mœurs des populations sans s'informer personnellement de la manière dont ils faisaient la guerre à leurs voisins. Aussi, si l'on écarte la tendance naturelle de ses goûts militaires qui devait l'entraîner à prendre à ces choses un intérêt particulier, on peut soutenir que Denham s'est considéré comme ayant le devoir d'agir ainsi qu'il l'a fait. Des années plus tard, Barth se trouva lui-même en des circonstances bien semblables. L'événement du reste fut tel que l'aventure coûta presque la vie à Denham. Ceux qui étaient attaqués se trouvèrent plus forts que leurs agresseurs, et, avec l'aide de la cavalerie peule, les mirent complètement en déroute. Denham n'échappa que par miracle. Il perdit tout ce qu'il avait, et reçut trois blessures.

On trouve une biographie de Clapperton dans la préface que rédigea le lieutenant-colonel Clapperton pour le journal de Clapperton et de Lander sur le second voyage à Sokoto, publié par Murray en 1829. Hugh Clapperton était né dans le Dumfrieshire en 1788. A l'âge de vingt ans, il s'embarqua comme novice, et plus tard entra dans la marine royale. Il servit sur la *Renommée* et le *Vénérable*, et visita les Indes orientales. Il se rendit ensuite aux lacs du Canada et prit part à la guerre de l'indépendance américaine. En 1816, il obtint son brevet. Une année plus tard les navires anglais des lacs canadiens furent désarmés et cessèrent tout service ; Clapperton dût retourner en Angleterre avec demi-solde. En 1820, il rencontra le Dr Oudney à Edimbourg et inaugura avec lui les relations d'amitié qui devaient le conduire à l'accompagner en Afrique. Ses connaissances intellectuelles étaient nulles, mais il était magnanime, généreux et tolérant, extrêmement courageux, doué d'une constitution de fer et d'une grande force physique. Tels étaient les caractères personnels de ces trois hommes. Nous pouvons maintenant examiner la nature de leur œuvre. Le récit de l'expédition à laquelle tous les trois prirent part doit être demandé surtout à Denham. Tandis que ce dernier compulsait les notes réunies des trois compagnons, Clapperton se mettait de nouveau en route pour l'Afrique et parvenait à Sokoto, en partant de Badagry sur la côte occidentale. L'histoire du second voyage de Clapperton fut écrite par l'explorateur lui-même, et publiée dans la suite par son fidèle serviteur Richard Lander, qui devait finalement descendre le Niger jusqu'à la mer, donnant ainsi une solution définitive au grand problème que Park, Tuckey, Clapperton et beaucoup d'autres avaient, au sacrifice de leur vie, tenté d'élucider.

Le premier, et à bien des égards le principal obstacle que durent surmonter Oudney et ses compagnons, fut la traversée de cette partie du Sahara qui s'étend entre Mourzouk et le Bornou, et qui, selon Denham « est faite de collines sombres et sévères de roche dénudée, d'interminables plaines, semées sur certains points de blocs de pierre et de cailloux, présentant sur d'autres une surface immense et unie de sable qui, par ailleurs, en se soulevant, forme de hautes montagnes, dont la structure et la situation changent selon la violence et la direction des vents ». Les routes de caravanes à travers le désert existaient depuis de longs siècles, et le commerce du Soudan central avec les régions de l'Afrique du Nord était encore important. La voie que les voyageurs espéraient suivre en compagnie d'un certain nombre de marchands était la plus courte et la plus sûre ; c'était celle qui, partant de Tripoli, passe par Mourzouk et Bilma jusqu'à Kouka, alors la capitale du Bornou, située sur les rives du lac Tchad. L'expédition arriva à Tripoli en novembre 1821, mais n'atteignit pas Mourzouk, la capitale du Fezzan, avant le 8 avril 1822. En cette ville, les Anglais furent reçus d'une façon si décourageante par le sultan que, le 12 mai, n'ayant aucune chance d'aller plus loin, le major Denham revint à Tripoli pour avoir une entrevue avec le pacha, qui avait promis au gouvernement britannique toute l'assistance possible. Le pacha se montrant aussi apathique que le sultan de Mourzouk, Denham quitta Tripoli, furieux d'indignation, pour exposer au gouvernement anglais la conduite qu'il avait tenue. Ce départ inquiéta le pacha, qui envoya trois messages à l'Anglais irrité, pour lui demander de revenir, car il se préparait, disait-il, à faire escorter l'expédition jusqu'au Bornou. Les messages parvinrent à Denham alors que le bateau sur lequel il avait pris passage était retenu en quarantaine près de Marseille, et tout aussitôt il mit à la voile une fois de plus vers les rivages de Barbarie. Le 29 novembre 1822, un an après cette arrivée à Tripoli, l'expédition quittait Mourzouk, et se dirigeait vers le Bornou sous la conduite de Bu-Kalum, marchand réputé, très avide de pompe et de prestige, mais assez indolent. En une marche de quelques jours à partir de Mourzouk, les membres de l'expédition purent apprécier toutes les horreurs de la traite dans la traversée du désert, en voyant « plus de 100 squelettes qui parsemaient la route, quelques-uns ayant encore la peau attachée aux ossements ».

Le 13 janvier, l'expédition atteignit Bilma, célèbre par ses salines, et le 4 février les épreuves qu'ils avaient subies dans le désert étaient amplement compensées par la vue du « grand lac Tchad, brillant des rayons dorés d'un soleil dans tout son éclat ». L'émotion légitime des voyageurs est, en ces termes, exprimée par Denham, dont les descriptions en général sont à coup sûr assez éloignées du pittoresque :

« J'éprouvai alors, écrit-il, une sensation si bienfaisante, si fortifiante, que l'expression manquerait pour en exprimer la force et la douceur... Mon cœur bondissait en moi à contempler ce spectacle, car ce lac, c'était le principal objet de nos recherches enfin réalisé, et je ne pouvais m'empêcher de considérer en silence la protection continue du ciel, qui nous avait conservé notre santé et nos forces jusqu'à l'accomplissement de notre tâche. »

CHAPITRE VI

LA DÉCOUVERTE DE LA NIGÉRIA SEPTENTRIONALE *(suite)*.

Sur les bords du lac, les voyageurs observèrent que le cotonnier croissait sans difficulté et que des troupes innombrables d'oiseaux aquatiques prenaient leurs ébats. Ceux-ci étaient si peu farouches que si l'on s'en approchait ils « se bornaient à se déplacer quelque peu à gauche ou à droite ». En suivant la rive occidentale du Tchad, les voyageurs poussèrent jusqu'à Kouka. A quelques jours de marche de cette cité autrefois florissante, ils commencèrent à comprendre combien étaient fausses les idées courantes sur le « Soudan ». Au lieu de « nègres en guenilles armés de lances », qui, avec l'aide de quelques Arabes, s'efforçaient de terroriser le pays, les voyageurs furent étonnés de voir un nuage épais de cavalerie s'avancer vers eux; c'était la garde d'honneur envoyée par le cheikh du Bornou pour leur souhaiter la bienvenue. En criant « Bénédiction! Bienvenue! », les noirs cavaliers, « vêtus de cottes de mailles, formées de chaînons de fer, » s'avançaient vers eux en bonne ordonnance, brandissant des épées et des lances. Entourés de cette masse imposante de cavaliers, ils entrèrent à Kouka et furent reçus en audience par le Cheikh. Après un court séjour à Kouka les compagnons se séparèrent, Denham allant avec Bu-Kalum prendre part au « raid » qui devait si bien tourner à la confusion de tous ceux qui s'y seraient engagés.

L'énergique major visita ensuite une grande partie des régions orientales du Bornou, reconnut et remonta le Chari jusqu'à Logone, alors la capitale d'un important royaume et explora une partie étendue des rives orientales du lac. Les renseignements qu'il recueillit au cours de ses pérégrinations et les cartes de la région qu'il établit eurent une valeur considérable. Les rives méridionales et orientales du Tchad étaient jusqu'alors entièrement inconnues ; du lac lui-même on ignorait en fait la situation exacte, et l'on ne soupçonnait pas l'existence du Chari. J'ai toujours considéré que Denham n'eut jamais le crédit qu'il méritait en tant qu'explorateur. Eu égard à l'absence où il se trouvait de toute préparation scientifique, il n'était pas en état de tirer de ses découvertes le meilleur parti possible, mais, tout pesé, ses investigations ont témoigné en lui d'une remarquable précision d'esprit. Il avait également contre lui son ignorance de l'histoire d'Afrique. Il était nettement illettré, ne savait pas manier une plume et n'avait guère d'imagination. L'effet naturel de ces faiblesses apparaît à chaque page de son journal. Nous le trouvons s'attachant à noter les incidents les plus vulgaires, et négligeant presque les problèmes sociaux, politiques et ethnologiques au contact desquels il était journellement. Cette même absence d'observation studieuse, de recherche éclairée, — à vrai dire cette absence d'éducation — est visible, mais peut-être à un degré moindre, dans les ouvrages de Clapperton.

C'était, pour ainsi dire, dans un nouveau monde que les explorateurs étaient entrés, monde d'intérêt passionnant, où la magnificence de l'Orient et le spectacle de la barbarie se mêlaient aux mœurs ouvertement sauvages de l'Afrique ; où l'on voyait des potentats à moitié arabes partir en guerre avec une suite de chevaliers bardés de fer, et de puissants barons amener leur contingent de vassaux pour assister le seigneur dans ses campagnes de rapines et de conquêtes. Les voyageurs avaient laissé le XIXe siècle en Angleterre, ils avaient pénétré dans le désert et s'étaient trouvés aussitôt au milieu d'un régime féodal qui, par bien des côtés, rappelait celui de leur propre patrie au moyen âge. Quelle belle occasion ils avaient de faire connaître au monde ce pays qui, pendant des siècles, à cause de sa fertilité, avait eu la puissance magnétique de provoquer des migrations de peuples du nord, de l'est et de l'ouest. Quelque vingt ans plus tard, un homme à l'esprit vraiment scientifique vint à son tour en ces pays et alors, mais alors seulement, on put apprendre tout ce que Denham et Clapperton avaient négligé de dire. Mais, bien qu'il fût réservé à l'Allemand de génie et d'esprit cultivé qui succéda à Denham de montrer combien est profond l'abîme entre un caractère comme celui de Barth, studieux et observateur, amplement pourvu de connaissances historiques et scientifiques, et celui d'hommes tels que Denham et Clapperton, remarquables seulement par leur courage, leur persévérance opiniâtre et leur amour de la vie d'aventure, malgré cette supériorité, le prestige du premier, qui augmente plus qu'il ne diminue à mesure que nous connaissons mieux ces régions, ne pourra jamais ravir à des Anglais leur droit à la priorité des découvertes. Ils furent les premiers blancs qui atteignirent le Tchad, découvrirent le Chari, explorèrent le Bornou, le Sokoto et une partie du Kanem, et décrivirent, assez mal, il est vrai, le système social singulier, la civilisation pittoresque, où se développent des qualités d'énergie et d'activité, qui existaient alors, qui existent encore, dans la partie supérieure du bassin du Niger.

Pendant que Denham se dirigeait vers l'est, Clapperton et Oudney quittaient Kouka dans la direction de l'ouest avec l'intention d'entrer dans l'empire de Sokoto, fondé par Othman Fodio (le réformateur peul des premières années du XIXe siècle) en dehors des Etats haoussas hétérogènes et réciproquement antagonistes. De cet empire et de la remarquable population qui l'avait créé, les explorateurs avaient beaucoup entendu parler pendant leur séjour au Bornou. Ces deux Etats étaient alors en paix, et le cheikh Mohammed-el-Kanemy, le chef véritable, et par suite le maître absolu du Bornou, n'avait fait aucune opposition à la visite des Anglais. Peu de temps après avoir quitté Katagum, au petit village de Murmur, le Dr Oudney, qui était malade depuis plusieurs mois, mourait, à la grande douleur de Clapperton. Ce triste événement n'empêcha pas cependant Clapperton de poursuivre sa route, en remarquant au passage la beauté extraordinaire et la fertilité du pays, les nombreuses plantations de coton, de tabac et d'indigo, les groupes de dattiers rencontrés à tout instant, le magnifique bétail, le feuillage luxuriant, non sans être frappé, en même temps, par l'activité des habitants occupés à garder leurs troupeaux, à travailler dans les champs, à porter des fruits et du beurre aux marchés, à tisser et à teindre avec soin leurs vêtements de coton. Le 19 janvier 1824, Clapperton atteignit Kano, le grand entrepôt du Soudan central; sa première impression fut d'être désenchanté, impression que n'atténua pas l'insouciance complète que, bien qu'il eût revêtu son uniforme de la marine, on eut pour sa propre personne. « Chacun, dit-il, s'occupait de ses affaires et me laissait passer sans prendre attention à moi. » Ce petit incident, insignifiant en lui-même, jette un jour intéressant sur le caractère du vaillant marin, qui était imbu d'une notion particulière de la dignité compatible avec sa situation et ne s'en départit jamais, comme en témoigne la conversation suivante qui eut lieu entre lui et le gouverneur de Kano. Il y a notamment dans ce court dialogue un passage qui se recommande à l'attention de certains missionnaires du temps présent, trop remplis d'enthousiasme :

« — Comment allez-vous, Abdallah (nom indigène de Clapperton)? Viendrez-vous me voir à Hadyja à votre retour? Je répondis : — Si telle est la volonté de Dieu, avec toute la solennité d'un musulman. — Vous êtes chrétien, Abdallah? — Oui. — Et qu'êtes-vous venu voir ici? — Le pays. — Qu'en pensez-vous? — C'est un beau pays, mais fort malsain. Cette observation le fit sourire et il reprit ses questions : — Les chrétiens nous permettraient-ils d'aller voir leur pays. Je répondis : — Certainement. — Nous forceriez-vous à devenir chrétiens? — Aucunement ; nous ne nous occupons jamais de la religion d'autrui. — Vraiment, dit-il, et priez-vous jamais? — Quelquefois ; notre religion nous ordonne de prier toujours ; mais nous prions en secret, et non en public excepté les dimanches. Un de ses compagnons brusquement demanda ce que c'était qu'un chrétien. — Un infidèle, répondit le gouverneur. — Où est votre domestique juif? demanda encore le gouverneur ; vous deviez me le laisser voir. — Excusez-moi, il s'y oppose, et je ne permets jamais qu'on moleste mes domestiques pour leurs opinions religieuses. — Eh bien ! Abdallah, vous êtes un homme de grand sens ; il faut que vous veniez me voir à Hadyja. »

Clapperton termina cet entretien à son entière satisfaction, mais n'eut pas le même bonheur plus tard, dans une conversation avec le sultan Bello, maître de l'empire du Sokoto, qui lui demanda certain jour s'il était nestorien ou socinien. L'Anglais embarrassé, car probablement il n'avait jamais entendu parler de l'une et l'autre sectes, essaya de se tirer d'affaire en répondant qu'il était protestant. Le fait qu'une telle question lui ait été posée à des milliers de milles dans l'intérieur du continent noir, refuge supposé de la barbarie primitive, montre suffisamment l'intelligence des habitants, dont Clapperton eut des preuves nombreuses à mesure qu'il prolongea son séjour dans le pays. Sous l'habile direction de Bello, successeur d'Othman, et, selon Clapperton, personnage de grande allure (sans doute avec les traits aristocratiques et pleins de finesse propres aux Peuls), les qualités politiques de la race dominante ainsi que l'activité commerciale et industrielle de la population haoussa atteignirent tout leur développement ; le droit et l'ordre régnèrent dans cette partie des nouveaux Etats qui avaient accepté la domination des Peuls. Le pays avait été divisé en provinces dont chacune avait à sa tête un gouverneur. Le commerce était encouragé, l'industrie protégée, les manufactures se multipliaient. La prospérité était partout apparente, et, selon les termes qu'employait Clapperton au cours d'un de ses entretiens avec Bello : « Les Anglais savaient tous lire et écrire et avaient des notions sur la plupart des autres pays de la terre ; mais de cette contrée seulement ils ne savaient rien pour ainsi dire jusqu'à ce jour, ils en regardaient à tort les habitants comme de purs sauvages, dénués de tout sentiment religieux et peu éloignés de la condition des bêtes ; au contraire, je trouvai en eux, d'après mon observation personnelle, des êtres civilisés, humains et pieux. »

Clapperton désirait vivement poursuivre son voyage vers l'ouest, et, s'il était possible, atteindre le Niger, le suivre jusqu'à son embouchure et parvenir ainsi au but suprême de sa mission ; car les renseignements qu'il avait recueillis à Sokoto l'avaient pratiquement convaincu que le Niger se jetait quelque part dans l'Océan Atlantique. Mais Bello faisait des objections, alléguant la situation troublée des pays situés à l'ouest et qui n'avaient pas encore été soumis. Bien à contre-cœur l'explorateur fut donc obligé de renoncer à ses plans. Il partit cependant dans les meilleurs termes avec son hôte illustre qui lui donna une lettre pour le roi d'Angleterre et lui demanda de revenir aussitôt qu'il en aurait l'occasion. La lettre mérite d'être reproduite ici :

« *Bello au roi George IV.*

« Au nom de Dieu, le miséricordieux et le clément, que Dieu bénisse notre prophète bien-aimé Mahomet et ceux qui suivent sa saine doctrine. Au chef de la nation chrétienne, George IV, roi de la Grande-Bretagne. Louange à Dieu qui inspire et paix à ceux qui suivent le droit chemin. Le serviteur de Votre Majesté, Rayes Abdallah, est venu à nous, et nous avons trouvé en lui un homme d'intelligence et de sagesse, représentant à tous égards votre grandeur, votre raison, votre dignité, votre clémence, votre clairvoyance. Quand le moment de son départ arriva, il nous demanda d'entrer en relations amicales et de correspondre avec vous, et en même temps de défendre à nos commerçants d'exporter des esclaves vers l'Ataghar, le Dahomey et l'Ashanti. Nous y consentons, à cause du bien qui en résultera à la fois pour vous et pour nous ; nous désirons qu'un de vos vaisseaux vienne dans le port de Racka, avec deux canons et les quantités de poudre et de plomb nécessaires, ainsi qu'avec un certain nombre de fusils. Nous enverrons un représentant pour prendre avec votre consul toutes les dispositions qui seront utiles et fixer une période pour l'arrivée de vos navires de commerce qui pourront, quand ils viendront, trafiquer et traiter avec nos marchands. Puis, après le départ des navires, votre consul pourra résider dans ce port, c'est-à-dire Racka, pour y exercer un protectorat, de concert avec notre représentant en ce lieu. Que Dieu nous approuve. Daté du premier jour de Rhamadan, année 1239 de l'Hégire, 18 avril 1824. »

Muni de cette lettre qu'il était en droit de regarder comme une preuve éclatante de succès, et qui promettait pour l'avenir le développement de relations fécondes, Clapperton repartit pour Kouka, où Denham le rejoignit en temps voulu, après son départ du Tchad. Le retour dans la patrie s'accomplit sans obstacle et, le 25 janvier 1825, les survivants de la mission arrivaient à Tripoli après quatre années d'aventures, pleines d'intérêt pour leur pays et pour l'univers tout entier.

Comme on l'a dit déjà, Clapperton, en quittant le sultan Bello, avait bien l'intention de revenir à la première occasion. Bello s'était montré lui-même très désireux d'établir des relations durables avec la Grande-Bretagne et avait proposé qu'un vaisseau anglais se rendît à Racka pour y débarquer le matériel de guerre qui devait cimenter l'accord entre Sa Majesté Chrétienne George IV et le souverain peul. Clapperton trouva le gouvernement anglais empressé à profiter de cette occasion d'une alliance avec un chef aussi influent. Sans perdre de temps on donna à l'explorateur (qui avait été élevé au grade de commandant) pleins pouvoirs pour organiser une autre expédition. Clapperton lui-même était plein d'enthousiasme. Le 27 août 1825, il quitta l'Angleterre sur le navire de la marine royale le *Brazen*, avec son fidèle serviteur, Richard Lander, et trois compagnons de route, M. Dickson, le capitaine Pearce, et le Dr Morrison. Dickson, pour quelque raison demeurée obscure, débarqua à Whydah avec l'intention de gagner seul Sokoto, et l'on n'entendit jamais plus parler de lui. Contrarié de ne pas rencontrer à Lagos, malgré les dispositions que Bello, paraît-il, avait promis de prendre, un envoyé de ce dernier, Clapperton se mit en route vers l'intérieur en partant de Badagry, après avoir tenté de suivre la route du Bénin et en avoir été dissuadé par un commerçant anglais établi dans cette région. Peu de temps après, le capitaine Pearce et le Dr Morrison contractaient tous deux la fièvre et mouraient. Clapperton et Lander poursuivirent leur route sans difficulté par le Yoruba et le Borgou et arrivèrent sans nouveau malheur à Boussa. Le fleuve fut traversé au-dessous des rapides, et l'expédition parvint jusqu'à Kano par la route de Zeg-Zeg. A Boussa on recueillit des renseignements précis sur la fin prématurée de Park, renseignements confirmant les informations déjà reçues en Angleterre.

Tout semblait plein de promesses pour le résultat final de la mission. Par malheur toutefois, nombre de causes vinrent détruire le confiant espoir de son chef. Comme Clapperton approchait de son but, il semble que des doutes sur la réception qui l'attendait à Sokoto aient lourdement pesé sur son esprit. Tout d'abord, les envoyés de Bello n'avaient pas paru à Lagos ; puis le port de « Racka », mentionné sur la carte de Bello, n'existait pas tel qu'il était indiqué, circonstance qui excita chez Clapperton de sérieuses appréhensions sur la bonne foi de son premier hôte. L'absence de messagers pouvait aisément s'expliquer en considération de l'état troublé du pays entre Yoruba et le Niger, car les Peuls étendaient leurs conquêtes vers le sud, et le pays entier était en état d'effervescence, mais l'erreur sur « Racka » est certainement étrange. Il est difficile de croire que Bello eut de propos délibéré l'intention de tromper. Il avait parlé du « port » de Racka, mais, comme le montre l'introduction du journal de Clapperton, le mot arabe « Bahr », employé sur le manuscrit, ne s'applique pas nécessairement à la mer, mais désigne toute étendue d'eau, soit un lac, soit un fleuve (1). Sur la carte de Bello, le Niger est indiqué comme étant « la mer ». Il est donc probable que Bello était de parfaite bonne foi en décrivant « Racka » comme étant un « port », et que le mot *bahr* du manuscrit aurait été plus exactement traduit par « fleuve » que par « mer ». Il se trouve néanmoins que Racka était une ville située dans l'intérieur des terres, et le fait fortifia les soupçons de Clapperton. Quelle était l'origine de la confusion? Il est impossible de la déterminer avec les documents au témoignage desquels on peut recourir, mais il est vraisemblable que Racka doit avoir été pris pour Rabba, ville importante des rives du Niger, à quelque distance au-dessous de Boussa et ancienne capitale du royaume du Nupé.

A cette erreur d'interprétation et de géographie il faut, en réalité, attribuer les malheurs que Clapperton éprouva dans la suite, car si la crainte d'être joué par Bello ne l'avait pas préoccupé, l'intrépide Anglais aurait difficilement adopté l'attitude peu sage qu'il adopta plus tard dans ses négociations avec le souverain peul. Cette attitude l'obligea à l'inaction et fut la cause directe de sa mort. Cet état d'esprit ne lui permit pas de se rendre compte du changement apporté à la situation générale des affaires depuis sa première visite. Le Sokoto était alors en paix avec le Bornou. Mais dans l'intervalle la guerre avait éclaté de nouveau. De plus, en outre des présents que Clapperton avait apportés à Bello, il avait aussi dans ses bagages un certain nombre de cadeaux, comprenant du matériel de guerre, et destinés au Sheik-el-Kanemy,

(1) Par exemple, le Bahr-el-Ghazal, le Bahr-el-Areck, le Bahr-el-Abiad, etc., qui ont des fleuves. (*Note de l'Auteur.*)

chef de Bornou, devenu l'ennemi mortel de Bello. Il était évidemment impossible à ce dernier de laisser passer ces présents par son pays en une période d'hostilités, et il écrivit dans ce sens à Clapperton. A quoi celui-ci répondit qu'il était chargé par son gouvernement d'aller au Bornou, qu'il avait une lettre du comte Bathurst pour le Sheik-el-Kanemy et qu'il avait le devoir strict d'accomplir son mandat. Cette insistance éveilla la méfiance de Bello, méfiance que semblent avoir accrue des rapports, sans doute transmis par l'intermédiaire de marchands arabes redoutant une rivalité commerciale, et qui représentaient Clapperton comme un espion au service du gouvernement britannique chargé de recueillir des renseignements en vue de faciliter aux Anglais une invasion future du pays. Clapperton à diverses reprises, et avec une exaspération croissante, fit valoir ses désirs auprès du sultan, et Bello, dont la méfiance augmentait, négligea, par des refus répétés, d'en tenir compte. La contrainte et la vexation furent trop fortes, même pour la constitution robuste de Clapperton, et quand Bello, cédant à ses propres soupçons et à l'avis de ses conseillers, réclama la production des présents destinés au Sheik, l'explorateur tomba sérieusement malade. Après avoir oscillé plusieurs jours entre la vie et la mort, il expira finalement dans les bras de son dévoué serviteur, Lander.

Ainsi se termina une carrière dont on ne peut mesurer tout le mérite. A l'Angleterre et à la science Clapperton a rendu de grands services, et si sa valeur intellectuelle avait égalé son courage et sa résolution, ces services auraient été plus grands encore. De lui nous pouvons dire vraiment qu'il fut un modèle accompli de l'Anglais de distinction, tel qu'il existait dans l'ancienne école, c'est-à-dire sans beaucoup d'érudition, mais simple, craignant Dieu, honnête, humain, l'honneur en un mot de son pays et de sa race.

CHAPITRE VII

LES HAOUSSAS ET LEUR COMMERCE

« La province de Kano est le jardin de l'Afrique centrale. » (Dr BARTH.)

On a dit des Haoussas qu'ils sont supérieurs « dans l'ordre intellectuel comme dans l'ordre physique à tous les indigènes de l'Afrique équatoriale ». L'affirmation est manifestement exagérée. La moyenne intellectuelle des Haoussas est certainement inférieure à celle des Peuls qui, grâce aux dispositions qu'ils ont pour combiner et administrer, grâce à leur zèle religieux, à leur supériorité militaire, et à leur influence morale, ont complètement défait et subjugué leurs anciens maîtres, bien que l'avantage du nombre fût tout à fait en faveur de ces derniers. En outre, l'état physique des Haoussas, quoique généralement bon, est à coup sûr inférieur à celui de plusieurs des peuplades sénégalaises, à celui des habitants de la côte de Krou et des pays cafres et probablement aussi de deux ou trois des tribus Bantous qui habitent aujourd'hui le bassin du Congo supérieur. On a fait grand état de ce que 500 Haoussas, sous la conduite d'officiers anglais, ont battu plusieurs milliers de Peuls à Bida. Mais quelle chance ont les cavaliers Peuls de résister aux canons Maxim et aux fusils à répétition? Les Arabes Baggara, universellement cités comme braves entre les braves, ont échoué de même contre les Soudanais que conduisait Macdonald.

Ces remarques ne tendent nullement à discréditer la race haoussa, qui est certainement très belle ; elles ont pour but de protester contre les appréciations d'une exagération quelque peu maladive qu'on applique à cette population, appréciations en faveur parmi ceux qui la considèrent comme offrant un admirable terrain à leur prosélytisme, et nous la représentent toujours comme victime d'une cruelle oppression, comme gémissant sous le pouvoir tyrannique des Peuls maudits. A dire vrai, bien des choses d'un sentimentalisme déraisonnable ont été dites et écrites, principalement par les missionnaires, sur les Haoussas, qui d'ordinaire sont contents de leur sort et qui, ayant adhéré à l'islam, n'ont pas à souffrir des déprédations de la race conquérante. Peuls et Haoussas progressent côte à côte; les unions sont fréquentes entre eux, et le Haoussa bien posé jouit, par rapport à la classe dirigeante représentée par les Peuls, d'une position que l'on peut comparer à celle des commerçants d'autrefois dans notre propre pays par rapport à la classe aristocratique et gouvernante.

Il semble très nettement établi qu'au moins une partie de la population haoussa (1) habitait la région superbe et montagneuse

(1) Certains auteurs considèrent les Haoussas comme une branche de la race Mandingue. D'après cette opinion, les Mandingues forment la souche et les

de l'Aïr ou Asben, au temps (vers l'an 700 de notre ère) où les Berbères, — les modernes Touareg — chassés vers le sud par les Arabes envahisseurs y pénétrèrent en traversant le désert et se rendirent maîtres du pays (2). Ces Haoussas de l'Asben appartenaient à la famille ou au clan du Gober. C'étaient les Goberawa qui prétendent constituer la branche la plus ancienne et la plus noble de la race haoussa. La prétention est très généralement admise par les historiens arabes et est expressément mentionnée dans la curieuse histoire peule du Soudan communiquée à Clapperton par le sultan Bello, fils d'Othman Fodio, en 1828 (3). Bello dit des habitants du Gober qu'ils sont « nés libres car ils étaient issus des coptes d'Egypte émigrés dans l'intérieur des pays du couchant ». Cette affirmation est particulièrement intéressante quant à la possibilité d'une origine sémitique ou orientale de la branche Gober des Haoussas. Le Dr Barth, dont l'autorité en toutes matières se rattachant à l'ethnologie de l'Afrique occidentale et centrale demeure encore incontestée, bien que cinquante ans soient maintenant écoulés depuis la remarquable série de ses voyages, le Dr Barth attribuait aux Goberawa des affinités d'origine avec l'Afrique du Nord. Cette opinion apparaît également dans les traditions des Haoussas eux-mêmes, qui font remonter leur origine première à une mère de race Diggera, les Diggera ou Deggara étant une tribu berbère qui, à une époque reculée, prédominait dans la ville de Daura, un des centres les plus anciens de l'influence houassa. Encore à ce jour, on trouve dans les légendes haoussas la trace assez vague d'une parenté lointaine avec l'Orient, et le chanoine Robinson, durant son séjour à Kano, apprit des « hommes les plus éclairés du pays » que les Haoussas avaient autrefois émigré des régions extrêmes de l'Est, au delà de la Mecque (1). On ne saurait trop déplorer sous ce rapport que les mémoires nationaux des

Haoussas, les Songraïs, les Bambaras, etc., les rameaux d'une même grande famille. Bien qu'il puisse y avoir des raisons assez solides surtout à l'égard des Bambaras, — pour admettre une origine mandingue commune, ce que nous savons, au point de vue historique et ethnologique, des différentes races de l'Ouest africain, et qui est encore à l'état embryonnaire, n'implique rien qui permette une affirmation positive. (*Note de l'Auteur.*)

(1) Après la défaite finale des Berbères, devant Kuseila, par les Arabes en l'an 688. (*Note de l'Auteur.*)

(2) *Récit historique du Royaume de Tek-roor*, par le sultan Mohammed Bello de Hoosa. Denham et Clapperton, Vol. II, Appendice XIII. (*Note de l'Auteur.*)

(3) *Hausaland*, par le Rev. Charles Robinson, p. 179. (*Note de l'Auteur.*)

Haoussas aient été détruits par les Peuls à la prise de Katsena. Néanmoins, nous pouvons raisonnablement espérer, aujourd'hui que les relations de la Nigéria du nord avec le reste du monde sont destinées à devenir plus fréquentes, que quelque lumière nouvelle viendra avant peu contribuer à résoudre un problème qui passionne tous ceux qui étudient l'Ouest africain.

Après leur expulsion de l'Aïr par la marée montante de l'invasion berbère, les Haoussas peu à peu se répandirent à l'ouest et au sud, et dans le cours du temps se répartirent entre sept Etats, le Gober, le Daura, le Biram, le Kano, le Rano, le Katsena et le Zeg-Zeg (2). Dans la mythologie haoussa, chacun de ces Etats représentait un des sept enfants légitimes, issus de la mère de race Diggera dont nous avons parlé, chacun d'eux ayant respectivement une tâche à accomplir. Ainsi le Gober était le guerrier *serki-n-yaki* (*serki* prince : *n*, du ; *yaki* combat) ; le Kano et le Rano étaient les teinturiers *saraki-n-baba* (à cause de l'abondance de l'indigo et des préparations tinctoriales qui constituent l'une des industries nationales des Haoussas les plus considérables) ; le Katsena et le Daura étaient les commerçants *saraki-n-Kasura* et le Zeg-Zeg était le pourvoyeur d'esclaves *serki-n-bay*, ce qui, à l'occasion, prouverait évidemment, s'il en était besoin, que sur la question de l'esclavage les Haoussas ne peuvent guère prétendre avoir une supériorité morale sur leurs vainqueurs peuls. Des querelles entre ces divers Etats étaient fréquentes et, bien que peuplés de la même race, ces pays étaient constamment en hostilités ouvertes les uns contre les autres. Leur antagonisme mutuel était, en vérité, si grand que, le jour où les Peuls, surgissant à leur tour s'établirent dans le Gober, un nombre considérable de Haoussas, originaires principalement de la province de Zanfara, se rallia à l'étendard d'Othman, combattant côte à côte avec les Peuls contre leurs propres compatriotes.

Avant d'être, plus ou moins de vive force, convertis par les Peuls au début du XIXe siècle, les Haoussas étaient païens. A vrai dire, le roi haoussa de Katsena aurait embrassé l'islam vers le XVIIe siècle; Katsena à cette époque étant la cité la plus florissante du pays — la « Florence des Haoussas », — selon l'expression de

(1) Ils constituaient les *Haoussa bokoy*, ou sept Etats, pour les distinguer des *Banza bokoy*, ou Etats bâtards, représentant les sept autres régions où la langue haoussa s'était en partie répandue. (*Note de l'Auteur.*)

Richardson (1), elle était en relations régulières avec les Arabes des pays orientaux et la langue haoussa y atteignait sa plus grande richesse et sa plus grande pureté de forme. Mais la grande masse de la population haoussa était demeurée en dehors de cette conversion. Le caractère véritable de leur culte avant la conquête reste obscur. Il n'est pas impossible toutefois qu'à une certaine époque les Haoussas, les Sonraïs et autres peuplades du bassin du Niger aient adoré le serpent. Les historiens arabes Ahmed-Baba, Edrizi et El-Bekri affirment qu'au temps du premier roi Songhay — vers 679 de notre ère selon Barth, vers 776 selon d'autres — les indigènes rendaient hommage aux serpents. Le colonel Frey (2), dans une étude intéressante et ingénieuse, émet cette opinion que ce culte peut fort bien avoir été étendu au « lamentin », animal curieux et quelque peu étrange que l'on rencontre sur le Niger.

Quoi qu'il en soit, au début du XIXe siècle, un idéal plus élevé et une foi plus pure apparurent dans le pays haoussa et gagnèrent du terrain avec une rapidité merveilleuse. Il est certain que ce résultat ne fut pas obtenu sans effusion de sang, sans cruauté, sans ce que Joseph Thomson a appelé « la clameur terrible et les accompagnements redoutables de la guerre ». Il s'accomplit néanmoins, et personne, à moins d'être animé d'un complet fanatisme, ne soutiendra que les Haoussas n'en aient largement profité. Tout esprit non prévenu considérera comme un fait presque merveilleux que, dans un délai relativement si court, une race entière, non seulement se soit convertie à l'islam, mais encore soit restée fidèle aux préceptes de cette religion, alors qu'il lui eût été facile, et, en un certain sens, naturel de revenir au paganisme. En dehors de la considération plus forte que trouvent les sectateurs de l'islam dans leurs rapports avec les autres habitants d'un pays païen, cet événement doit s'expliquer probablement en ce que les Peuls, après avoir établi brutalement leur domination politique sur les Haoussas, n'en continuèrent pas moins avec persistance, par des moyens pacifiques, leur propagande religieuse, et que le sentiment de la sécurité, s'il paraît avoir temporairement affaibli chez eux l'instinct de l'autorité, a produit au contraire un effet vivifiant sur leurs croyances religieuses. Il est en tout cas remarquable que l'islam,

(1) *Une mission dans l'Afrique centrale*, par James Richardson, 1850-51. (*Note de l'Auteur.*)

(2) *L'Annamite mère des langues*, par le colonel Frey, 1892. (*Note de l'Auteur.*)

grâce à l'intermédiaire des prédicateurs peuls, ait de façon persistante descendu le cours du Niger, pénétrant dans les villages païens, au milieu des marécages et des forêts. Les Igarras fétichistes que pendant longtemps la compagnie du Niger considérait comme devant constituer un rempart solide et une sorte d'Etat tampon contre la marée envahissante sont maintenant acquis complètement à l'islam, et l'on rencontre même des *fikis* peuls en arrière d'Akassa, à quelques milles de la côte.

Ce n'est pas chose facile que d'évaluer exactement la population haoussa. D'Haoussas véritables il doit y avoir probablement 5 ou 6 millions, sans parler des nombreux métis d'Haoussas et de Peuls, d'Haoussas et de Kanouris, d'Haoussas et de Sonraïs ou d'Haoussas et de Touareg, ceux de cette dernière catégorie se rencontrant surtout dans les régions septentrionales de l'empire du Sokoto et n'étant pas d'une structure musculaire aussi forte que celle des Haoussas de sang pur. Les Haoussas sont, sans conteste, les négociants de l'Afrique. Leur aptitude au commerce est réputée des bords de la Méditerranée jusqu'au golfe de Guinée ; du golfe de Guinée jusqu'au Chari ; du Chari jusqu'à la mer. Ils sont de grands voyageurs et on les rencontre même sur la Sangha, l'Oubangui et le Congo. Tous les ports de l'Afrique du nord ont leur colonie de Haoussas. On peut dire la même chose des ports de la côte occidentale. Il n'est pas de centre commercial de quelque importance dans la boucle du Niger qui n'abrite une famille ou deux de Haoussas. Tous les ans de nombreux Haoussas quittent la Nigéria pour les pays situés en arrière de la Côte d'Or, de la Côte d'Ivoire et du Libéria, afin de recueillir les noix très recherchées de kola ou *guro*, le fruit du *Sterculia acuminata*, qu'ils transportent avec des soins infinis, — délicatement enveloppées de feuilles, — et qu'ils vendent à gros bénéfices sur les marchés de Kano, Gando, Zaria, etc., d'où elles sont acheminées de nouveau vers le Bornou, le Ouadaï et même jusqu'à Khartoum.

Si l'instinct commercial des Haoussas est remarquablement développé, leur activité industrielle l'est davantage encore. On peut affirmer avec certitude que les produits de leurs métiers et de leurs teintureries constituent les articles les plus répandus du commerce intérieur du continent noir. Kano est la tête et le centre de cette industrie strictement indigène, qui est sans parallèle en Afrique, et Kano, selon toutes les probabilités humaines, conservera cette situation, demeurant la grande rivale de Manchester sur les marchés de l'intérieur de l'Afrique. On a dit que Kano était le Manchester et le Birmingham du Soudan, et si l'on tient compte des circonstances et des conditions locales, la comparaison est parfaitement juste.

On peut compter sur ses dix doigts le nombre des Européens qui ont visité Kano. Les marchands arabes venant du nord et de l'est de l'Afrique ont cependant fréquenté cette ville de façon régulière depuis que les Haoussas ont été soumis par Othman Fodio; Kano, en outre, a pendant très longtemps dans le passé été la résidence d'une colonie arabe, ayant un consul officiellement reconnu qui jouissait d'une influence considérable. Sa population sédentaire a été estimée à des chiffres variant de 30 à 60,000 habitants et sa population flottante à des chiffres variant de 60,000 à 2 millions (1), population comprenant les éléments les plus divers, Haoussas, Peuls, Kanouris, Baghirmiens, Wadaiens, Arabes, Touareg et Juifs, marchands venus de l'Egypte, de Tunis, de Tripoli et du Fezzan, de la boucle du Niger, de l'Adamaoua et du Soudan oriental. La ville elle-même a une énorme étendue ; elle renferme dans l'enceinte de murailles qui l'entoure, et qui n'a pas moins, dit-on, de 15 milles de circonférence, de larges zones de terres cultivées. Ces murailles immenses ont joué un grand rôle dans les guerres qui avaient lieu périodiquement avec le Bornou au commencement et au milieu du siècle passé. Si les habitants de Kano ne se croyaient pas suffisamment forts pour rencontrer leurs agresseurs en rase campagne, ils se bornaient à fermer les murs de la ville et à garnir de troupes les remparts; et les Bornouans, pensant que la prudence est la meilleure part du courage, ne tentaient jamais l'assaut. La situation de Kano est suffisamment élevée et offre certains avantages, mais se trouve insalubre à cause de l'existence de larges marais d'eau stagnante où l'on jette sans discernement des ordures de toute espèce. La ville se partage en différents quartiers, le quartier peul, le quartier arabe, le quartier haoussa, et d'autres encore. Le marché se tient tous les jours et il y a constamment à vendre des articles d'une infinie diversité : des vêtements indigènes, des pièces *(tobes)* de soie brodée, des objets de cuir et de cuivre, de l'ivoire, des armes, des outils agricoles de

(1) Estimation donnée en 1891, par le lieutenant-colonel Monteil. (*Note de l'Auteur.*)

fabrication rudimentaire, des ornements et bijoux d'argent et de cuivre, de l'antimoine, des plumes d'autruche, du bétail, des chevaux et des moutons, enfin d'innombrables provisions de bouche. On y rencontre de longues files d'ânes venant des lointains parages du Tchad, chargés de natron pour le Nupé, ou arrivant de la boucle du Niger avec des approvisionnements de kolas. On y trouve des chameaux en permanence, portant sur leur vigoureuse échine des tablettes de sel importées de Bilma ou des marchandises européennes importées de Tripoli. En un brillant appareil, des marchands arabes et tripolitains caracolent sur des coursiers agréablement caraparçonnés, et les Touareg à l'œil fier, sombres habitants du désert (dont beaucoup, notons-le en passant, ont d'importantes propriétés dans la Nigéria septentrionale), lancent d'inquiétants regards du haut de leurs légers *méharis*. En cette grande cité palpite et vibre une activité industrielle qui n'a pas de rivale en Afrique (1).

CHAPITRE VIII

LES HAOUSSAS ET LEUR COMMERCE *(suite)*.

« Les voyageurs qui ont séjourné dans le pays nous disent que Kano, qui est le Manchester de la Nigéria, voit chaque année son marché fréquenté par plus d'un million de personnes. » — (Extrait d'un discours de M. Chamberlain.)

La réputation de Kano comme ville manufacturière ne s'est développée que depuis une époque relativement récente et, bien que les Haoussas travaillent le coton depuis fort longtemps (il est difficile de préciser, mais nous savons que leurs cuirs (1) étaient déjà très recherchés au commencement du XVIe siècle), l'importance de Kano comme centre commercial et industriel ne remonte qu'à la conquête peule et à la destruction de Katsena par Bello. Les cotons haoussas de Kano sont demandés dans tout le monde musulman du

(1) Des heures entières on peut errer en observant dans cette industrieuse cité des scènes semblables, qui montrent jusqu'à quel point les progrès de la civilisation ont développé les besoins du peuple et nécessairement amené une division du travail entre les tisserands, les teinturiers, les forgerons, les selliers, les tailleurs, les maçons, les palefreniers, les ouvriers agricoles, les serviteurs domestiques, les cordonniers, les boutiquiers, les commerçants, etc. — Joseph Thomson, dans les *Good Words*, 1886. (*Note de l'Auteur.*)

(2) Léon l'Africain nous affirme que le Gober « avait un commerce important et une industrie considérable, surtout en cuirs » (commencement du XVIe siècle). — *(Note de l'Auteur.)*

nord, de l'ouest et du centre de l'Afrique. Le lieutenant-colonel Monteil, l'un des rares Européens qui aient visité Kano, estime que les habitants des deux tiers du Soudan et tous ceux, ou peu s'en faut, du Sahara central et oriental, sont vêtus avec les cotons de Kano. Barth, de son côté, évaluait l'exportation annuelle du coton de Kano pour Tombouctou à une somme totale de 5000 livres environ. Les principaux articles de coton manufacturé à Kano par les Haoussas sont les *tobes* ou chemises d'hommes, les *turkedis* ou vêtements de femmes, les *zennes*, sortes de plaids; les voiles noirs qu'achètent toujours les Touareg, et très souvent les Peuls, les Kanouris et les Arabes. Les *tobes* sont teintes de couleurs variées, tandis que les *turkedis* sont toujours de ce bleu profond, sombre, obtenu grâce à des lavages répétés dans des bains d'indigo pour lesquels la région de Kano possède une véritable renommée. On trouve un grand choix de manteaux de couleur et de tissu variés, les uns faits d'un mélange de soie et de coton, d'autres de coton seulement, d'autres uniquement de soie. Le Dr Barth, parlant de cette industrie du coton de Kano, et remarquant que le pays qui le produit est également en état de fournir le blé nécessaire aux besoins de sa population car il possède de superbes pâturages, s'exprime en ces termes : « En réalité, si nous considérons que cette industrie ne se pratique pas ici comme en Europe en des établissements immenses où la vie humaine se trouve abaissée à la plus misérable des conditions, mais qu'elle permet à des familles de trouver emploi et subsistance sans être obligées d'abandonner leurs habitudes domestiques, nous devons penser que Kano était destinée à être l'un des pays les plus heureux du monde. Il en est ainsi aussi longtemps que son gouverneur, trop souvent paresseux et indolent, est en état de défendre ses habitants contre la cupidité de leurs voisins, qui naturellement est sans cesse stimulée par la richesse même du pays. » Ce que, dans sa paresse, le gouverneur peul du temps de Barth ne pouvait faire, la puissance britannique est en état de l'accomplir et c'est en réalité ce qu'elle fait ; et, le faisant, elle est dès lors capable d'assurer, par une équitable administration, à la vie nationale, sociale, de cet intéressant pays, la continuation de cette prospérité qui frappait le grand voyageur allemand.

En outre de ses tissus, Kano produit dans d'excellentes conditions des cuirs ouvrés, sandales, fourreaux d'épée, bottes à l'écuyère, souliers, sacs pour dépêches, récipients pour provisions d'eau, objets de sellerie, et exporte tous les ans de grandes quantités de peaux tannées. Les gens de Kano produisent aussi des armes de fer, des ustensiles agricoles d'un travail assez primitif, et des poignées pour lames d'épée d'origine allemande, importées, d'ordinaire, par le nord. Le tableau suivant du commerce total de Kano, dressé avec soin selon les évaluations de Barth, donnera quelque idée de l'étendue et de l'importance des transactions de cette ville à l'époque (1851) où l'explorateur allemand y séjourna. Le calcul en livres a eu lieu sur cette base qu'un million de *kurdis* ou *cauris* — la principale monnaie de Kano — équivaut à £ 100.

EXPORTATIONS	livres.
Tissus	30.000
Esclaves	20.000
Sandales	1.000
Cuirs ouvrés divers	500
Total	51.500

IMPORTATIONS	livres.
Noix de Kolas (venant des arrières pays de la côte occidentale)	10.000
Ivoire (venant de l'Adamaoua)	10.000
Sel (venant de l'intérieur)	8.000
Soie commune (*viâ* Tripoli)	7.000
Vêtements arabes (venant de Tunis et de Tripoli)	5.000
Perles (Italie *viâ* Tripoli)	5.000
Lames de sabre (venant de l'Allemagne, *viâ* Tripoli)	5.000
Marchandises de Manchester (*viâ* Tripoli)	4.000
Mousselines (Angleterre *viâ* Tripoli)	4.000
Huile de rose (*viâ* Tripoli)	5.000
Cuivre (du Ouadaï et du Bahr-el-Ghazal)	2.000
Tissus de laine (*viâ* Tripoli)	1.500
Epices et clous de girofle (*viâ* Tripoli)	1.500
Sucre (venant de France, *viâ* Tripoli)	1.200
Etains	1.000
Vêtements égyptiens	1.000
Aiguilles (venant d'Allemagne, *viâ* Tripoli)	800
Papier commun (venant d'Allemagne, *viâ* Tripoli)	500
Rasoirs (venant de Syrie)	300
Total	71.800

A quoi l'on pourrait ajouter un commerce de transit qui s'accomplit par Kano entre le Bornou et le Nupé, et qui est frappé d'un droit de passage d'environ 1000 livres. Le total remarquable de 124,300 livres se trouve ainsi atteint.

Dans ces dernières années le commerce de Kano, aussi bien pour les importations que pour les exportations, a subi quelques changements, et il est destiné à se modifier bien plus encore à l'avenir. Ainsi, l'achat et la vente des esclaves appartiennent au passé ou y appartiendront bientôt. Les importations d'ivoire en provenance de l'Adamaoua ne sont plus du tout ce qu'elles étaient au temps de Barth. Le commerce du sel indigène a perdu beaucoup de son importance, dans l'impossibilité où se trouve cet article de lutter avec le sel européen. Mais, à part cette exception, — le sel, — l'importation croissante de marchandises européennes dans le Niger et la Bénoué depuis 1880, c'est-à-dire depuis l'extension du commerce anglais vers le haut fleuve et ses affluents, ne semble pas avoir influé de manière quelconque sur les opérations des caravanes de Kano avec les ports tripolitains par les oasis de Bilma, de Fezzan et de Mourzouk. En 1897, par exemple, le consul anglais de Tripoli estimait à 46,000 livres les marchandises acheminées par caravanes à travers le désert jusqu'à Sokoto. (A la place de Sokoto il faut lire l'Etat de Sokoto, dont la ville de Kano est le centre commercial et industriel, en même temps que le terminus atteint par les caravanes de Tripoli, tandis que le commerce de la ville même de Sokoto est insignifiant.) Ces chiffres, si on les compare aux tableaux dressés par Barth des marchandises importées de Tripoli, sont actuellement supérieurs aux évaluations totales que donnait l'explorateur allemand un demi-siècle plus tôt. C'est là un fait très important, et en l'ayant bien présent à l'esprit nous éviterons de tomber dans une erreur qui pourrait avoir des conséquences funestes. Aussi la comparaison des articles importés en 1851 et 1897 est-elle instructive en tant que prouvant les habitudes conservatrices de l'Afrique et l'origine ancienne de son commerce :

LISTE DU Dr BARTH (1851)	DOCUMENTS DU MINISTÈRE DES AFFAIRES ÉTRANGÈRES (1897)
Soie commune, vêtements arabes, lames de sabre, marchandises de Manchester, mousseline, huile de rose, tissus de laine, sucre, épices et clous de girofle, aiguilles, papier.	Tissus de coton et de laine, déchets et fils de soie, anneaux de buis, perles, ambre, papier, sucre, pharmacie, thé.

Nous pouvons remonter encore plus loin. D'après les renseignements très intéressants et minutieux donnés par « Shereef

Carte schématique
de la partie Nord-Ouest
de l'Afrique.
1790
MÉDITERRANÉE
Alger
Tunis
FEZ
Fez
ALGER
TUNIS
Gabès
Maroc
TAFILETZ
Santa Cruz
Tougourt
Ghadamès
Tripoli
Mesurata
Tinejoulin
Tatta
ZENHAGA
Mourzouk
FEZZAN
Alexandrie
Le Caire
EGYPTE
Arabes
Assouan
Médine
Taoudeni
SAHARA ou GRD DÉSERT
Arguin
TASOU
Agadez
Bornou
BORNOU
Dongola
Nubie
Nil
Tombouctou
TOMBOUCTOU
YAFFIN
YARBA
Yarba
Aflow
Riv. Senegal
GALLAM
Gallam
KAFFABA
KASSENA
Katsena
DOMBOU
Dombou
ZAMFARA
Baguirmi
BAGUIRMI
Sennar
ABYSSINIE
GONJAH
Gonjah
Kaffuba
KOMBAH
Kombah
KOTTOKOLI
Kottokoli
Nykki
Zosso
GOUBER
KOROROFA
Selico
Songo
TONOUWAH
DAHOMEY
Assente!
BÉNIN

Imhammed » et « Ben Ali, négociant maure », et reproduits dans les premières publications de l'Association africaine de 1791, le commerce entre Tripoli et le royaume de « Cashna », c'est-à-dire Katsena (dont c'était alors la belle époque), consistait dans les articles suivants :

IMPORTATIONS à destination de Katsena provenant de Tripoli.	EXPORTATIONS provenant de Katsena à destination de Tripoli.
Fez, toile de coton, tissus légers de laine commune, baiz, cauries, barakans ou alhaiks, petits tapis de Turquie, soie (brute ou travaillée), tissus et brocarts, lames de sabre, couteaux allemands, ciseaux, perles de corail, petits miroirs.	Tissus de coton, esclaves, peaux de chèvre teintes en rouge et en jaune, peaux de bœuf et de buffle, poudre d'or, civettes.

La mention des « esclaves » prouve encore que les rois haoussas de cette époque étaient de grands marchands d'esclaves. Il est curieux de remarquer que, dans la carte annexée à cette vieille publication et que l'on retrouve dans le présent ouvrage, on ne trouve pas trace de Kano, ce qui prouve qu'alors cette ville n'avait guère ou n'avait pas d'importance en tant que centre industriel.

Les articles d'importation étaient donc en 1897, dans leur généralité, ce qu'ils étaient en 1851 et même en 1791. Alors comme aujourd'hui, les marchandises anglaises de coton et de laine y figuraient au premier rang, et il est certain que jusqu'en 1897 de gros bénéfices devaient être réalisés par des Européens (indirectement) et des Arabes (directement) dans le commerce des caravanes entre l'Afrique du nord et la Nigéria. Sept ans après l'ouverture régulière de la route fluviale de l'ouest, la Nigéria du Nord se trouve avoir importé de Tripoli plus de marchandises qu'en 1851.

Ce n'est pas parce que le commerce s'est développé par le sud, c'est pour une autre raison, que le trafic par caravanes avec Tripoli a perdu de son importance depuis 1897. Cette raison, il faut la trouver dans les bouleversements politiques à l'intérieur dont le bassin du Tchad a été le théâtre depuis huit ans, et dans les troubles politiques à l'extérieur provoqués par l'action des puissances européennes ou plutôt une puissance européenne, — la France. Quand Rabah fit la conquête du Bornou en 1893-94, les marchands de Ghadamès subirent de lourdes pertes par suite du pillage de Kouka et le commerce fut entièrement arrêté pendant quelque temps. Rabah vit la faute qu'il avait commise et essaya d'y remédier par des promesses libérales d'aide et de protection futures. Il tint parole et le commerce put renaître. C'est alors que se produisirent les progrès des Français sur le Chari, progrès suivi d'une nouvelle période d'anarchie dans le Bornou, car Rabah en toute hâte franchit le fleuve et se précipita dans le Baguirmi pour arrêter la marche des envahisseurs. Sous Fad-el-Allah, le Bornou devint le théâtre de luttes meurtrières. Avec l'affermissement de l'influence française dans une partie de la région du Tchad, les marchands des pays du nord reprirent confiance une fois de plus, mais le pillage récent de plusieurs caravanes d'importance par les Arabes du Kanem, diverses confédérations touareg et autres adhérents du cheikh Senoussi, a montré que, quant à présent, les Français sont impuissants à assurer la sécurité du transit, si désireux qu'ils en soient. Ces coups répétés ont ruiné le commerce par caravanes entre le Niger et Tripoli, et les marchands qui sont encore assez audacieux pour affronter les risques de ces transactions préfèrent la route du Ouadai. En 1900 le commerce des caravanes avec le Ouadai était encore important, car il s'élevait au total, selon le consul de France à Tripoli, à £ 210,000, importations et exportations réunies. Mais il est absolument certain que les années 1901 et 1902 témoigneront d'une notable réduction de ces chiffres (1).

Devons-nous donc conclure que le commerce intérieur de Kano avec le nord et l'est n'a jamais regagné le terrain perdu et que le trafic par caravanes est une chose du passé? C'est l'opinion qui semble généralement adoptée (2). J'avoue que je ne la partage pas,

(1) Depuis que ce passage a été écrit, le rapport (nº 578) de M. le Consul Jago sur le « commerce et la situation économique de Tripoli pendant les quarante dernières années » a été publié par le Foreign Office. C'est un très intéressant document. Le Consul donne un tableau de la valeur du commerce de Tripoli avec les États du Soudan central (Sokoto, Bornou, Wadai) pendant la période 1862-1901 et le présente de la manière suivante : 1862-1872, £ 318,000 ; 1872-81, £ 1.816.300 ; 1882-91 £ 1,283.000 ; 1892-1901, £ 1,141,700 ; moyenne par année, £ 114,725. (*Note de l'Auteur.*)

(2) Le Consul Jago semble favorable à cette opinion. Je n'hésite pas à soutenir que le passage qui se réfère à la question donne lieu à des critiques. Prenons par exemple le coût des transports. Bien que, à première vue, l'affirmation puisse paraître étrange, je crois que si l'on se donne la peine de comparer les frais de transport d'une tonne de marchandise européenne allant de Londres à Kouka, d'une part, *via* Tripoli par caravane à travers le désert, et, d'autre part, *via* Bou-

et ce serait à coup sûr un très grand malheur pour Kano et pour la Nigéria du nord en général, s'il en était réellement ainsi. Les sources véritables de la richesse et de la prospérité de Kano dépendent non du développement par le sud des transactions commerciales, mais de l'industrie des habitants de la ville, industrie dont l'objet est de pourvoir aux besoins, non pas de l'Europe, mais de l'Afrique. C'est un grand entrepôt de la Nigritie elle-même, et si Kano ne pouvait plus trouver d'acheteurs pour ses cotons et ses cuirs, sa prospérité devrait nécessairement décroître et sa richesse décliner. A l'heure actuelle il est de notre intérêt évident que semblable événement ne se produise pas. Notre politique devrait tendre à maintenir, fortifier et soutenir la situation commerciale et industrielle de Kano, centre de l'activité haoussa, pôle magnétique qui attire un courant de négoce inter-africain de tous les points cardinaux. Comment faire pour atteindre ce but ?

Tout d'abord, il faut comprendre ce qu'est dans ses lignes générales ce système de caravanes, du nord-ouest de l'Afrique au centre du continent. En jetant les yeux sur la carte, on voit quelles sont les principales routes et, pour peu qu'on ait une vue d'ensemble de la question, on est induit à croire qu'il est de l'intérêt à la fois de la France et de l'Angleterre de faire revivre le transit des caravanes entre Kano (ou, en d'autres termes, la Nigéria) et les marchés intérieurs où s'approvisionne Kano, ou, tout au moins, de ne rien faire pour en diminuer encore l'importance. Plus fort sera le courant du commerce inter-africain au dedans comme au dehors de la Nigéria et plus grande sera la prospérité du pays. Si les Français, maintenant en possession plus ou moins théorique de la plupart des marchés où s'approvisionne Kano, réussissaient par hasard à accaparer tout le transit des caravanes en le dérivant de la route de Tripoli vers Tombouctou et In-Salah, une protestation de notre part serait aussi déplacée que le serait, par contre, une intervention des Français en face d'une réouverture toujours possible de la route orientale depuis longtemps abandonnée, et qui s'ouvrait autrefois dans la direction du Nil. Mais il devrait y avoir un accord entre les deux

routou, le Niger et les territoires y faisant suite, la première route se trouvera être la plus économique des deux. Les choses ne sont pas toujours dans les apparences en Afrique ce qu'elles sont dans la réalité. Si la France parvient à s'entendre avec les Senoussis pour la protection des transactions, le commerce par caravanes revivra. (*Note de l'Auteur.*)

puissances au sujet de ce commerce intérieur, qui est vieux de plusieurs siècles, et qui certainement ne peut être détourné en un jour. En fait, on ne pourrait jamais le déplacer complètement, à moins d'une intervention oppressive et égoïste, de la part des Français ou de nous-mêmes. Toute tentative en vue de détourner le commerce dans telle ou telle direction apparaîtrait finalement comme impuissante à servir les intérêts de la nation d'où elle émanerait. Par exemple, si la France se résolvait à frapper sur la frontière de taxes prohibitives les exportations et les importations vers Kano ou de Kano, elle s'exposerait à de sérieuses difficultés avec les indigènes, difficultés dont la répression lui coûterait plus que l'entreprise ne lui rapporterait éventuellement. De même, si les autorités de la Nigéria septentrionale s'attachaient activement à décourager le commerce de Kano avec les territoires placés sous l'influence française, afin de développer les transactions de ce pays avec le sud, elles ne réussiraient qu'à en diminuer la capacité de production et par suite à affaiblir la prospérité générale des contrées placées sous leur juridiction.

Des changements économiques sont destinés à se produire, surtout quand les voies ferrées françaises et anglaises ayant pour but de desservir le bassin du Niger seront plus avancées, mais le champ est assez vaste pour que ces chemins de fer puissent les uns et les autres s'assurer un sort honorable, et le fait capital qui vient à l'esprit, c'est que le commerce de Kano se fait et doit se faire comme nous l'avons établi, avec l'intérieur plus qu'avec l'extérieur du continent. Avant que la ville de Kano puisse se procurer par le sud, c'est-à-dire auprès des marchands européens, tous les cotons, lainages et autres articles qu'elle absorbe, elle doit être en mesure de vendre en retour des produits africains que les Européens puissent lui acheter. Supposer que Kano sera dans une telle situation avant que le chemin de fer ait dépassé de beaucoup la rive gauche du Niger ou avant qu'une route carrossable, sur le modèle de celle que les Français construisent de Conakry au Fouta-Djallon, unisse à la ville indigène un point navigable du fleuve, c'est entretenir une illusion. Les frais de transport enlèveraient toute chance de bénéfice à des opérations différant à tous égards de celles du commerce interafricain qui fait vivre Kano. Les premières seraient des transactions directes, destinées à réussir ou à échouer selon leurs mérites propres ; les secondes peuvent être considérées avant tout comme une série de multiples opérations dont la base est la facilité d'achat qu'offre la cotonnade indigène, un article qui serait sans valeur si l'on songeait à l'exporter en Europe. En réalité, on ne voit pas comment Kano pourra faire vivre un chemin de fer depuis la côte, si l'on ne crée quelque grande industrie pouvant permettre à ses produits d'être exportés en Europe, et correspondant à ce qu'est l'industrie du palmier à huile dans les régions voisines du littoral. Une chose est certaine, c'est que si, pour excès de dépenses dans la construction et la mise en œuvre, ou pour d'autres causes, la première section d'un chemin de fer éventuel entre la côte et Kano ne peut faire ses frais en traversant les régions produisant le palmier à huile, l'exploitation de la voie ferrée, hors de cette zone, se présente, au point de vue économique, sous un aspect défavorable. Naturellement, si l'on vise principalement un but stratégique, des considérations étrangères au commerce entrent en jeu, et la question doit être envisagée à un point de vue différent.

En résumé, il serait, semble-t-il, très désirable qu'une entente réciproque intervînt entre l'Angleterre et la France en ce qui concerne la liberté de la circulation pour le trafic intérieur dans la région du Tchad. J'ai soutenu cette opinion dans la *Pall Mall Gazette* alors qu'étaient pendantes les négociations d'où est sortie la convention de 1898. De récents événements donnent lieu de croire que ce projet pourrait encore être adopté avec avantage par les deux parties en cause et qu'il apparaîtrait, en ce qui touche les légitimes intérêts des indigènes, comme une solution pleine d'équité et de sagesse.

Il reste à dire à ce sujet que les principaux articles importés dans le Haut-Niger par la Compagnie royale, qui jusqu'à présent y a joui du monopole du commerce, sont le sel, le cuivre, les tiges de cuivre et de fer, les tissus de damas blancs, les tissus brochés blancs, les tissus teints à l'indigo (imitant sans les égaler ceux que fabriquent les indigènes et qui sont teints à Kano), les cauris, le riz, le fil et la poudre de traite. Le sel, importé surtout d'Angleterre, représente un commerce considérable, car il est de beaucoup supérieur au sel d'origine indigène, venant de Bilma et des rives du Tchad. Le cuivre, les tiges de cuivre et de fer sont principalement destinés à être convertis en pointes de flèches. Quant aux tissus, ils n'égalent pas ceux que l'on fabrique à Kano, et, sauf les plus belles toiles de damas blanc, sont refusés par les musulmans. Ils peuvent néanmoins toujours se vendre parmi les populations païennes. Ces tissus sont, en règle générale, troqués contre de l'ivoire, de la gomme, de la cire ou du caoutchouc, produits achetés par des commerçants haoussas qui les apportent à Kano où ils en font l'échange.

Je suis entré assez longuement dans ces détails sur le genre de négoce et d'industrie qui se pratique à Kano, parce que, outre l'intérêt qui s'attache naturellement à la vie commerciale d'une des villes les plus florissantes de l'Afrique et le centre d'une importante région manufacturière et agricole, un aperçu de ce genre est le meilleur moyen, je pense, de saisir les traits distinctifs de la race haoussa, Kano étant au premier chef une cité haoussa. Le Haoussa est, avant tout et essentiellement, l'homme d'affaires de l'Afrique. Il n'est pas et ne sera jamais fait pour gouverner. Ses visées sont commerciales, et il n'a pas d'autres ambitions ni d'autres désirs. Il se désintéresse de la politique, et, bien qu'il soit fermement attaché à l'islam et qu'il ait un sourire de mépris pour sa clientèle païenne, il ne lui déplaît nullement de la voir demeurer inébranlablement dans le paganisme, et il laisse volontiers aux Peuls les joies du prosélytisme. Au surplus, c'est un joyeux compagnon, généralement bienveillant pour ses esclaves et content de suivre la voie qui lui est tracée. C'est là le caractère naturel du Haoussa. Si nous l'éloignons de ses habitudes commerciales et le transformons en soldat, nous le plaçons de vive force dans des conditions d'existence tout artificielles où il perd son individualité. Il offre alors simplement l'intérêt que présentent nos autres troupes africaines, à un point de vue exclusivement militaire.

Le Haoussa peut devenir un bon soldat, et, s'il est traité convenablement, il montrera beaucoup d'endurance et de bravoure. Comme tous les noirs, si la surveillance nécessaire fait défaut, il tirera avantage du prestige attaché à son uniforme pour tyranniser les indigènes au milieu desquels il tiendra garnison.

Les facultés militaires des Haoussas ont rendu de grands services pendant les campagnes du Bénin et de l'Ashanti, au cours d'innombrables engagements sur le Bas-Niger et lors des opérations si admirablement dirigées par sir George Goldie contre le Nupé et l'Ilorin, et dans d'autres circonstances encore. Il faudrait se rappeler toutefois que, dans ces occurrences diverses où le soldat haoussa combattait sous le drapeau britannique, il avait conscience de disposer d'armes qui lui donnaient une incontestable supériorité sur ses adversaires. Il n'a jamais été appelé à se trouver en face d'une force indigène commandée par des Européens et armée de fusils à tir rapide semblables au sien. Nous n'avons pas dès lors à nous demander s'il peut ou non, quand la nécessité s'en présente, s'élever à la hauteur des circonstances. C'est là une question sur laquelle les militaires ayant pu juger personnellement les qualités et les défauts du soldat haoussa en tant qu'unités combattantes sont seuls en mesure d'émettre une opinion (1). Mais jusqu'à ce que le soldat haoussa ait été mis à l'épreuve on peut, sans paraître les exagérer, apprécier ses capacités militaires, si l'on considère qu'il n'est pas, comme les contingents de l'Afrique occidentale française, issu de populations guerrières.

Ainsi qu'on l'a dit, c'est dans son élément naturel, le commerce et l'industrie, que le Haoussa se distingue. A ce point de vue, il est sans rival sur le continent qu'il habite. Son adresse comme artisan n'est pas seulement remarquable en Afrique ; elle fait honte à l'Europe. Pour la solidité, la durée et la résistance du tissu, les produits de ses métiers et de ses teintureries éclipsent tout ce que Manchester peut fabriquer. Dans un pays qu'on dit voué à l'indolence, son activité est aussi remarquable que son esprit d'entreprise. Il fait un voyageur de commerce idéal, colportant ses marchandises sur d'énormes distances et réussissant presque toujours à tirer un bénéfice considérable de ses transactions.

Le Haoussa s'est si bien assimilé les besoins commerciaux d'une immense région que sa langue, partout où il va, a été adoptée comme étant le véhicule nécessaire de tout échange de vues pour ce qui concerne les choses du commerce. La langue haoussa est, par elle-même, tout particulièrement propre à se répandre parmi les populations africaines. Reclus (2) a pu dire d'elle que, par sa remarquable sonorité, la richesse de son vocabulaire, la simplicité de sa structure

(1) Selon le lieutenant-colonel Pilcher, qui en 1898 commandait les forces de frontière dans l'Ouest africain, le Haoussa est plus querelleur que l'indigène du Yoruba et du Nupé; il se met en colère plus souvent, mais il est moins prompt à se servir du couteau ou à faire parler la poudre (Rapport au Colonial office, n° 260, West African Frontier Force, juin 1899). D'autres officiers font l'éloge des Haoussas; dans les milieux militaires, on les considère, je crois, comme étant de meilleurs soldats que les indigènes du « West India » ou les noirs Mendis, et comme égalant à peu près les Yorubas. Il semble que le noir se batte avec plus de courage et de mépris de la mort quand il est soutenu par sa foi dans l'Islam (*Note de l'Auteur.*)

(2) *Géographie universelle*, livre XII, p. 587, 1887.

grammaticale, la formation élégante de ses phrases, elle mérite de se placer au premier rang parmi les langues parlées dans le continent noir ; et sir Harry Johnston la comprend, avec l'anglais, le français, l'italien, le portugais, l'arabe et le swahili au nombre des principales langues de l'Afrique nouvelle (1).

Le premier vocabulaire de la langue haoussa a été recueilli par M. James Richardson, qui, avec le Dr Barth et le Dr Overweg, a traversé le désert jusqu'au lac Tchad en 1850-51 (2). A son retour d'Afrique, le Dr Barth lui-même a publié une étude sur les langues haoussa, peul et kanouri (3). MM. Schön (4) et Krause se sont postérieurement beaucoup occupés de la question et le premier a fait paraître en 1876, sur la langue haoussa, un ouvrage remarquable dont une édition refondue a été publiée en 1885. Plus tard, M. John A. Robinson, M. A., élève du Christ's-College de Cambridge, fit de nouvelles recherches sur la langue haoussa, pendant son séjour à Lokoja. Après sa mort se constitua (1891) la « Hausa Association » afin de permettre la continuation de ses travaux, et en 1894 le révérend Charles-Henry Robinson, M. A., — aujourd'hui le chanoine Robinson, de Ripon — fut envoyé par l'Association à Kano. Le chanoine Robinson et ses compagnons, le Dr Tonkin et M. Bonner, passèrent trois mois à Kano, et, quand il jugea le moment venu, le premier exposa ses observations personnelles en un ouvrage qui attira fort l'attention, publié comme il le fut peu de temps après que le remarquable voyage du lieutenant-colonel Monteil avait signalé de nouveau à l'intérêt général la célèbre ville haoussa. Depuis lors, la « Hausa Association » a publié quatre études sur la langue haoussa (5). En 1897, l'Université de Cambridge a institué un cours de haoussa, et les directeurs du Christ's-College ont créé pour le haoussa un diplôme spécial accessible aux gradués de l'Université ou à d'autres candidats ayant subi un examen dans une au moins des langues sémitiques. L'initiative dont ont fait preuve ainsi la « Hausa Association » (6) et le chanoine Robinson est digne de tout

(1) *The Colonisation of Africa*, p. 282, 1899.

(2) *Narrative of a Mission to Central Africa.*

(3) *The language of Bornu.*

(4) *Magana Hausa*, par J. F. Schön O. O., F. R. C. S.

(5) *Specimens of Hausa literature. A Hausa grammar. A Hausa English dictionary. The gospel of Saint-John in Hausa.*

(6) On trouve tous les détails nécessaires à ce sujet dans le livre du chanoine Robinson. (*Note de l'Auteur.*)

éloge, et il faut conserver bon espoir que de nouveaux efforts pourront être tentés pour accroître un champ d'études aussi utiles à toutes les langues importantes de la Nigéria septentrionale : le peul et le kanouri.

La langue haoussa semble appartenir au groupe hamitique, bien qu'elle renferme de nombreuses expressions sémitiques, ainsi que beaucoup de mots empruntés à l'arabe.

Une controverse existe sur la question de savoir si le haoussa peut à bon droit être ou non considéré comme une langue écrite. Le chanoine Robinson soutient nettement l'affirmative, et il va jusqu'à déclarer qu'il n'existe aucun autre peuple au nord de l'Equateur ni même dans toute l'Afrique, à l'exception de l'Egypte et de l'Abyssinie, qui possède une langue écrite ou ait tenté de produire une littérature (1). C'est trop vite généraliser, et je me permets de mettre en doute l'exactitude de l'affirmation. La question est assez importante pour être rapidement examinée.

Dans l'introduction de son ouvrage paru sous le titre de *Magana Hausa* et déjà cité, M. Schön se représente lui-même comme ayant écrit une « langue qui jusque-là n'avait jamais été écrite » ; il parlait naturellement du haoussa. Commentant ce passage dans la préface de son *Dictionnaire anglo-haoussa*, le chanoine Robinson en infère que Schön, lorsqu'il écrivait cette phrase, ignorait sans doute que les Haoussas possédaient une sorte de littérature. Cela me paraît être une supposition toute gratuite, car Barth, qui précéda Schön, et dont ce dernier a naturellement consulté les travaux, a déclaré plus d'une fois de façon catégorique que la langue haoussa n'est pas une langue écrite. Cependant Barth savait fort bien que les Haoussas avaient possédé des manuscrits historiques, car il déplorait la destruction de ces manuscrits par les Peuls à la prise de Katsena, qui était alors, comme Kano l'est aujourd'hui, le centre intellectuel de la race haoussa. On peut donc affirmer avec toute chance d'exactitude que Schön parlait *en pleine connaissance de cause* (2) quand il se considérait lui-même comme ayant écrit une langue qui jus-

(1) En dehors de la question de savoir si les Haoussas peuvent revendiquer la production d'une littérature plus que les Peuls ou les Kanouris, un fait subsiste, qui contredit la généralisation quelque peu hâtive du chanoine Robinson, c'est que la langue parlée par les Touaregs, le tamashek, a été écrite en caractères tamashek, dont les Touaregs de l'un et l'autre sexes ont connaissance d'ordinaire. (*Note de l'Auteur.*)

(2) Ces mots sont en français dans le texte anglais.

qu'alors n'avait jamais été écrite. D'autre part, l'existence d'un certain nombre de manuscrits où la langue haoussa est écrite en caractères arabes peut-elle être considérée comme prouvant de façon suffisante que le haoussa lui-même est une langue écrite? S'il en est ainsi, le peul est alors une langue écrite, car Bello fit écrire dans sa langue nationale et en caractères arabes une histoire du Soudan ; et le kanouri aussi est une langue écrite, car Koelle (1) a publié en 1854 une grammaire kanouri d'après l'ensemble d'une littérature écrite en langue kanouri et en caractères arabes. Mais, dans ce cas, on arrive à cette conséquence que, contrairement à l'affirmation du chanoine Robinson, les Haoussas ne sont pas les seuls Africains au nord de l'Equateur, en dehors de l'Egypte et de l'Abyssinie, qui aient donné à leur langue une expression écrite et qui aient tenté de produire une littérature. Des deux affirmations, si la première est exacte, à savoir que le haoussa est une langue écrite, il se trouve ainsi que la seconde ne l'est pas. Je ne veux pas continuer cette étude critique en m'égarant dans une discussion plus technique qui sans doute fatiguerait le lecteur, et je me contenterai de citer une lettre que j'ai reçue, il y a peu de temps, d'un officier anglais alors en service au bureau des renseignements militaires dans la Nigéria septentrionale et dont la science en haoussa est considérée officiellement comme « unique ». Ne pouvant concilier les affirmations du chanoine Robinson sur l'existence du haoussa en tant que langue écrite et les faits tels qu'ils s'offraient à moi, je me suis finalement adressé à mon correspondant dont je savais l'indiscutable compétence. Voici quelle a été sa réponse :

« La grammaire haoussa de Robinson a généralement déçu tous les officiers des troupes de frontière de l'Afrique occidentale, qui n'ont pu faire aucun progrès en s'en servant. Je vous ai déjà dit que les indigènes, de leur propre aveu, ne pourraient comprendre Robinson. En outre, il est difficile de parler exactement la même langue avec deux Haoussas consécutivement ; mais après deux minutes de conversation avec un indigène on connaît son dialecte,

(1) *Kanuri Proverbs and Kanuri-English Vocabulary*, par le Rev. S. N. Koelle. A la page 9 de l'introduction de son livre, il déclare avoir suivi le système d'orthographe exposé par le professeur Lepsius, de Berlin, dans sa brochure intitulée : *Alphabet-guide pour ramener les* « langues non écrites » *et les systèmes d'écritures étrangères à un type conforme d'orthographe en caractères européens.* (*Note de l'Auteur.*)

on sait quels mots il emploie et comment ces mots doivent être prononcés, la prononciation étant d'ailleurs très variable (1). L'écriture haoussa, dont il existe peu de spécimens, est simplement du haoussa écrit d'après la phonétique des mots en caractères arabes ; mais il n'y a pas de principes adoptés pour orthographier un mot et ce seul fait montre combien la langue écrite est peu employée. Actuellement le haoussa n'est presque jamais écrit, à l'exception de mots isolés comme « sariki » et « bature ». Le haoussa écrit est appelé « Ajumi », et quand de tels mots sont employés dans une lettre arabe, il est d'usage de les faire précéder du préfixe « Ajumi », afin d'apprendre au lecteur que les mots qui suivent sont haoussas et non arabes. L'arabe employé est d'une forme primitive, mais correcte. Comme les voyelles haoussas ne peuvent pas toujours être exactement représentées par les indications de voyelles arabes, il n'y a que l'ensemble du texte qui puisse guider le lecteur pour beaucoup de mots haoussas écrits et il est difficile de lire chaque mot selon leur prononciation phonétique, surtout alors que le son véritable ne peut pas, dans tous les cas, être indiqué. Il m'est arrivé de voir dans la Nigeria les indigènes les plus instruits éprouver de grandes difficultés à lire des spécimens de littérature haoussa tels que les reproduit le chanoine Robinson. Ce dernier attache beaucoup trop d'importance au haoussa écrit. Les rares spécimens qui en existent présentent un intérêt de curiosité, mais sous sa forme écrite la langue haoussa est sans utilité pratique en tant que moyen de communication ! »

CHAPITRE IX

L'INDUSTRIE NATIONALE DE LA NIGERIA MÉRIDIONALE

Le palmier à huile est le principal produit qu'on exploite dans l'ensemble des régions voisines de la côte, en Afrique occidentale,

(1) Baikie cite neuf dialectes haoussa, ceux de : Katsena, le plus pur et le meilleur, de Kano, de Gober, de Daure, de Zamfara, de Zuzu, de Biranta Goboz, de Kabi, de Shira ou Shura. *Narrative of an exploring voyage up the rivers Kwora and Binue*, by William Balfour Baikie, 1856. (*Note de l'Auteur.*)

de Sierra-Léone (1) jusqu'au Bas-Congo. Le delta du Niger peut être considéré comme le centre de son développement. Depuis qu'une administration régulière s'est constituée dans les rivières (2), l'exportation de l'huile et des amandes de palme a été la suivante :

HUILE

Année.	Quantité exportée.	Valeur.
1892-1893.........	10.079.039 gallons.	482.803 livres.
1893-1894.........	12.207.658 —	637.625 —
1894-1895.........	Chiffre incertain.	505.637 —
1895-1896.........	10.672.105 —	514.303 —
1896-1897.........	9.350.559 —	465.583 —
1897-1898.........	8.476.955 —	410.131 —
1898-1899.........	8.113.820 —	397.870 —
1900 (3)	Non indiqué dans le rapport du *Colonial Office*.	491.131 —

La plus grande partie de l'huile est envoyée en Angleterre, mais la France en reçoit une quantité considérable (70,880 livres sur un total de 491,131 livres en 1900), et l'Allemagne en achète aussi un stock important (28,094 livres en 1900).

AMANDES

Année.	Quantité exportée.	Valeur.
1892-1893..............	31.710 tonnes.	301.483 livres.
1893-1894..............	39.224 —	331.141 —
1894-1895..............	Chiffre incertain.	295.313 —
1895-1896..............	36.610 —	296.397 —
1896-1897..............	38.013 —	290.125 —
1897-1898..............	39.529 —	295.515 —
1898-1899..............	40.528 —	305.791 —
1900 (4)................	Non indiqué dans le rapport du *C. O.*	430.016 —

(1) On le trouve en Guinée française, c'est-à-dire au nord de Sierra-Léone, mais ce n'est pas alors le principal produit; la place est prise par le caoutchouc. (*Note de l'Auteur.*)

(2) La Nigeria méridionale, ou plus exactement le delta du Niger, est communément désigné sous le nom de « les rivières ». (*Note de l'Auteur.*)

(3) Les chiffres donnés pour 1900 s'appliquent à l'ensemble de la Nigeria, c'est-à-dire aux territoires de l'ancienne Compagnie du Niger dans le bassin inférieur du fleuve et au protectorat de la côte du Niger, maintenant incorporé dans la Nigeria méridionale. (*Note de l'Auteur.*)

(4) Même observation.

L'exportation des amandes semble nettement en progrès. L'Allemagne est de beaucoup le principal acheteur des amandes de la Nigeria. En 1900 elle a reçu pour plus des deux tiers — soit pour 346,947 livres — des quantités totales exportées cette même année (1). Ainsi en huit ans on voit, par ces chiffres, que le fruit du palmier à huile n'a pas rapporté moins de 6,453,900 livres. La production a certainement été plus considérable, car il n'a été tenu compte des exportations d'huiles et d'amandes de la Compagnie du Niger que pour 1900, les quantités et valeurs correspondant aux années précédentes n'étant pas portées à la connaissance du public.

Les principaux centres de la production du palmier à huile dans le bassin du Niger proprement dit, c'est-à-dire dans les territoires précédemment administrés, et de façon presque complète mis en coupe réglée au point de vue commercial, par la Compagnie du Niger, sont le lac Ogute, Atani et Onitscha. Le lac Ogute produit tous les ans environ 4,500 barils d'huile ; par la rivière Orashe et pour des bâtiments légers ayant un tirant d'eau de 4 pieds pendant la saison sèche et de 8 pieds pendant la saison des pluies, ce lac est en relations avec Degama, mais il n'est en communication avec le Niger, pour des navires ayant un tirant d'eau de 7 pieds, que pendant la saison des pluies c'est-à-dire du mois d'août à la fin de décembre. Il est à soixante-dix heures heures environ de Bouroutou. Atani produit environ 6,000 barils par an. Elle est pendant toute l'année par Bouroutou ou Akassa en communication avec la mer ; elle est à deux jours et demi environ de Bouroutou. Onitscha dépassera sans doute avant longtemps, comme centre de production, les deux autres pays qui viennent d'être mentionnés, car sa population est très dense ; elle est à trois jours de Bouroutou. En ce qui concerne les amandes, le centre le plus important est Assay, qui en produit chaque année environ 6,000 tonnes. Assay est accessible, toute l'année, de Bouroutou, pour des bâtiments ayant un tirant d'environ 5 pieds ou 5 pieds 1/2, et, de juillet à octobre, pour des

(1) L'Allemagne a une taxe protectrice sur l'huile d'amande ou de toute autre graine concassée, originaire de l'étranger. Elle peut ainsi se réserver pour elle-même le marché de ses propres produits de l'espèce dont elle use avec avantage pour la nourriture du bétail, alors que nos fermiers se refusent à toute extension de ce système d'alimentation, — beaucoup, je pense, à cause de la situation particulière où les placent les conditions de leur tenure, peut-être simplement aussi parce qu'ils croiraient agir contrairement à leurs intérêts. (*Note de l'Auteur.*)

navires tirant jusqu'à 12 pieds ; le voyage, à partir de Bouroutou, dure environ vingt-quatre heures. Illushi, Idah, Lokoja, Egga, Jebba et Shongo sont d'autres centres importants pour l'exploitation du même produit.

Les transactions qui ont leur origine dans le palmier à huile, en dehors de leur valeur dans l'ordre commercial, offrent à divers points de vue de nombreuses et intéressantes particularités. Ainsi ce fut cette branche de négoce, en tant qu'elle s'appliquait à l'huile de palme, qui succéda à la traite des noirs. La liqueur extraite du palmier à huile est mentionnée dans quelques-uns des plus anciens récits ayant trait au continent noir ; nous savons qu'elle était fort goûtée de Cambyses qui, s'il faut en croire Hérodote, fit comprendre un baril de vin de palme parmi les présents que reçurent les Ichthyophages à leur départ pour l'Ethiopie. On peut dire aussi que la cueillette des fruits du palmier à huile est l'industrie nationale des noirs de l'Afrique occidentale sur presque tout le littoral ; — il en est ainsi à coup sûr dans la Nigeria méridionale (1). C'est une industrie qui, de façon permanente, occupe les noirs par centaines de mille, hommes, femmes et enfants, et qui alimente l'activité de plusieurs milliers de blancs, depuis le marchand jusqu'à l'armateur, depuis le manufacturier jusqu'au chimiste. Souvent, en considérant dans les rues de Liverpool les longues files de camions chargés des énormes barils qui permettent d'importer en Europe depuis la côte occidentale l'huile de palme, ou encore en voyant entassés les uns sur les autres ces rangs de barils, ces sacs d'amandes de palme qui s'accumulent sur les quais du port, j'ai admiré l'ignorance de ceux qui nous affirment que le noir de l'Afrique occidentale ne veut pas travailler. Ne pas travailler, alors qu'on a sous les yeux ce témoignage de son travail ! Ne pas travailler, alors que des centaines d'ouvriers anglais sont occupés à décharger, rouler et voiturer ces preuves palpables de l'industrie des noirs, et cela chaque mois de l'année, chaque semaine du mois, presque chaque jour de la semaine ! Ne pas travailler, quand l'imagination considère comment ce liquide d'un jaune éclatant, à l'odeur pénétrante, que des navires ont transporté depuis l'Afrique occidentale par centaines de mil-

(1) Au Sénégal et en Gambie, l'industrie de l'arachide, qui est essentiellement aussi une industrie indigène, y prend la place de celle de l'huile de palme, le nombre des palmiers étant dans ces possessions très limité, en réalité insuffisant pour être mentionné. (*Note de l'Auteur.*)

liers de gallons, a été amené à la côte petit à petit, dans de faibles récipients, souvent en franchissant des distances considérables à travers les terres, sur la tête de ces indigènes indolents et paresseux ; comment les amandes renfermées dans ces sacs graisseux et d'aspect sordide ont été extraites une à une avec une peine infinie de coquilles extrêmement dures; qu'il en faut quatre cents pour faire une livre et que, pour l'indigène, la valeur marchande de ces quatre cents amandes est au maximum d'un penny! Le métier de casseur de pierres dans notre pays n'est pas considéré comme une sinécure, mais je me demande si un casseur de pierres se contenterait d'un penny chaque fois qu'il a mis en morceaux quatre cents cailloux.

D'aucun arbre au monde on ne tirerait, à si peu de frais, un revenu semblable à celui que produit cette récolte. Dans la Nigeria, d'ordinaire, l'huile est préparée par faibles quantités dans les petits villages disséminés à travers le pays. Après avoir été préparée, elle est fréquemment portée par des femmes et des enfants jusqu'à quelque marché indigène, centre du commerce de la région, situé en règle générale au bord d'un cours d'eau. Là, l'huile est achetée par des traitants intermédiaires qui tiennent dans le pays l'office de transporteurs ; elle est introduite par eux dans les barils mis à l'avance à leur disposition par les commerçants européens. Les barils sont chargés sur des canots et les traitants les amènent à force de rames, à travers les sinuosités du fleuve, sur des distances qui varient avec la longueur et le caractère des cours d'eau, jusqu'à la factorerie du commerçant européen située à l'embouchure. Le négociant alors paie l'huile, donne au traitant un tonneau vide à la place du tonneau plein, et embarque ce dernier sur le premier navire en partance, après que les traitants l'ont, pour le voyage en Europe, remis en état et solidifié le mieux possible. L'huile de palme est utilisée dans la fabrication du savon et de la chandelle (1). Elle est aussi employée, dans la Nouvelle-Galles du Sud et aux Etats-Unis, pour la préparation des plaques de tôle ; ces plaques, chauffées à blanc, sont trempées dans l'huile de palme qui leur donne une surface polie et brillante. La demande, pour l'huile de palme, augmente chaque année, et, pendant longtemps, l'offre pourra vraisemblablement satisfaire à la demande.

(1) Elle est aussi employée pour la confection de mixtures qui servent à graisser les essieux des wagons sur les voies ferrées. (*Note de l'Auteur.*)

La transaction qui intervient entre le commerçant européen et le traitant indigène est de la plus grande simplicité. L'opération toutefois, avant d'être pleinement accomplie, se subdivise à l'infini. On verra, par exemple, un chef traitant faire remonter un fleuve à dix ou douze canots chargés de marchandises qu'il a achetées à crédit (1). Une grande partie du commerce se fait de cette manière et le crédit existe alors entre le commerçant et le traitant, le traitant et le producteur, parfois entre le producteur et un autre producteur plus éloigné, le premier jouant ainsi, lui-même, envers le second, le rôle de traitant ou de transporteur. Chacune des pirogues est confiée à un des « boys » du traitant avec un personnel suffisant pour conduire le bateau jusqu'à un marché déterminé. Là cette pirogue demeure jusqu'à ce que toutes les marchandises qu'elle transporte soient vendues et jusqu'à ce qu'elle soit chargée d'une cargaison d'huile. Il en est ainsi de tous les marchés, dans l'ensemble du pays, les pirogues demeurant quelquefois éloignées durant plusieurs semaines.

En dehors du factage, de l'achat, de la mise en barils, du transport par eau, de la vente finale et de l'embarquement sur mer, toutes opérations qui exigent respectivement la présence de nombreux indigènes, il faut tenir compte de la récolte et de la préparation pour avoir une idée complète des diverses phases que traverse l'industrie de l'huile de palme avant que ce produit soit débarqué sur nos rives. Il est nécessaire tout d'abord de grimper à l'arbre pour détacher le fruit dont la place naturelle est à la cime. Après avoir cueilli le fruit, les indigènes doivent, quand il est à point, le débarrasser de l'enveloppe pleine d'épines au milieu de laquelle il a poussé. La noix de palme ressemble à un noyau de prune, plus gros toutefois, et l'huile qu'elle renferme a l'épaisseur d'environ un huitième de pouce. A l'intérieur est l'amande, elle-même enfermée dans une écorce très dure. Pour extraire l'huile, on doit briser l'écorce ou en dépouiller le fruit. Les noix sont d'ordinaire jetées dans une vieille pirogue où les indigènes les foulent aux pieds afin de broyer l'écorce, puis elles sont mises dans de l'eau bouillante, qui fait apparaître l'huile à sa

(1) Ce ne sont pas seulement les Européens qui livrent des marchandises à crédit. On a vu des chefs indigènes donner à crédit à des Européens jusqu'à 1000 tonneaux d'huile de palme, et cela à une époque où l'huile de palme valait 15 livres par ponchon. C'était faire crédit pour une somme de 15,000 livres. (*Note de l'Auteur.*)

surface. Mais il y a plus d'un moyen d'extraire l'huile et l'on attribuait encore, il y a quelque temps, ses qualités différentes à la diversité des modes de préparation adoptés sur telle ou telle partie de la côte. Cette théorie ne paraît plus aujourd'hui devoir être acceptée, car elle ne suffit pas à expliquer la quantité de glycérine que contient l'huile de Bonny et de Vieux-Calabar, et la proportion plus forte de stéarine (1) que l'on trouve dans les noix dures de Brass et de New-Calabar. Nous en avons fini maintenant, du reste, avec ce qu'on peut dire de la préparation de l'huile de palme, et nous arrivons au second mode d'utilisation que l'on peut obtenir du palmier à huile.

Tout en broyant la noix et extrayant l'huile, on laisse l'amande dans son enveloppe. Le commerce des amandes de palme ne s'est généralisé (2) que dans ces dernières années ; jusqu'alors on laissait le plus souvent l'amande pourrir ou faire souche, et on a remarqué que pendant longtemps on perdait chaque année des centaines de milliers de livres. Mais à une époque relativement récente les indigènes ont été amenés à briser la coquille dure où l'amande est renfermée, et celle-ci est maintenant transportée en Europe depuis la Nigeria, en quantités croissant chaque année, par les commerçants, qui en font livraison aux « African Oil Mills » (3) ou à quelque autre établissement de Liverpool installé pour le broyage des graines, ou bien chargé d'en assurer l'expédition à Hambourg ; l'Allemagne, nous l'avons dit, est, pour ces produits, l'acheteur le plus important. L'amande donne une huile qui, à l'état normal, est blanche, à la différence de l'huile de teinte jaune rouge, rouge sombre ou ocre, que produit la noix elle-même ; cette huile constitue le principal élément qui entre dans la composition du « Sunlight »

(1) En fait, le palmier à huile de la région du Congo est le plus riche en stéarine. (*Note de l'Auteur.*)

(2) Les premières amandes de palme originaires de l'Ouest africain furent importées par M. A. Mackenzie Smith, et M. Charles Lane, aujourd'hui décédé, de Liverpool. De la région de Vieux-Calabar on s'achemina vers la Nigeria méridionale. Le commerce commença à s'y développer dans des proportions encore faibles en 1861. Le Benin fut alors dans la Nigeria méridionale le premier à suivre le mouvement et le commerce y devint très important vers 1867. Vers 1880, le commerce s'était étendu dans les autres rivières, New-Calabar, Bonny, Brass et Opobo. (*Note de l'Auteur.*)

(3) Le broyage moyen des « African Oil Mills » est, je crois, d'environ 600 tonnes par semaine. (*Note de l'Auteur.*)

ou de tout autre savon analogue. Par ses propriétés chimiques, elle est presque identique à l'huile extraite de la noix de cacao — dite copra — que l'on connaît sous le nom d' « huile de noix de cacao ». Elle est exclusivement utilisée dans la fabrication du savon.

Si l'on tient compte de l'effort considérable qu'exige le broyage des écorces, qu'on accomplit le plus souvent en plaçant la noix sur une pierre pour la briser à coups de cailloux ou de bâtons, si l'on envisage la perte de temps considérable qu'entraîne une méthode aussi primitive, on ne peut que s'étonner de ce qu'on n'ait pas inventé quelque procédé mécanique et qu'on n'en ait pas généralisé l'application partout où l'opération pourrait être accélérée et facilitée. Ce n'est pas assurément qu'on craigne de voir une trop rapide production amener un arrêt de la récolte, car, autant qu'on puisse tirer quelque conclusion de la quantité d'huile apportée aux factoreries, la Nigeria sera longtemps encore en mesure de fournir à peu près tout le stock d'amandes nécessaire. En réalité, on a fait dans ce sens plusieurs tentatives qui, à une exception près (1), ont échoué, et cet échec a découragé de nouveaux efforts (2). Des machines de broyage de divers systèmes ont été importées, mais par suite de négligence, en raison aussi de l'effet meurtrier du climat de l'Afrique occidentale sur tout appareil mécanique quel qu'il soit, — surtout peut-être dans une région aussi humide que le delta du Niger — enfin pour d'autres causes encore, ces machines bientôt n'ont plus été que de la « vieille ferraille ».

Bien qu'il y ait quelque présomption, quand on ne pratique pas soi-même ce genre d'affaires, à émettre une semblable suggestion, je ne puis m'empêcher de croire qu'on pourrait faire davantage, par une action méthodique et suivie, pour réaliser une réforme aussi importante que le serait sûrement le décortiquage mécanique des amandes. On quadruplerait la production totale et l'on éviterait une somme d'effort considérable qui pourrait être canalisée par ailleurs.

(1) L'exception s'applique à la machine installée sur la rivière Brass, en 1877, par le comte de Cardi (je crois) et utilisée jusqu'à ce jour par la société qui avait la situation commerciale la plus importante de la région. Elle peut produire, je pense, par journée de dix heures, 40 ou 50 sacs d'amandes décortiquées. Il faudrait 6 ou 700 hommes pour obtenir ce résultat dans le même temps. (*Note de l'Auteur.*)

(2) Depuis que ce livre a été écrit, MM. Alexandre Milter and C°, de Glasgow, ont fait breveter une machine de broyage à main, qui donne, je crois, de bons résultats. (*Nouvelle note de l'Auteur.*)

En voyant comment les indigènes acceptent par livre d'amandes broyées de leurs mains une très faible rémunération, on a peine à comprendre qu'on redoute quelque désordre véritable de leur part, — ce qu'on peut éviter en les payant bien et les traitant avec égards, — le jour où l'on devrait, avec la vapeur, produire le travail nécessaire au maintien de la force motrice exigée, alors surtout que, comme on le sait, avec les écorces, on aurait sous la main un combustible parfaitement efficace. En outre, les machines qu'on emploierait devraient-elles avoir une action telle qu'il fût absolument nécessaire d'avoir recours à la vapeur pour obtenir une force motrice? Ne pourrait-on parvenir à importer des appareils automatiques de broyage à la main, le broyage ayant lieu désormais sous la surveillance des blancs dans les factoreries, et les traitants apportant la noix non décortiquée, non plus, comme aujourd'hui, l'amande elle-même (1)?

Cette importante industrie de l'huile de palme réclame impérieusement, semble-t-il, comme les autres industries indigènes de l'Afrique occidentale, la collaboration des fonctionnaires et des négociants, collaboration qui ait pour effet d'amener la population blanche, — à l'exception des missionnaires — à adopter quelque programme d'ensemble, bien étudié, en vue d'enseigner aux indigènes des méthodes de production plus scientifiques. C'est en vain qu'on dirait la chose impossible. Cela peut être fait et cela a été fait. L'exemple le plus remarquable qu'on en puisse donner, on le trouve dans l'histoire de la culture de l'arachide au Sénégal, culture qui n'a nullement atteint la perfection (2) ni même un état voisin de la perfection, et qui produit cependant aujourd'hui un million de livres par an. Ce résultat frappant a été obtenu grâce à l'effort patient, soutenu, infatigable, des commerçants de Bordeaux, aidés du concours amical et de l'assistance du gouvernement, sans contrainte d'aucune sorte. Il a fallu quelque temps naturellement, mais les résultats ont pleinement justifié la politique suivie et le Sénégal

(1) Je crois savoir que des efforts sont faits en vue d'utiliser des machines de broyage à main, par une société commerciale de la Guinée française. (*Note de l'Auteur.*)

(2) Un intéressant tableau de cette expérience pleine d'intérêt a été présenté par M. Pierre Mille dans le *Journal de la Société africaine* d'octobre 1901. (*Note de l'Auteur.*)

aujourd'hui (1) est le premier pays du monde pour la production des graines oléagineuses. On nous parle beaucoup de développer l'enseignement professionnel en Afrique occidentale pour la menuiserie, la briqueterie et d'autres métiers, entreprises qu'on ne saurait trop louer assurément, mais qui exigent du temps et de l'argent dont on pourrait retirer un meilleur profit en perfectionnant les *industries indigènes existantes ;* on pourrait aussi en créer de nouvelles, plus particulièrement propres à accroître la prospérité du pays tout en étant basées sur des données scientifiques, en n'oubliant pas que les dispositions naturelles et les aptitudes des noirs sont au premier chef favorables à la vie agricole. Des progrès beaucoup plus durables seraient ainsi réalisés.

Une étroite collaboration des fonctionnaires et des commerçants, et des méthodes scientifiques, voilà ce qui manque à l'Afrique occidentale. N'est-ce pas la condamnation de notre système administratif dans l'Ouest africain que ce déclin continuel, par exemple, de la situation commerciale de Sierra-Leone, beaucoup parce qu'on s'est passionnément attaché à établir une forme d'impôt que les indigènes se refusent à accepter et qui ne réussit même pas à couvrir les frais de sa perception? Il en est ainsi quand des milliers de livres sont perdues chaque année dans le seul district de Sherbro, les indigènes se bornant à recueillir les amandes de palme et laissant l'huile se corrompre, faute d'encouragement et parce qu'on ne leur a pas enseigné des méthodes scientifiques de production; il en est également ainsi quand des hectares de terres propres à la production du caoutchouc ont été perdus à Lagos, faute des plus élémentaires notions. Le plus curieux peut-être dans toute l'affaire, c'est de déplacer la question et de blâmer l'indigène de détruire avec intention ce que, dans le dernier cas, on ne lui a jamais appris à respecter. Si l'industrie de l'huile de palme était entreprise de façon vraiment pratique, il est certain qu'elle prendrait un développement énorme. Mais tant que persistera une certaine absence de sympathie et d'entente, on pourrait presque dire une opposition latente, entre les fonctionnaires et les commerçants, je ne vois pas que les choses doivent se modifier. Le remède dépend pour une très large part des représentants du gouvernement.

(1) On expérimente actuellement au Sénégal en vue de hâter la production divers systèmes de charrues à bras; voir le *Journal d'agriculture tropicale* de septembre 1901. (*Note de l'Auteur.*)

CHAPITRE X

L'ADMINISTRATION DE LA NIGERIA SEPTENTRIONALE

L'Empire britannique a peu de serviteurs qui aient, plus que sir Frederick Lugard, l'expérience de l'Afrique tropicale. Comme tous ceux qui se sont distingués, sir Frederick Lugard a des détracteurs, et, sans doute, comme tout le monde aussi, il a pu commettre des fautes, mais, en général, il est tenu en très haute estime. Savoir si le général Lugard, avec ses tendances et son éducation toutes militaires, est bien l'homme qu'il faut, à la place qui lui convient, c'est une question sur laquelle on peut différer d'opinion. Parmi les soldats qui ont servi l'Angleterre dans l'Afrique équatoriale, on ne pouvait d'ailleurs faire un meilleur choix. La seule objection que sa désignation ait soulevée ne visait pas directement sa personne. On ne doutait pas de ses capacités, mais on laissait entendre que les délicats problèmes posés par la situation intérieure de la Nigeria septentrionale devaient mieux se concilier avec des habitudes civiles qu'avec une tournure d'esprit toute militaire.

Ces problèmes sont infiniment complexes. Rarement situation a réclamé plus grand déploiement de tact, de clairvoyance, de sage perspicacité. Rarement on disposa de plus de combustible prêt à s'enflammer en face d'une politique manquant de ces différentes qualités. Jamais on ne se trouva sur un champ d'expérience dont l'on pût mieux escompter les brillantes promesses en récompense d'une administration juste et bienfaisante, ayant pour très nobles visées le bonheur et la prospérité du peuple sur lequel elle s'exerce, pour principe directeur la patience, et, sachant selon l'expression de sir Andrew Clarke « utiliser la puissance de l'imagination ».

La Nigeria du Nord, il est à peine besoin de l'observer, diffère complètement de la Nigeria du Sud, par la nature de son sol, sa configuration, son altitude, sa végétation ; par sa situation ethnographique, religieuse, intellectuelle, sociale, enfin par son organisation politique. Nous avons quitté le foyer du paganisme et nous avons pris contact avec un type plus avancé de civilisation ; nous sommes partis de la forêt et nous avons pénétré dans la plaine, dans un pays découvert, véritable parc, peu boisé en règle générale quand on le compare aux régions du sud ; terrains de pâturages et pays de cultures où l'on rencontre des champs de mil ondulé par le vent et de *masara*, où l'on voit en grand nombre des bestiaux superbes, où l'on élève des chevaux ainsi que des moutons au museau allongé. L'animisme ou le fétichisme ne prédomine plus ; une religion révélée en a pris la place. Partout on voit maintenant que l'influence sémitique a pénétré. C'est un monde nouveau dans lequel nous sommes entrés — étrange confusion de deux continents ; mélange de courants migrateurs attirés toujours par la fertilité du sol ; produit d'un industrialisme qui s'impose à l'attention immédiate, qui intéresse profondément et donne de belles promesses. Une féodalité grossière, une autorité centrale relâchée, une splendeur toute barbare au milieu d'une civilisation primitive, un système de gouvernement supérieur à tout ce que nous avons encore rencontré et dont le soutien le plus puissant est la foi religieuse ; de grandes cités, des cultures étendues, des tanneries, des teintureries, des tissages ; de nombreux Etats qui reconnaissent la suzeraineté — plus religieuse et ethnique que politique, — d'un chef suprême, qui nomment leurs gouverneurs de district particuliers, leurs trésoriers, leurs ministres de la guerre, leurs juges, qui commandent leurs propres armées et gèrent leurs propres finances; voilà ce qui, dans l'ensemble, caractérise le pays. La population se divise en deux classes distinctes, l'aristocratie et la plèbe, qui correspondent à des différences de race, chacune des deux classes demeurant à la place qui lui est assignée, rarement ayant avec l'autre des relations jugées licites, peut-être plus aujourd'hui pourtant qu'autrefois, et perpétuant ainsi dans sa pureté une race autochtone qui doit exister en Afrique depuis au moins deux mille ans. Loin des villes, dans les régions qui se prêtent le mieux à leurs travaux, on trouve des pasteurs d'origine sémitique, des planteurs, des ouvriers agricoles ; dans les villes elles-mêmes, des fonctionnaires et des soldats, puis des artisans et des marchands. En même temps se dispersent à travers le pays de grandes voies commerciales, vieilles de plusieurs siècles, se dirigeant vers le nord, l'est et l'ouest, sur lesquelles résonnaient le piétinement des passants et le galop des coursiers quand Rome occupait l'Afrique du Nord et construisait ses forts jusqu'à l'entrée du désert — et même au delà certes de ce qui, sous l'action de l'homme et de la nature, est devenu l'entrée du désert, — sur lesquelles aujourd'hui circulent des bœufs et des mules chargés de denrées, des ânes portant des kolas, des chameaux portant du sel, des épices d'Orient, des balles de coton venant des rives lointaines de Benghazi, des cotonnades de Manchester, des soieries de France, des aiguilles et du papier d'Allemagne, des perles et des miroirs de Venise, tandis que passent des chevaux richement caparaçonnés et montés par des cavaliers aux brillants costumes, des *meharis* aux pieds légers conduits par des Touareg, et à côté d'eux, menant ses troupeaux, le berger peul. Enfin, plus loin, sur les bords du Tchad, des troupeaux d'éléphants errent paisiblement pendant que le Shuwa, aux cheveux tressés *à l'Egyptienne* (1), se déplace sans repos, comme s'il cherchait à percer le mystère de ses origines.

Dans ce pays, les blancs sont venus comme l'annonçaient d'anciennes prophéties, et ce sont les descendants du blanc qui, le premier, l'a visité. C'est toujours la même race, la race dominante, toujours avide d'étendre son autorité, oubliant parfois que l'épée sans la charrue a conduit à la ruine plus d'un empire.

Comme on l'a dit, deux années se sont écoulées entre l'établissement du système des colonies de la Couronne dans la Nigeria septentrionale et la publication du premier rapport de sir Frederick Lugard. A défaut de données officielles d'une réelle valeur, qui permissent d'apprécier l'administration du haut-commissaire et les intentions du gouvernement, le public ne fut en mesure de juger les tendances de l'une comme des autres que par les rares informations que communiquaient les agences de renseignements ou par l'intermédiaire de lettres privées émanant d'Européens qui résidaient dans la Nigeria septentrionale. On ne peut dire que ces informations, filtrant pour ainsi dire à travers le voile épais où la Nigeria septentrionale demeurait enveloppée jusqu'à la publication tardive du rapport de sir Frederick Lugard en févriér 1902, étaient de nature rassurante. Au contraire, le rétablissement de l'ordre dans le Bornou était si complètement négligé que les Français se trouvaient eux-mêmes forcés, par un concours de circonstances locales, de pacifier le pays à notre place, d'y donner asile à son souverain légitime, de combattre et finalement de traquer jusque dans son repaire l'homme qui, suivant les traces funestes de son père, transformait en désert le pays par où il passait. Pendant ce temps, les événements du Sokoto, qui avait, depuis 1884, conclu des traités et entretenu des relations suivies avec les représentants de la Grande-Bretagne, sem-

(1) En français dans le texte.

blaient justifier les pires alarmes, et confirmer les prédictions de feu Mary Kingsley. D'après cette dernière en effet « trois mois de gouvernement des territoires du Niger dans la forme des colonies de la Couronne devaient amener une guerre beaucoup plus importante et beaucoup plus funeste que toutes celles que nous avons eu à soutenir en Afrique occidentale et devait laisser après elle une dette publique beaucoup plus forte que toutes celles que nous avons encore à supporter dans les mêmes régions, à cause de l'étendue plus considérable des territoires et de la puissance moins affaiblie des Etats indigènes, aujourd'hui vivant dans une paix relative sous le contrôle de l'Angleterre, mais non de l'Angleterre mal représentée par un système d'administration défectueux ». Les nouvelles reçues étaient exclusivement d'ordre militaire. Elles rappelaient les exploits de nombreuses expéditions dirigées contre des souverains indigènes, la défaite de tel ou tel chef, en même temps qu'elles faisaient prévoir un renforcement considérable des troupes de frontière et l'extension future du champ ouvert aux entreprises de répression. Tout vapeur partant pour Bouroutou avait à bord un certain nombre d'officiers se dirigeant vers la Nigeria, et l'élément militaire semblait alors occuper la première place. A la même époque, le prosélytisme de l'évêque Tugwell à Kano, prosélytisme qu'on n'aurait jamais dû tolérer, avait le résultat qu'on en devait attendre à son début, c'est-à-dire un échec absolu, complet. Cette déception avait sa conséquence naturelle sous la forme d'un renforcement par les apôtres de paix, pour la Nigeria, de la théorie répressive. Le principal auxiliaire de l'évêque Tugwell, le révérend J.-A.-E. Richardson, à son retour, s'empressa de se faire interviewer par l'agence Reuter, représenta « l'émir de Sokoto et le roi de Kano comme les principaux adversaires de la civilisation dans cette partie du monde » et exprima l'espoir qu'on « en aurait fini promptement avec le premier ». Dans le même entretien, ce jeune et ardent réformateur daigna admettre l'existence, dans les territoires de ces « adversaires de la civilisation », de « toute une étendue de terrains cultivés », de maisons « splendidement construites », de « larges voies », de « grands et beaux jardins », etc. La civilisation existante, pour n'être pas sur le modèle d'Exeter Hall, était recommandable au moins à quelques titres! Le thème fut repris par un autre évêque, qui prononça un sermon constituant tout simplement un appel à la force brutale dans la Nigeria septentrionale et destiné à être vivement commenté. Les observateurs y remarquèrent un parallèle presque exact entre la Nigeria septentrionale et l'Est africain, où les ravages causés par le déchaînement des forces du militarisme et de la bigoterie religieuse sont de notoriété publique.

Quand le rapport de sir Frederick Lugard parut, les pages en furent lues avidement. Ce fut avec une immense satisfaction qu'on y trouva tracée une ligne de conduite claire et bien définie, qu'on y remarqua l'intention nettement déterminée d'ajourner certaines mesures inopportunes qu'on avait envisagées déjà. En réalité, les observations de sir Frederick Lugard étaient assez catégoriques pour qu'il fût possible et légitime d'en conclure qu'il désapprouvait bien des choses de ce qu'on avait fait avant lui. La lecture du rapport suggérait une autre réflexion, c'est que le commissaire du gouvernement était entravé dans l'accomplissement de sa tâche par l'absence d'auxiliaires politiques véritablement compétents. Les événements qui ont suivi ont tendu à confirmer plutôt qu'à affaiblir cette impression ; ce n'est là cependant, après tout, qu'une impression et ce ne peut être présenté pour le moment comme l'affirmation d'une réalité (1).

Les principaux points à retenir du rapport sur la politique du haut-commissaire étaient les suivants : 1° maintien de la souveraineté peule ; 2° nécessité de prendre en main la direction des affaires au Bornou ; 3° nécessité de se montrer très circonspect en présence d'accusations ouvertes d'esclavagisme ; 4° mise en garde contre toute enquête insuffisante, origine de bien des malentendus ; 5° affirmation de ce principe qu'on peut obtenir davantage « en entrant peu à peu en contact avec les populations » qu' « en s'engageant dans une série d'expéditions répressives et de massacres ; 6° interdiction de tout apostolat religieux ayant recours à la contrainte.

(1) Bien des personnes, d'autre part, considéreront le système judiciaire quelque peu compliqué, en vigueur dans la Nigeria septentrionale comme manifestement prématuré. L'application de la loi anglaise dans les Protectorats de l'Ouest africain (voir page 16, Rapport sur la Nigeria septentrionale), même quand elle se combine avec la loi et la coutume indigène, est un des côtés du système des colonies de la Couronne qui n'est guère à recommander. Le programme du Dr Ballay en Guinée française était infiniment préférable. Dans toutes les questions concernant les relations des indigènes entre eux, Ballay insistait pour que leurs coutumes demeurassent à la base de toute solution. Il se refusait à introduire toutes les complications de la loi européenne parmi des populations dont les lois particulières sont fondées sur des principes de justice, et, pour peu que l'application en soit assurée, sont efficaces et bonnes. (*Note de l'Auteur.*)

Un programme semblable ne peut manquer de rencontrer une approbation générale, et, si sir Frederick Lugard est résolu à le mettre en œuvre sans faiblir, il peut compter sur l'appui résolu de tous ceux qui, dans ce pays, s'intéressent ardemment aux choses de l'Afrique occidentale anglaise. Bien plus, il peut avec confiance s'attendre à être fermement soutenu, s'il devenait évident quelque jour qu'en s'efforçant de suivre sa voie il n'a pas trouvé une aide suffisante auprès du pouvoir central ou que la politique de Downing Street sur des points particuliers tend à rendre difficile, sinon impossible, la réalisation de son programme. Ayant présenté ces déclarations, nous espérons qu'une critique dirigée contre les affaires de la Nigeria septentrionale ne pourra donner lieu à des malentendus dans les sphères administratives où nous serions heureux de la voir accueillir comme un conseil amical. On voudra bien ne pas l'attribuer, comme il arrive souvent dans ce qui touche l'Afrique occidentale, à l'esprit de chicane de ceux qui, tout en donnant à bon droit libre cours à leurs pensées, se tiennent loin du théâtre de l'action et n'ont, sur les questions dont ils traitent, ni les soucis ni la peine d'un contact présent avec les choses ou d'une responsabilité directe dans les décisions à prendre.

CHAPITRE XI

LES FINANCES DE LA NIGERIA

Le 30 juin 1899, un avis émanant du Trésor annonçait à la Compagnie royale du Niger l'intention qu'avait le gouvernement de Sa Majesté d'annuler la charte de la société. A la fin de la même année, sir Frederick Lugard se rendait en Afrique pour prendre possession des territoires de la Compagnie au nom de la Grande-Bretagne. Le 1er janvier 1900, ces territoires devenaient une colonie de la Couronne, selon un système d'administration appliqué déjà dans le delta depuis quelques années (1). En février 1902, le gouvernement condescendait pour la première fois, sous la pression de l'opinion publique, à publier un rapport de sir Frederick Lugard, daté de

(1) Depuis le 1er août 1902. On l'avait désigné tout d'abord sous le nom de juridiction consulaire. (*Note de l'Auteur.*)

Londres, le 1er mai 1901. Ce rapport, qui est très intéressant, mais qui est aussi à de nombreux égards incomplet, notamment en ce qui concerne les finances, nous fait remonter au 31 mars 1901. Ainsi, et alors que le système des colonies de la Couronne est pour la Nigeria septentrionale dans la troisième année de son application, ce rapport unique donne la mesure de la confiance que le gouvernement croit devoir accorder au peuple anglais, quant aux responsabilités directes qu'il a assumées envers 25 millions d'indigènes africains.

Il y a diverses raisons qui ne permettent pas au public de se contenter d'aussi maigres informations. La première est d'ordre financier. Les dépenses des deux protectorats — de la Nigeria du Nord et de la Nigeria du Sud — ont pris un très grand développement ; elles lui imposent la lourde charge de dettes importantes, et non seulement on n'aperçoit pas le plus léger indice d'un effort quelconque en vue d'éteindre ces dettes, mais encore chaque mois qui s'écoule voit s'étendre les responsabilités. La situation présente de nos finances nationales ne justifie pas une attitude constante d'indifférence devant le gaspillage croissant des fonds publics dans la Nigeria. D'un autre côté, notre principal objectif dans l'Afrique occidentale étant ce qu'il est, c'est-à-dire le développement du commerce, il est d'une extrême imprudence, au simple point de vue des transactions, de ne pas chercher à savoir comment est administrée la plus étendue et la plus importante de nos possessions de l'Ouest africain et si les dépenses engagées donnent dès maintenant, ou donneront vraisemblablement dans un avenir assez rapproché, ces compensations que le public est fondé à espérer.

Quels sont donc les éléments de fait qu'offre la situation financière de la Nigeria septentrionale et méridionale? En premier lieu, il y a la dette de 865,000 livres qu'a contractée le gouvernement en achetant la Compagnie du Niger. Cette dette est, tant qu'elle existe, un obstacle au progrès, et, lors d'une conférence tenue à Londres le 20 septembre 1900, nous voyons sir Ralph Moor, commissaire du gouvernement, partager cette opinion. Alors qu'un orateur, au cours de cette séance, venait d'insister pour que l'on consacrât des crédits plus importants à l'enseignement technique dans le Protectorat, ajoutant que les dépenses correspondantes seraient couvertes par les excédents de recettes, sir Ralph Moor répondit aussitôt qu'on n'avait pas d'excédents de recettes, mais qu'on était « dans cette situation peu enviable d'être le débiteur du Trésor de Sa Majesté pour la somme de 800,000 livres. Telle est l'importance de la dette et de l'obstacle que son existence apporte aux progrès désirables (1).

Malgré cette dette, les dépenses administratives de la Nigeria méridionale s'accroissent rapidement. En 1899-1900 (2), elles ont atteint le chiffre de 176,128 livres (3), en augmentation de 29,383 livres sur celles de l'exercice précédent, et elles ont dépassé les recettes de 12,000 livres. On ne nous a pas encore donné le chiffre des dépenses de la Nigeria septentrionale depuis que la Couronne a remplacé la Compagnie du Niger dans son rôle administratif, mais, en se référant aux évaluations produites à la date du 31 mars 1902, on constate que la Nigeria septentrionale recevait une subvention de 88,800 livres en 1900-1901, une autre de 280,000 livres en 1901-1902, cette dernière comprenant le crédit de 200,000 livres voté en 1900-1901 pour les troupes de frontière de l'Afrique occidentale. Nous sommes donc en présence d'un minimum de dépenses de 368,800 livres pour la Nigeria septentrionale en deux ans. A ce prix il est difficile de savoir comment la Nigeria sera jamais en état de vivre par ses propres moyens. A des dépenses aussi élevées devrait correspondre un développement extraordinaire du commerce ou la création de voies de communication en vue de ce développement, si l'on veut apprécier les frais engagés en tant que capital de premier établissement. C'est fort bien de voir dans ces opérations financières des « dépenses impériales ». Evidemment ce sont des dépenses « impériales » et ainsi en est-il de tout denier consacré à étendre le champ d'action « impérial » du commerce britannique. Mais ce que nous devons chercher à savoir, c'est si les dépenses administratives de la Nigeria sont proportionnées, de quelque manière, aux intérêts

(1) Sir Ralph Moor a depuis lors déclaré que la Nigeria méridionale est « dans une excellente situation financière ». L'expression de bonnes finances doit avoir dans l'Afrique occidentale un sens différent de celui qu'il a dans toute autre partie du monde. (*Note de l'Auteur.*)

(2) Rapport du Colonial office, n° 315.

(3) Pendant ce même exercice, la Nigeria méridionale a consacré 30,196 livres aux dépenses militaires et 8,236 livres seulement aux dépenses des « Affaires indigènes ». Sous la rubrique « Dépenses politiques et administratives » il a été fait emploi d'une somme de 20,327 livres; sous la rubrique « Département de la Marine » il a été fait emploi d'une somme de 32,531 livres; 24,651 livres seulement ont été consacrées aux travaux publics, mais les « Prisons » exigeaient 7,200 livres alors que les « Études botaniques » en réclamaient 1,171 et le « Service de santé » 1,117. (*Note de l'Auteur.*)

que l'administration est censée défendre. S'il en est ainsi, c'est bien, c'est parfait ; sinon, une réforme s'impose.

Le rapport existant entre les dépenses et le commerce de la Nigeria est relativement facile à établir. La valeur totale du commerce (le numéraire non compris) du protectorat des côtes du Niger en 1898-1899 s'élevait à 1,477,398 livres, et celle du commerce total de la Nigeria — c'est-à-dire du protectorat des côtes du Niger accru des territoires de la Compagnie du Niger — s'élevait en 1900 (le numéraire non compris) à 2,113,878 livres. Si donc nous retranchons le premier chiffre du second, nous pouvons obtenir une évaluation approximative du commerce pratiqué dans les anciens territoires de la Compagnie du Niger, rattachés depuis 1900 au protectorat de la Nigeria. Le commerce des territoires de la Compagnie était dès lors, en 1901, en chiffres ronds, de 650,000 livres, dont la Nigeria septentrionale, on peut l'affirmer avec certitude, n'a pas produit plus d'un tiers, si même elle l'a produit, le centre principal des transactions confinant aux territoires de la Compagnie du Niger sur le cours inférieur du fleuve. Le commerce réel de la Nigeria septentrionale serait ainsi représenté par environ 216,660 livres sur le total de 650,000 livres. En supposant, pour les besoins de notre argumentation, qu'il se fût élevé en 1901 à 250,000 livres, le total pour les deux années 1900 et 1901 serait de 466,660 livres. D'autre part la Nigeria septentrionale, comme nous l'avons dit, a reçu, pendant la même période, du Trésor impérial 368,800 livres. Si l'on poursuit la même méthode d'investigation en l'appliquant au commerce d'exportation comme au commerce total, on reconnaîtra que les exportations des territoires de la Compagnie du Niger sont représentées par environ 360,000 livres, dont un tiers appartient à la Nigeria septentrionale, soit 120,000 livres. En supposant que l'année 1901 ait produit 140,000 livres, on arrive, pour les exportations de la Nigeria septentrionale, ou, en d'autres termes, pour sa capacité de production, quant aux deux années indiquées, à un chiffre total de 260,000 livres, si bien que ce même pays est, au point de vue financier, dans cette situation désastreuse qu'il dépense plus qu'il ne produit. L'évaluation d'un tiers, qu'on a adoptée dans ce calcul, est une base optimiste, et l'on n'a pas tenu compte, d'autre part, de la part de responsabilité qui appartient à la Nigeria septentrionale dans la dette publique des deux protectorats. La situation dès lors, en ce qui concerne la Nigeria septentrionale, est d'une clarté limpide. Ce pays est actuellement pour l'Empire une charge financière. Après huit années d'expérience du système des colonies de la Couronne dans le delta du Niger, où le mécanisme était loin d'en être aussi compliqué et dans lequel les richesses naturelles sont de beaucoup plus importantes, il est difficile d'être encouragé à envisager avec confiance à quelles destinées huit années d'un même mode d'administration conduiront la Nigeria septentrionale. Dans les trois années antérieures au mois de décembre 1899, le delta du Niger (à l'exclusion des territoires de la Compagnie) a produit un mouvement commercial qui représentait une moyenne de 1,800,000 livres, dont plus de 1 million de livres pour les exportations (1). Sous le système des colonies de la Couronne, avec son mécanisme coûteux nécessitant des impôts indirects correspondants, avec ses dépenses militaires et l'absence de toute collaboration des représentants du commerce à l'administration, la valeur des exportations n'est parvenue qu'une fois (1893-1894) à dépenser 1 million de livres, alors que, par contre, en dehors de cette unique exception, les chiffres les plus hauts et les plus bas ont été respectivement de 844,333 livres et de 750,223 livres, et que l'importance totale du commerce pendant trois années données n'a jamais atteint le chiffre moyen de 1,800,000 livres. Les totaux des trois années antérieures à 1900 ont été respectivement de 1,441,383 livres, de 1,389,922 livres et de 1,507,288 livres. En tenant le plus large compte de l'abaissement du prix de vente de certains produits dans ces dernières années — ce qui, du reste, a, dans quelque mesure, été contrebalancé par une exportation plus importante de produits nouveaux — la conclusion à tirer de ces chiffres c'est que le système des colonies de la Couronne n'a pas donné les résultats que le pays est en droit d'espérer. Et la morale à retenir de tout cet exposé, c'est que les Anglais, quelle que soit la situation des autres possessions britanniques de l'Ouest africain, devraient, en vérité, rentrer en eux-mêmes et se demander sérieusement si le brillant avenir réservé à la Nigeria doit courir le risque d'être compromis faute d'un peu de courage pour voir les choses telles qu'elles sont.

(1) En 1890, la valeur des exportations du delta était estimée à plus de 1,300,000 livres. (*Note de l'Auteur.*)

CHAPITRE XII

LES MUSULMANS, LA TRAITE ET L'ESCLAVAGE DOMESTIQUE.

On a remarqué avec raison que l'on peut obtenir des résultats plus durables « si l'on traite les chefs musulmans de l'Afrique occidentale avec ménagements et si on les gagne à prix d'or que si l'on emploie contre eux le Maxim et le rifle ». C'est cette politique qui nous a valu en grande partie nos grands et étonnants succès dans les Indes. Son application à l'Afghanistan a naguère été amplement justifiée par les résultats. Pourquoi ne se serait-elle pas pratiquée dans la Nigeria septentrionale? Quel est le plus avantageux d'un crédit de 5,000 livres employé chaque année au paiement de subsides, ou d'une dépense beaucoup plus considérable entraînée par des opérations militaires? Laquelle des deux solutions doit être préférée, celle qui conduit à la prospérité d'un pays immense, voisin des tropiques, très peuplé, où l'Européen ne peut s'établir à poste fixe, celle aussi qui nous permet d'arriver à nos fins paisiblement, sinon aussi vite qu'il serait désirable, ou bien, au contraire, celle qui consiste à user de la force et à affronter la dislocation, sous l'effet de mesures violentes, de l'état social existant? Presque tout le monde en face de cette alternative, pour peu qu'on considère la question de sang-froid, se ralliera sans hésiter à l'opinion exprimée au début de ce chapitre. Dans la Nigeria septentrionale, ce n'est pas seulement affaire d'opportunité ; c'est aussi pour l'Angleterre une question d'honneur.

Quand Mac Gregor Laid partait pour son exploration du Haut-Niger, voyage qui devait lui permettre de jeter les bases du commerce britannique dans le bassin supérieur du fleuve, il avait reçu du gouvernement les instructions suivantes : « Il est très désirable de convaincre les chefs que vous arrivez chez eux en commerçant, et non pas en colon, non pas pour acquérir des terres, mais seulement pour faire du commerce et pour protéger le commerce. » Lorsque lord John Russell chargeait le capitaine Trotter et le commandant William Allen, en 1840, de remonter le Niger, il jugeait utile de subventionner les chefs indigènes, s'exprimant en ces termes : « Quant à lui (le chef), il recevra pour sa part, à titre purement gratuit, une somme n'excédant pas le douzième en valeur de toute marchandise anglaise, importée par navire anglais et vendue dans ses Etats. » Lorsque M. Joseph Thomson concluait en 1844, au nom de la Compagnie nationale africaine, un traité d'alliance et d'amitié avec Umoru, émir de Sokoto, « roi des Musulmans du Soudan », il s'engageait pour la Compagnie à payer à l'émir 3,000 sacs de cauries (environ 1,500 livres) par an. Lorsque ce traité, en 1890, fut confirmé envers l'émir au nom de la Compagnie royale du Niger (nouvelle désignation de la Compagnie nationale africaine du jour où elle reçut sa charte), puis, en 1894, avec le successeur de l'émir, le paiement de la subvention annuelle fut à nouveau promis. Il fut nettement stipulé dans ces traités que la Compagnie royale du Niger tenait ses pouvoirs de la reine de la Grande-Bretagne et qu'il fallait voir en elle (la Compagnie) le représentant de Sa Majesté auprès de l'émir. Ainsi, aux yeux de ce dernier, la Compagnie représentait le gouvernement anglais lui-même aussi bien que peut le faire un consul ou un haut-commissaire de ce gouvernement. En contre-partie de cette subvention annuelle, l'émir de Sokoto transmettait « aux personnes ci-dessus désignées (la Compagnie) ou à toutes celles avec lesquelles elles pourraient entrer en arrangement tous ses droits sur le pays situé sur les deux rives de la Bénoué et de ses affluents, dans les limites de ses Etats, aussi loin qu'elles le pourraient souhaiter. » L'émir, en outre, s'engageait « à n'entrer en relations avec aucune autre nation de race blanche, la Compagnie lui assurant son appui ». Dans une lettre datée du 27 avril 1894, le premier ministre du Sokoto répudiait toute intention de traiter « avec un autre pays de population blanche, exception faite des représentants de la Compagnie royale du Niger ». Des subsides séparés furent également alloués par « les représentants de Sa Majesté (la Compagnie du Niger) au roi de Gando ainsi qu'aux chefs du Nupé, de l'Adamaoua et à d'autres vassaux d'importance de l'émir de Sokoto. A tous égards, c'était là un système bien défini de relations politiques. Il permettait à la Compagnie royale du Niger d'assurer des régions étendues et peuplées à la Grande-Bretagne et c'est grâce à lui que la paix, sauf avec le Nupé (1) et l'Ilorin, put être maintenue. Quoi qu'on puisse dire des

(1) La campagne du Nupé fut entreprise à la suite de très nettes provocations, et il y a lieu de penser que l'exécution s'en poursuivit avec l'approbation avouée ou non de l'émir de Sokoto, qui avait des raisons pour se plaindre de la conduite de l'émir du Nupé. (*Note de l'Auteur.*)

mérites et des torts de la Compagnie royale du Niger en tant qu'exerçant des pouvoirs administratifs, on ne doit pas hésiter à se féliciter de ce que sa politique ait fait preuve d'un réel esprit de suite et de ce que les résultats en aient été, au point de vue des intérêts généraux de l'empire, pleinement satisfaisants. Le sens du contrat était très clair. L'émir de Sokoto et ses vassaux reconnaissaient des droits étendus aux représentants de l'Angleterre et s'engageaient à ne traiter avec aucune autre puissance à la condition de recevoir un subside de 1,500 livres par an, en ce qui le concernait lui-même, et des sommes d'importance variable en ce qui concernait ses vassaux. Le contrat, selon les termes mêmes, liait à la fois la Compagnie du Niger et ses successeurs. L'émir de Sokoto s'y montra fidèle pour sa part, et à l'époque où la France tenta, par l'intermédiaire du colonel Monteil, d'annuler le traité de la Compagnie, il observa loyalement les obligations qu'il avait prises (1). La Compagnie mit la même bonne foi à exécuter les siennes. Il est humiliant d'avoir à le reconnaître, mais le gouvernement britannique s'est montré moins loyal que la Compagnie, moins loyal que le chef africain dont la fidélité a permis à l'Angleterre, dans des circonstances critiques, de revendiquer une autorité politique sur le Sokoto. La Couronne, semble-t-il, a négligé de remplir les obligations que lui imposaient les traités antérieurement conclus, en profitant de tous les avantages que ces mêmes traités lui assuraient. Ce manque de foi du gouvernement impérial envers l'émir de Sokoto fut publiquement reconnu, avant toute autre personne, par le Rev. J.-A.-E. Richardson, déjà cité dans cet ouvrage. Il s'est exprimé à cet égard en ces termes : « Le paiement d'un subside annuel qui, sous forme de présents, était assuré par la Compagnie du Niger à l'émir de Sokoto n'a pas été continué par le gouvernement impérial et tout récemment l'émir a nettement refusé de laisser construire une ligne télégraphique anglaise. » Aucune déclaration officielle n'a eu lieu à ce sujet ; aucun membre du Parlement n'a pris la peine de poser une question sur ce point. Mais il n'est nullement douteux, selon moi, que telle a été en fait l'attitude du gouvernement impérial. Je me suis renseigné avec soin dans les régions qualifiées pour être à cet égard exactement in-

(1) De même le Nupé se refusa à négocier avec M. de Puttkamer en 1889 sans avoir consulté la compagnie, bien que l'explorateur allemand (ou son interprète se fût fait passer pour « l'envoyé de la reine d'Angleterre ». (*Note de l'Auteur.*)

formées, et il semble bien qu'on ait considéré comme indigne d'un gouvernement d'accorder des subsides dans un but politique à un chef de l'Ouest africain. C'est une doctrine extraordinaire. Depuis quand a-t-on regardé comme indigne des Anglais de tenir leur parole envers des souverains indigènes? Depuis quand a-t-on vu un criterium de l'autorité impériale dans le fait de montrer aux chefs indigènes qu'une promesse de l'Angleterre ne vaut même pas le papier sur lequel elle a été consignée? Est-ce là ce qu'on a appelé le « nouvel impérialisme »? Est-il étonnant que l'émir de Sokoto, en présence d'un tel abandon des obligations résultant du traité, ait « nettement refusé » de permettre l'installation d'une ligne télégraphique ou toute autre chose? N'est-ce pas une terrible épreuve à surmonter, pour les projets avoués de l'administrateur le mieux intentionné, que de rencontrer dès le début une cause aussi puissante de suspicion et d'hostilité parmi les indigènes?

Considérons un instant comment les étapes successives de l'action britannique sur le Niger doivent apparaître aux chefs indigènes du pays. Nous commençons par dire que nous sommes venus dans ces contrées en qualité de marchands et rien de plus, non pour acquérir des terres, mais simplement pour faire du commerce. En 1870, l'émir du Nupé, Maroba, se trouve ainsi collaborer avec l'évêque Crowther — homme austère et pieux, — pour faciliter les opérations des commerçants de Lokodja. En 1884, M. Joseph Thomson peut, sans faire étalage de pompe et de puissance extérieures, déterminer l'émir de Sokoto, maître suprême de tout le pays, à signer un traité d'importance considérable, équivalant à un traité de protectorat, en échange d'un subside annuel. Seize ans plus tard le gouvernement britannique interrompt le subside et persiste dans cette attitude nouvelle en entreprenant de s'ingérer activement dans les Etats de l'émir. Comme cette politique est coûteuse, il est probable qu'en franchissant un nouveau pas on demandera à l'émir et à ses sujets de contribuer aux dépenses qu'entraîne le maintien de l'administration britannique, et l'Angleterre, après avoir accepté, par l'intermédiaire de ses représentants, d'allouer des subsides au roi de Sokoto en retour des avantages qu'elle en obtenait, finira par amener ce même souverain à payer pour avoir la permission de rester dans son propre pays (1). « Il semble réellement in-

(1) L'émir de Sokoto a depuis lors été vaincu et tué et un nouvel émir a été nommé

croyable », observait naguère le *Morning Post*, à l'occasion d'un combat avec l'émir de Kontagora (1) « qu'un grand empire, administrant des pays sauvages, n'ait pas d'autres moyens à employer qu'un recours à la force ». Il a d'autres moyens certes, et le plus efficace a permis d'édifier l'empire des Indes. Celui-là peut se définir en cet axiome : « Observez la foi jurée. »

La raison des expéditions multiples dont la Nigeria septentrionale est le théâtre est, dit-on, la traite des esclaves. C'est là un fléau que personne ne saurait nier. Il est l'origine de bien des maux, de la dépopulation et de la dévastation. Il a pour auxiliaire la violence. Tout gouvernement européen a le devoir de le supprimer. Sur ces divers points il ne peut y avoir qu'une opinion. La divergence apparaît quand on examine les moyens à employer pour combattre ce fléau. Jusqu'à présent, dans la Nigeria, on n'a trouvé et appliqué dans ce but qu'un seul remède. Il consiste à opposer la violence à la violence. Il a le mérite de la simplicité, mais le mieux qu'on en puisse penser c'est qu'il est plutôt médiocre comme procédé et qu'on peut mettre en doute son efficacité comme moyen curatif. Le vrai fondement de toute civilisation », dit Carl Schurz, « consiste dans la dispensation de la justice par des moyens pacifiques, et non dans le gouvernement de la force brutale. » Et il ajoute une phrase bien digne d'être méditée : « Alors même qu'une série d'entreprises guerrières s'est ouverte avec le désir d'apporter la la liberté et la civilisation à des populations étrangères, elle se démasquera vraisemblablement, si elle n'est promptement fermée, pour se transformer en une politique de conquête sans pitié, toute prête à la violence criminelle et à la sauvagerie que d'ordinaire elle implique. » Il est impossible de ne pas sentir la force et la vérité de cette pensée quand on étudie l'histoire de l'Afrique orientale anglaise. Ces « chasses aux nègres » (pour employer l'expression, non d'un « philanthrope rempli d'illusions », ou d'un « sentimental dépourvu de sens pratique », — deux des nombreuses épithètes de choix dont on assaille ceux qui ne croient pas aux avantages réels des « chasses aux nègres » — mais d'un officier spécialement qualifié) ont causé des maux incalculables et ont, pour des

à sa place, au cours d'événements qui se sont produits postérieurement à la publication de ce volume et dont les origines ne sont pas encore bien connues. (*Nouvelle note de l'Auteur.*)

(1) Nigeria septentrionale.

années, arrêté les aiguilles de l'horloge du progrès. « Parfois une guerre ou une expédition répressive, — observe le professeur Gregory dans son remarquable et impartial ouvrage (1), — a sans doute été dans le passé inévitable et juste. C'étaient alors des guerres cruelles, nécessaires pourtant à l'établissement d'une paix définitive. Mais certaines des expéditions militaires en Afrique orientale ont été simplement criminelles, si l'on considère la folie et la déraison de l'entreprise ». Et pourtant les autorités métropolitaines ont excusé toutes ces expéditions, couvert les auteurs de ces erreurs de leur aile protectrice, au détriment non seulement des intérêts généraux de l'empire, mais encore du bon fonctionnement de l'administration, en décourageant les représentants du pouvoir qui se faisaient une toute autre idée de leurs devoirs, et qui voyaient par eux-mêmes qu'entrer en lutte avec les indigènes, accomplir quelque action d'éclat et faire parler de son « héroïsme », c'était le plus sûr moyen de monter en grade. C'est là, j'en ai peur, dans l'Afrique occidentale également, un des principaux moteurs de l'avancement du personnel.

Dans son rapport sir Frederick Lugard montre qu'il n'est pas indifférent aux abus qu'un trop constant appel aux armes peut engendrer et qu'il n'ignore pas comment on peut, en alléguant la traite des noirs, trouver des excuses à des actes d'injustice et d'oppression. « Bien que la force, écrit-il, doive être à l'occasion employée envers des bandes de pillards insoumis, je suis convaincu que quelques leçons de ce genre suffiront, et que les commandants de régions, avec du tact et de la patience, avec aussi le concours d'une milice suffisante, peuvent achever effectivement la pacification du pays. Je crois de même que ce serait une politique de fausse économie que de calculer avec parcimonie les appointements de ces fonctionnaires et de leurs auxiliaires indigènes, en s'exposant à voir du sang inutilement versé ». Et ailleurs : « Je suis convaincu qu'à travers l'Afrique — à l'est comme à l'ouest, — nous nous sommes montrés souvent inconsciemment injustes et oppresseurs en mobilisant nos troupes sur la foi d'informations vagues et sur le grief d'esclavagisme, etc., que les accusateurs imaginaient pour assurer la perte des accusés. »

Quelle est donc l'origine de cette traite des noirs dont nous

(1) « The Foundation of British East Africa. »

entendons parler si souvent? Tout d'abord, ceux qui ont étudié avec quelque attention l'histoire intérieure de l'Afrique occidentale ne peuvent s'empêcher de considérer que, dans maintes circonstances, ce qu'on appelle « traite des noirs » n'est pas du tout la « traite des noirs ». Ce sont des opérations militaires entreprises par les chefs d'états musulmans en vue de combattre des tentatives de rébellion contre leur autorité, qu'affaiblissent l'organisation insuffisante des pouvoirs et l'absence des moyens de communication répondant aux nécessités de la situation. Sir Frederick Lugard a répandu d'utiles lumières sur d'autres circonstances qui peuvent conduire à de fausses accusations d'esclavagisme (1). Mais, à considérer le premier cas, n'est-il pas vrai que souvent une expédition dirigée par un souverain musulman contre ses sujets païens de l'Afrique occidentale se justifie tout aussi bien, pour un observateur impartial, que le châtiment infligé par les représentants d'une puissance européenne à quelque tribu se refusant au paiement d'une taxe qui lui est imposée par cette puissance et qu'elle juge excessive et inique? La seule définition vraiment rationnelle de la traite des noirs au sens propre du mot, c'est de voir seulement en celle-ci l'incursion d'une bande armée, sans nulle provocation préalable, dans une région pacifique, incursion suivie de la capture d'un grand nombre de prisonniers de guerre, qui sont postérieurement vendus comme esclaves par les vainqueurs. C'est là un état de choses qui n'est nullement particulier à l'Afrique occidentale. Il a existé en Europe et en Angleterre à une époque où la civilisation était infiniment plus avancée qu'elle ne l'est aujourd'hui dans l'Ouest africain.

Les faits générateurs de l'esclavage dans la Nigeria sont : 1° des nécessités économiques ou, en d'autres termes, le besoin qu'ont les souverains indigènes de se créer des ressources et qui les oblige à posséder de nombreux prisonniers de guerre, servant à la fois, comme on l'a dit, de carnet de chèques et de bêtes de somme ; 2° l'effet incident de la conquête ; 3° les encouragements directement donnés depuis plusieurs siècles à des guerres de tribu à tribu par les blancs venus à la côte occidentale d'Afrique, système qui, remarquons-le, était appliqué sur le Niger il n'y a guère plus de cinquante ans, témoin les protestations que Richardson et Barth

(1) Rapport au Colonial office, n° 316, page 11, par. 2.

adressaient au gouvernement alors au pouvoir. Ces trois circonstances sont ou ont été communes à l'Afrique occidentale tout entière. Il faut y ajouter, pour la Nigeria septentrionale et les autres pays de l'Ouest africain ouverts à l'islam par le glaive, le zèle religieux. Considérons séparément chacune de ces diverses causes de l'esclavage.

Quant à la première, il doit être évident, pour tous ceux qui sont capables d'envisager la question sans parti-pris, que la *raison d'être* (1) économique de la traite subsistera jusqu'à ce que les chefs indigènes de la Nigeria septentrionale puissent compter sur de nouveaux revenus remplaçant pour eux ceux que leur fait perdre la disparition de la chasse aux esclaves, et jusqu'à ce qu'une marchandise d'échange, équivalant à la marchandise humaine, c'est-à-dire aux esclaves, puisse être introduite dans le pays. C'est même pourquoi, en dehors de toutes autres considérations, les subsides payés aux chefs indigènes par le tout-puissant Européen ne peuvent qu'être excellents, en attendant les modifications plus lentes, mais certaines, dont la création de routes, de chemins de fer, le développement du commerce qui en sera la conséquence, et l'introduction d'une valeur facile à échanger, — telle que la monnaie d'argent, — ne manqueront pas d'être suivies. Lorsqu'avec le temps ces transformations se produiront, on devra faire en sorte que les chefs indigènes profitent de l'accroissement des transactions dans leurs pays respectifs, ou, en d'autres termes, qu'une fraction des revenus prélevés par l'autorité administrative sur le commerce dans une région déterminée soit attribuée au souverain de cette même région et y soit consacrée à des dépenses d'utilité générale.

Dans toutes les sociétés où les mœurs des populations n'ont pas subi l'empreinte de l'idéal chrétien, les prisonniers de guerre sont, de temps immémorial, tombés en esclavage. La morale des chefs peuls de notre époque n'est pas inférieure à celle de l'empire romain, et durant de longs siècles après la tragédie du Golgotha les hommes se sont les uns les autres, en Angleterre et en Europe, réduits en esclavage comme si c'était la conséquence naturelle de tout état de guerre.

Quant à la lourde responsabilité que l'Angleterre partage, à un très haut degré, avec d'autres puissances en assumant envers les

(1) En français dans le texte.

indigènes de l'Ouest africain le devoir de leur enseigner les principes les plus élevés de la morale, on ne saurait trop l'avoir présente à l'esprit. Il n'y a pas très longtemps — la période écoulée ne compte pas dans l'histoire des nations — que des Anglais ameutaient ces chefs indigènes les uns contre les autres, les approvisionnaient d'armes et de munitions, excitaient leurs plus cruelles passions, favorisaient leurs vices les plus détestables, et pourquoi? Pour s'assurer, dans des conditions de cruauté d'autant plus graves que l'effet en était moins limité, ces mêmes esclaves que les Anglais d'aujourd'hui sont peut-être trop pressés d'affranchir, en tuant les descendants des chefs qui autrefois leur livraient la marchandise humaine, objet de leurs désirs.

Le fanatisme religieux a toujours été accompagné d'une violation, directe ou indirecte, des droits de l'humanité. En considérant le cas des Peuls, conquérants de la Nigeria, nous devons, si nous sommes justes, reconnaître combien, en ces matières, le bien et le mal sont choses relatives, combien ils dépendent de ces circonstances multiples auxquelles se rattachent les diverses formes de l'atavisme. Les Peuls ont-ils commis plus d'atrocités que les chrétiens d'Europe, dans un passé déjà lointain, en ont perpétrées à l'égard des juifs? Pouvons-nous relire les pages de Gibbon (1) et condamner à la peine de mort ces aventuriers égarés dans les ténèbres de l'Afrique, quand nous voyons ce qu'ont fait des chrétiens au milieu d'une civilisation où les arts et l'industrie, le bien-être et le luxe, tous les raffinements de la culture, avaient atteint comparativement un si haut degré, — un degré que l'Afrique occidentale n'avait jamais connu? Les épisodes de la Saint-Barthélemy et les persécutions de Marie la « Sanglante » ne sont-ils pas vivants dans nos souvenirs? Les leçons de l'histoire ne tendent-elles pas à prouver que la civilisation remplirait mieux son rôle et se maintiendrait mieux au niveau de ses prétentions si elle disposait d'une abondante provision de patience en face du fléau de l'esclavage dans la Nigeria comme dans les autres pays de l'Ouest africain? Et s'il y a des chances réelles, ce qui n'est pas douteux, de faire disparaître les causes, économiques et autres, de l'esclavage, par des moyens pacifiques, en usant de la douceur plutôt que de la force, bien que l'effet en soit plus lent, il faut avouer aussi que si l'on n'a

(1) « The history of decline and fall of the Roman Empire », by Edward Gibbon 1825.

pas recours à cette politique, si l'on se trouve inférieur à cette tâche, on n'est guère en progrès depuis deux mille ans. C'est là du sentiment, direz-vous. Certes, il est facile de nous en faire reproche, mais le passage suivant montre au moins qu'un gouvernement britannique à une époque qui n'est pas éloignée ne considéra pas comme un déshonneur de prêcher avec vigueur cette même doctrine :

« Tout en exposant la puissance et les ressources de votre patrie, vous devrez, dans tous vos entretiens, soit avec les chefs, soit avec d'autres indigènes africains, sur la suppression de la traite des esclaves, vous abstenir avec soin de leur laisser croire, par menace ou intimidation, que, s'ils se refusent à entrer dans vos vues, les hostilités éclateront sur leur territoire... Vous tiendrez compte de tous les sentiments de regrets que vous rencontrerez en eux au sujet du commerce des esclaves, regrets naturellement engendrés par la pratique de ce trafic et dans certains cas accrus par des relations avec ce que l'Europe compte de plus bas et de plus vil. Vous essaierez de leur persuader, à force de courtoisie, de bienveillance, de patience et de douceur, que vous avez le plus constant désir de vivre en bons termes avec eux » (1).

A quelle époque et dans quelles circonstances cet effort persévérant en vue de l'établissement des relations amicales, — pour arriver à la suppression de l'esclavage dans l'intérieur de la Nigeria à force de courtoisie, de bienveillance, de patience et de douceur — est-il entré dans la pratique de façon quelque peu suivie, ou simplement a-t-il eu des chances sérieuses d'y entrer? Nous aurions de la peine à en trouver un seul exemple dans une région déterminée (2).

Voilà le côté moral de la question. Il y en a un autre auquel le moins sentimental des hommes ne refusera pas les avantages d'un

(1) Instructions de lord John Russel au capitaine Henry Dundas Trotter, au commandant William Allen, au commandant Bird Allen et à William Cook Esq., commissaires chargés de préparer et de conclure des traités avec les chefs souverains de la côte occidentale d'Afrique pour la suppression de la traite des esclaves et l'établissement de relations commerciales régulières, 1840. (*Note de l'Auteur.*)

(2) Nous nous imaginons invariablement en Europe, et des Européens ne croient que trop souvent en Afrique, que les indigènes n'ont nul désir d' « agir autrement ». A cet égard, le passage suivant extrait du récit que Clapperton fit de son ouvrage dans la Nigeria mérite d'être cité : « Ce fut avec les sentiments de la plus vive satisfaction que j'entendis certains des plus considérables parmi les marchands me déclarer que, s'il existait une autre forme de commerce, ils l'adopteraient volontiers, de préférence à la traite des esclaves » (*Note de l'Auteur.*)

intérêt des plus pratiques. Je veux parler des conséquences de ces guerres nominalement entreprises en Afrique occidentale pour la suppression de l'esclavage et le renversement de théocraties, en vue d'améliorer le sort des habitants et d'assurer la prospérité des colonies elles-mêmes. Ceux qui peuvent être tentés d'approfondir la question peuvent lire avec fruit un très savant ouvrage *Ashanti and Jaman*, dont l'auteur est le Dr Richard Austin Treeman, qui fut à la fois aide-chirurgien colonial et commissaire à la délimitation anglo-allemande de la Côte d'Or (1). Sir Frederick Lugard écrit dans son rapport : « Déjà, depuis qu'a disparu la crainte des Peuls, le plus petit village revendique ses anciens domaines ou s'empare des terres d'un voisin plus faible et d'interminables contestations en sont la conséquence. » Ce passage confirme entièrement l'opinion du Dr Freeman quant à la dislocation violente de la confédération ashanti après l'expédition de Wolseley. La dernière partie de la phrase reproduit presque mot pour mot un fragment d'une lettre que j'ai sous les yeux en ce moment et que j'ai reçue d'un Anglais arrivé sur le Niger peu après la campagne brillante, mais sans conclusion que sir George Goldie fit contre le Nupé : « Tout le pays est en pleine anarchie, écrit mon correspondant ; l'autorité centrale ayant disparu, chacun pille pour son compte. » A s'en tenir simplement aux faits, presque toutes les guerres qui ont lieu dans l'Afrique occidentale entraînent des ruines, si elles ne sont immédiatement suivies d'une politique tendant à reconstituer la société indigène, ce qui, dans la plupart des cas, est impossible à cause de l'étendue du pays. Nous apprenons que tout chef résistant aux autorités anglaises est déposé. Si l'on s'empare de sa personne, il est conduit à la côte et déporté ; s'il réussit à s'enfuir, il est probable qu'il ralliera quelques compagnons autour de lui et qu'il suscitera des troubles pendant longtemps. Quoi qu'il en soit, il a toujours un successeur qui peut avoir, mais qui peut aussi ne pas avoir, au regard des coutumes locales, des titres légitimes à le remplacer. Un résident, avec une faible escorte, sera, ou ne sera pas, laissé au chef-lieu. Et alors, si l'on considère que dans la Nigeria le territoire soumis à l'autorité d'un chef particulier est parfois aussi grand ou plus grand que le pays de Galles, il ne faut pas un gros effort d'imagination pour représenter ce qui trop souvent se produit. Pour

(1) Archibald Constable and Co, 1898.

les besoins de la cause, faisons du pays de Galles un pays continental et imaginons-le placé sous le régime féodal, le roi secondé par ses barons le gouvernant, de façon fort abusive sans doute, mais le gouvernant encore néanmoins de quelque manière, et ayant les moyens de faire sentir son autorité. A un moment donné, le roi se querelle avec un voisin. Le voisin pénètre dans le pays, met en déroute les troupes du roi, marche sur sa capitale, s'en empare et se saisit du roi en même temps. Le roi est emmené comme prisonnier de guerre, et le vainqueur reste dans la capitale avec des forces assez faibles, ignorant la langue des habitants, leurs traditions, leurs coutumes et leurs lois. Il ne sera pas attaqué, car on sait que ses soldats possèdent des armes pouvant avec facilité blesser mortellement à 300 mètres, mitrailler leurs adversaires, et qu'il est aussi vain de résister à de telles troupes que de lutter contre la tornade en furie, grondant à travers la forêt. Par contre on sait qu'il ne peut effectivement tenir le pays. Premier résultat : tout semblant d'autorité, à une portée de fusil de la capitale, a disparu. Second résultat : tout baron ambitieux rêve d'accroître son influence, empiète sur la propriété de ses voisins, qui font de même avec une touchante unanimité. Un parti subsiste qui reste fidèle au roi dépossédé et travaille à le restaurer : un autre, s'attendant à quelque persécution, peut feindre de s'attacher à la fortune du vainqueur. Conséquence : désorganisation, extension du champ de désordres, anarchie sociale, appauvrissement du pays.

En vérité, ce n'est pas là l'exception, c'est la règle dans l'Afrique occidentale. Les faits sont inoubliables. J'ai cité deux voix autorisées pour des circonstances particulières, et j'ai mentionné un autre cas. Mais les exemples sont nombreux, et s'il était nécessaire on pourrait leur donner un développement considérable. Parfois, l'effet produit est surtout d'ordre commercial, comme il est arrivé dans le cas de Nana, ancien chef du Benin inférieur (1). Depuis sa déportation, après l'expédition qui eut lieu dans ce pays, le mouvement commercial a baissé dans une large proportion, ce qui a été naturellement funeste, dans toute la région, au double point de vue des recettes et des transactions locales. En thèse générale, le seul effet logique d'une expédition répressive dans l'Afrique

(1) Il ne faut pas le confondre avec le roi du Benin qui fit périr le consul général Phillips. (*Note de l'Auteur.*)

occidentale est de remplacer ce qu'on a renversé par un nouvel état de choses qui répondra de la même manière aux besoins du peuple, à moins qu'on ne soumette à une occupation militaire la surface entière du pays. La chose est impossible, l'Afrique occidentale étant ce qu'elle est, et la conséquence des expéditions répressives dans cette partie du monde, quels qu'en aient été les motifs réels ou les prétextes, c'est, 90 fois sur 100, la réaction, le néant, et, pour tout dire, la ruine. Ainsi donc, qu'il s'agisse d'esclavage ou de fétichisme, de contestations territoriales ou de difficultés commerciales, il faut se garder des expéditions répressives, et l'administrateur qui les évite est le type d'homme dont l'Afrique occidentale a surtout besoin.

La question de la traite des noirs dans la Nigeria serait incomplètement examinée si l'on ne mentionnait l'esclavage domestique ou, plus exactement, la servitude domestique. Je me rappelle avoir assisté, il n'y a pas longtemps, à la conférence d'un missionnaire sur la Nigeria septentrionale. En termes pathétiques le conférencier déclara qu'un très grand nombre de Haoussas, dans la Nigeria. les quatre cinquièmes de la population, selon lui, je crois, étaient esclaves. On ne doute pas de l'effet que cette affirmation produisit sur l'auditoire, composé de gens disposés à la bienveillance et à la pitié, et qui tout aussitôt évoquèrent les plus horribles visions. La simple énonciation du fait, ou mieux du fait prétendu, — car, autant que j'ai pu m'en rendre compte, l'affirmation est de beaucoup exagérée — cette énonciation est bien destinée à frapper d'horreur un public qui ignore ce qu'est, ce qui caractérise l'esclavage domestique en Afrique occidentale; et l'on ne peut guère douter, tellement ces brèves déclarations sont nettes et catégoriques, qu'elles n'aient un effet déplorable sur l'opinion publique. Tout le monde est prêt à convenir que ces guerres intestines au cours desquelles on fait de nombreux prisonniers, emmenés ensuite fort loin, sont l'origine de grands maux et de bien des misères et qu'elles exposent leurs victimes aux plus effroyables souffrances. Mais l'évidence accable de tout son poids cette opinion, trop répandue encore, que l'esclavage domestique dans l'Afrique occidentale a tous les défauts auxquels voudraient faire croire les partisans peu éclairés de son abolition hâtive, indifférents aux objections d'ordre politique qui s'opposent à cette mesure.

Bien au contraire, alors qu'on peut admettre sans réserve qu'une condition servile indique un état social dont par bonheur nous avons pu quant à nous nous délivrer et qui en lui-même est essentiellement contraire à la loi morale, tout observateur impartial sera prêt à reconnaître que le sort de milliers de travailleurs en notre patrie est infiniment plus misérable que celui des indigènes de l'Afrique occidentale, avec l'état de choses actuel, qui du moins a fait normalement disparaître le paupérisme. Les premiers, il est vrai, sont libres à proprement parler, mais la liberté, telle qu'on peut la leur donner dans les circonstances actuelles, les expose à mourir de faim purement et simplement. Ils sont tenus par des chaînes plus pénibles que celles que peuvent fabriquer les forgerons indigènes de la Nigeria. Les « esclaves blancs de l'Angleterre », tel a pu être le titre donné à une série d'articles terribles publiés il y a peu de temps dans une revue populaire de Londres, et dont on a depuis reconnu l'exactitude absolue. « L'esclave en Afrique occidentale — a dit d'autre part un Français célèbre comme explorateur et comme administrateur (1), — n'est pas aussi malheureux que beaucoup de gens vivant autour de nous et dont nous ne voulons pas voir la misère ». C'est la simple vérité. Entre la servitude domestique de la Nigeria — où l'on ne connaît en tant qu'institution indigène aucune forme de travail salarié, — et l'esclavage des plantations coloniales sous la surveillance d'Européens, il y a toute la différence qui puisse exister au monde. En comparaison de celui-ci, celle-là est relativement favorisée. La dégradation sociale était la note dominante de l'un. L'autre permet et souvent réalise une égalité de rang entre le maître et le serviteur. Sous le système européen, l'esclave était un chien, moins qu'un chien ; sous le régime de l'Ouest africain, l'esclave est une partie, un fragment de la vie sociale de la population, un membre et souvent un membre honoré de la famille (2). A la seconde génération, la distinction entre la

(1) M. Binger, *Esclavage, islamisme et christianisme.*

(2) En parlant de l'esclavage domestique dans la région septentrionale de la Côte d'Or, le lieutenant-colonel Northcott, C. B., aujourd'hui décédé et dont la mort fut une fatalité pour l'Empire et spécialement pour l'Afrique occidentale, s'exprime en ces termes dans son rapport sur cette contrée (*Rapport sur la région septentrionale de la Côte d'Or*, publié par le service des renseignements du ministère de la Guerre en 1889) : « La vie quotidienne des esclaves ne diffère nullement de celle des hommes libres. On leur attribue des terres, sur lesquelles il leur est facile de travailler pour leur profit personnel, et la règle ordinairement admise c'est qu'ils peuvent consacrer à ce travail deux jours sur cinq. Les produits accumulés de ce labeur personnel leur permettent d'acheter leur liberté. Le prix demandé n'est pas excessif

classe des maîtres et celle des esclaves en Afrique occidentale est moins prononcée, et, à la troisième génération, si dans la pratique elle n'a pas encore disparu, la différence devient simplement théorique. Les esclaves ont alors à leur tour leurs propres esclaves, tout en demeurant eux-mêmes en principe dans une condition servile. Dès qu'un esclave est admis dans le personnel d'une maison, il s'y maintient d'ordinaire à poste fixe, il est convenablement traité, et, si sa conduite est bonne, sa situation matérielle s'améliore promptement. C'est la chose la plus commune au monde que de voir un esclave s'élever très haut dans la confiance de son maître, et même occuper des emplois lucratifs, avec toute la charge des responsabilités. Toutes les relations de la vie familiale dans les trois quarts des territoires du Niger sont basées sur ce système d'esclavage domestique ; nulle question ne demande à être abordée par les autorités administratives avec une intelligence plus étendue des circonstances ambiantes, avec une plus grande largeur de vues, avec une résolution plus sincère d'écarter tous appels, d'où qu'ils viennent, au fanatisme, à la violence, ou aux préjugés.

Le mal que peut faire une législation hâtive, tendant à rompre de vive force avec tout l'édifice social d'un peuple et des coutumes vieilles de plusieurs siècles, ne saurait être exagéré. Une telle réforme veut dire désorganisation complète ; elle a déjà causé des torts incalculables dans les possessions anglaises de l'Afrique occidentale en détruisant l'autorité et l'influence des chefs et en faisant disparaître du pays une main-d'œuvre exercée. La leçon a été comprise un peu tard et néanmoins on espère qu'elle portera ses fruits, mais les influences favorables à l'erreur sont très puissantes dans la métropole. On ne semble pas comprendre parmi ceux d'entre nous dont le rôle en ce monde est d'enseigner la vertu que nous n'avons pas plus le droit de détruire ou d'abolir l'esclavage domestique sans compensation d'aucune sorte, fût-ce seulement l'établissement dans l'Ouest africain de voies ferrées et l'introduction d'une monnaie

et varie de 2 à 5 livres selon le pays ; mais le joug de l'esclavage est si léger à porter qu'un nombre relativement faible d'esclaves ont recours à ces moyens pour s'émanciper. Les esclaves peuvent se marier et on les encourage à le faire, les enfants devenant la propriété du maître. L'esclave est exposé à être vendu, mais c'est un mal plus apparent que réel. Pour qu'il se rende au domicile de son nouveau maître on n'emploie ni la cruauté ni la force. L'esclave partage les repas et le logis de son maître, et il est certain d'être bien traité en arrivant à son lieu de destination. » (*Note de l'Auteur.*)

portative, que nous ne l'avions dans les Indes occidentales et dans l'Afrique du Sud. Pourquoi les planteurs des Indes occidentales auraient-ils été indemnisés pour la perte de leurs esclaves, alors que les chefs africains ne le seraient pas, sauf à coups de fusils? La politique de l'épée et l'application de la législation du xxe siècle à l'état social du xiie sont en somme, avec de bonnes intentions, des fautes impériales, que l'Angleterre peut payer indirectement, mais qui d'abord affectent les générations présentes et futures d'indigènes. « Il est entendu — a câblé le représentant de Reuter sur la Bénoné le 21 septembre 1901, après la prise de Yola, — il est entendu que le gouvernement n'interviendra pas maintenant dans la question de l'esclavage domestique, les effets funestes de toute ingérence de ce genre se faisant encore sentir dans les régions du Nupé et de l'Ilorin. On a bouleversé en effet dans ces derniers territoires toute l'organisation du pays ; les esclaves mâles, au lieu de travailler sur le domaine de leurs maîtres, sont devenus des vauriens et des vagabonds ; pour les femmes, c'est pire encore. » Quelle satire mordante de cette opinion qu'on peut d'un trait de plume, sans alimenter le désordre et l'anarchie, changer des coutumes remontant à une époque immémoriale ! La question de l'esclavage domestique dans la Nigeria peut être plus fructueusement abordée si l'on veut se rappeler cette grande vérité : « Dieu, pour améliorer l'âme humaine, agit par évolution, non par révolution ».

CHAPITRE XIII

LES PRINCIPAUX PRODUITS DE LA NIGERIA.

S'il est difficile d'estimer la capacité de rendement des immenses territoires de la Nigeria, ce n'est pas pour déterminer quels sont les produits du sol, de quelque importance économique, qu'on y rencontre, c'est bien plutôt pour reconnaître ceux qu'on n'y rencontre pas. La Nigeria est la terre privilégiée de l'Afrique occidentale, et en réalité, on doit trouver dans ses limites toutes les espèces de végétaux qui sont spéciaux à l'Ouest africain, ou que l'Ouest africain partage avec d'autres régions de la zone tropicale, moins favorisées. Un sol d'une richesse surprenante, des cours d'eau nombreux, une population prolifique et laborieuse, tels sont les éléments qui peuvent faire de la Nigeria, sous une administration habile, un second empire des Indes, plus petit il est vrai, mais garanti contre la sécheresse et ces terribles fléaux si funestes à la prospérité intérieure de l'Hindoustan ; en somme, peut-être, un empire plus heureux et plus riche que celui des Indes.

A l'exception de l'industrie de l'huile de palme, tout est à ses débuts dans la Nigeria. On en est partout aux premiers rudiments. Si l'on retranche l'huile et les amandes de palme, la valeur totale des exportations de la Nigeria en 1900, — la seule année dont on puisse citer les résultats, — s'est élevée à la somme relativement faible de 212,457 livres. Le caoutchouc, l'ivoire, les bois, l'arachide, le café, le cacao, la gomme copal et le beurre de karité sont au nombre des autres produits d'exportation. Les fleurs parfumées et blanches de la liane à caoutchouc se voient très fréquemment dans les forêts de la Nigeria. Les arbres, arbustes et lianes caoutchoucfères s'y rencontrent partout en même temps. La valeur du caoutchouc exporté de la Nigeria en 1900 représentait 137,289 liv. Elle peut s'accroître dans une proportion indéfinie pour peu que les autorités, profitant de la triste expérience faite à Lagos, constituent un groupe de travailleurs exercés à la récolte du caoutchouc, et capables d'enseigner aux chefs les procédés qu'ils emploient ; pour peu aussi qu'ils empêchent, ce qui leur est facile, l'exportation d'un caoutchouc mêlé de grossières impuretés et que de la sorte le produit demeure d'une excellente qualité, car, dans la situation difficile où se trouve actuellement le marché, les caoutchoucs (1) de catégories inférieures sont à peu près invendables. Là encore on est amené à recommander, pour la cinquantième fois, la collaboration des fonctionnaires et des commerçants. En Guinée française, le même mal (dont les négociants étaient, j'en ai peur, les premiers responsables) a été combattu avec succès par la coopération, pour ainsi dire, de tous les intéressés. Il n'est pas nécessaire de restreindre la liberté qu'ont les indigènes de récolter ce produit dans leurs forêts, mais il est essentiel de maintenir un cadre permanent d'instructeurs recrutés parmi eux pour l'enseignement des procédés de récolte. Cela serait peu coûteux, et l'expérience, si elle était dirigée avec patience et intelligence, donnerait de magnifiques résultats.

(1) Au moment où ce livre était écrit, le marché du caoutchouc était dans un état déplorable. La situation, depuis, s'est améliorée. (*Nouvelle note de l'Auteur.*)

Il faut citer ensuite, presque à l'égal du caoutchouc comme importance, l'ivoire, qui toutefois doit être regardé comme formant l'objet d'un commerce temporaire. Presque tout l'ivoire sur lequel portent les transactions de la Nigeria vient de la région de la Bénoué et pendant longtemps Yola a été le principal centre où se faisaient les achats de la Compagnie du Niger, allant parfois jusqu'à 40 tonnes dans le cours d'une année. Les effets de l'accord anglo-allemand, de 1893 et de la convention franco-allemande de 1894 ne peuvent que se traduire par une diminution importante de ce commerce. Les opérations sur l'ivoire sont monopolisées par les négociants haoussas, qui font ou plutôt avaient l'habitude de faire la plus grande partie de leurs achats dans les marchés fameux de Banyo, de N'gaoundéré et de Tibati, qui ensuite transportaient les défenses par terre jusqu'à la Bénoué, puis les acheminaient par cette rivière, de façon à les offrir soit au ponton de la Compagnie du Niger à Yola, soit aux factoreries d'Ibi, du lac Bakundi, de Lau et d'Amageddi, soit enfin à Kamo, où elles étaient échangées contre des tissus et dirigées à toute aventure vers l'Europe par la route du désert et les ports de la Tripolitaine. C'est ce qui se fait encore, mais, comme on l'a vu, l'importance de ce commerce diminuera presque sûrement à mesure que les années s'écouleront. Quand l'ivoire est vendu à la Compagnie du Niger, on achète en échange des tissus manufacturés, qui sont à leur tour troqués encore une fois à Kano par les commerçants haoussas contre l'article de confection indigène. Quelquefois du sel, du tabac, des baguettes de cuivre et de la poudre de traite sont demandés, à la place de tissus, par les vendeurs d'ivoire. C'est une question que n'ont pas encore résolue les commerçants haoussas de savoir ce qui pour eux est le plus rémunérateur ou la vente directe à Kamo ou la double transaction qu'ils accomplissent en traitant avec la Compagnie du Niger. La monnaie principale de ces régions est maintenant le coquillage appelé cauri, et ces cauris ont sur les marchés indigènes une valeur aussi précise que celle de toute autre monnaie ; par exemple un quintal de sel vaudra 25 mesures de cauris ou environ 12 s. 6 d. Quand on apporte une défense à la factorerie, on la pèse sur une balance de boucher. Le tarif, par livre (poids), est de 10 mesures de cauris. Si la défense pèse, par exemple, 28 livres, elle vaut 280 mesures de cauris, environ 7 livres sterling ou 560 livres sterling par tonne en marchandises d'échange;

le prix actuellement payé dans ce cas sur la Bénoué pour de l'ivoire de dimensions variées est toutefois inférieur à 500 livres sterling par tonne depuis plusieurs années. L'arrivée d'une caravane d'ivoire provoque toujours un vif émoi. Certaines de ces caravanes forment un cortège long de plus d'un mille. En tête viennent, à cheval, le commerçant et ses amis ; ils sont suivis des femmes du premier et des différentes personnes vivant dans sa maison. Derrière eux les esclaves vont péniblement à pied (notons qu'il s'agit d'esclaves de Haoussas, et non de Peuls), s'avançant avec efforts sous leurs précieux fardeaux. Les défenses sont portées tantôt sur la tête, et tantôt sur les épaules. On s'explique que ces caravanes se déplacent seulement dans la saison sèche, car, pendant les pluies, les longues marches n'auraient lieu qu'au prix d'énormes difficultés. Le commerce de l'ivoire est fécond en supercheries, et nos amis les Haoussas introduisent volontiers des matières lourdes à l'intérieur des défenses, sachant bien que, si la ruse n'est pas découverte, le poids sera accru d'autant, à leur profit. Les Haoussas désignent l'ivoire sous le nom de « owry » (1) et l'éléphant sous celui de « giwa ». Très souvent, ils apportent la chair de l'animal qui vaut plus cher sur les marchés indigènes que celle du bœuf ou du mouton.

Les gommes, dont il existe beaucoup d'espèces différentes dans la Nigeria, constituent aussi une source de richesses futures. Il y a la gomme arabique *(Acacia senegalensis)* qui coule de l'écorce, — comme la sève s'échappe d'un cerisier vénérable —, et la gomme « copal » que l'on trouve en cristaux solidifiés et translucides, en fouillant les racines d'acacias et qui se vendent parfois jusqu'à 50 livres par tonne sur les marchés européens. Certains spécimens de ces gommes sont superbes ; ils sont de couleur variée, allant du jaune pâle à l'orange sombre et sont aussi clairs que l'ambre le plus éclatant. Ces beaux arbres qui produisent la gomme constituent souvent l'un des traits marquants des paysages de la Bénoué. On les trouve en abondance dans diverses régions du Bornou et souvent il arrive que des cavaliers bornouans, revêtus selon l'usage antique de ces armures de fer qui ont si bien excité l'intérêt et la curiosité des explorateurs de ces pays, parviennent à un poste commercial de la Haute-Bénoué avec une charge de gomme arabique

(1) C'est là un mot emprunté à une sorte de sabir, de « pidgeon-english ». Le mot haoussa pour désigner une défense d'ivoire, une pièce d'ivoire, est *hakorin* ou *hauxin giwa*. (*Note de l'Auteur.*)

qu'ils se proposent de vendre. Les indigènes de Hamaua (Mouri) sont signalés également comme se livrant à la récolte des gommes. Comme il est arrivé pour la plupart des produits de la Nigeria, l'absence de concurrence entre les acheteurs européens (la Compagnie du Niger, on ne doit pas l'oublier était l'unique acheteur) a jusqu'à présent empêché les indigènes d'apporter des cargaisons vraiment considérables de gommes, et, là où l'on peut se procurer de l'ivoire, il est difficile d'amener les Haoussas à prendre toute la peine qu'il faut pour recueillir et amasser des gommes. Il est presque certain que le commerce de ce produit est susceptible de se développer jusqu'à ce que la vente porte chaque année sur des milliers de tonnes. L'offre est destinée à être presque illimitée. Après de nombreuses années de récolte assidue, les forêts de pins de Kauri en Nouvelle-Zélande fournissent encore 8 à 10,000 tonnes par an d'une gomme recueillie au-dessous de la surface du sol et plus ou moins semblable à la gomme copal de l'Ouest africain. On peut dire sans crainte d'exagération que des centaines de milliers de tonnes de ce précieux produit attendent en Afrique occidentale qu'on aille les récolter. Quelque jour la réalité de ce fait sera plus manifeste, et nous pouvons nous attendre alors à voir le commerce de ce produit se développer de façon remarquable. Parmi d'autres essences d'arbres également précieuses qui croissent librement dans la Nigeria, mais dont l'importance économique n'a pas encore été sérieusement étudiée, deux au moins méritent une attention spéciale. C'est d'abord l'arbre kedenia *(Kedenya)* ou l'arbre produisant le beurre de karité *(Butyrospermum* ou *Bassia parkii* (1) ; on l'appelle aussi parfois et à tort l'arbre à suif et le papayer *(Carica papaya)*. C'est depuis peu de temps qu'on voit exporter du Niger, de façon régulière, mais en quantités encore faibles, le beurre de karité (2). L'arbre qui le produit forme d'immenses forêts dans l'arrière pays de Lagos, ainsi qu'au Dahomey où les Français comptent l'exploiter quand le chemin de fer pénétrera dans la zone où on le rencontre. Le beurre de karité se vend en Europe environ de 24 à 26 livres sterling la tonne. Il possède des

(1) Ainsi nommé en l'honneur de Park que l'on suppose avoir été le premier Européen à en signaler l'existence. (*Note de l'Auteur.*)

(2) On l'exporte aussi de Lagos, depuis l'ouverture du chemin de fer. (*Note de l'Auteur.*) Il a été de façon appréciable utilisé comme lubréfiant sur le chemin de Lagos. (*Nouvelle note de l'Auteur.*)

propriétés médicinales et agit, je crois, comme purgatif ; on dit aussi qu'il forme l'un des éléments constitutifs du baume bien connu, l' « Elliman's embrocation ». Les habitants de la Nigeria tiennent le beurre de karité en grande estime et l'utilisent en des circonstances nombreuses et variées ; comme remède, pour la cuisine, etc. Les Peuls en font absorber à leurs chevaux ; ils en enduisent aussi les plaies que produisent fréquemment sur leurs chevaux les selles encombrantes et surélevées en usage dans le pays. Les Kanouris ou les Bornouans s'en servent pour allumer leurs lampes et d'autres peuplades le considèrent comme un remède très sûr contre les rhumatismes. Il semble qu'on puisse utiliser encore autrement l'arbre qui produit le beurre de karité ; de récentes expériences ont en effet montré que le latex fourni par cet arbre a des propriétés analogues à celles de la gutta-percha (1). L'arbre à beurre ou arbre à suif *(Pendatesma butyracæ)* que l'on confond souvent avec le karité en diffère complètement ; le premier appartient au genre *Guttifera*, tandis que le second est du genre *Sapotacæ*. Les Français semblent avoir été les premiers à tirer parti commercialement de cet arbre à suif ; ils l'ont fait pour la première fois l'année dernière (1901) grâce à un envoi d'amandes que la principale des maisons françaises de Conakry dirigea sur Marseille. Les amandes, après avoir été broyées, se trouvèrent produire une huile non dépourvue de valeur et que certains éléments rendent particulièrement propre à la fabrication des chandelles. Le Dr Ballay, cet administrateur remarquablement avisé qui fut de son vivant gouverneur général de l'Afrique occidentale française, a laissé après lui un héritage d'une valeur inestimable en la personne des fonctionnaires formés à son école et imbus de ses principes ; aussi, M. Cousturier, qui gouverne actuellement avec compétence la Guinée française, a-t-il donné à cette exploitation des amandes de l'arbre à suif — des « lamys », comme on les désigne — une impulsion très énergique, agissant en cela d'accord avec les représentants du commerce de la colonie. D'après les derniers renseignements que je possède à ce sujet, de nouveaux envois de ces amandes ont été faits en Guinée française à destination de Marseille, de Hambourg et de Brême, et, selon toutes prévisions, l'on pourra, à des prix rémuné-

(1) Jusqu'à présent néanmoins, les envois qui ont eu lieu de ce latex tout préparé n'ont eu que peu de succès. (*Note de l'Auteur.*)

Clapperton a pu dire : « La région tout entière, quand elle n'était pas en état de guerre, était si bien administrée qu'une femme pouvait, selon un propos courant, parcourir d'une extrémité à l'autre les pays fellatahs (1) avec une charge d'or sur la tête » (2). Les Peuls renoncèrent temporairement à l'élevage du bétail et à la vie pastorale pour se faire soldats, administrateurs, fonctionnaires publics, situations diverses, où l'on ne retrouve aujourd'hui que la minorité d'entre eux, tandis que le plus grand nombre continuent de s'adonner à leurs occupations habituelles. Leurs dispositions pour l'intrigue leur ont permis de s'emparer des Etats haoussas sans cesse livrés à des luttes intestines ; leur sens politique les a conduits à favoriser et encourager le commerce par caravanes avec les ports tripolitains ; leur habileté administrative s'est manifestée de cent façons, dont la moindre n'est pas d'avoir assuré la perception des revenus publics sans modifier les formes existantes de l'impôt (3). Leur zèle religieux a été d'une intensité si communicative que les Haoussas ne sont jamais, même pour partie, retombés dans le paganisme (4). Quand on considère tout ce qu'ont fait les Peuls dans la Nigeria, on est frappé d'admiration, et l'on peut sans difficulté se rallier à cette opinion qu'avait exprimée sur eux sir Frederick Lugard et que bien des fonctionnaires et des officiers français avaient soutenue avant lui, « qu'ils ont d'instinct le sens du pouvoir et qu'ils sont incomparablement supérieurs aux nègres autochtones ». Quels auxiliaires puissants seraient ces indigènes pour une administration qui aurait la sagesse d'utiliser leurs services dans l'Afrique occidentale, en gagnant leur confiance et s'assurant leur sympathie !

Les différentes manières dont les Peuls ont réussi à laisser leur

(1) Une des nombreuses désignations des Peuls. (*Note de l'Auteur.*)

(2) « Journal d'une seconde expédition dans l'intérieur de l'Afrique », etc., 1829. (*Note de l'Auteur.*)

(3) Sous l'ancien régime haoussa, les habitants des pays du Nord payaient à leurs rois des impôts directs. Selon les récits curieux et intéressants d'un marchand de Tunis, Assid-el-Hadj-Abd-Salam-Shabiny, le sultan des Haoussas percevait une taxe de 2 0/0 sur tous les produits du sol. Les habitants payaient en outre un impôt foncier, et certains droits frappaient toutes les marchandises se vendant sur les places publiques. *Relation d'un voyage à Tombouctou vers l'année 1787.* (*Note de l'Auteur.*)

(4) Un missionnaire a récemment affirmé que « pour le Haoussa ce qui est dans le Coran vient de Dieu et ce qui n'y est pas ne vaut pas la peine d'être connu ». (*Note de l'Auteur.*)

rateurs, livrer ce produit aux établissements qui, dans un but industriel, en pratiquent le broyage. Il reste à savoir si la Guinée française peut fournir des quantités suffisantes de cette amande. Je ne puis, d'autre part, affirmer de façon positive que l'arbre à suif existe dans la Nigeria ; c'est néanmoins très probable, et, dans ce cas, il faut ajouter un produit de valeur à la liste déjà longue des richesses naturelles de cette contrée (1).

Il est rare, les jours de marché, dans la Nigeria, de ne pas voir étaler pour la vente les fruits dorés et ayant la forme de poires que produit le papayer. Les indigènes font cas de ces fruits en tant qu'aliments et comme produits qu'il est possible d'utiliser largement. Le jus laiteux des fruits et leurs feuilles larges, élégantes, possèdent la singulière propriété d'attendrir la viande, particularité qui a donné lieu sur la côte à plus d'une anecdote. Le bifteck le plus résistant devient tendre, agréable au palais, pour peu qu'il soit assaisonné au jus, ou enveloppé dans les feuilles du papayer. Le principe actif de ce liquide, lorsqu'on l'analyse, participe de la pepsine, dont il est d'ordinaire un adjuvant en France et en Allemagne. Jusqu'à présent il est d'un usage limité, mais il semble que son emploi doive s'étendre. A propos du développement futur du papayer dans la Nigeria, il est intéressant de noter qu'un établissement s'est créé depuis quelques années, sur des bases modestes, pour la préparation du liquide ainsi extrait, dans l'île de Montserrat. Enfin, en outre des arbres qui viennent d'être mentionnés, il convient de dire quelques mots de la kola (*Sterculia acuminata*, appelée aussi parfois *sterculia cola)*, de la gutta-percha, du baobab

(1) Dans le « Rapport de la Compagnie de Sierra-Leone » (Londres : James Philipps, imprimeur, 1791) on trouve le passage suivant qui, sans doute, concerne le *Pendatesma butyracœ :* « Arbre à beurre et à suif. Cet arbre est commun dans les terres basses aux environs de Freetown; il fournit en abondance un liquide rappelant la gomme-gutte par sa couleur et par la facilité qu'il a de se conserver. Ce liquide apparaît à la moindre lacération de l'écorce; il se coagule, devient visqueux et de couleur plus sombre. Le bois de cet arbre est résistant et semble destiné à différents usages industriels. Le fruit est presque ovale, et gros environ deux fois comme le poing; l'écorce est épaisse, molle et d'un goût agréable; à l'intérieur on trouve des graines, dont le nombre varie de cinq à neuf, qui ont chacune les dimensions d'une noix et qui renferment une substance oléagineuse, que les indigènes extraient pour la mêler au riz et à d'autres aliments. » Un de mes amis qui connaît cet arbre me dit l'avoir vu pousser à Sierra-Leone, et il n'y a pas de raison dès lors pour que des expériences semblables à celles de la Guinée française ne soient pas tentées dans notre colonie, qui confine à cette dernière possession. (*Note de l'Auteur.*)

géant (*Adansonia digitada*) ou arbre à pain de singe et du palmier-bambou (*Raphia vinifera*). La noix de kola est pour les Peuls, les Haoussas, les Kanouris, les Sonraïs, etc., ce que le café est pour les Arabes et l'opium pour les Chinois, une panacée universelle. La kola est tellement indispensable à l'existence quotidienne des populations de la Nigeria septentrionale, la consommation en est si considérable que les Haoussas font des milliers de kilomètres jusqu'aux pays de la boucle du Niger (jusqu'à l'hinterland de la Côte d'Or notamment) et même jusqu'à l'hinterland de la Gambie et au bassin du Sénégal pour échanger leurs cotonnades bleues contre un fruit aussi recherché. La science européenne réussira sans doute quelque jour à améliorer la culture de la kola du Niger de manière à rendre moins nécessaires chaque année ces longs voyages. Les plantations de kolas deviendraient alors l'une des entreprises rémunératrices de l'industrie du Niger.

La gutta-percha possède une valeur commerciale aussi grande, et dans les manufactures européennes reçoit une utilisation aussi étendue que le caoutchouc lui-même. Dans la Nigeria, la gutta-percha est recueillie, sitôt la saison des pluies terminée, car la sève, à cette époque de l'année, coule de l'arbre avec plus d'abondance. En se coagulant, le liquide prend une teinte roussâtre.

Le baobab a été justement appelé le roi des végétaux africains. De l'écorce de cet arbre, dont le nom en haoussa est *kuka*, on extrait d'excellentes cordes destinées à des instruments de musique, tandis que ses fruits, après avoir été broyés et séchés, sont fort bien utilisés à la place d'éponges par les indigènes.

On rencontre en mainte région de la Nigeria méridionale des groupes étendus de palmiers bambous (*R. vinifera*). Bien que dans la pratique on n'ait guère encore tiré parti de ce palmier, l'expérience a montré qu'on pouvait extraire de ses branches une fibre excellente et pouvant se conserver (1), dont la qualité rappelle celle qu'on obtient d'espèces analogues, le *Raffia ruffia* de Madagascar, et dont la vente est déjà considérable sur les marchés d'Europe.

Le dattier, le cocotier, le citronnier, le bananier, la patate, l'igname, la canne à sucre, le chanvre, le tabac, la graine de

(1) C'est ce qu'on connaît dans le commerce sous le nom de « piassaiva ». On en importe du Liberia de grandes quantités. On l'emploie dans la fabrication des brosses. (*Note de l'Auteur.*)

benni (1), le poivrier, le manioc, le ricin, le capaiva — la Nigeria produit tous ces végétaux en quantités plus ou moins grandes selon les pays ; on y trouve aussi l'arachide, et, en abondance, le poivre rouge. La précieuse culture de l'indigo est largement pratiquée par les Haoussas et les Peuls, et Kano doit en grande partie sa prospérité à ses teintureries indigènes. Le tissu indigène de Kano, teint à l'indigo en bleu sombre, est réputé dans toute l'Afrique du nord, de l'ouest et du centre. L'industrie européenne pourra peut-être assurer l'avenir de la culture de l'indigo, bien que le présent ne soit guère encourageant.

Le cotonnier croît de façon luxuriante dans la Nigeria septentrionale, et le tissu que les indigènes lui font produire peut se comparer avec avantage, pour la résistance et la finesse, au meilleur article de Manchester. L'industrie du coton peut devenir importante dans la Nigeria, mais cette question du coton dans l'Afrique occidentale est assez grave pour être traitée en un chapitre spécial.

L'ébène, l'acajou et d'autres bois précieux d'ameublement abondent dans les forêts immenses et non exploitées encore de la Nigeria méridionale. Si des restrictions puériles n'entravent pas son développement, le commerce des bois atteindra de grandes proportions. Sapelli commence à prendre de l'importance comme étant le port le mieux indiqué par sa situation pour le chargement des bois de la Nigeria du sud.

La Nigeria produit aussi de nombreuses céréales, telles que le maïs ou blé de Turquie, le mil, le riz, l'orge, le sorgho, etc., et sur les plateaux on pourrait cultiver le café, le thé, peut-être même la vanille.

En ce qui concerne les minéraux, on sait que l'argent (2), l'étain, l'antimoine et la potasse (3) existent dans diverses parties de la Nigeria, mais on n'exploite aucun d'eux, sauf le dernier. Quand

(1) Elle fournit, lorsqu'elle est broyée, une huile comestible, de belle qualité. (*Note de l'Auteur.*)

(2) Sur la rive droite de la Bénoué, dans le pays de Mitchi ou Munshi. (*Note de l'Auteur.*)

(3) La potasse était monopolisée par les Igarras, qui la vendaient aux tribus du bassin inférieur du fleuve, mais la Compagnie du Niger a racheté depuis quelques années le monopole aux Igarras et exploite elle-même la potasse à Lagos, réalisant ainsi, dit-on, des bénéfices considérables, — 200 à 300 0/0. (*Note de l'Auteur.*)

le pays aura été mieux parcouru, mieux étudié, il est possible qu'on trouve aussi du cuivre et de l'or (de petites quantités de poudre d'or sont vendues parfois par les Kanouris aux marchands du Fezzan et de Ghadamès), mais la présence de minerais en filons étendus est jusqu'à présent problématique.

On sait que l'étain existe sur la Haute-Bénoué et un syndicat anglais s'est constitué pour rechercher et constater les possibilités de gîtes dans certains districts. La Compagnie du Niger est sur le point d'entreprendre, dans le même but, des opérations de prospection (1), et les Allemands se livrent aussi, dit-on, à des études analogues, à Garoua.

Tels sont, brièvement énumérés, les principaux produits naturels de la Nigeria, la région la plus fertile, la plus féconde de l'Afrique centrale, celle où se porte depuis des siècles un mouvement commercial, venant du nord, de l'est et de l'ouest. Des voyageurs éminents, comme Barth, Nachtigal, Monteil, Thomson, etc., parlent avec enthousiasme de la fertilité et de la beauté de ces pays, et tous les renseignements recueillis par des explorateurs moins célèbres ne font que confirmer cette affirmation du grand géographe Reclus, à savoir que les régions du bassin du Tchad sont les plus riches de l'Afrique.

CHAPITRE XIV

LA RÉCOLTE DU CAOUTCHOUC DANS LA NIGERIA.

J'ai déjà brièvement parlé des produits végétaux de la Nigeria. La récolte du caoutchouc toutefois présente une importance assez grande pour mériter d'être traitée de façon moins concise.

Depuis quelques années l'industrie du caoutchouc dans l'Afrique occidentale s'est développée dans d'énormes proportions. Dans certains cas ce développement a tenu du prodige. Le protectorat de la

(1) Les premiers rapports publiés sont de nature encourageante. (*Nouvelle note de l'Auteur.*)

côte du Niger et la Côte d'Or ont, en six ans, plus que doublé leurs exportations de caoutchouc. La production de Lagos a été plus remarquable encore, bien qu'elle se soit malheureusement beaucoup abaissée depuis trois ans à cause des procédés destructeurs qu'emploient les indigènes, ou plutôt parce que ceux-ci manquent de toute donnée scientifique, lorsqu'ils saignent l'arbre ou la liane. Il paraît évident que l'Afrique occidentale pourra un jour rivaliser avec le Brésil et lui disputer la première place comme pays de production du caoutchouc.

Le caoutchouc qu'on trouve dans l'Ouest africain est d'espèces différentes. Le premier rang, en ce qui concerne nos colonies, peut être attribué à l'arbre dont le nom scientifique est *kickxia africana* et le nom indigène « ere » ou « ireh ». C'est un arbre superbe dont le tronc, droit et lisse, atteint une hauteur de 60 pieds. Puis viennent diverses espèces de *ficus*, puis en dernier lieu, non qu'elles soient les moins (1) importantes toutefois, les lianes à caoutchouc, dites *landolphias*.

Dans la Nigeria, en règle générale, on trouve du caoutchouc, depuis Abutschi, à 120 milles en amont du Niger, jusqu'à Jebba sur le fleuve, et Yola sur son affluent la Bénoué. Nous allons supposer que les habitants d'un village à 40 ou 50 milles du fleuve (c'est presque sur ses rives que, dans la Nigeria, on trouve le caoutchouc) ont décidé de s'organiser pour la récolte du produit.

Dès que l'aurore a paru, tous les gens valides, hommes et femmes, se rassemblent — foule bruyante et pleine d'entrain. Une animation extraordinaire règne à travers le village. Le sol est jonché d'ustensiles dont on a besoin pour recueillir le caoutchouc, ainsi que de vivres nécessaires pour se soutenir tandis que l'on travaillera. On y trouve des calebasses, des haches, des couteaux, des ignames séchés dans des sacs, et de l'eau fraîche dans des bouteilles qui renfermaient naguère cette liqueur, que l'on fait passer pour du genièvre de Hambourg, et dont les indigènes se délectent en se brûlant le gosier. Pêle-mêle avec ce matériel hétéroclite et dans une confusion apparemment inextricable on rencontre disséminés nombre de lances et de fusils à pierre. L'indigène, en effet, s'attend toujours, dans la forêt africaine, à voir rôder quelque

(1) Un caoutchouc produit par des racines, et dit caoutchouc des herbes, existe, croit-on, dans la Nigeria septentrionale. (*Nouvelle note de l'Auteur.*)

ennemi sous forme de léopard, d'être humain, ou d'esprit, et dans cette croyance, il se tient prêt à tout événement. De là, tout un décor belliqueux, destiné à faire croire aux naïfs qu'on se prépare, non pas à récolter le caoutchouc, mais à partir pour quelque expédition.

A travers le village et même hors de ses limites, passant par les champs de mil, d'igname, de maïs et de manioc, la caravane se déroule jusqu'à ce qu'apparaisse la lisière de la forêt. Puis, nous éloignant tout d'un coup d'un soleil éclatant et d'une campagne ondulée, nous nous trouvons complètement plongés dans une atmosphère où les ténèbres ont quelque chose de fantastique, et nous disparaissons sous l'ombre silencieuse d'arbres gigantesques. Alors la caravane se transforme, car il faut marcher un par un. Elle se développe sur un mille ou même davantage le long des détours de l'étroit sentier, qui souvent prend l'aspect d'un cercle presque complètement tracé, ceux qui se trouvent dans les derniers rangs étant très éloignés de ceux qui ouvrent la marche et les deux extrémités de la caravane étant séparées du centre de la circonférence par un épais fourré de brousse impénétrable. Et quelle solennité enveloppe toute chose ! Tout se tait. Les pieds nus des indigènes s'enfoncent sans bruit dans des générations de feuilles qui sont tombées et pourrissent. L'air est chargé de vapeur, humide, énervant. Nous glissons dans une pénombre quasi-mystique, comme dominés par la présence inexpliquée d'un être tout-puissant et redoutable. C'est l'empire des ombres immenses et des mystérieuses profondeurs ; l'âme s'y amollit et se sent vaincue sous le poids d'une mélancolie indéfinissable, écrasante, décourageante. Un souffle brûlant, chargé de parfums qui alanguissent et oppressent, s'élève en bouffées suffocantes à tel point qu'on en est étourdi, et l'on désire ardemment retrouver l'air, la lumière, la campagne ondulée. Mais voici que soudain on entrevoit le Paradis. Frappé de la foudre, ou peut-être dévoré par les larves de quelque monstrueux coléoptère, quelque géant de la forêt s'est complètement abattu, et sous la violence de sa chute une vaste déchirure s'est produite à la voûte obscure sous laquelle on s'avance, et, par cette ouverture, triomphant de tous les obstacles, les rayons du soleil se fraient leur voie jusqu'au sentier. Là, dans cette éclaircie provisoire, la nature semble avoir été prodigue de tous ses dons. Des massifs d'orchidées superbes étalent leurs fleurs capricieuses, qui ne demandent qu'à être cueillies. Le tamarin sauvage invite à prendre ses fruits, d'aspect violacé, savoureux et veloutés. Autour des fleurs et des fruits s'ébattent, voletant, d'innombrables papillons aux brillantes couleurs, et l'azur profond des tropiques qu'on aperçoit loin, très loin, au-dessus de l'horizon, complète ce magnifique tableau. Il n'est pas d'oasis peuplée de palmiers au milieu des sables mouvants du désert qui puisse être bénie par le voyageur mieux que ces échappées de lumière étincelante parmi les ténèbres lugubres des forêts tropicales de l'Ouest africain.

Mais revenons, en nous excusant de cette digression, à la récolte du caoutchouc. Dès qu'un des membres de la caravane — chacun en principe, à cet égard, agit à sa guise sans s'occuper de son voisin — a fait choix d'un emplacement qui lui semble propice, il commence par se débarrasser du fardeau qu'il porte sur la tête. En commençant par se réconforter, on se prépare toujours à un excellent travail ; aussi a-t-on recours à ce qui fut jadis une bouteille de gin et aux ignames séchés. Après avoir satisfait ainsi aux exigences de l'estomac, le travailleur indigène fait avec sa hachette un certain nombre d'incisions transversales dans l'écorce d'un arbre ou d'une liane (1) à caoutchouc, selon que l'un ou l'autre se trouve à sa portée ; il place ses calebasses (gourdes vides) au-dessous de l'entaille cruelle et guette la coulée de sève ; il cherche autour de lui de nouveaux arbres, fait de nouvelles incisions, place de nouvelles calebasses; puis, se félicitant pleinement de son travail, il se jette sur le sol et se repose un moment, sans s'inquiéter des légions mouvantes d'insectes avec lesquels il vit fraternellement. De temps en temps il se lèvera paresseusement pour inspecter les arbres qu'il a incisés et s'assurer que la sève s'écoule librement dans les calebasses. Un travailleur vraiment sérieux recueillera 3 ou 4 livres de caoutchouc par jour, si bien que, si l'on prend une moyenne, soit 2 livres par personne, une caravane comptant 150 indigènes récoltera une quantité considérable de ce produit en un temps relativement court. La sève est alors bouillie en un récipient de fer, de manière qu'elle se coagule, du sel et de la chaux y étant ajoutés quelquefois afin de hâter la solidification. Puis le caout-

(1) Il lui arrive parfois de détacher la liane et de la découper en morceaux d'environ un pied de longueur, afin d'extraire la sève avec plus de facilité. (*Note de l'Auteur.*)

chouc est roulé en forme de boules. Quand les calebasses sont remplies, on se prépare à revenir vers le village.

Ce retour de la caravane est marqué par les félicitations de ceux qui sont restés dans leurs foyers, et tous ceux qui possèdent fièrement une calebasse ou deux de caoutchouc racontent aux membres de leurs familles en admiration les mystérieuses et terribles aventures (animaux nuisibles, léopards, etc.) qui leur sont arrivées dans la forêt.

Alors doit s'accomplir la dernière phase de l'opération, en ce qui concerne les indigènes. Le caoutchouc, une fois recueilli, doit être vendu. Aussi l'on voit l'indigène se rendre, avec le produit qu'il a récolté, à la station commerciale la plus rapprochée. Si les habitudes commerciales en Chine sont pleines de mystère, les procédés chers aux fils païens de Cham ne sont pas moins ténébreux. L'indigène sait que le caoutchouc s'achète au poids. Un raisonnement simpliste lui donne à penser que s'il place au centre de son caoutchouc une pierre ou une balle de plomb, non seulement chaque boule pèsera davantage, mais encore il pourra faire un plus grand nombre de boules avec le produit récolté. Il en résulte que le commerçant européen, en coupant la boule en deux, — car il connaît ces malices — rencontre fréquemment un caillou, une balle de plomb ou d'autres matières pesantes, à la prodigieuse surprise, comme il sied, de notre ami l'indigène qui sur sa tête jure ne pas comprendre comment cela s'est fait, et affirme, avec beaucoup d'insistance et force gesticulations, que seul un esprit malin, aux pires intentions, a pu jouer à un honnête homme un tour aussi misérable.

Quand le caoutchouc a passé finalement aux mains du négociant européen, après la préparation première qu'il a reçue de l'indigène, il se trouve contenir encore une grande proportion d'eau (environ 10 0/0) (1) et dégage une odeur très désagréable. Cette eau doit être expulsée avant que le caoutchouc soit produit sur les marchés d'Europe. Les boules sont alors placées sous un pressoir, semblable à l'appareil dont on se sert pour passer le linge au cylindre, puis débarrassées des impuretés qui peuvent s'y trouver encore, enfin coupées en morceaux, que l'on trempe dans l'eau de mer pour éviter qu'ils se dessèchent, et embarqués dans des barils de bois (2).

(1) Ou même 20 0/0. (*Note de l'Auteur.*)

(2) Il y a beaucoup d'autres manières de préparer le caoutchouc; celle-ci est une d'elles. (*Note de l'Auteur.*)

Le commerce du caoutchouc est seulement encore dans l'enfance, et l'arrivée dans les territoires du Niger de compagnies particulières prêtes à la concurrence devrait avoir pour effet de donner un développement remarquable à cette industrie.

Après la destruction si funeste des arbres et des lianes à caoutchouc dans les forêts de Lagos on a vu paraître avec acharnement une législation restrictive émanant des représentants du pouvoir. Il est très douteux que ce soit là le vrai moyen d'obvier aux difficultés existantes et qu'on n'aille pas de cette manière à l'encontre du but visé. C'est une maladresse, pour ne pas dire plus, de commencer par encourager les indigènes à exploiter un nouveau produit sans leur donner quelques notions scientifiques, sans leur enseigner ce qu'ils ont à faire, puis, quand l'inévitable arrive, de s'indigner vivement des désordres qu'il leur est trop facile de commettre et de préparer une législation qui doit porter atteinte au libre exercice de leur prospérité. Il n'est pas dans les usages des indigènes de détruire un produit dont ils peuvent tirer bénéfice. Pour ce qui concerne le palmier à huile, dont ils pratiquent depuis longtemps l'exploitation, leurs chefs eux-mêmes édictent des mesures contre la destruction des arbres ; témoin, ce qui se passe chez les Mendis (1). C'est affaire d'éducation. Il est notoire que la crise traversée à Lagos par l'industrie du caoutchouc vient uniquement de l'imprévoyance complète des autorités, celles-ci ne s'étant nullement préoccupées au début d'enseigner aux indigènes les procédés rationnels d'exploitation. Ce qui a fait défaut, c'est l'institution, dans chaque district, d'un enseignement élémentaire, permettant aux indigènes de se renseigner, de leur montrer des produits variés, de les placer devant eux avec toutes explications utiles. Le fonctionnaire chargé de ce soin ne serait pas investi de pouvoirs politiques, mais serait naturellement en rapport avec le gouvernement. Son rôle serait celui d'instructeur, de surveillant, de guide, d'auxiliaire. Il serait sûr de trouver bon accueil auprès des chefs, aussi longtemps que ceux-ci seraient certains de le voir s'abstenir complètement de visées politiques. L'expérience ne serait

(1) Le « Porroh » est le nom donné à une espèce de mot d'ordre, d'embargo, interdisant la cueillette du palmier pendant une période déterminée. Certains chefs déclarent que les palmiers à huile dans telle ou telle région sont « porroh » c'est-à-dire que les arbres ne peuvent être utilisés pour la récolte de l'huile, jusqu'à ce que le « porroh » ait été levé. (*Nouvelle note explicative de l'Auteur.*)

guère coûteuse, et les avantages à en retirer, aussi bien pour développer les industries indigènes existantes que pour en susciter de nouvelles, seraient considérables, tout en écartant la nécessité, vraie ou prétendue, d'une législation où se rencontrent des dispositions irritantes. Qu'on entrât plus avant dans cette voie, qu'on se montrât un peu moins prodigue au contraire du sang des indigènes et qu'on évitât, selon le mot de Miss Kingsley, le « meurtre » de leurs institutions, sous prétexte de les améliorer, ce serait fort à souhaiter.

CHAPITRE XV

LES PEULS DANS LA NIGERIA.

« Rappelez-vous que le Paradis se trouve à l'ombre des épées. Ces misérables sont venus combattre pour une cause impie. Nous les avons appelés dans la voie droite, et pour nous remercier ils nous menacent de leurs armes. Soutenez cette attaque avec courage et soyez certains de la victoire, car le Prophète a dit : « Une montagne elle-même, si elle a des torts envers une autre montagne, s'engloutira dans la terre ». Discours d'Othman, le conquérant peul du pays haoussa, à ses soldats, au début de la guerre.

« Le roi de Gober s'empara d'un grand nombre de bestiaux leur appartenant. Les Peuls ne dirent mot. Il revint saisir à nouveau leurs bestiaux. Les Peuls dirent : « Avons-nous le droit de nous « venger? » Mais le roi de Gober prit quelques-unes de leurs vaches et revint leur dire : « Faisons la paix ; vous quitterez ce pays et viendrez vous établir près de moi. » Ils répondirent qu'ils ne partiraient pas. Dès le matin, il se prépara à combattre, ayant avec lui un millier de cavaliers pour faire prisonniers les Peuls ; mais ceux-ci le repoussèrent, étant venus en grand nombre. Depuis ce jour, il ne leur fit plus ouvertement la guerre, mais il se munit de poison, qu'il versa dans l'eau, et tous ceux qui burent de cette eau moururent. Alors les Peuls lui firent la guerre, et quand ils eurent vaincu son peuple, ils firent beaucoup de prisonniers qu'ils emmenèrent comme esclaves ; c'est ainsi que les Peuls prirent possession du Gober. Ce fut de même qu'ils pénétrèrent dans les diverses régions du pays haoussa et qu'ils combattirent les païens (1). » C'est en ces termes qu'un récit indigène explique

(1) *Histoire abrégée de l'invasion peule en pays haoussa*, — de Bashima, un haoussa-peul, dans le « Magana Hausa » (J.-F. Schön, 1885). (*Note de l'Auteur.*)

comment s'établit la grande puissance des Peuls sur les Etats haoussas dans cette première partie du siècle dernier qui souleva comme une vague puissante de conquête au profit de l'Islam, se déroulant vers le sud à partir du bassin du Tchad presque jusqu'à l'Océan. « Nous plongerons le Coran dans les eaux de la mer » avait juré l'armée des envahisseurs, celle des cavaliers vêtus de blanc, et si les Yorubas, peuple d'agriculteurs, n'avaient, en concentrant leurs forces, arrêté ses progrès et ne l'avaient, en la surprenant de nuit, mise en déroute sous les murs d'Osogbo (1), elle aurait tenu son serment.

L'histoire de la révolution peule — appelée parfois à tort invasion — en pays haoussa, a été souvent racontée, tantôt de façon exacte (2), tantôt avec des digressions défavorables aux réformateurs, ou en supprimant certains faits d'importance, tels que la complicité que les révolutionnaires ont cherchée et trouvée parmi les Haoussas eux-mêmes. Recommencer ce récit serait superflu. Qu'il nous suffise de dire que les Peuls, — « victimes de la persécution » comme nous l'apprennent leurs légendes confirmées d'ailleurs par Barth, et que nous sommes autorisés à croire au moins autant que d'autres récits, qui nous les présentent plutôt comme oppresseurs que comme opprimés — se trouvèrent vis-à-vis d'hommes dont ils étaient les supérieurs par l'intelligence, dans la situation d'infériorité sociale et politique où sont actuellement dans le Borgou leurs compatriotes, les pasteurs de la Nigeria septentrionale. Ceux-ci se souviennent d'ailleurs des exploits qu'accomplirent leurs frères dans des circonstances semblables, lorsque, sous la direction de leur « mallam Zaky », ou, pour lui donner son nom européen, d'Othman Dan Fodio, ils abandonnèrent la houlette du pasteur pour prendre l'épée, et, le nom d'Allah sur les lèvres, soumirent en quelques années les Etats, rivaux entre eux, du pays haoussa, se rendirent maîtres des principales villes, convertirent les habitants à l'Islam et gouvernèrent le pays (3) avec tant d'habileté et un tel esprit de justice que

(1) Vers 1810. (*Note de l'Auteur.*)

(2) Et avant tout autre par Joseph Thomson dans son ouvrage *Mungo Parck et le Niger*. (*Note de l'Auteur.*)

(3) « Othman édicta les châtiments les plus sévères contre ceux qui commettraient la plus légère violation de la loi ». — Voyages du cheikh Mohammed, de Tunis (Bayle Saint-John. Londres, 1851). (*Note de l'Auteur.*)

empreinte personnelle sur les races avec lesquelles ils se sont trouvés en contact est surprenante. Partout où ils ont passé dans leurs migrations étonnantes de l'est à l'ouest et de l'ouest au sud, du bassin du Sénégal au bassin de la Bénoué, des générations nouvelles et plus viriles ont suivi leurs traces fécondes, populations qui devaient, avec le cours du temps, constituer des royaumes séparés, presque des nationalités différentes. Ainsi, au Fouta-Djallon, région montagneuse riche en bétail de belle qualité, et dont ils se rendirent maîtres au XVIe ou au XVIIe siècle, nous les voyons, dans ce pays, qui avant l'occupation française approvisionnait les marchés de Freetown, modifier sensiblement les éléments ethniques par leurs unions avec les indigènes Jalonkes et Mandingues. En Sénégambie, une population presque complètement distincte s'est constituée, celles des Toucouleurs, Peuls croisés de Ouolofs et de Mandingues. Haoussas et Kanouris du Bornou, Touareg des confédérations du sud, et Soussous des rivières du nord (1) ont tous en eux du sang peul. Et cependant une race peule vraiment pure s'est conservée, et, tout en absorbant d'innombrables tribus et se modifiant profondément elle-même dans certaines régions, a réussi à maintenir un type originel qui n'a jamais complètement disparu (2). Actuellement on peut voir, dispersés à travers le Soudan occidental, dans les hauts plateaux du Fouta-Djallon et dans les régions qui confinent au lac Tchad, dans l'Adamaoua notamment, ces mêmes bergers nomades, affinés, hospitaliers et courtois dans leurs manières, simples et patriarcaux dans leurs mœurs, aux traits purs, au teint cuivré et olivâtre, qui faisaient paître il y a mille ans leurs buffles et leurs moutons au museau allongé dans les oasis du Touat et les plaines voisines de Tombouctou. Et à leurs côtés on verra leurs épouses jouir dans la maison de plus de liberté et d'autorité que n'en ont certaines de leurs sœurs d'Afrique, en gardant quelque chose du charme d'un autre pays, demeurant, avec la douceur de leurs regards, avec leur amour des épices, les filles de cet Orient d'où elles sont venues jadis en des jours obscurs et lointains, perdus dans un impénétrable brouillard.

(1) Les *Northern Rivers* est la vieille désignation de la Guinée française — mais les Français ont toujours dit *Rivières du Sud* pour désigner le même pays. (*Nouvelle note de l'Auteur.*)

(2) Cela s'explique par la résistance qu'opposent les Peuls à toute union entre les femmes de leur race et leurs voisins noirs. (*Note de l'Auteur.*)

L'histoire des Peuls n'est pas limitée à la Nigeria. Leur accession au pouvoir dans les anciens pays haoussas et la fondation de l'empire du Sokoto sont, nous l'avons vu, des événements tout modernes, et il n'est pas absolument exact de dire que leur domination dans l'intérieur de l'Afrique occidentale remonte au règne d'Othman. La vérité, c'est que les succès de ce dernier ont donné le goût des conquêtes aux Peuls et peut-être plus particulièrement aux populations croisées de race peule. La révolution peule dans le Haoussa fut suivie du soulèvement des Peuls à Ségou contre les païens bambaras et soninkés. Tombouctou tomba en leur pouvoir en 1825. Mohammed Lebo entreprit dans le Macina une croisade dirigée autant contre les païens que contre ses coreligionnaires et compatriotes, pour l'indifférence et les erreurs qui s'étaient introduites chez eux dans la pratique de l'Islam. Après Mohammed Lebo, le grand chef toucouleur El-Hadj-Omar, homme d'une remarquable capacité, appartenant à la confrérie fanatique des Tidjania, réunit une immense armée autour de lui et avec ces troupes fit la guerre de différents côtés montrant une animosité particulière contre la race à laquelle il se rattachait. Mais son zèle religieux n'était pas modéré par ses visées politiques ; ses qualités de gouvernement semblent avoir été faibles. Il ne cherchait dans la guerre que la satisfaction de ses appétits, et le conflit, suivi de défaites, où il fut engagé contre les Français, amena la révolte de ceux qui avaient souffert de ses excès. Il est curieux de constater qu'il fut abandonné finalement jusqu'au désespoir et au suicide et que son pouvoir fut anéanti par les Peuls eux-mêmes, malgré les liens de sang qui les unissaient aux Toucouleurs, où il avait naturellement recruté le plus grand nombre de ses partisans. Néanmoins, le nom d'El-Hadji-Omar conserve son prestige dans l'Afrique occidentale, et d'autres aventuriers de son espèce ont parfois suscité de sérieuses difficultés aux Français. Mais les Peuls avaient dominé sur une grande étendue de l'Afrique occidentale bien avant qu'Othman eut fait flotter ses drapeaux dans le Gober en pays haoussa. Dans le prochain chapitre nous essaierons d'interroger les plus anciens mémoires pouvant jeter quelque lumière sur la présence des Peuls dans l'Ouest africain. Cela nous aidera à aborder le problème des origines d'une race qui constitue, par son expansion et son importance le facteur essentiel à considérer dans les principaux des protectorats anglais de l'Afrique occidentale.

CHAPITRE XVI

LES PEULS DANS L'HISTOIRE DE L'AFRIQUE OCCIDENTALE.

« Dans tous les royaumes, dans tous les pays, sur chaque rive du fleuve il y a des gens au teint basané appelés « Pholeys »... Ils vivent en hordes ou clans, construisent des villes, et ne sont pas soumis au roi du pays, bien qu'ils vivent sur leur territoire; car s'ils sont maltraités chez les uns ils abandonnent leurs bourgades et vont ailleurs. Ils ont leurs propres chefs qui les gouvernent avec tant de modération que tous les actes du pouvoir semblent émaner du peuple plutôt que d'un homme... Ils ont près de leurs maisons des plantations de tabac, et près de leurs villes des plantations de coton dont ils s'entourent et qu'ils défendent en même temps; ils ont en outre des cultures de céréales de quatre espèces différentes... Ce sont les plus grands agriculteurs du pays bien qu'ils y soient venus comme étrangers. Ils sont très actifs et très sobres; ils produisent plus de grains et de coton qu'ils n'en consomment et vendent ce qu'ils ne consomment pas à un prix raisonnable; ils sont très hospitaliers et très bienveillants pour tout le monde, à tel point qu'une ville « pholey » est dans le voisinage considérée par les indigènes comme un bienfait... Comme ils ont des vivres en abondance, ils ne tolèrent jamais que certains d'entre eux en manquent, mais ils secourent en même temps les vieillards, les aveugles et les infirmes, et, dans la mesure de leurs moyens, ils pourvoient aux besoins des Mandingues dont ils ont assisté un grand nombre au milieu des famines. » — Francis Moor, *Sur les Peuls de la Gambie* (1731).

« C'est un peuple dont la confiance en soi et l'instinct colonisateur sont éminemment développés. Il consacre tous ses soins à l'éducation et à l'instruction. Dans chaque ville, dans chaque village il y a des habitants qui se consacrent à l'enseignement de la jeunesse. A peu près tous les hommes et toutes les femmes peuvent au moins lire l'arabe. Sous le gouvernement éclairé de l'almamy Ibrahim Suri, la vie humaine est respectée, la propriété est sauvegardée, le vol de grands chemins est puni de mort... Il y a une femme à Timbo qui sait par cœur tous les Moallakats, grâce à une connaissance approfondie de la langue arabe que pourrait lui envier en Europe plus d'un étudiant s'adonnant aux langues orientales ». — Dr Blyden, *Sur les Peuls du Fouta-Djallon.*

« Ils occupent un rang élevé dans l'échelle de l'intelligence. » — Baikie, *Sur les Peuls de la Nigeria septentrionale.*

La trace la plus ancienne que nous ayons d'un empire existant dans l'Ouest africain se trouve dans le *Tarik* (1), histoire du Soudan occidental écrite au XVIIIe siècle par un certain Abderrahman-

(1) Récemment traduit en français par M. D. Houdas (Paris, Ernest Leroux, 1900). (*Note de l'Auteur.*)

ben - Abdallah-ben - Imran - ben - Amir - Es-Sa'di, et apparemment attribuée à tort par Barth au savant réputé de Tombouctou, Ahmed-Baba. Cet empire fut celui de Ghanata, ainsi appelé du nom de sa capitale Ghana, que l'on a identifiée avec Oualata ou Birou. Cet empire était très vaste ; il s'étendait jusqu'à l'Atlantique, embrassant les bassins du Sénégal et de la Gambie. Ghana était située dans la province centrale de l'Empire, nommée Baghena, la Bakini moderne, selon le commandant Binger. D'après le Tarik, 22 rois avaient régné au Ghanata avant l'hégire. Barth place la fondation de Ghana vers l'an 300 après Jésus-Christ. La ville fut attaquée et prise au VIIIe siècle (1) par une tribu berbère (Zanaga ou Senhaja ?) qui à son tour fut vaincue, à une date incertaine, par les Mandingues — ou les Mandingues croisés de Peuls, c'est-à-dire les Toucouleurs. Ceux-ci à leur tour, sur les ruines du Ghanata, édifièrent un nouvel empire dont l'importance fut même plus considérable encore, celui de Melli, Melle (2) ou Mali, selon les diverses orthographes qu'il reçoit. Quels étaient les premiers fondateurs de l'empire de Ghanata ou de Oualata ?

Le Dr Robert Brown, dans sa très remarquable édition de la traduction donnée par Pory de Léon l'Africain (3), s'exprime ainsi : « Oualata est le nom arabe et touareg, tandis que Birou est le mot dont se servent les noirs Azer, fraction des Aswaneck, qui sont les habitants autochtones du pays. » A l'époque où ce passage était écrit on ne pouvait se procurer aucun exemplaire complet du *Tarik* (4), et le Dr Brown n'était pas en mesure par suite de consulter cet ouvrage et de constater combien il confirme rigoureusement la chronologie fameuse des Sonraïs que Barth a publiée. S'il avait pu le faire, le passage dont il s'agit aurait certainement été modifié, car le *Tarik* nous apprend de façon précise que le fondateur

(1) D'après Léon l'Africain. (*Note de l'Auteur.*)

(2) A une certaine époque le Melle commandait aux Sonraïs et à Tombouctou. En 1329 les Melliens furent chassés de Tombouctou par les habitants païens du Mosis (le plus puissant royaume païen qui se soit jamais constitué dans l'Afrique occidentale). Les habitants du Melle reprirent la ville, mais en furent finalement chassés par les Touaregs en 1453. Le Melle fut dans la suite vaincu par les Songhays et anéanti. (*Note de l'Auteur.*)

(3) Publiée par la « Hakluyt Society ». (*Note de l'Auteur.*)

(4) C'est à M. Dubois que nous sommes redevables du premier exemplaire complet. (*Note de l'Auteur.*)

de la dynastie du Ghanata (Oualata) s'appelait Quaia-Magha (1), et, comme l'observe M. Houdas, Magha est un mot peul qui signifie « grand ». Ainsi il est légitime de soutenir, sans s'écarter de l'évidence, que l'empire vraisemblablement le plus ancien de l'Afrique occidentale, le premier du moins dont le souvenir soit venu jusqu'à nous, eut des fondateurs de sang peul. En tout cas, on serait obligé d'admettre l'existence de la langue et, par suite, la présence des Peuls dans les régions de l'Afrique occidentale voisines du Sénégal, dès les époques les plus reculées.

On peut objecter que l'appui d'un seul mot fournit une base légère à l'édification d'une théorie. Mais quand on interroge les relations historiques que l'on possède sur ces régions, on constate, il y a quinze cents ans, l'arrivée à la cour du roi du Bornou, Biri, de deux chefs religieux *des Peuls de Melle*, ce qui prouve la présence des Peuls dans les pays où, d'après le *Tarik*, régnait un chef dont le nom renfermait une affixe foulbé (2). Si l'on ajoute que les différents récits, aussi bien arabes qu'européens, se rapportant aux mêmes pays, confirment le fait, on concédera que l'affirmation émise par nous est beaucoup mieux que plausible. Il y a toute raison de croire que les Peuls étaient nombreux dans l'empire de Melle (3) si même, en réalité, les maîtres de cet empire n'étaient pas croisés de sang peul, ce qui semble probable (4), et qu'ils y avaient tantôt le premier rang, tantôt le dernier, selon que leur fortune politique s'élevait ou s'abaissait (5). Au milieu du XVe siècle ils constituaient

(1) La famille régnante, d'après le *Tarik*, était de race blanche, et ses sujets étaient les Wakaris (Mandingues). Ceci tend à confirmer la version des Peuls à savoir qu'ils descendent d'une race blanche par comparaison avec les autres indigènes leurs voisins. Dans sa « Notice géographique sur la région du Sahel » (qui comprend le Bakini, l'ancien Baghana) le commandant de Lartigue dit des Peuls qui habitent encore ce pays. « Quelques-uns sont presque blancs; leurs cheveux sont à peine crépus, et ils ont les traits fins et réguliers des Européens de bonne race ». (*Note de l'Auteur.*)

(2) La langue des Peuls. (*Note de l'Auteur.*)

(3) L'Empire qui, nous l'avons vu, avait été édifié sur les ruines de Ghanata par les Mandingues, le peuple vaincu, à l'époque où fut fondée cette dernière ville. (*Note de l'Auteur.*)

(4) Cette opinion de d'Eichtal (« Les Foulahs », Paris, 1812), à savoir que les Peuls jusqu'à ce jour ont appelé « Melli » l'ensemble de la Sénégambie, n'est pas, il me semble, confirmée, mais doit être mentionnée néanmoins. (*Note de l'Auteur.*)

(5) La première carte où figure le nom de Melle est une carte espagnole (1375 après J.-C.). Dans la carte de Mathias de Villadestes, de Venise (1413 après J.-C.),

certainement la race dominante dans le Baghena (la province centrale, comme on l'a vu, de l'empire de Ghanata, et qui semble avoir conservé son nom après la conquête mellienne) ; ils avaient apparemment réussi à prendre le pouvoir. Nous tenons ce fait des récits sonraïs, d'après lesquels à cette époque Askia, le puissant roi du pays, « conquit le Baghena et tua le chef peul Damba-Dumbi (1) ». Trente ans avant cet événement le chef du Baghena était également un Peul, comme en témoigne l'histoire du prédécesseur d'Askia. Vers 1450, Ca-de-Mosto parle d' « el rey dos Fullos » sur les rives du Sénégal. Plus tard, Jean II, roi du Portugal, envoie une ambassade à Tamala « puissant roi des Peuls ». De Barros, l'historien portugais, cite une grande guerre « incendia de guerra » survenue au Sénégal en 1534. Une foule de Peuls, selon de Barros, quittèrent le pays du « Fouta », — probablement le Fouta-Toro, — pour se diriger vers le sud. La multitude était telle, ajoute-t-il, « qu'elle desséchait les cours d'eau sur son passage ». Marmol cite également cette migration vers le sud. Les Peuls, dit-il, « avaient levé une armée si formidable dans le sud du « Foura » (Fouta), contigu au pays mandingues, contre lesquels ils marchaient, qu'ils prétendaient dessécher les rivières (2) ». Il est certain que ce fut le commencement de la migration des Peuls vers le Bondou et le Bambouk, mouvement qui devait se continuer à une époque postérieure vers le Fouta-Djallon. Le *Tarik* nous raconte la fondation de l'Etat peul du Toro par Salta Tayenda « le faux prophète » en 1511 (3). D'après le *Tarik* les Peuls dominaient à l'est jusqu'au Macina, au XVe siècle, et la chronologie des Sonraïs d'après Barth, mentionne une expédition qu'un roi de ces derniers aurait dirigée contre les Peuls du Gourma, encore plus à l'est.

Arrivant à une période plus récente, nous voyons Jobson (1628) citer les Peuls comme opprimés par les Mandingues et comme leur

le mot « Toucuzor » est écrit à côté de celui de « Mussa » roi de Melli. A la place de « Toucuzor » lisez « Toukulor (Toucouleur), la race croisée de Peuls-Ouolofs et de Peuls-Mandingues. « Considérations sur la priorité des découvertes maritimes sur la côte occidentale d'Afrique ». — Binger. (*Note de l'Auteur*).

(1) Table chronologique des Sonraïs d'après Barth. — (*Note de l'Auteur.*)

(2) Marmol — né à Grenade en 1580 — traduit par Nicolas Perot d'Ablancourt. (*Note de l'Auteur.*)

(3) Cette affirmation du *Tarik*, à savoir que Salta Tayenda s'enfuit au « Fouta » confirme la présence des Peuls dans ce pays à une date antérieure, ce que nous apprenons du reste par d'autres sources. (*Note de l'Auteur.*)

étant assujettis dans la région de la Gambie. En 1697, le sieur de Brüe se rend pour la première fois, au nom de la Compagnie française du Sénégal, à la cour du chef des Peuls sur le Sénégal. Le récit de l'événement, tel que le donne Labat, est des plus pittoresques. C'était l'époque où les monarques africains étaient traités avec respect par les Européens qui désiraient commercer avec leurs sujets. Le prélat cynique, à qui nous devons la relation du voyage de Brüe, et qui s'amuse des petites supercheries que la Compagnie commettait envers les Peuls, s'étonne lui-même des institutions de ce peuple, de son organisation judiciaire et administrative, de l'aptitude de ses habitants pour l'agriculture et le commerce. « Aussi loin que la vue pouvait s'étendre », écrit-il d'après les notes de Brüe, « pas un pouce de terrain n'était laissé en friche. » Plus loin il parle de « vastes plaines couvertes de bétail ». « Ils — les Peuls, — poursuit-il, cultivent le sol avec soin et font d'abondantes récoltes de mil gros et petit, de coton, de tabac, de pois et d'autres légumes et ils élèvent des quantités énormes de bestiaux. » En résumé, nous trouvons dans l'empire des Peuls du Sénégal, au XVIIe siècle, les traits bien caractéristiques que nous rencontrons dans leurs Etats de fondation plus récente. Pasteurs et agriculteurs, par goût naturel, ils comptent parmi eux, quand les circonstances leur donnent le gouvernement des pays où ils se sont établis, des hommes prêts à la vie publique et à l'administration.

J'ai cité un grand nombre de témoignages — la liste pourrait aisément en être étendue — afin de montrer que les Peuls ont vécu au Sénégal et en Gambie depuis des temps reculés et qu'il y a dès lors toute raison de les identifier, selon le *Tarik* et Barth, avec les maîtres de l'empire de Ghanata, dont le dernier place l'existence à une date antérieure à l'an 300 après Jésus-Christ. Des pays où ils ont été alternativement les maîtres et les sujets, et qu'ils habitent aujourd'hui sous la domination française, les Peuls se sont progressivement répandus au sud et à l'est, à travers, on peu s'en faut, tout l'intérieur de l'Afrique occidentale; le mouvement continue et il est l'un des facteurs ethnologiques les plus intéressants de l'Afrique occidentale. A l'ouest, la forêt a empêché les Peuls d'atteindre l'océan, bien qu'en deux circonstances ils eussent été sur le point de le faire, en arrière de Lagos au milieu du siècle dernier, comme on l'a vu dans le précédent chapitre, et en arrière de Sierra-Leone environ trente ans avant leur défaite à Osogbo, leur cavalerie (comme dans le Yoruba) étant impuissante contre la résistance des habitants de la forêt, Soulimas et autres — les noirs indépendants du protectorat de Sierra-Leone, sur lesquels les bureaux de Downing Street dans leur sagesse ont établi une taxe foncière en 1898! Les traditions des Ashantis mentionnent l'arrivée d' « hommes rouges » venus de l'intérieur comme une des causes de leur migration vers le sud (1). Aujourd'hui les Peuls sont parvenus jusqu'aux confins des grandes forêts du Congo, et, selon certaines relations, se trouvent en très grand nombre sur les rives de la Sangha (2). Chercheront-ils à pénétrer dans la forêt, ou bien préféreront-ils se détourner, obliquer vers le nord (3), et, se déplaçant une fois de plus, comme entraînés par un insondable dessein de la Providence, retourner lentement vers la région d'où ils ont quitté l'Asie pour entrer sur le continent noir et, pour la première fois, aborder ce sol africain où ils vivent depuis quelque quatre mille ans?

CHAPITRE XVII

ORIGINE DES PEULS.

« La plus intéressante de toutes les tribus africaines... Une race distincte. » — Dr Barth, *Voyages dans l'Afrique occidentale* (5 volumes).

De tous les problèmes qui demeurent obscurs, ou ne sont qu'à demi dévoilés, au sein du continent encore mystérieux de l'Afrique,

(1) La tradition se réfère indirectement à l'invasion peule — la racine du mot (Peul ou Ful) signifiant rouge ou rougeâtre. (*Note de l'Auteur.*)

(2) Le correspondant d'un journal de Paris, la *Dépêche Coloniale*, dans une lettre datée de Koundé sur la Sangha le 10 décembre 1901, s'exprime ainsi : « Nos vêtements, que la brousse a mis en lambeaux, ne donnent pas une haute idée de notre influence, surtout quand on les compare à ceux des Foulbés (Peuls) couverts de broderies et chaussés de bottes de cuir. Ceux-ci sont tous à cheval, et nous sommes à pied. Ils sont des milliers et sont tous armés. » (*Note de l'Auteur.*)

(3) Leur présence à Omdurman — c'est-à-dire au cœur du Soudan oriental, dans la vallée du Nil — a déjà été signalée par le père Ohrwalder. A la page 300 de *Dix ans de captivité au camp du Mahdi* (Major Wingate, R.-A. Londres, 1895), nous lisons « Quelques Fellatahs, venus de régions lointaines, du Bornou, du Ouadaï etc., s'étaient arrêtés à Omdurman, dans leur voyage à la Mecque » et ailleurs, page 305 « Les habitants d'Omdurman forment une agglomération de toutes les races et de toutes les nationalités du Soudan — Fellatahs, Takrouris, indigènes du Bornou, etc ». (*Note de l'Auteur.*)

il n'en est pas qui présente un intérêt plus absorbant, plus passionnant, que celui des origines de la race qui a imprimé ses caractères individuels à travers tout l'intérieur de l'Afrique occidentale et dont l'influence féconde se manifeste des rives du Sénégal jusqu'au Tchad.

Dans le précédent chapitre, il a été, je veux le croire, nettement établi que les Peuls ont laissé des traces certaines dans les mémoires historiques les plus anciens et les plus autorisés sur l'Afrique occidentale, et que, à l'exception du récit d'Hannon, — dont nous aurons maintenant à parler, — toute relation de quelque importance, ayant trait, pour plusieurs siècles, à la partie de l'Ouest africain s'étendant entre le 10e et le 20e parallèles de latitude Nord, témoigne, directement ou indirectement, de la présence des Peuls dans le pays à une époque reculée (1). D'où venait ce peuple, qui se distingue si profondément par le teint, la constitution physique, les mœurs, les coutumes, les manières, des noirs au milieu desquels ils se sont établis et qui ont été les maîtres du bassin du Sénégal jusqu'au IVe siècle?

Leurs propres légendes, leur structure physique, leur développement intellectuel et les traits essentiels de leur individualité, tout concourt avec ensemble à placer en Orient le berceau des Peuls, cette « race distincte », dont parle le Dr Barth, et non pas la population bâtarde que certains voudraient voir en eux.

Avant d'essayer de rassembler les divers éléments dont l'ensemble, à mon humble avis, justifie cette affirmation, il peut n'être pas inutile de rappeler que la théorie favorable à l'origine orientale compte de nombreux adversaires que leur situation personnelle, la compétence qu'ils ont acquise, recommandent à notre attention. Il y a ceux qui soutiennent que les Peuls se rattachent à la famille berbère. Il y en a d'autres qui pensent — et cette opinion me paraît contraire à toute vraisemblance — que les Peuls sont des mulâtres. M. Marcel Dubois (2) le brillant auteur de *Tombouctou la Mystérieuse* (3), dont l'exposé sur la question peule n'est pas

(1) La détermination que donne le Dr Barth de la date à laquelle fut fondé le Ghanata n'est certainement pas exagérée, si l'on tient compte de cette affirmation du *Tarik* que vingt-deux rois avaient régné avant l'Hégire. (*Note de l'Auteur.*)

(2) Il s'agit ici, non de M. Marcel Dubois, mais de M. Félix Dubois. (*Note du Traducteur.*)

(3) Ernest Flammarion, Paris. Édition anglaise : M. Heinemann. (*Note de l'Auteur.*)

impartial, combat énergiquement la thèse orientale. « C'est de l'ouest, dit-il, de l'Adrar sénégalais (l'Aderer des cartes anglaises), de la terre de sable s'étendant au nord du Sénégal, qu'ils sont venus ». « Les Foulbés, poursuit-il, avaient été chassés vers le Soudan, très probablement quand les Maures, expulsés d'Espagne, envahirent l'Adrar. » M. Dubois trouve la confirmation de ses vues dans un passage du *Tarik* (qui, étant écrit par un Arabe, est naturellement hostile (1) aux Peuls), d'après lequel les Foulbés étaient originaires du pays de « Tichitt ». Je me permets très respectueusement de ne pas partager l'opinion de M. Dubois. Selon Léon l'Africain, les Maures ou Berbères conquirent le Ghanata au VIIIe siècle, la caste dominante à cette époque, comme on peut l'inférer aussi bien du *Tarik* que des récits de Barth, étant de sang peul, ce qui déjà rend douteuse l'affirmation de M. Dubois. Mais plus on essaie de concilier l'opinion de ce dernier avec les mémoires existants, plus cette opinion semble contestable. La puissance maure en Espagne ne disparut définitivement qu'au XVe siècle. Néanmoins on peut dire que la cause des Maures en Europe était perdue, et que leur expulsion a commencé après leur défaite à Salado en 1340 (2). Nous pouvons dès lors, pour notre argumentation, adopter le milieu du XIVe siècle comme étant la période approximative où les Maures commencèrent à être « expulsés d'Espagne ». Ce serait à peu près l'époque, où, selon M. Dubois, les Maures chassèrent les pasteurs peuls vers l'Adrar « la terre de sable ». Sans s'arrêter à ce qu'il y a de peu logique à considérer un peuple dont la richesse est constituée par ses troupeaux et son bétail comme originaire d'une région aride (car sable et pâturages ne vont pas d'ordinaire ensemble), il convient de remarquer qu'en fait les Peuls étaient établis déjà beaucoup plus au sud. Le marché de Djenné, dont M. Dubois a parlé avec tant de charme, n'était-il pas déjà fréquenté par les Peuls vers 1260 (3)? Le roi du Bornou ne reçut-il pas une ambassade peule venant du Melle entre 1288 et 1306 (4)? Conçoit-on que les Peuls, obligés d'évacuer l'Adrar au milieu du

(1) Les Arabes et les Peuls ont été en éternelle animosité. (*Note de l'Auteur.*)

(2) Tolède fut enlevée aux Maures en 1085. Saragosse en 1118, Valence en 1238, Séville en 1248; les Beni-Nasr conservèrent Grenade jusqu'en 1492. (*Note de l'Auteur.*)

(3) De Barros, Barth; le *Tarik*. (*Note de l'Auteur.*)

(4) Makrisi, de Barros, Barth. (*Note de l'Auteur.*)

XIVe siècle, eussent étendu leur domination sur de vastes territoires allant au sud jusqu'au Gourma, fût-ce seulement une centaine d'années plus tard ? M. Dubois devra apporter d'autres preuves, des témoignages plus forts que sa propre affirmation et autre chose qu'un passage obscur du *Tarik*, pour détruire la thèse orientale sur l'origine des Peuls.

Nous sommes loin de connaître toutes les traditions indigènes qui, parmi les Peuls, attribuent à ce peuple une origine orientale, et, bien qu'on ne doive pas y attacher trop d'importance, il ne faut pas non plus les mépriser. Il y a d'ordinaire un fond de vérité dans les légendes de cette nature. D'autre part, les études anthropométriques ou plutôt crâniologiques sont d'un extrême intérêt. Bien qu'elles se soient encore peu développées, elles fortifient d'une manière appréciable la thèse orientale. Le Dr Verneau, dont la réputation comme anthropologiste est bien établie, a récemment publié (1) les résultats de l'examen auquel ont été soumis cinq crânes de chefs indigènes originaires du Fouta-Djallon. Les trois premiers appartenaient à des personnages connus, de leur vivant, des autorités françaises de la Guinée. Les deux autres avaient été apportés en France par le Dr Maclaud, qui a beaucoup voyagé parmi les Peuls. Aucun de ces personnages n'était un Peul de sang pur. Celui qui se rapprochait le plus du type originel était Alfa-Alliu, condamné à mort pour avoir attaqué sans provocation un convoi français. Sur le crâne de cet individu le Dr Verneau s'exprime ainsi : « Alfa-Alliu appartient d'après les éléments distinctifs de son crâne et de sa face au type pentagonal cintré qu'on rencontre dans la population présente de l'Erythrée et les anciens habitants de l'Egypte ». Sur deux autres crânes parmi les cinq examinés, le Dr Verneau fait les remarques suivantes : « Leurs possesseurs, sans doute, avaient une certaine dose de sang nègre dans les veines, d'où résultaient un épaississement de l'ossature et un prognathisme accentué... (2). Néanmoins, ces deux chefs n'étaient pas des nègres ; la largeur du front, le dessin très net des os du nez, les proportions du nez lui-même et la forme du

(1) *L'Anthropologie* (tome X, n° 6), dont le Dr Verneau est l'un des rédacteurs. (*Note de l'Auteur.*)

(2) En style profane, les mâchoires avancées, — un des traits caractéristiques du nègre. (*Note de l'Auteur.*)

menton excluent toute connection avec la race nègre. » Sur les deux crânes restants, le Dr Verneau conclut ainsi : « Je n'insiste pas davantage sur les caractères céphaliques de ces deux Peuls de race profondément croisée. J'observerai simplement que, malgré ces croisements, ils offrent deux formes de crânes que nous rencontrons partout où l'influence des Ethiopiens s'est fait sentir. » Il est nécessaire d'ajouter que par Ethiopien le Dr Verneau — il a soin de l'expliquer au début de son étude — entend désigner le type abyssin, car il estime que toute similitude entre les mots « nègre » et « éthiopien » est vulgairement le résultat d'une confusion. Elisée Reclus, dans son grand ouvrage de géographie, affirme que la constitution du crâne peul a des affinités avec le type égyptien. A ce témoignage on peut ajouter ceci, c'est que les plus récentes études d'anthropologie sur les Berbères tendent à séparer ceux-ci des anciens Egyptiens et de la famille orientale (1).

Le Dr Blyden, qui visita Timbo, la capitale du Fouta-Djallon (et l'un des centres peuls les plus importants de l'Afrique occidentale), il y a une trentaine d'années et qui, comme le Dr Bayol et d'autres voyageurs, fut profondément intéressé par ce qu'il vit, s'exprime en ces termes dans un rapport qu'il fit parvenir au gouvernement de l'époque et que, grâce à lui, j'ai pu consulter : « En entrant dans une ville peule, la première chose qui frappe un étranger est l'aspect caucasien des traits du visage, surtout parmi les habitants les plus âgés; et pourtant quelquefois, parmi les enfants nés de parents ayant tous les caractères physiques de la famille sémitique, on voit réapparaître le type nègre indélébile » (2). « Il est évident, ajoute le docteur, que s'il y a là parmi ce peuple une forte dose de sang étranger on trouve aussi l'influence d'une race puissante qui a complètement absorbé les éléments du dehors, et c'est par là que s'explique l'extrême fierté que les Peuls conservent de leurs origines, leur respect du passé et le souci qu'ils ont de leur postérité. »

D'Eichtal s'est efforcé d'établir entre les Hovas de Madagascar et les Peuls une parenté qui se trouvait allier indirectement ceux-ci aux Malais, — dont traite spécialement cet auteur. Cette thèse ne

(1) Dr Randle Mac Iver et Anthony Wilkin, dans leurs « Lybian Notes » — Macmillan et Ce 1901. (*Note de l'Auteur.*)

(2) Ce qu'expliquent des relations avec les négresses. (*Note de l'Auteur.*)

pouvait s'appuyer que sur la similitude exceptionnelle de certains mots; mais, si elle était fondée, il nous faudrait renverser complètement les phases des migrations peules, ce qui est tout à fait impossible. La langue peule ne peut pas être encore exactement classée, mais, autant que nous pouvons le savoir, elle a des origines sémitiques. Si nous voulons trouver d'autres points de contact entre les Peuls et l'Orient, plusieurs circonstances arrêtent notre attention. La première est tirée d'un passage du *Périple* d'Hannon ; la seconde de l'invasion de la Basse-Egypte par les Hyksos ; la troisième, d'affinités particulières et de certains rapports avec les légendes hébraïques, constatés chez les Peuls ; la quatrième, d'un attachement à leur bétail si remarquable parmi les Peuls qu'il fait penser à une lointaine boolâtrie. Ces divers points doivent être successivement examinés.

Vers la fin du XVIe siècle avant Jésus-Christ, les maîtres de Carthage projetèrent de créer outre-mer des colonies qui pussent ajouter à la gloire de l'empire, tout en permettant de se débarrasser d'une fraction au moins des éléments les moins recommandables de la population. Ils envoyèrent dans ce but une flotte de 60 vaisseaux, comptant environ 3,000 passagers, sous le commandement d'un digne magistrat nommé Hannon, avec ordre de passer par les Colonnes d'Hercule (le détroit de Gibraltar) et de jeter quelque part plus loin les bases d'une colonie. La flotte paraît avoir suivi la côte occidentale de l'Afrique jusqu'à ce qu'elle atteignît le Sénégal. Les Carthaginois remontèrent ce fleuve sur une faible distance, puis s'avancèrent vers le sud jusqu'à la Gambie et même au delà jusqu'au « Cap du midi » qu'on a cherché à identifier avec l'entrée du canal Sherbro (1). Cette rencontre de la culture phénicienne et de la barbarie primitive sur la côte occidentale était, comme sir Harry Johnston l'observe de façon frappante, « la première entrevue que l'homme civilisé avait avec son frère

(1) D'autres auteurs arguent notamment de ce que les sauvages, « couverts de poils » rencontrés par les colons carthaginois étaient les gorilles que du Chaillu, plus de deux mille ans après, fit connaître à un monde incrédule. Ils insistent sur ce qu'aurait d'invraisemblable l'existence de ces animaux, au temps d'Hannon, si loin vers le Nord, et ils soutiennent que l'expédition parvint jusqu'à l'estuaire du Gabon ou même jusqu'aux bouches du Congo. La question vraisemblablement ne sera jamais élucidée. Les deux opinions sont exposées très clairement par feu Miss Kingsley dans ses « West-African Studies » (Macmillan et Ce.) (*Note de l'Auteur.*)

demeuré sauvage depuis que l'un et l'autre s'étaient séparés aux premiers âges du monde ». Et cependant à certains égards cette observation d'ordre général n'est pas absolument exacte ; ce n'était pas seulement avec des nègres que le navigateur carthaginois se trouvait en contact.

A son retour, Hannon écrivit en langue punique une relation de ses aventures, de ce qu'on appelle son Periple (c'est-à-dire circumnavigation), et dédia ce récit à Moloch, la divinité carthaginoise, au temple de Cronos. Grâce à la science de la Grèce, le récit du voyage d'Hannon nous a été conservé. Trois siècles environ après son accomplissement, Ptolémée, le géographe et historien grec, publiait huit volumes de recherches géographiques. La partie qui concernait l'Afrique était principalement fondée sur des documents carthaginois et renfermait une traduction du Periple d'Hannon. D'après le texte de Ptolémée, nous voyons que dans le voisinage de la Gambie (Stachir) les Carthaginois rencontrèrent une population dont le teint était moins foncé que celui des nègres. Ce peuple, l'auteur l'appelle celui des « Leucæthiopes ». Pline parle aussi de ces mêmes « Leucæthiopes », en les plaçant pourtant deux degrés environ plus au nord. Ainsi, 500 ans avant Jésus-Christ, les navigateurs carthaginois signalaient en Afrique occidentale l'existence d'un peuple auquel l'épithète de « noirs » ne s'appliquait pas, dans le pays où 800 ans plus tard — d'après ce que nous savons de plus ancien — on parle d'un empire dont les maîtres étaient blancs, et dont le fondateur était un monarque désigné par un nom où se rencontre un affixe foulbé.

Quels pouvaient être ces « Africains » au teint clair? Ce n'étaient pas assurément des Arabes, encore moins des Bantous. Avec les tribus berbères les Carthaginois étaient partout en contact, en Mauritanie, en Numidie, en Cyrénaïque. Chez les Berbères Carthage recrutait des mercenaires, qui se montrèrent assez souvent plus dangereux qu'utiles. Les émigrants de Carthage auraient reconnu le type berbère, s'ils l'avaient rencontré en Afrique occidentale, et, si les « Leucæthiopes » avaient été des Berbères, on en aurait parlé en des termes différents dans le *Periple*. En réalité, il y a quelque raison de penser que les émigrants comptaient des Berbères dans leurs rangs. De plus, il est impossible qu'à cette époque l'occupation berbère se soit étendue si loin vers le sud, par au moins 15°, latitude de la Sénégambie. Il n'y a pas, à ma connaissance, de témoignage historique qui permette de croire à la présence des Berbères dans le bassin du Sénégal avant le VIIIe siècle après Jésus-Christ. A quelle race dès lors pouvaient appartenir les « Leucæthiopes » ? A quelle race, sinon aux Peuls, les seuls à qui puisse s'appliquer le récit d'Hannon, si l'on considère la date de son expédition ? Voilà, en faveur de la thèse orientale, une première vérification (1).

L'invasion de la Basse-Egypte par les Hyksos ou les rois pasteurs venus de l'Orient est une des phases les plus obscures de l'histoire d'Egypte. Le professeur Lepsius pense que l'invasion des Pasteurs s'est produite pendant la 13e dynastie (qui, selon le même auteur, a commencé en 2136 avant Jésus-Christ) et s'est terminée vers 1626 avant Jésus-Christ, par l'expulsion des Pasteurs. Vers l'an 2000 avant Jésus-Christ — un peu plus tôt ou un peu plus tard selon d'autres auteurs, — l'Egypte, alors sous la dynastie thébaine, fut envahie par des hordes nombreuses d'Asiatiques, amenant avec eux des troupeaux énormes de bœufs et de moutons (2). Il semble que quelque grand bouleversement intérieur, dont la cause demeure obscure, ait précipité dans la fertile vallée du Nil de nombreuses tribus de pasteurs nomades, bergers et agriculteurs, transformées alors — pour cause de famine, absence de pâturages, hostilité de voisins les inquiétant sur leurs frontières, ou expansion spontanée de la race — en une population belliqueuse et avide de conquêtes, qui sur son passage balayait tout en une poussée irrésistible jusqu'à ce qu'elle eût trouvé des terres où elle pût élever ses troupeaux, sa seule richesse. Le caractère distinctif de leur occupation apparaît dans leur nom même — Hyksos ou Rois Pasteurs. Après une lutte sanguinaire, les envahisseurs réussirent à s'établir définitivement dans la Basse-Egypte, et peu à peu étendirent leur

(1) Si l'on suppose que je m'approprie sans discernement les idées d'autrui, je me hâte d'ajouter que le major Rennel, dans ses notes sur les voyages de Park (« Travels in the Interior of Africa », Londres 1799), hasarde la même opinion adoptée plus tard par Barth et par Frey. Mais je crois qu'à la lumière de nos connaissances nouvelles sur les hommes et les choses de l'Afrique occidentale l'identification des « Leucæthiopes » et des Peuls est aujourd'hui mieux qu'une simple suggestion. (*Note de l'Auteur.*)

(2) Les bœufs que possèdent les Peuls — ces pasteurs de l'Afrique occidentale sont les bœufs à bosses de l'espèce asiatique (Bos indian). C'est là, selon Faidherbe, un argument très fort en faveur de la thèse orientale. Les bœufs d'Abyssinie, on peut le remarquer, sont de même espèce. (*Note de l'Auteur.*)

domination sur la Haute-Egypte, dont néanmoins ils ne purent se rendre maîtres complètement. Leur suprématie dura environ cinq cents ans. Ils furent finalement renversés du pouvoir et chassés du pays par les représentants de l'ancienne dynastie thébaine sous la direction de Misphragmuthosis et Thoutmosis, vers 1636 avant Jésus-Christ, si nous adoptons les calculs du célèbre égyptologue, le professeur Lepsius. Qu'advint-il d'eux ensuite? Le scribe égyptien, Manetho, affirme qu'ils reprirent le chemin de l'Asie, mais le fait est douteux, et le même auteur émet plus loin une assertion qui semble peu sérieuse en ajoutant qu'ils occupèrent la Judée et fondèrent Jérusalem.

N'est-il pas raisonnable de supposer qu'au moins une fraction d'un peuple aussi entreprenant et aussi courageux, qui devait être exceptionnellement nombreux pour avoir si longtemps dominé l'Egypte, ait préféré s'enfoncer dans les régions inconnues de l'Ouest, à la recherche de terres nouvelles où pourraient vivre leurs troupeaux, au lieu de retourner sans gloire dans les pays d'où ils venaient? Depuis cinq cents ans ils habitaient l'Afrique. L'Afrique leur offrait des pâturages étendus pour leurs bestiaux. Ils s'étaient sans doute unis aux Egyptiens, avaient contracté des mariages avec eux. Les liens de la famille et de l'histoire les attachaient au sol africain. Ils étaient devenus les enfants adoptifs de ce continent qui à toutes les époques a exercé une fascination particulière sur les diverses populations d'émigrants qui y ont pénétré. L'histoire, je crois, n'offre nulle part l'exemple d'un peuple qui, après s'être établi en Afrique, s'en soit éloigné. Les Pasteurs avaient acquis en Afrique une situation prééminente. La multitude indisciplinée qui s'était ruée comme un torrent sur le delta du Nil avait produit des administrateurs capables de gouverner l'empire qui peut-être était le plus puissant du monde civilisé. On ne peut concevoir que ce peuple tout entier se soit dispersé dans une direction déterminée, comme le scribe Manetho nous le donnerait à entendre. Il doit avoir compté des milliers d'hommes employés, comme le furent leurs compatriotes les Hébreux, à élever, sous les ordres des Thébains victorieux, ces monuments grandioses dont les ruines provoquent aujourd'hui l'étonnement général. Un plus grand nombre encore purent sans doute s'éloigner vers l'Ouest, atteignant avec ce qu'ils possédaient les plaines fertiles de l'intérieur de la Cyrénaïque, et, dans la suite des temps, toujours s'avançant à la recherche de nouveaux pâturages jusqu'à ce que, mille ans après, les Carthaginois trouvassent leurs descendants dans les riches vallées du Sénégal et de la Gambie, — sans que leurs caractères nationaux se fussent modifiés, que leur race puissante eût perdu son intégrité, que « l'extrême fierté qu'ils conservaient de leurs origines » eût disparu : les conditions extérieures de leur existence ayant subi seules l'influence du milieu.

D'autres encore ont pu se diriger vers le sud et largement influer sur les éléments ethniques de l'Erythrée, auxquels semblent se rattacher les Wahumas nomades et pasteurs de l'Ouganda, dont on admet généralement l'origine asiatique. C'est là, en faveur de la thèse orientale, la seconde vérification.

L'arrivée des Hyksos dans la Basse-Egypte fut approximativement contemporaine de l'émigration juive de la Mésopotamie vers la Palestine. Trois cents ans plus tard, en 1700 avant Jésus-Christ, selon les récits bibliques, une famine terrible étant survenue dans le pays, les Juifs commencèrent leur fameuse émigration vers l'Afrique, sur l'invitation même du souverain de l'Egypte au service duquel Joseph était parvenu à occuper une situation très influente. Les nouveaux venus s'établirent dans la région fertile de Goshen (1), à l'est du Nil, où le fleuve forme comme les dents d'une fourchette. Quel était à cette époque le Pharaon? Les lacunes existant dans l'histoire de l'Egypte ne permettent pas malheureusement de répondre. Mais il n'est pas douteux, à moins que les égyptologues compétents n'aient commis une erreur irréparable, que c'était un des rois Pasteurs. Et, en dehors même de la concordance des dates, il y a des raisons particulières qui viennent fortifier encore ce que l'on peut présenter comme une certitude. Les Hyksos étaient des pasteurs asiatiques que les circonstances avaient poussés vers le bassin du Nil. Le rôle de guerriers et d'administrateurs qu'ils assumaient était probablement tout accidentel ; ils le remplissaient parce qu'ils avaient trouvé une nation puissante établie dans le pays qu'ils convoitaient et parce qu'ils devaient la soumettre avant de s'installer à leur tour dans la même région. Qu'ils aient réussi dans ce rôle, cela prouve non seulement leur courage, mais encore leur sens politique et leur pouvoir d'organisation, qualités

(1) Alors Joseph vint dire au Pharaon : « Mon père et mes frères, et leurs troupeaux et leur bétail, et tout ce qu'ils possèdent, sont venus du pays de Chanaan, et voici qu'ils sont dans le pays de Goshen. » (*Texte biblique cité par l'Auteur.*)

qui distinguent encore aujourd'hui les Peuls malgré l'effet démoralisateur d'un contact avec des races intellectuellement inférieures. Ce fut leur sens politique qui conduisit les Hyksos à provoquer l'introduction d'Israélites, Asiatiques comme eux, ayant la même origine sémitique, et les mêmes tendances monothéistes. La sagesse de cette politique est visible. Les Hyksos savaient fort bien que leur domination n'était pas populaire, que les princes de la dynastie thébaine déchue ne cessaient de conspirer contre leur domination dans les provinces méridionales et que le maintien de leur autorité sur le pays dépendait du nombre de leurs partisans dans les provinces du nord. Ils entreprirent dès lors d'encourager l'immigration asiatique. Par un effet inverse, il est tout naturel que, du jour où les représentants de l'ancienne dynastie thébaine revinrent au pouvoir, les Israélites aient été spécialement désignés à leur ressentiment.

La capitale politique des Hyksos était Memphis, la ville consacrée au culte du bœuf Apis. Tout d'abord, les Hyksos remplacèrent le culte d'Apis, incarnation du divin Osiris, par leur propre dieu Set, mais ils furent contraints sous l'influence de l'opinion publique de tolérer le rétablissement de la religion nationale. Après une éclipse temporaire, la boolâtrie reparut. En réalité, on peut toujours se demander si les Pasteurs eux-mêmes et leurs compatriotes les Israélites ne finirent que par adopter les divinités du peuple vaincu. Ne pouvons-nous voir, par exemple, dans le veau d'or élevé par Aaron dans le désert, dans les statues de veaux d'or auxquelles Jeroboam avait recours pour symboliser la divinité, la forte empreinte laissée par le culte d'Apis dans l'imagination de ces pasteurs sémites, les Israélites, que les Hyksos, pasteurs sémites également, avaient invités à venir habiter avec eux dans le pays de Goshen? Quoi de plus naturel que leur existence pastorale, la longue habitude, qu'ils avaient prise depuis des années de se considérer comme destinés normalement à l'élevage du bétail, aient prédisposé les envahisseurs sémites de l'Egypte et leurs alliés, et les aient insensiblement entraînés à adopter la religion qu'ils trouvaient établie dans le pays qu'ils avaient conquis et dont la divinité symbolique était un taureau?

N'est-il pas maintenant très singulier que les Peuls soient le seul peuple de l'Afrique occidentale dont les anciennes croyances aient été confondues par ceux qui ont vécu parmi eux avec ce vieux culte du bœuf, la religion primitive de l'Egypte? Les égards inusités qu'ils ont pour leur bétail, même après que l'Islam a conquis à sa cause depuis neuf siècles le plus grand nombre d'entre eux, ont tout spécialement frappé l'attention de plus d'un observateur. Reclus considère le fait comme digne de remarque : « Le soin scrupuleux, dit-il, qu'ils ont de leur bétail, a quelque chose de religieux. Dans le Soudan occidental on a, sur plusieurs points, rencontré des tribus peules demeurées païennes et dont le paganisme autant qu'on a pu le discerner, consistait dans le respect superstitieux, presque dans la vénération religieuse, du bétail. Parmi les Peuls musulmans, le *bororo* (1) est toujours au degré suprême le représentant national de la race ; c'est chez les *bororoji* qu'on en trouve le type le plus pur, bien plus que chez ceux qui, de la vie des champs, sont complètement passés à celle de gouverneurs de provinces, de fonctionnaires, et de seigneurs territoriaux. « La nation peule, écrit Winterbottom, est la seule sur cette partie de la côte à laquelle le titre d'*armentarius afer* puisse être justement appliqué (2) ». Nombreuses et variées sont les anecdotes que racontent les officiers français en service dans le Soudan occidental sur le singulier attachement des Peuls à leur bétail, attachement qui, pour les noirs voisins, est l'objet de commentaires perpétuels (3). Clapperton nous apprend que les troupeaux répondent à de longues distances au cri strident du berger peul, qui, remarquons-le en passant, ne se sert jamais d'un chien, dit-on, pour les garder (4). L'une des anecdotes françaises les plus curieuses est celle qu'a rapportée un officier opérant dans la région du Baol. Après une journée de campagne l'officier avait réquisitionné du bétail auprès des indigènes ; parmi les animaux était un taureau noir superbe qu'on avait obtenu d'un groupe de Peuls, bergers nomades. Quand la nuit vint, le bétail fut dûment parqué, et une sentinelle spahi fut postée tout auprès. Vers le milieu de la nuit, l'officier fut réveillé par le spahi

(1) Éleveur de bétail. (*Note de l'Auteur.*)

(2) « An Account of the native Africans in the neighbourhood of Sierra-Leone. » par Thomas Wintherbottom, D. D. médecin attaché à la colonie de Sierra-Leone, 1803. (*Note de l'Auteur.*)

(3) Les Ouoloffs au Sénégal prétendent que les Peuls ont l'habitude de converser avec leurs bestiaux. (*Note de l'Auteur.*)

(4) Moore, écrivant au XVIIIe siècle sur les Peuls de la Gambie, dit qu'ils s'occupent avec tant de soin de leurs bestiaux que les Mandingues leur confient la garde de ceux qui leur appartiennent. (*Note de l'Auteur.*)

venant lui dire avec un grand sérieux qu'il faudrait tuer immédiatement le taureau noir. « Es-tu fou? » s'écria l'officier étonné. — « Pas du tout, mon lieutenant », répondit le soldat d'un ton imperturbable, « ce sont les bestiaux qui sont fous, car les Peuls appellent le taureau, écoutez ». S'avançant alors à la clarté de la lune, l'officier écouta. A ce moment d'une colline voisine arrivait le bruit d'un chant plaintif. En même temps, une violente agitation se produisait dans le troupeau. L'officier courut vers le parc, suivi de la sentinelle, tandis que le chant continuait sur un rythme d'une inexprimable mélancolie. L'émotion au milieu du parc augmentait, et, avant que l'officier y fût arrivé, l'un des animaux parvenait à franchir d'un bond la clôture et à s'enfuir à travers la brousse, dans la direction du chant qu'on entendait, et en beuglant lui-même de toutes ses forces. C'était le taureau noir. Il avait brisé la corde qui le retenait attaché et sauté une palissade de 5 pieds de haut. Quand le taureau se fut enfui, le chant cessa. Le matin suivant, les Peuls avaient disparu (1).

La saveur hébraïque, si l'on peut ainsi s'exprimer, dont semblent pénétrées beaucoup de coutumes peules, surtout parmi les éléments les plus purs de la race, a été constatée par les observateurs attentifs. Un de mes amis, attaché à l'administration de la Nigeria septentrionale, qui connaissait particulièrement les Peuls, dont il parlait la langue, et qui possède une érudition très étendue, avait préparé pour moi sur la question un certain nombre de notes que malheureusement je n'ai jamais reçues, car il est mort tandis qu'il servait en Afrique. Une coutume qui l'avait spécialement frappé chez les Peuls de race pure est l'habitude qu'ils avaient de tenir à l'écart leur premier-né. Il avait constaté que la femme peule de sang non mêlé, dans les régions de la Bénoué, n'allaitait jamais son premier-né et le confiait aux soins des personnes amies, et se désintéressait complètement de son avenir, tandis qu'elle reportait sur son second enfant et sur ceux qui naissaient ensuite toute l'affection naturelle à une mère. Il rattachait cette singulière coutume au souvenir dénaturé du châtiment que subissaient les Egyptiens au temps de la captivité.

Le mémoire lu en 1885 devant le 7e congrès des orientalistes par

(1) Rapporté dans le *Bulletin du Comité de l'Afrique française*. (*Note de l'Auteur.*)

le capitaine de Guiraudon, qui publia un manuel peul, et résida plusieurs années dans les pays peuls de la Sénégambie, contient des détails intéressants sur le sujet que nous traitons. Au cours de ses relations avec les Peuls, de Guiraudon fût spécialement frappé de la connaissance particulière qu'ils avaient de l'histoire juive. Ils parlaient si couramment des principaux personnages hébraïques cités dans l'Ancien Testament, ils avaient un souvenir si exact des principaux événements qui s'y trouvaient relatés qu'ils ne pouvaient, selon de Guiraudon, avoir puisé des connaissances aussi précises uniquement à des sources arabes. Ils se référaient à ces temps de l'Ecriture sainte comme s'il s'agissait de leur propre histoire nationale. Moïse et Abraham semblaient être des personnages de la même race que la leur : « Dans leurs traditions orales Moïse joue un rôle très important, selon de Guiraudon, et bien que certains passages des Ecritures soient dénaturés ou plutôt insuffisamment adaptés, ils conservent une allure biblique et hébraïque assez intense pour exclure toute influence arabe. » De Guiraudon a noté cependant que leurs chroniques israélites cessaient après Salomon. « Ce qu'ils savaient des miracles du Sauveur était assez défiguré et erroné pour montrer que le Nouveau Testament ne leur était parvenu que de fort loin sans précision et par fragments. » Les conclusions de Guiraudon doivent être citées textuellement : « Il semblerait, dit-il, que si les Peuls n'ont pas eux-mêmes professé la foi juive, ce que je serai disposé à affirmer plutôt qu'à nier, ils étaient du moins en contact permanent, en des temps lointains, avec le peuple d'Israël, et que, ayant, à une époque ou une autre, subi son influence ils ont tenu directement de lui-même les récits de l'Ancien Testament. »

Le Dr Blyden atteste aussi d'une manière indirecte que les Peuls sont pleinement familiarisés avec l'histoire des anciens personnages hébraïques. « Ils tiennent la langue du Coran, observe-t-il, dans la plus grande vénération, affirmant que c'est la langue que parlèrent Adam, Seth, Noé, Abraham et Ismaël. Ils soutiennent que les descendants d'Ismaël n'ont jamais été asservis, tandis que, pendant la captivité des descendants d'Isaac en Egypte, leur langue perdait sa pureté et sa richesse. »

Il est intéressant de voir le fils et successeur d'Othman Dan Fodio, le Sultan Bello, second souverain peul des pays haoussas, présenter, dans l'histoire du Soudan écrite en caractères arabes qu'il donna à Clapperton, les « Tow-Rooths », que l'on peut, je crois, identifier avec les Torodos (secte peule grandement considérée), comme « descendants des Juifs (1) ». Mungo Park, en étudiant les mœurs des Mandingues — qui semblent avoir été convertis à l'Islam par les Peuls, avec lesquels ils ont été pendant plusieurs siècles en relations étroites, tour à tour amis et ennemis, — a constaté de même qu'ils avaient une notion étendue des événements rapportés par l'Ancien Testament, tels que la mort d'Abel, la vie des Patriarches, le songe de Joseph, etc. Les coutumes de ce peuple (les Peuls), écrit Witterbottom, ont une ressemblance frappante avec celles des Juifs, telles qu'elles sont décrites dans le Pentateuque et, après Mahomet, c'est Moïse qu'ils tiennent en la plus haute vénération ». Il y a, d'autre part, quelque concordance entre les deux récits qui suivent. Le premier passage est extrait de Kenrick (ouvrage paru en Amérique) ; le second est tiré de l'étude de Laing sur les Soulimas et leurs relations avec les Peuls :

« Les Juifs avaient l'ordre, au jour de l'Expiation, de sacrifier un bouc pour que les péchés du peuple fussent remis, et le grand prêtre devait poser la main sur la tête du bouc et confesser les fautes de la nation. Ainsi parmi les Egyptiens, chaque fois qu'une victime était sacrifiée, une prière était prononcée sur sa tête pour détourner sur cette tête les maux qui pouvaient menacer le culte ou la nation. »

« Mousah-Bah (chef peul), peu de temps après son installation, fit célébrer une grande fête, et, après y avoir convié tous les principaux habitants de la région, il leur exposa quelle était la religion de Mahomet et leur dit que les Peuls étaient venus s'établir dans leur pays avec le seul désir de leur faire du bien et de leur montrer le vrai chemin du bonheur. Alors il commanda qu'un large gâteau fait de farine du pays et un mouton sanglant fussent placés devant lui, et il invita tous ceux qui désiraient être instruits par les prêtres du Fouta-Djallon à poser la main sur le pain et à toucher le mouton, ce que firent tous les convives. »

Les circonstances étaient différentes, mais la cérémonie peule se ressent fort de l'Ancien Testament. Et voilà que se trouvent accomplies les vérifications que nous voulions faire encore.

(1) De Guiraudon sans doute ignorait ce passage qui vient tout particulièrement appuyer ses affirmations. (*Note de l'Auteur.*)

Nous en avons assez dit, je crois, pour montrer quel vaste champ reste ouvert à des recherches et à une étude systématique, et comment qu'il est possible d'arriver ainsi à des découvertes fort intéressantes et fort importantes. Ayant examiné un par un les moyens de preuve dont la série se déroulait devant nous, voyons maintenant ce qu'il en faut penser à les considérer dans leur ensemble et quelles conclusions ils nous suggèrent. Le Peul, au nez aquilin, aux cheveux plats, aux lèvres relativement minces, à la taille élancée, au teint cuivré ou bronzé (teint « d'or pâle », comme on l'a écrit), au crâne développé, aux extrémités fines; la femme peule, à la peau claire, aux seins arrondis (1), aux grands yeux (2), aux sourcils teints à l'antimoine, aux mouvements gracieux, aux formes élégantes, dont toute la personne est remplie de charme et d'attrait — sont des Asiatiques. Ce sont les descendants directs des Hyksos, qui ont émigré vers l'ouest à la chute des pasteurs conquérants. Leurs coutumes conservent le souvenir de leurs ancêtres, ayant subi l'empreinte des anciennes croyances de l'Egypte et l'influence du peuple d'Israël, dont la présence dans le delta du Nil est contemporaine de la domination des Hyksos. Leur arrivée dans les pays de l'Afrique occidentale remonte au moins à deux mille cinq cents ans. Dogmatiser sur un tel sujet serait déplacé; prétendre qu'on a développé une théorie originale serait impertinent. Je croirais toutefois que jusqu'à ce jour les partisans de l'origine orientale des Peuls n'avaient pas dans leurs travaux fait preuve d'esprit de suite, qu'ils n'avaient pas tenté de réunir et de coordonner — tant bien que mal — les principaux éléments d'une étude plus complète que pût entreprendre utilement quelque auteur plus compétent que nous-même.

Et quelle doit être la politique de la Grande-Bretagne, de la

(1) Au lieu d'être en forme de poires comme ceux des négresses. (*Note de l'Auteur.*)

(2) Barth, Baikie, Gray, Monteil, Mollien, de Guiraudon, Caillé, etc., rivalisent à l'envi d'enthousiasme sur la beauté des femmes peules de sang pur, enthousiasme qu'autour d'eux leurs constatations ethniques sont loin de leur inspirer par ailleurs. Barth parle des jeunes filles peules dont les formes « rappellent les plus belles statues de la Grèce ». « Les femmes sont très belles, dit Monteil, et possèdent un étrange pouvoir de fascination dans leurs grands yeux profonds. » « Les femmes en particulier, observe Gray, pourraient rivaliser au point de vue des formes physiques avec les plus belles Européennes, et leur démarche est singulièrement majestueuse. » « Les femmes peules, dont le visage souvent resplendit d'une véritable beauté (Reclus). » (*Note de l'Auteur.*)

France et de l'Allemagne envers cette race surprenante? A coup sûr elle devrait être dictée tout d'abord par la sauvegarde de leurs intérêts. Avec leurs défauts — et quel peuple n'en a pas? — les Peuls ont d'admirables qualités qui peuvent faire d'eux en tout honneur et toute sûreté les associés et les auxiliaires des Puissances dans l'œuvre qu'elles ont entreprise en Afrique occidentale. Ils appartiennent à une race dont le sang est trop généreux pour qu'elle puisse jamais disparaître. Ils conservent de leurs origines une extrême fierté. Ils possèdent au plus haut degré les qualités du chef. Ce serait, en réalité, un grand malheur si, à l'arrivée de l'Européen disposant de ces engins terribles de destruction dont il a parfois trop facilement usé au nom de la civilisation, les Peuls disparaissaient des pays où ils ont déjà répandu le levain de leur intelligence.

TROISIÈME PARTIE

CHAPITRE XVIII

LA QUESTION SANITAIRE EN AFRIQUE OCCIDENTALE

Par le major Ronald ROSS, F. R. C., S., F. R. S., C. B., de l'École de médecine tropicale de Liverpool.

La première question que posera quiconque a étudié l'histoire de l'Afrique occidentale est celle-ci : Pourquoi ce pays a-t-il été si lent à se développer? Il est actuellement plus rapproché de l'Europe et plus accessible que plusieurs contrées de la zone tropicale qui ont certainement avancé plus vite dans la voie de la civilisation; tel est le cas des Indes occidentales et orientales, de l'Amérique centrale et du littoral de la Chine. C'est, d'une manière générale, un pays plus riche; le sol y est fertile, les pluies y sont abondantes; il y a de larges cours d'eau, de bons ports, de belles plaines bien arrosées, une population nombreuse et le climat n'est pas d'une chaleur excessive. On s'attendrait à trouver ici des établissements florissants, de grandes villes, une agriculture prospère, un commerce important. Mais ce que nous voyons en réalité, c'est une série d'établissements de second, pour ne pas dire de troisième ordre, à peine en état de vivre au milieu des forêts et des solitudes qui les environnent, et une population indigène qui, si l'on s'éloigne un peu de ces établissements, doit être considérée comme se trouvant en pleine barbarie. La distance qui sépare ici le rêve de la réalité est remarquable. L'Inde, par exemple, avec ses immenses étendues de terres bien cultivées, ses villes, ses ports, ses universités, ses milliers de kilomètres de chemins de fer, sa société mondaine, son gouvernement fortement organisé, est en vérité dans une situation bien supérieure à celle de l'Afrique occidentale. Si le plus beau pays de l'Ouest africain pouvait être dans son intégralité transporté vers l'est et placé tout à côté de provinces hindoues, fussent-elles même sur les confins de l'empire comme l'Assam et le Burma, il paraîtrait peu de chose en comparaison. Les villes les plus importantes de l'Ouest africain que j'aie visitées, Lagos, Accra et Freetown, ne peuvent pas un seul instant être mises en parallèle avec les grandes cités de l'Inde telles que Calcutta, Bombay, Madras, Rangoon, Secunderabad, Allahabad, Delhi, Benares, Pindi, Lahore. Comme aspect général, par les édifices qu'elles renferment, le genre de vie qu'on y mène, elles sont au rang de localités aussi obscures que peuvent l'être Moulmein dans le Burma, Nowgong dans l'Assam, ou Masulipatam dans l'Inde méridionale. L'Afrique occidentale n'a rien qui rappelle Simla, Bangalore, Darjeeling ou Ootacamund.

L'ensemble de l'Ouest africain rappelle surtout la côte délaissée de Coromandel, exception faite du chef-lieu de cette dernière région. Et pourtant l'on peut se demander si, par son étendue, sa fertilité, ses richesses naturelles, l'Afrique occidentale est bien inférieure à l'Inde. L'Europe fait du commerce depuis des siècles avec l'Afrique occidentale; elle en a longtemps retiré bien des avantages appréciables; elle l'a explorée et y a créé des établissements qui subsistent depuis des centaines d'années. Pourquoi donc l'Europe alors n'a-t-elle pas fait davantage pour l'Afrique? La question est vraiment très importante si l'on considère à un point de vue philosophique l'histoire de la civilisation, à notre époque surtout où la civilisation a si nettement tendance à se répandre des climats tempérés jusque dans la zone tropicale. Nous nous trouvons en face de deux contrées également douées de richesses naturelles, également exposées aux rayonnements de la civilisation européenne. Cependant, tandis que l'une, l'Inde, est déjà par elle-même une des plus grandes puissances du monde, l'autre demeure dans la situation d'un continent dont la découverte est récente et que l'avenir seul doit ouvrir au progrès.

Des trois raisons que l'on donne ordinairement pour expliquer ce fait singulier, la première, c'est, le plus souvent, que, dans l'Inde, les Européens ont trouvé une certaine civilisation préexistant à leur arrivée, tandis que dans l'Afrique occidentale ils ont entrepris de transformer un pays en pleine barbarie. Il n'est pas douteux que cette cause ait eu quelque effet; néanmoins nous ne pouvons oublier que bien des régions, aujourd'hui fort en avance sur l'Afrique occidentale, n'étaient guère, si elles l'étaient, il y a seulement plusieurs siècles, plus éloignées qu'elle-même de l'état de barbarie; c'était le cas de différentes parties de l'Amérique tropicale, du Burma et des îles du Pacifique. Il est difficile de soutenir que la demi-civilisation de l'Inde et de la Chine, antérieure à l'arrivée des Européens, ait toujours été favorable au progrès, ou, par contre, qu'un état de complète barbarie lui soit inévitablement défavorable. Une autre raison, que l'on donne plus fréquemment peut-être, c'est que les indigènes de l'Afrique occidentale sont d'une incorrigible indolence. Cependant c'est le travail de ces mêmes indigènes qui, sous le contrôle d'Européens, a donné aux Etats du sud de l'Amérique leur prospérité. A mon humble avis, l'indigène de l'Ouest africain devrait offrir un terrain très propice à la civilisation. Comparé à l'habitant des Indes orientales, il n'est peut-être pas aussi patient, aussi laborieux, aussi économe, mais, d'autre part, il a plus de vitalité, plus d'énergie; il ne connaît pas l'entrave des distinctions de castes; au point de vue physique il est plein de force et de vigueur; il peut produire des hommes qui ne soient nullement inférieurs dans l'ordre intellectuel à l'Européen de moyenne valeur; et surtout, loin de s'attacher obstinément à ses propres coutumes comme il arrive si souvent avec l'habitant des Indes, il montre une vive inclination pour les mœurs et la culture de l'Europe. En réalité, je puis me tromper, mais j'estime quant à moi que les noirs de l'Ouest africain sont plus accessibles à la civilisation que les habitants des Indes orientales, et je ne crois pas que, si l'Afrique occidentale est demeurée tellement en arrière, l'indigène en ait, par ses défauts, toute la responsabilité ou même une grande part de responsabilité.

Pour beaucoup d'entre nous cet état de choses doit être attribué sans hésitation à ce qu'on appelle l'insalubrité que présente pour les Européens le climat de l'Afrique occidentale. On doit reconnaître que l'Européen ne peut vivre dans l'Ouest africain aussi bien protégé contre les dangers de maladie qu'il l'est dans les Indes orientales et occidentales. Et selon moi c'est ce fait, et non pas l'état de barbarie des populations, ou encore leur indolence, qui retarde ici le progrès. L'agent de la civilisation meurt au seuil du pays dont il vient hâter le développement.

Il faudrait tout un volume pour traiter comme il convient cette importante question, et je ne puis ici qu'en ébaucher l'examen. Nous nous demanderons premièrement quelle est la cause de cette insalubrité, secondement quel est le remède.

Je n'essaierai pas de présenter des statistiques sur la mortalité parmi les Européens ou les indigènes, car je n'ai qu'une confiance limitée dans celles qui existent. Mais le fait même de l'extrême insalubrité du pays pour les Européens est universellement accepté; de plus, il est vérifié par le taux élevé des assurances sur la vie, par la fréquence des congés que le gouvernement accorde à ses fonctionnaires et par les difficultés qu'on éprouve partout à trouver un personnel européen, même largement rétribué, pour servir dans l'Ouest africain. En vérité, la réputation du pays est si bien établie à ce point de vue qu'il n'est pas nécessaire d'insister davantage.

Quelles sont les causes de l'insalubrité de l'Afrique occidentale pour des Européens? Une première série de causes tient assurément à l'ensemble des maladies infectieuses, qu'explique avec vraisemblance, sinon même avec certitude, l'invasion du corps par des parasites. Il en est ainsi principalement de ce qu'on appelle la malaria ou fièvre intermittente, ou, sous sa forme la plus dangereuse, fièvre bilieuse; il en est également ainsi d'autres genres de fièvres, de la dysenterie, et, selon beaucoup de médecins, de la fièvre jaune. La première de ces maladies s'attaque aux Européens avec plus de force qu'aux indigènes déjà acclimatés, mais néanmoins elle produit de grands ravages parmi les enfants de ces derniers. Son effet est tel que souvent de nouveaux venus succombent à son atteinte en quelques semaines, tandis qu'on voit souvent des habitants du pays, y résidant depuis longtemps, avoir sans cesse de nouveaux accès pendant la durée entière de leur séjour. Il arrive, en outre, que des épidémies, soit de cette fièvre, soit de la fièvre jaune ou de toute autre maladie de la même famille, sévissent dans les établissements européens, y produisant une importante mortalité; sur certains points, il y a lieu de redouter presque à l'égal de ces épidémies les ravages causés par la dysenterie et les maladies intestinales. L'histoire de l'Afrique occidentale porte le deuil de ces terribles fléaux qui, de temps en temps, ont effacé le nom des plus audacieux voyageurs, des gouverneurs les plus capables, des colons les plus entreprenants; qui abrègent la vie de ceux qu'ils ne tuent pas, et qui entravent tout projet politique ou commercial en atteignant ou en effrayant les agents chargés de l'exécuter.

Mais il ne faut pas croire que ce soient là les seuls facteurs à considérer dans l'état de choses actuel. La chaleur et l'humidité du climat ont pour l'Européen un effet des plus anémiants. La privation générale de bonne nourriture — viande de bonne qualité, pain, légumes, lait, — tend à produire la dypepsie et la mélancolie. L'absence de la plupart des commodités et des soins auxquels les Européens sont habitués chez eux — maisons confortables, bons domestiques, exercices physiques, toutes les distractions de la vie sociale, sans parler de l'éloignement de la femme et des enfants, — cette absence déprime la volonté; et si l'on ajoute à ce tableau la crainte toujours présente de maladies graves, les piqûres fréquentes d'insectes, le voisinage désagréable d'indigènes malpropres, il faut avouer que le colon a bien des motifs de découragement. Quoi d'étonnant si, dans ces circonstances, l'alcool et la débauche viennent s'associer parfois à une telle existence! La vérité, c'est ce que nous appelons parfois « l'insalubrité » de l'Afrique occidentale est un phénomène complexe dû à des causes nombreuses qui se complètent l'une par l'autre. On est exposé parfois à tomber dans un cercle vicieux d'où il est malaisé de s'échapper. Je crois, en vérité, que l'Afrique occidentale tout entière s'est enfermée dans un cercle vicieux de ce genre et n'est pas près d'en sortir. Mais approfondissons davantage la question.

Quand nous trouvons beaucoup de malades dans une contrée déterminée, nous sommes trop enclins à penser que le mauvais état de leur santé est uniquement dû à certaines circonstances naturelles qui se rencontrent dans le pays et le rendent insalubre. Nous oublions que la maladie peut tenir, non pas à la situation même du pays, mais à ce fait que les habitants ne prennent pas les précautions requises contre les dangers qui les menacent. Tout l'effort de la science médicale tend présentement à montrer de façon persuasive que les principales maladies infectieuses peuvent être évitées, pour peu que l'on prenne les précautions exigées. De temps en temps, nous voyons ces maladies disparaître entièrement, ou du moins partiellement, de tout un pays. Ainsi, la petite vérole et le typhus ont presque complètement disparu des grands Etats d'Europe ; nous pouvons du moins l'affirmer en comparant leurs ravages passés à leurs effets présents. La fièvre typhoïde et la diphtérie diminuent tous les jours. La fièvre paludéenne et la dysenterie, qui étaient autrefois le fléau de certaines régions de la Grande-Bretagne, y sont à peu près inconnues aujourd'hui. Même dans la zone tropicale, nous pouvons citer de nombreux exemples de faits de ce genre. Calcutta fut autrefois le foyer de la fièvre et du choléra, et fut vraisemblablement aussi funeste aux Européens que l'Afrique occidentale est réputée l'être aujourd'hui. Le séjour de Rangoon était mortel quand, pour la première fois, les Anglais s'y établirent. Il y a un siècle, le choléra anéantissait souvent dans l'Inde des régiments tout entiers. Nous ne voyons rien de semblable aujourd'hui. Dans son ensemble l'Inde est peut-être aussi saine pour des Européens que l'est l'Angleterre, si nous négligeons du moins l'effet anémiant de la chaleur ; et je crois même, en vérité, qu'à certains égards les Européens dans l'Inde, à l'abri des rhumes et des maladies de poitrine et avec tous les avantages de la vie et de l'exercice au grand air, sont plus favorisés que ceux de leurs compatriotes qui restent dans leurs foyers.

Ces faits suffisent à démontrer nettement que bien des maladies ne tiennent pas à des causes naturelles indépendantes de la volonté humaine. Mais la science appuie encore cette affirmation en démontrant que bon nombre de maladies infectieuses sont dues à des micro-organismes venant de malades antérieurement atteints et n'ayant pas leur origine dans l'air, la terre, ou l'eau. Quand, dès lors, nous disons qu'une localité est malsaine, nous entendons simplement que, pour une cause ou pour une autre, une maladie infectieuse s'y propage facilement de personnes indemnes. Cette contagion peut, en partie, tenir à des circonstances locales, telles que la chaleur, l'humidité, etc., particulièrement favorables à la transmission de germes morbides, mais elle peut aussi être due à ce fait qu'on ne prend pas les précautions nécessaires pour empêcher cette transmission.

Ainsi, pour l'Afrique occidentale, la question à résoudre est celle de savoir si l'insalubrité du pays tient réellement à ce que le climat est particulièrement favorable à la contagion, ou si elle est due à l'absence des précautions requises. Je ne saurais affirmer que, sous le rapport de la chaleur, de l'humidité, d'une végétation luxuriante — conditions que l'on sait depuis longtemps être particulièrement favorables à la malaria — l'Afrique occidentale diffère beaucoup de Calcutta ou de Rangoon. Au point de vue de l'action des éléments naturels je ne vois guère de différence entre l'Ouest africain et d'autres régions de la zone tropicale que j'ai visitées. J'en vois une très grande, au contraire, entre le genre de vie que les Européens ont adopté en Afrique occidentale et l'existence qu'ils mènent dans l'Inde; et je suis convaincu que la mortalité excessive constatée parmi eux tient sensiblement, sinon principalement, à cet état de choses, qui vient aggraver encore les conditions défectueuses que le pays offre par lui-même au maintien de la santé publique.

Mes séjours personnels en Afrique occidentale ont été peu fréquents et de peu de durée. J'ai par trois fois passé quelque temps à Freetown, et j'ai visité rapidement Bathurst, Accra, Lagos et Ibadan. Mais bien que je n'aie guère eu le temps de bien connaître le pays, j'ai toujours été bien placé pour être renseigné pendant mes différents séjours, et mes observations médicales étaient, à vrai dire, facilitées par huit années de présence dans les services sanitaires de l'Inde. En outre, au cours des trois dernières années j'ai été en relations constantes avec plusieurs des anciens habitants du pays; je me suis de plus sérieusement documenté auprès des membres de diverses missions envoyées en Afrique occidentale par l'Ecole de médecine tropicale de Liverpool et dans de nombreux rapports sur l'état sanitaire du pays. Je précise ces divers points uniquement pour permettre au lecteur d'apprécier la valeur de mes déclarations sur ce sujet. Je ne prétends nullement qu'avec plus d'expérience on ne puisse se prononcer avec plus d'autorité; mais il convient aussi de remarquer qu'un hygiéniste de quelque compétence, tout comme un médecin exercé, peut souvent établir, en un délai relativement court, un diagnostic exact, et qu'il n'est pas nécessaire de visiter toutes les villes d'un pays pour avoir une idée générale de l'état sanitaire de la région. Au surplus, les villes que j'ai visitées sont les chefs-lieux de quatre, sur six, des possessions britanniques de la côte.

Selon l'expérience que j'ai pu acquérir, le genre de vie des Européens en Afrique ne convient pas à la zone tropicale.

Prenons les maisons pour commencer. Elles sont généralement défectueuses. Il est absolument essentiel, sous les tropiques, d'avoir d'excellentes toitures et de vastes chambres bien aérées. Nos pères ont avec sagesse de bonne heure, dans l'Inde, discerné cette vérité; ils ont construit ces grands et solides édifices qui sont l'un des traits dominants de Calcutta, de Madras, et de bien des villes de l'Hindoustan. Je n'ai rien vu de semblable dans l'Ouest africain. Même à Lagos et à Accra, les maisons ne sont que des bâtisses de second ordre. A Freetown, elles sont simplement exécrables, et il est monstrueux que des Anglais, et surtout que des dames soient obligés d'y vivre. Et ces constructions misérables sont, il est bon de le rappeler, l'œuvre du gouvernement. A Ibadan, j'ai vu une magnifique maison toute en fer, que l'on m'a dit avoir coûté 6,000 livres au gouvernement, mais dont le plan est si mal conçu, dont l'emplacement est si mal choisi qu'au plus fort de la chaleur du jour les habitants ne peuvent y rester et vont s'asseoir à l'abri du feuillage. A un autre point de vue, dans l'Inde les Européens et quelques indigènes des hautes classes occupent un quartier séparé; mais c'est rarement ce qui se produit en Afrique occidentale, et même, à Freetown, les Européens habitent souvent au-dessus de boutiques indigènes. Si l'on se rappelle que des maladies infectieuses se transmettent souvent par contagion, on comprendra facilement pourquoi l'absence d'un quartier séparé est si contraire à la santé. D'autre part, diverses installations absolument indispensables au confort sous les tropiques, telles que celles des pankhas et les moustiquaires, d'un usage courant dans l'Inde, se rencontrent souvent à l'état d'exception dans l'Afrique occidentale, ou du moins y étaient, hier encore, extrêmement rares.

En ce qui concerne l'alimentation, nous ne voyons pas qu'on ait fait de grands efforts pour aider les Européens, en Afrique, à bien s'approvisionner. Souvent il est impossible de se procurer du lait frais et du beurre, là même où existent de nombreux bestiaux. Le gouvernement parfois entretient à grands frais des jardins botaniques en se plaçant à divers points de vue d'ordre économique. On m'a dit qu'il était dans les habitudes de faire pousser des légumes dans ces jardins jusqu'à ce qu'un ordre venu d'Angleterre eût mis un terme à cet usage, sous le prétexte qu'un botaniste officiel ne pouvait être chargé de l'entretien d'un potager; c'est bien là cette incurable absence d'esprit pratique qui a pénétré dans toute l'administration britannique. Il en résulte que l'Européen a recours aux légumes indigènes, auxquels il n'est pas accoutumé. La viande est généralement anémiée et de qualité commune, et l'on n'a fait aucun effort sérieux pour l'améliorer. La glace, cet autre besoin de l'Européen sous les tropiques, ne peut le plus souvent lui être procurée. On m'a dit gravement que les machines à glace ne fonctionnaient pas en Afrique occidentale. On ne voit pas bien pourquoi il en est ainsi, car elles fonctionnent certainement dans les régions les plus chaudes et les plus humides de l'Inde. Des eaux gazeuses, qu'on a cru devoir importer dans le pays, se vendent environ 0 fr. 60 la bouteille; elles aussi, sans doute, ne peuvent être fabriquées dans l'Afrique occidentale! Dans l'Inde cependant on en fabrique partout et on les vend environ 0 fr. 10 la bouteille. Singulier effet du climat de l'Ouest africain!

Quoi de plus nécessaire partout que l'exercice, les distractions, les réunions mondaines? Dans l'Inde, la plus petite localité a son « gymkhana », son polo, son tennis, son cricket, et même son football, des dîners, des « afternoon-parties », des bals; on s'y livre à l'exercice du tir et à l'équitation. En ce qui concerne l'Afrique occidentale, — bien que, grâce aux encouragements judicieux des gouverneurs, on s'intéresse beaucoup à ce côté de la question, — les choses sont toutes différentes. Un résident de Sekondi m'a dit que la seule distraction du pays « était de boire ». Il y paraissait. En bien des endroits, il n'y a pas de chevaux, car on assure qu'ils n'y peuvent vivre. A ma connaissance, le gouvernement n'a jamais entrepris la plus élémentaire enquête scientifique sur ce sujet important, bien que vraisemblablement, si les chevaux ne peuvent vivre, la seule cause en soit une maladie due à la présence de parasites et facile à éviter. A Freetown, bien des gens ne prennent nul exercice et se font porter en hamac même sur de courtes distances. Loin de la côte, dit-on, la vie devient souvent, faute de distractions et d'exercice, d'une monotonie intolérable et navrante.

Si nous passons maintenant à l'organisation des services sanitaires, demandons-nous tout d'abord quelles mesures le gouvernement, en bonne logique et selon son intérêt bien compris, aurait dû prescrire à l'origine même de ces colonies. Témoin de ce fait que tout le développement du pays était retardé par la maladie et la mortalité parmi les fonctionnaires et les négociants européens, un gouvernement vraiment pratique se serait dès le début vivement efforcé de remédier à cet état de choses; il aurait employé jusqu'à son dernier sou pour rendre plus salubres les villes de la côte, qui sont, en fait, les portes d'entrée du continent; il aurait voulu que celles-ci fussent d'une propreté scrupuleuse, sans immondices ni eaux stagnantes; il aurait logé ses employés de façon très confortable dans des quartiers retirés, loin du voisinage dangereux des habitations indigènes les plus misérables; il aurait encouragé les commerçants à agir de même à l'égard de leurs agents; il aurait créé des fermes pour qu'on puisse se procurer une alimentation saine en viande fraîche, lait, beurre et légumes; il aurait installé des lieux d'exercice et de récréation, ou contribué à la dépense de cette installation; il aurait, par tous les moyens, essayé d'améliorer le sort des Européens, qui sont la force vive des colonies, sachant qu'un confort raisonnable est pour moitié dans la santé et le bonheur et que, si l'on s'en prive sans raison et sans nécessité, on a fait plus de la moitié du chemin vers la maladie et le désespoir; il se serait préoccupé de façon scrupuleuse d'assurer des approvisionnements en eau et d'assécher les marais; il n'aurait rien négligé pour rendre plus salubres les habitations des indigènes voisines des résidences européennes, aussi bien dans l'intérêt des noirs que dans celui des Européens; il aurait institué de façon permanente un service médical et sanitaire, disposant des pouvoirs suffisants et muni des fonds nécessaires à son fonctionnement; il aurait fait tenir avec soin les statistiques de la maladie et de la mortalité, surtout parmi les Européens; il aurait prescrit de nombreuses recherches scientifiques sur les causes des maladies les plus terribles de l'Afrique occidentale, à la fois chez les hommes et chez les animaux domestiques; enfin et surtout, il aurait remis la direction des services sanitaires aux mains des hommes de l'art les plus capables dont le concours aurait pu lui être assuré.

Certes, je n'ai pas l'intention de dresser un réquisitoire; mais je dois dire qu'à ma connaissance — je souhaite de me tromper — le Colonial Office et les gouvernements ainsi que les municipalités de l'Afrique occidentale ne peuvent guère être considérés comme ayant consacré toute l'attention voulue à un seul des points de ce programme, — du moins jusqu'à ces derniers temps. Prenez par exemple la question de l'assèchement du sol. On n'ignore pas, depuis l'époque romaine, que cet assèchement fait disparaître la malaria; et la malaria est l'ennemi le plus redoutable des colonies de l'Ouest africain. Assurément dès lors les considérations les plus décisives auraient dû amener le gouvernement à faire disparaître les marécages étendus, qu'on trouve aux abords des principaux établissements. Une dépense peu élevée tous les ans, avec quelque persistance, aurait graduellement permis de mener cette œuvre à bonne fin; et, comme le fit remarquer un jour sir William Mac Gregor, les gouvernements locaux ont eu depuis des années des sections nombreuses de condamnés qui pouvaient avec avantage être employés à ces travaux d'utilité générale. Mais non; on a laissé les marécages dans l'état où ils se trouvaient. Ce n'est que tout récemment qu'on a touché aux marais de Lagos et de Bathurst. A Freetown, il y avait des marécages dans presque toutes les rues du quartier indigène pendant les pluies, et naguère encore ils étaient la conséquence de travaux mal conçus, venant s'ajouter à l'incurie la plus frappante — les égouts, de chaque côté des rues, n'étant le plus souvent qu'une suite d'excavations profondes remplies d'une eau stagnante favorable à l'éclosion d'insectes. Et pourtant cette ville fut appelée le tombeau des blancs; et l'on blâma le ciel de laisser se produire un foyer d'épidémie qu'il était facile d'éviter en suivant les principes les plus élémentaires de l'hygiène. Même après qu'on eût pleinement reconnu et démontré que l'eau stagnante et le paludisme étaient choses inséparables, — constatation due à cette découverte, complétée en 1899, de la transmission de la maladie par certaines espèces de moustiques dont les marais favorisent la multiplication — même alors aucun effort ne fut spontanément accompli par le gouvernement en vue d'assurer l'écoulement des eaux à Freetown.

En 1899 l'Ecole de Liverpool prit la peine d'envoyer une mission qui dressa une carte complète des marais de la ville favorables à l'éclosion de moustiques; l'année suivante la commission de la Royal Society fit connaître le résultat de nos observations. Deux ans après, cependant, une nouvelle mission de l'Ecole de Liverpool constata que tout était demeuré exactement dans le même état, si ce n'est que le traitement du chef du service de santé avait été sensiblement accru. Pas un marais, pas un fossé n'avait été asséché ; pas un effort digne d'être noté n'avait été fait pour tenir compte de la nouvelle découverte si importante pour les colonies de la côte ; et ce ne fut qu'à l'arrivée du nouveau gouverneur, sir Charles King-Harman, secondé par l'Ecole de Liverpool, qu'une tentative sérieuse fut faite pour assainir Freetown et y assurer l'écoulement des eaux. Dans les autres colonies le progrès ne fut pas moins lent jusqu'à ce que sir William Mac Gregor et le Dr Strachan eussent commencé leur campagne antipaludiste à Lagos. L'autorité centrale, le Colonial Office, au lieu d'édicter des dispositions promptement efficaces et vraiment pratiques, s'est contentée de publier une notice excellente, que tout le monde avait lue déjà une douzaine de fois. Les gouverneurs de la Côte d'Or (sir Mathew Nathan) et de la Gambie (sir George Denton) sont résolument entrés aujourd'hui dans la voie ouverte à Freetown et Lagos; nous ne pouvons que souhaiter pour l'avenir dans toutes les colonies la continuation des progrès réalisés.

Les autres points du programme que nous avons exposé n'ont également que fort peu attiré l'attention. Le service médical et le service sanitaire n'ont pas l'organisation qui convient aux nécessités présentes.

Ainsi, en 1880, Laveran a découvert le microbe du paludisme; mais vingt ans après il n'y avait encore que peu de médecins pour tenir compte de cette découverte dans le diagnostic et le traitement des fièvres qui se développent sur la côte. Dans la plupart des cas les médecins n'étaient même pas pourvus de microscopes. A ces divers points de vue les services médicaux de l'Afrique occidentale étaient dans la situation où se trouvent partout ces mêmes services sous une organisation officielle; tout en comptant souvent des hommes extrêmement distingués, ces services sont d'ordinaire totalement dépourvus de compétence et d'initiative, et n'ont pas l'influence dont ils dépendent. Un haut fonctionnaire m'a dit un jour que de tous les agents placés sous ses ordres les médecins étaient ceux chez qui le sentiment du devoir était le moins développé. Ceci ne doit guère surprendre, car je sais par moi-même que parmi eux les services rendus ne sont pas nécessaires à l'avancement, les plus négligents étant aussi vite promus que les plus méritants. J'ai noté une douzaine d'exemples de la plus complète indifférence envers la science montrés dans les services sanitaires. Ainsi, quand la première mission envoyée de Liverpool parvint à Sierra-Leone en 1899, l'officier principal du service de santé de la marine nous interdit d'entretenir des moustiques, en vue d'expériences, dans les quartiers réservés aux malades atteints de paludisme, bien que ni lui-même ni ses subordonnés ne prissent la moindre peine d'empêcher leurs hommes d'être piqués nuit et jour par les insectes dans les casernes et dans les hôpitaux. Cet ordre, nous en fûmes convaincus, était donné sans l'intention voulue de faire obstacle à nos projets. De même, dans l'Inde, un médecin militaire me défendit un jour de piquer les doigts de ses malades afin d'étudier leur sang. La façon dont les médecins officiels ont interrompu les recherches du colonel Bruce sur la mouche tsé-tsé et la maladie des chevaux dans l'Afrique du Sud, la manière aussi dont le gouvernement de Madras a persécuté le Dr King pour ses travaux sur la petite vérole sont des faits bien connus. Il serait insensé d'attendre de services ainsi administrés un rôle d'initiative dans l'organisation de campagnes vraiment sérieuses contre les ravages de la maladie dans nos possessions. Je crains fort que les services médicaux de l'Afrique occidentale, jusqu'à ce que sir William Mac Gregor se soit consacré résolument à cette œuvre à Lagos, aient fait peu pour améliorer l'état sanitaire du pays, quoiqu'ils aient compté plus d'un homme de valeur. La faute en est certainement aux administrations dirigeantes, qui trop souvent placent et maintiennent à la tête des services médicaux des hommes qui n'ont pas les titres voulus ou simplement le savoir nécessaire, et qui, en même temps, ne prennent nullement la peine de récompenser le mérite. Je sais de ceci de nombreux exemples. Il y aurait tout avantage, selon moi, à recruter le personnel de ces administrations dans les rangs de praticiens civils d'une capacité reconnue, de savants adonnés à l'étude, plutôt que de choisir des hommes dont le seul titre est l'ancienneté de leurs services.

L'un des plus grands torts de l'administration sanitaire de l'Afrique occidentale c'est d'avoir refusé toujours de rechercher l'origine des maladies existantes en utilisant le concours de personnes expérimentées. Le gouvernement objecte qu'il n'est pas de son devoir de procéder à cette étude; mais est-ce bien exact? Il admet qu'il doit maintenir des services médicaux d'ailleurs coûteux, mais il ne veut pas aider ces services à accroître leur compétence technique. Situation logique en vérité! A mon humble avis, le Colonial Office aurait dû dépenser au moins 5,000 livres par an pendant les cinquante dernières années pour faire rechercher les causes des maladies constatées dans les seuls territoires de l'Ouest africain. Qu'on ne parle pas du manque de fonds. On dispose de sommes considérables, mais on les gaspille en expéditions militaires; en traitements de magistrats qui ne servent à rien, juges et procureurs de villages obscurs; en construction d'édifices comme celui d'Ibadan que j'ai mentionné, qui coûte 6,000 livres, — de quoi payer pendant des années des recherches médicales, — et qui est inhabitable! Rien ne fait mieux apparaître cette tournure d'esprit particulière qui oblige à considérer toute recherche, toute étude, comme une pure frivolité, une simple perte de temps et d'argent, — tournure d'esprit qui semble spéciale aux Anglais. Nous paraissons ignorer de cette vérité évidente que, si l'on veut faire une chose, il faut d'abord examiner avec méthode comment on doit la faire. Les maladies ne disparaîtront pas d'un continent uniquement parce qu'on y aura créé un service médical; encore faut-il aider celui-ci à compléter son bagage scientifique. Le bras et le cerveau sont choses différentes. En Afrique, nous avons le bras depuis longtemps, mais le cerveau nous a manqué.

La vérité, c'est que les vices des services sanitaires de l'Afrique occidentale tiennent à la prépondérance au sein des conseils coloniaux de certaines castes, étrangères au monde scientifique et faisant peu de cas des questions d'hygiène. Je veux parler des politiciens, des militaires, des fonctionnaires des finances, des hommes de loi. Pour tout ce monde il n'importe guère qu'on nettoie les rues, qu'on désinfecte les villes, qu'on éloigne la maladie de milliers de demeures. Il ne lui est pas donné de rester impuissant près d'un lit de mort et d'entendre les cris des agonisants. S'il a de l'argent à dépenser, le consacre-t-il à l'objet pour lequel, en vérité, le contribuable a surtout payé l'impôt, c'est-à-dire à l'assainissement du pays et à l'hygiène publique? A cette question on trouve la réponse dans l'état de malpropreté où sont la plupart des villages indigènes des possessions britanniques de la zone tropicale. Il est bien plus intéressant de construire dans un style grandiose un nouvel hôtel des postes, un nouveau palais de justice, ou de diriger une politique de conquêtes militaires qui sera mentionnée dans les journaux de la métropole, et comblera d'aise, en déjeunant, le premier fruitier venu (électeur en même temps) de la Grande-Bretagne. Après tout, c'est humain; chacun défend les intérêts du milieu où il vit. Pour moi, j'ai trop longtemps été fonctionnaire, pour ne pas m'expliquer toutes ces faiblesses.

J'ai dit que l'Afrique occidentale était tombée dans un cercle vicieux et l'on verra maintenant en quoi consiste ce cercle vicieux. L'insalubrité de la côte tend à arrêter en tout sens l'activité des Européens, et, en même temps, par voie de conséquence, à entraver leurs efforts en vue de l'assainissement du pays. Ces deux effets du climat vont de pair l'un avec l'autre. Il est impossible de ne pas voir les conséquences désastreuses de l'insalubrité de la côte au point de vue économique. Elles obligent à changer constamment le personnel dirigeant du pays, non seulement par suite de mort et de maladie, mais encore à cause des congés fréquents qui sont rendus nécessaires. Du haut en bas de la hiérarchie, il y a peu d'Européens qui restent en Afrique occidentale plus de deux ou trois ans, sans interruption de séjour, et bien des agents du gouvernement sont autorisés à rentrer dans la métropole au bout d'une année. Cette situation fait disparaître tout esprit de suite dans la marche des affaires. A peine a-t-on commencé une œuvre quelconque qu'on doit interrompre le travail entrepris, pour en laisser le soin à un successeur. Dans l'Inde, la période de séjour dans le pays avant qu'on puisse solliciter un congé est de cinq ans au moins, et même alors l'interruption, qui se produit, pendant l'absence du fonctionnaire, dans la gestion des affaires, est encore souvent très préjudiciable. Combien doit l'être plus encore l'interruption qui se produit en Afrique occidentale tous les ans ou tous les deux ans! Les mêmes raisons empêchent les Européens en Afrique occidentale de s'attacher suffisamment au foyer que leur réserve cette terre d'exil. Beaucoup d'entre eux m'ont assuré que pendant toute la durée de leur séjour en Afrique ils sont indifférents à tout événement, qu'ils vivent uniquement au jour le jour, sans prendre intérêt à ce qui se passe autour d'eux, et n'attendant que le jour où, si le destin les épargne, ils pourront quitter le pays une fois encore et passer quelque temps en Europe. C'est cette pensée qui les rend indifférents à la maison où ils vivent, à la nourriture qu'ils prennent, à ce qui les entoure, et quelquefois aussi, je le crains, à leurs devoirs. L'incertitude du lendemain, l'absence de confort, la mélancolie de l'existence sont telles qu'on voit souvent se produire chez l'Européen un état chronique d'insensibilité, hostile à tout effort sérieux. Il faut nous rappeler ces faits quand nous sommes disposés au blâme. Quoi d'étonnant alors à ce qu'une question comme celle de l'assainissement d'un pays, qui exige une attention soutenue, soit exposée à être négligée. Ainsi le cercle se ferme complètement et la négligence apportée aux questions sanitaires entraîne une insalubrité énervante qui oblige à son tour à négliger davantage encore ces mêmes questions. J'ai constaté la même chose partout ailleurs, — notamment dans les régions malsaines des pays agricoles de l'Inde.

Que devons-nous faire pour améliorer cet état de choses? Il faut à tout prix sortir de ce cercle vicieux.

Mais comment? Je ne vois, en vérité, qu'un moyen, c'est de redoubler d'énergie dans la lutte contre les dangers du climat. Je fais appel à l'opinion et je sollicite l'effort du public anglais. Il faut que l'une et l'autre s'éveillent par intérêt pour nos compatriotes de l'Ouest africain. Notre pays devrait comprendre qu'il ne suffit pas d'admirer des défilés de troupes coloniales et d'être fier de son empire. Il a le devoir de veiller à ce que cet empire dont il se glorifie soit bien administré, à ce que ceux de nos compatriotes qui sont chargés d'en gérer les intérêts, publics et privés, ne soient pas exposés à mourir sans nécessité. C'est un devoir qui certainement dans le passé a été des plus négligés. Ce devrait être le rôle de chacun de nous, surtout de ceux qui gouvernent le pays, des riches négociants qui y font du commerce, des gens fortunés qui ne savent que faire de leur argent, et de ceux qui, comme moi-même, sont payés pour étudier et enseigner les moyens d'assainir les régions tropicales, — ce devrait être le rôle de chacun de nous de veiller à ce qu'un tel devoir ne soit pas négligé dans l'avenir.

Comme on le sait, ce réveil d'énergie s'est déjà manifesté. Chaque jour voit paraître quelque note dans la presse sur les affaires de l'Ouest africain. Les habiles gouverneurs de nos colonies font, je crois, tout ce qu'ils peuvent, dans la mesure des moyens limités dont ils disposent. Les négociants de Liverpool et de Londres ont très généreusement pris la tête du mouvement, en créant des écoles de médecine tropicale, dont je me permets également de citer les excellents travaux. Un philanthrope vient à lui seul d'assurer, à ses frais, pour un certain temps, le drainage et la désinfection des maisons de Freetown, et tout dernièrement, — non certes les derniers par le mérite, — quelques jeunes pathologistes ont consacré leur temps et risqué leur vie pour l'assainissement du pays.

Mais quelles sont exactement les mesures à prendre? Je les ai déjà indiquées. C'est le devoir du gouvernement de veiller à ce que, dans les principaux centres, l'enlèvement des immondices et l'écoulement des eaux soient scrupuleusement assurés; de faire dresser et de publier des statistiques précises de la maladie et de la mortalité parmi les Européens; d'organiser un service de santé permanent; de faire observer les règlements sanitaires; d'encourager la construction de maisons confortables, l'établissement de laiteries, de fermes-modèles, de gymkhanas, et toutes autres institutions ou entreprises privées susceptibles de donner aux Européens le bien-être et la santé. Le gouvernement a beaucoup à faire dans cette voie; il vient seulement d'y entrer.

Mais ce n'est pas le gouvernement qui doit agir. Sir William Mac Gregor a récemment démontré à la chambre de commerce de Liverpool que les chefs d'entreprises privées à la côte occidentale ont beaucoup à faire pour leurs employés — en leur assurant un logement convenable, en les obligeant à prendre les précautions requises contre le paludisme, en ajoutant à leur confort par tous les moyens possibles.

Il y a ensuite le philanthrope millionnaire. Je souhaite que nous le rencontrions. Sir Charles King Harman m'a dit un jour qu'un don volontaire de 100,000 livres suffirait à transformer la côte occidentale, en permettant au gouvernement d'entreprendre la création de gymkhanas, de fermes, et toutes autres installations utiles aux Européens. C'est exact; et l'on devrait dans ce but trouver l'argent nécessaire.

Récemment, le Colonial Office allait prendre une décision que l'on sollicitait depuis quelque temps du ministre. Il devait charger un commissaire de l'hygiène publique *(sanitary commissioner)*, à l'instar de l'Inde, de se livrer à des enquêtes sur les questions sanitaires dans les colonies de l'Afrique occidentale et de lui adresser directement ses rapports. On objecta toutefois que ce projet était trop dispendieux et impossible à réaliser. Mais peu de temps après on instituait un fonctionnaire largement rétribué pour l'inspection des havresacs, etc., des troupes indigènes, — question beaucoup plus importante que l'hygiène publique!

Je puis citer ici une opinion que j'ai souvent entendu exprimer sur la côte, à savoir que les colonies de l'Afrique occidentale ne sont plus en harmonie avec leur système actuel d'administration, celui de petits gouvernements séparés, relevant de bureaux à Londres. On prétend que tout le pays devrait être dirigé par un gouverneur général selon les principes adoptés dans l'Inde. J'imagine que les services sanitaires ne perdraient rien à cette réforme.

Telle est mon humble opinion sur les questions sanitaires ou

Afrique occidentale. Je la donne pour répondre à l'invitation que m'en a faite l'auteur de cet ouvrage; et l'on s'expliquera que, faute de place, je n'aie pu m'étendre sur certains points qui devraient être examinés d'une manière approfondie, ce qui exigerait tout un volume. J'ai pensé que le mieux était de dire sans détours ce que je crois être la vérité; mais certes il est possible que mes vues ne soient pas aussi justes que je le suppose. Ce serait l'œuvre la plus belle que l'on pût accomplir que d'assurer par l'hygiène à la civilisation la conquête glorieuse de l'Afrique occidentale; je crois qu'il en sera ainsi. Mais ce résultat ne se peut obtenir que si l'on parle avec droiture, si l'on frappe fort, si l'on ne se départit pas un instant de l'action la plus persévérante.

CHAPITRE XIX

LE RÉGIME FONCIER ET LA MAIN-D'ŒUVRE EN AFRIQUE OCCIDENTALE

« En contractant avec les indigènes, on ne doit jamais porter atteinte à leurs droits sur le sol. » — Sir William MAC GREGOR.

« Le prétendu problème de la main-d'œuvre est imaginé, selon moi, par ceux qui prétendent en souffrir; il n'est pas posé par les indigènes qui ne demandent qu'à travailler quand ils sont bien traités. » — M. J. A. DAW, de l'Ashanti Goldfields Corporation.

« Je connais bien les indigènes de la Côte d'Or, et, je le répète, la main-d'œuvre ne fera pas défaut, pour peu qu'on veuille comprendre que l'indigène est un être humain, et non un animal ou une machine. » — Capitaine DONOVAN, précédemment attaché aux forces de police de la Côte d'Or.

« Dans tout ce qui se dit à ce sujet, rien n'est plus trompeur, plus faux, plus injuste que de présenter les chefs et les populations de l'Afrique occidentale, ainsi qu'on l'a fait maintes fois, comme ne pouvant s'accommoder du fonctionnement paisible d'un « self-government ». On ne prétend pas qu'ils puissent atteindre présentement ce qui est l'idéal de l'Europe occidentale, mais ils ne demeureront pas en arrière de ceux qui croient être supérieurs à eux. Les indigènes n'aiment pas la guerre; la preuve en est dans la facilité avec laquelle ils règlent leurs différends par des arrangements provisoires. La côte est encore loin d'avoir réparé les terribles effets de la traite des noirs. Les chefs ont peu d'autorité, et une grande partie de leur pouvoir leur est encore enlevée par l'administration britannique elle-même qui leur reproche leur impuissance. » — C. S. SALMON, *les Colonies de la Couronne de la Grande-Bretagne.*

S'il est une chose qui rallie tous les suffrages de ceux qui connaissent le mieux l'Afrique occidentale, c'est bien l'attachement tenace du noir aux droits qu'il a sur le sol. La possession du sol dans l'Ouest africain a pu être avec raison présentée comme une sorte de culte. Les observateurs les plus avisés de l'Angleterre, de la France et de l'Allemagne ont signalé ce trait caractéristique. Partout où il a été étudié attentivement, le système foncier indigène, au point de vue de la tribu, de la famille, de l'individu, et sous le rapport des transactions commerciales, a paru reposer tout d'abord sur une conception simple dans ses lignes générales, savante dans ses détails, et se rapprochant à divers égards de l'organisation des démocraties les plus avancées de l'Europe occidentale. Il n'est plus possible aujourd'hui, depuis que des recherches scientifiques ont fait la lumière, de conserver ce vieux préjugé d'après lequel le noir ne serait guère qu'un animal, incapable de mettre en œuvre une organisation rationnelle ou fortement constituée; trop arriéré pour élaborer quoi que ce soit qui ressemble à un code de lois écrites, tous ses actes n'étant que l'effet d'un instinct naturel. On ne peut plus se borner aujourd'hui à considérer ces noirs comme des êtres sans raison, puérils au point de paraître dans l'imagination populaire à demi diaboliques, à demi dans l'enfance; on sait aussi que le succès commercial et politique des puissances européennes dans leurs colonies de l'Afrique occidentale dépend du point de savoir si l'on reconnaîtra ou non la coutume indigène en matière de propriété.

Mais, bien que cette opinion soit partagée par ceux qui connaissent le mieux l'Afrique occidentale, et que de tous côtés s'accumulent des preuves corroborant pleinement les affirmations d'Ellis, de Sarbah et de Mary Kingsley (1), il est malheureusement vrai néanmoins que les Puissances ont de plus en plus une tendance manifeste, non seulement à s'immiscer dans la législation indigène sur la propriété foncière, mais encore à légiférer elles-mêmes sans se soucier de l'importance que les mesures éditées pourront avoir dans les relations entre les Européens et les noirs. Il semble qu'après avoir découvert que le nègre de l'Afrique occidentale est non pas une brute, mais un homme, on oublie délibérément cette vérité nouvelle. Il est beaucoup plus facile, en effet, de continuer à

(1) Témoin, par exemple, l'admirable ouvrage que vient de publier sur le régime foncier de la Côte d'Ivoire M. l'administrateur Clozel, et aussi l'article du même auteur dans le *Journal de la Société africaine* du mois de juillet. (*Note de l'Auteur.*)

traiter le noir comme une brute, c'est-à-dire comme un être privé de raison et qui, selon le principe qu'« une femme, un chien et un noyer, plus on les bat, meilleurs ils deviennent », viendra ramper à nos pieds le plus humblement du monde, à chaque manifestation nouvelle de notre supériorité.

Il est très curieux d'observer ce conflit de forces contraires; d'un côté, des recherches pénibles, la publication de leurs résultats, l'influence qu'elles ont, en opposition avec toute mesure impatiente et sans étude préalable; d'un autre côté, l'égoïsme d'intérêts matériels. L'avenir des entreprises politiques et commerciales des Européens en Afrique occidentale dépend en grande partie de cette lutte qui se poursuit en Angleterre et sur le continent pour la conquête de l'opinion publique. A présent, la conception purement matérialiste, secondée par sa sœur jumelle, l'indifférence, est en progrès. Un soi-disant succès aurait été obtenu dans les régions tropicales de l'Ouest africain où, sous la tutelle de ses maîtres blancs, l'indigène n'est plus qu'une machine destinée à produire des dividendes pour les compagnies européennes qui dirigent le mouvement. Et, depuis lors, on a vu se développer cette conception, beaucoup trop répandue, que la *raison d'être* (1) de l'Ouest africain et des indigènes qui y habitent est d'être exploités par l'Europe occidentale selon les règles et dans la forme que les populations de cette dernière ont adoptées. En proie au doute, les gouvernements européens tantôt se laissent entraîner dans cette voie dangereuse au bout de laquelle est un abîme, la faillite, et tantôt hésitent à s'y engager. Mais beaucoup se rendent compte nettement du péril, et, conscients de son étendue et de sa gravité, travaillent énergiquement à l'écarter. Parmi les commerçants anglais, français et allemands, il n'y a qu'une voix pour condamner ces doctrines. Les exceptions à cette règle sont extrêmement rares, si même elles existent. Les meilleurs d'entre les administrateurs coloniaux de l'Afrique occidentale sont nettement hostiles à ces tendances, et dans le public encore restreint, mais de plus en plus nombreux, qui suit les événements de l'Ouest africain avec intérêt et intelligence, un sentiment de protestation se développe chaque jour. Ces forces sont numériquement inférieures, mais elles sont très puissantes néanmoins, et, si elles parviennent à s'associer, elles doivent finalement gagner la partie. Mais la lutte sera longue et difficile.

(1) En français dans le texte anglais.

On a tenté dans ce volume de montrer : 1° combien il est peu sage de s'immiscer trop rapidement, sans préparation et sans réflexion suffisantes, dans les coutumes indigènes en général, et, 2° plus particulièrement en ce qui concerne le fléau de l'esclavage, combien il serait prudent d'examiner sérieusement si la violence est bien la seule arme dont un grand empire doive disposer pour arriver à sa suppression. Dans le second cas, les puissances peuvent arguer de la légitimité de leur intervention, car le mal exerce toujours ses ravages ; la seule divergence qu'il puisse y avoir entre les opinions, comme je l'ai dit, c'est sur le point de savoir comment il faut combattre le fléau. Dans le premier cas, au contraire, le mal, en admettant qu'il existe — question qui laisse place à bien des appréciations — est de telle nature que la patience, le tact, et surtout le temps seront les moyens les plus propres à lutter efficacement contre lui. Mais en ce qui concerne les coutumes indigènes spéciales au régime foncier nous n'avons aucun mal à combattre. Au contraire, le système indigène est essentiellement juste, parfaitement adapté aux besoins du pays et de la population. Il est la condamnation très nette de cette théorie d'après laquelle la race noire ne serait susceptible que d'un développement limité. Il est par lui-même la revendication éloquente des droits appartenant aux indigènes et dont les Européens qui envahissent leur pays et s'y établissent ont à tenir compte. Rien ne saurait justifier, sous aucun prétexte, une atteinte à ce régime foncier, une expropriation des indigènes. Cela ne pourrait se défendre vis-à-vis de la morale, et ce que la morale condamne est rarement habile en politique.

Dans l'Afrique occidentale, les circonstances étant ce qu'elles sont, toute intervention dans ce qui touche à la propriété indigène est de nature à atteindre, non pas en théorie, mais en pratique, les intérêts privés de chacun des habitants du pays. Dans les régions voisines de la côte, dans l'Afrique occidentale proprement dite, c'est-à-dire vers le sud jusqu'au Rio Del Rey, là où commence la civilisation relative des Bantous, on peut, poser en règle générale, règle comportant bien peu d'exceptions (1) qu'il n'y a pas un mètre carré de terrain sans propriétaire, quelques différences qu'il puisse y avoir dans le régime foncier des diverses fractions d'une zone très étendue. Sarbah pour la Côte d'Or; Clozel et Delafosse pour la

(1) Je n'en connais pas pour ma part. (*Note de l'Auteur.*)

Côte d'Ivoire ; Ellis pour le Yoruba ; Mary Kingsley pour les Rivières; Bohn pour la Guinée française; Fabre pour le Dahomey ont témoigné de ce fait dans leurs champs d'observations respectifs : qu'il n'y a pas de terre non appropriée. Il y a bien d'autres indications, recueillies un peu partout sur la côte, et qui, pour n'être enregistrées par aucun auteur, n'en confirment pas moins cette constatation. Au sud du Rio del Rey le régime foncier tel qu'il résulte des coutumes indigènes a été moins étudié qu'il l'a été au nord; la population y est, en général, moins dense et cependant en cette matière les renseignements que nous avons pu glaner ne sont pas moins concluants. Dans toutes les régions habitées la terre a toujours un propriétaire dont les droits, qu'ils soient ceux d'une tribu ou ceux d'une famille, sont aussi sacrés dans la coutume indigène non écrite qu'ils le seraient dans un document régulièrement établi selon tous les principes posés par les juristes européens.

Il est facile de comprendre pourquoi il en est nécessairement ainsi. L'indigène vit du produit de sa terre. Non seulement il en vit, mais encore il y trouve une monnaie courante, un moyen d'échange pour l'acquisition de marchandises européennes. Les produits qu'il récolte dans ses forêts, les plantations qu'il crée dans les clairières et dans les plaines lui procurent à la fois la subsistance et la fortune. Est-il étonnant dès lors qu'il garde, avec un soin jaloux, sa terre, ce qui y pousse et ce qui y est construit? Est-il étonnant qu'il soit rarement amené, hors le cas de contrainte physique, à aliéner pour toujours au profit d'Européens ses droits de propriété, tandis qu'il peut être facilement induit à les leur céder à bail, sous certaines conditions, même à long terme? Y a-t-il lieu d'être surpris de l'effet que doit produire en lui toute législation destinée à lui retirer le libre usage des fruits de sa terre, ou toute initiative dont la conséquence logique est de changer sa condition de propriétaire du sol en celle de tenancier? On ne peut que l'inciter alors à mesurer l'effet de sa lance et de son fusil à pierre contre celui des fusils à répétition de ceux qui le dépouillent, ou fomenter en son esprit un trouble si violent, un tel sentiment d'angoisse et de terreur,

Qu'il s'enfuit dans les mystérieuses retraites de la forêt,
Et se confine dans une farouche oisiveté,

Plongé dans une barbarie plus profonde,
Qui témoigne de la haute moralité
Des peuples chrétiens (1).

C'est un résultat étrange, en vérité, semble-t-il, alors que l'histoire accumule les preuves de la perfectibilité de la race noire; alors que l'indigène témoigne sans cesse de sa bonne volonté à commercer, à s'instruire, à exercer de nouveaux métiers, à se consacrer partout à sa profession naturelle, l'agriculture; alors qu'il montre actuellement, tous les jours, son esprit d'entreprise, sa puissance de travail dans les industries qu'il pratique, celles de l'huile et de l'amande de palme, de l'acajou, du caoutchouc. Il est étrange vraiment que des hommes d'Etat européens, dignes de ce nom, aient un seul instant cette pensée, ou prêtent l'oreille à cette suggestion que dans un pays comme l'Afrique occidentale, — où l'élément blanc comparé à l'élément indigène est comme un grain de sable sur le rivage de la mer — que dans un tel pays, où l'Européen ne peut rien faire de sérieux et de durable sans la coopération volontaire du noir, la production spontanée de ce même noir, jouissant en homme libre des fruits de son sol, puisse être remplacée par le travail forcé d'un serf privé de ses terres, de sa liberté, et de son individualité!

Si à certains égards la question du régime foncier en Afrique occidentale est distincte de celle de la main-d'œuvre indigène, elle y est étroitement liée à d'autres points de vue et il est difficile, sinon impossible, de parler de l'une sans s'occuper de l'autre. Mais il est également malaisé, une fois le problème posé, de s'en tenir exclusivement à l'Afrique occidentale; car la théorie de l' « assimilation » est fort à la mode en ce moment, et bien que la situation de l'Ouest africain soit complètement différente de celle de l'Afrique centrale, orientale et méridionale, les mêmes arguments en thèse générale peuvent s'appliquer plus ou moins à ces diverses fractions du même continent. Je dois donc réclamer l'indulgence du lecteur si je m'égare quelque peu chemin faisant.

Il n'est nullement douteux que si l'on tend à passer outre à la coutume indigène sur le régime des terres en Afrique occidentale, c'est en grande partie parce qu'on a souvent répété que le noir ne travaille pas. Bien des gens depuis longtemps ont publiquement

(1) Les cinq vers, ainsi traduits en français, sont de l'auteur lui-même, M. E. D. Morel. (*Note du Traducteur.*)

déclaré que l'Afrique occidentale peut se développer seulement si l'on contraint les indigènes au travail (1). C'est naturellement reconnaître *a priori* que l'indigène de l'Afrique occidentale ne travaille pas. Comment cette affirmation peut-elle se défendre alors que des faits patents, faciles à constater, prouvent le contraire, nous n'avons pas besoin de nous arrêter à le rechercher. Il suffit que cette affirmation se produise, et qu'il n'y ait pas un journal, traitant des questions africaines en Grande-Bretagne ou sur le continent européen, dont presque tous les numéros ne reviennent sur ce sujet. Et la discussion ne se limite pas aux articles de ces journaux. Dans les discours d'hommes publics qui s'intéressent aux choses africaines, dans des conférences, des livres, des pamphlets, et souvent dans la presse quotidienne, ce sont les mêmes idées qu'on développe encore. Le thème est d'ordinaire ainsi exposé : « L'indigène ne veut pas travailler. Nous autres, nous travaillons et nous payons des impôts directs. Pourquoi l'indigène ne travaillerait-il pas lui aussi? A quoi nous sert l'Afrique s'il se refuse au travail! C'est intolérable. Il faut que l'indigène soit astreint au travail! »

On doit reconnaître que le moment est admirablement choisi pour recevoir ces doléances. Les Puissances signataires de l'acte de Berlin ont laissé s'établir peu à peu et se fortifier dans l'Afrique occidentale et centrale un gouvernement ayant pour bases la méconnaissance du droit primordial qui appartient à l'indigène sur sa terre et les fruits de sa terre, ainsi que le travail forcé de ceux qu'on dépossède au profit de leurs dépossesseurs. Quoi d'étonnant à ce que le public de France et d'Allemagne, en voyant les bénéfices énormes réalisés par ceux qui ont des relations avec ce gouvernement, égarés en même temps par l'indifférence de leurs hommes d'Etat devant une telle iniquité, aient pris pour une habileté politique ce qui est simplement une injustice, et que, pour hâter le développement relativement trop lent de leurs propres possessions, ils commencent à y réclamer hautement l'adoption d'un régime analogue? « Le roi des Belges est parvenu à faire travailler

(1) « Les idées et les lois modernes, dit le Dr Alfred Zimmerman, interdisent le recours à la violence. On devrait enseigner aux indigènes l'amour du travail en leur persuadant qu'on sert ainsi leurs intérêts. *L'expérience démontre que la protection de la propriété est le plus sûr moyen d'atteindre ce but.* » (*Note de l'Auteur.*)

les indigènes. Ses collaborateurs et lui sont en train de récolter une abondante moisson. C'est l'industrie belge qui en profite. Anvers est devenu pour le caoutchouc le premier marché du monde. Pourquoi ne pas imiter le roi des Belges? »

Il serait complètement inexact d'attribuer cette mentalité spéciale du public en France et en Allemagne, dans le passé ou dans le présent, à une insensibilité naturelle. Il fut un temps où les procédés de l'Etat du Congo étaient sévèrement condamnés dans les deux pays. Sans remonter au delà de 1895, on voit le comte Alvensleben, ambassadeur d'Allemagne à Bruxelles, engager une correspondance avec le principal secrétaire d'Etat d'alors pour le Congo belge sur ce fait que cette dernière Puissance allouait à ses agents des gratifications payées en caoutchouc et se livrait à des opérations commerciales. Et cette correspondance était conçue dans les termes qu'auraient employés deux Puissances européennes à la veille d'une rupture de leurs relations diplomatiques. Mais la richesse donne un grand pouvoir, et son acquisition rapide émousse la conscience. Les financiers belges qui dirigent les deux grands groupes de sociétés congolaises — celui des *annexes* (1) du domaine privé, et celui du colonel Thys — désiraient, pour mieux arriver à leurs fins, accroître encore leur puissance. Ils entreprirent de s'assurer la collaboration de personnalités considérables de France et d'Allemagne, ainsi que le concours d'une fraction importante de la presse coloniale des deux pays. Le résultat, on le trouve dans la création de ce que l'on connaît sous le nom de *régime* (2) des concessions au Congo français; dans l'application partielle de ce régime à la colonie française du Dahomey; dans l'extension qu'on en a tentée aux régions aurifères de la colonie française de la Côte d'Ivoire; dans la mise en vigueur des mêmes principes au Cameroun allemand, où cependant l'expérience a ramené les esprits à des sentiments à la fois judicieux et encourageants. En d'autres termes, les Puissances, en se montrant indifférentes à la violation de l'acte de Berlin qu'a commise le roi souverain de l'Etat du Congo, ont laissé se développer le nouvel esclavagisme sur d'autres fractions, très étendues, du territoire africain. L'opinion publique a été si bien persuadée de l'excellence de cette cause que non seulement on écoute patiemment les singulières théories d'un Carl Peters

(1) et (2) En français dans le texte anglais.

ou d'un Camille Janssens, mais encore que beaucoup y voient la synthèse d'une politique coloniale vraiment rationnelle. Pendant ce temps en France on se déclare ouvertement depuis l'année dernière et l'on se prononce de plus en plus chaque jour en faveur d'un *régime* de travail forcé, imposé à la pointe de la baïonnette. La théorie d'après laquelle le noir ne veut pas travailler et doit être contraint de la faire, a gagné suffisamment de terrain chez les peuples occidentaux de l'Europe continentale pour réaliser les plus belles espérances de ceux qui l'ont imaginée.

En Angleterre les modernes doctrinaires sur les questions africaines subissent une tendance analogue. On nous expose en termes variés combien il importe d'inculquer aux indigènes de l'Afrique la notion de la « dignité du travail ». Comme nous nous occupons de l'Afrique occidentale, il serait hors de propos de s'arrêter quelque peu longuement sur les questions de main-d'œuvre intéressant l'Afrique du sud. Il est trop visible toutefois que les financiers du Rand et leurs amis d'Angleterre sont les inspirateurs de ces tendances. Ce sont eux qui entraînent l'opinion publique de la Grande-Bretagne vers un système de coercition en ce qui concerne le travail indigène dans l'ensemble de l'Afrique, tout comme les financiers de Bruxelles et d'Anvers qui exploitent l'Etat du Congo sont les instruments qui aident à la propagation de ces doctrines sur le continent européen. Comme il vient d'être dit, il y a des différences profondes, quant à la situation du pays, la composition de la population indigène et l'ensemble presque tout entier des circonstances locales, entre l'Afrique occidentale et l'Afrique méridionale. Il faut indiquer néanmoins comment prévaut à tort cette doctrine commune qu'on cherche à mettre en pratique partout où l'Européen a suffisamment fortifié sa domination sur le continent noir. Dans un récit très attachant de voyages en Afrique qu'a publié récemment un jeune et brillant explorateur, M. H. S. Grogan, on trouve exposées, en un style que distinguent une naïve candeur, une brutalité franche, une complète absence des sophismes si fort en vogue, les vues de « l'école moderne » sur ce que sont ou devraient être en Afrique les relations entre Européens et indigènes.

Il est bon de reproduire ici quelques exemples des arguments développés par l'auteur :

« Peu de personnes dans la métropole, écrit-il, se rendent

compte des difficultés inquiétantes et de plus en plus graves que présente en Afrique le problème de la main-d'œuvre indigène. C'est une difficulté qui est unique dans l'évolution du monde. Sous la domination bienfaisante du blanc, l'indigène prospère comme de mauvaises herbes en serre chaude. Que faut-il faire de cette masse inerte qui sans cesse s'accroît? Nous avons entrepris son éducation, nous voulons le faire avancer dans la voie du progrès, on a eu grand soin de l'exposer en nous fatiguant d'euphémismes destinés à voiler nos extensions territoriales. Quand nous entreprenons l'éducation d'un enfant ou d'un animal, nous l'exerçons au travail, considérant que le travail est le seul moyen d'amélioration Mais quand il s'agit de l'éducation d'un nègre, qui, comme j'ai tenté de le démontrer, est un mélange de puérilité et d'animalité, nous disons : « Cher nègre, toi l'élu d'Exeter Hall, le favori du négrophile, le protégé du missionnaire, l'enfant chéri du philanthrope de peu de cervelle, daigneras-tu mettre la main à la charrue, ou préféreras-tu fumer et t'enivrer dans une béatitude que rien ne viendra troubler? Nous autres, les hommes blancs, que tu considères à tort comme tes supérieurs, nous nous occuperons des affaires publiques. Continue à sommeiller, idole d'ébène d'une civilisation fatiguée, et puisses-tu bientôt chanter : « En avant, soldats du Christ »... Un excellent système de travail forcé, continue M. Grogan, ferait plus pour le progrès des noirs en cinq ans que tous les millions engloutis dans les tentatives des missionnaires n'ont fait dans les cinquante dernières années... Pourquoi certains peuples ne seraient-ils pas, comme les autres, astreints à travailler pour la cause du progrès? Par toute l'Afrique il n'y a qu'un cri : « Donnez-moi de la main-d'œuvre. » Il y a pour le progrès du monde un principe fort juste : « Ce qu'on ne peut utiliser doit être éliminé. » Et, quoi que nous fassions, le moment viendra où le noir devra se soumettre à cette règle comme à l'inévitable. Eh quoi, parce qu'il est noir et qu'on lui reconnaît une âme, nous considérerions l'indigène, ces deux circonstances étant réunies, comme échappant à la loi du travail, — on ne sait pour quelle raison — alors qu'avec un peu de fermeté on ferait d'une brute inutile et dangereuse une source de profits pour le pays, à la grande satisfaction de l'indigène lui-même. »

Comme ce passage est typique! Le nègre paresseux et dégradé, inutile et nuisible : le blanc seul à travailler pendant que le noir fume et boit, — on ne nous dit pas s'il s'agit d'une liqueur importée d'Europe, ou de fabrication locale; — des rêveurs de peu d'intelligence empêchant en Angleterre le salut de l'Afrique sous forme de travail forcé dans les mines du Rand, ce qui constitue « l'éducation » de l'indigène; le progrès moral qui doit résulter d'une telle éducation, et ainsi de suite! La folie suprême apparaît dans ces mots « ce qui ne peut être utilisé doit être éliminé ». Il s'agit là, je suppose, d'un de ces « procédés simplificateurs » dont le professeur Gregory cite un exemple, l'œuvre accomplie, avec trop de succès peut-être, dans l'Ounyoro, où « l'on a calculé que durant les quatre années ayant suivi l'établissement de la domination anglaise la population fut réduite d'un quart » afin d'empêcher la trop rapide propagation de ces « mauvaises herbes de serre chaude »! Et pourtant ce que dit M. Grogan est répété par beaucoup et cru par un nombre plus grand encore de personnes — la masse de ceux qui avalent ce breuvage corrompu comme si c'était du nectar, et qui accueillent ces grotesques palinodies comme si elles étaient paroles d'Evangile.

Essayons d'examiner cette question dans un esprit pratique, modéré, impartial. Selon les ethnologistes, le nègre de race pure, sans mélange, se trouve seulement en Afrique occidentale, d'une manière générale, depuis le Sénégal jusqu'au Rio del Rey. Il habite sur la côte et dans la zone forestière. Les innombrables criques du delta du Niger, les forêts qui les avoisinent, abritent les spécimens les plus purs, au point de vue ethnologique de sa race. Au sud du Rio del Rey se rencontrent les noirs de la famille des Bantous, qui prédominent à mesure qu'on se dirige vers le sud. En arrière de la zone forestière les nègres de race pure se sont éloignés du type primitif par suite d'un apport de sang berbère et peul, et aussi, mais à un degré moindre, de sang arabe. Dans la boucle du Niger, dans les régions avoisinant le lac Tchad, dans la Nigeria septentrionale, ce mélange de races a produit une variété déconcertante de types métissés, tandis que çà et là les peuples conquérants ou conquis conservaient leur pureté — ainsi parmi les nègres les Bambaras du haut Niger; parmi les Berbères, les nobles Imosagh; parmi les Arabes, les Shuwas; parmi les Peuls, les pasteurs du Fouta-Djallon de l'Adamaoua, du Bondou et de plusieurs autres régions du Soudan occidental. Si l'on quitte l'ouest pour l'est, on trouve les Choas, les Gallas, les Somalis et les Juifs en Abyssinie et dans les contrées avoisinantes; puis les Bantous — issus, selon le Dr Voight, d'un croisement négro-sémitique, — qui se sont répandus vers le sud, le centre et l'ouest du continent, et qu'on retrouve un peu partout jusqu'au Cap; les Masaïs, les Wahumas, les Pygmées, les Hottentots, et enfin, au Congo français, les Pahouins, formant quelques groupes ethniques particuliers, pareils à des îlots perdus dans la grande masse des Bantous.

Dans toute cette immense étendue de territoires, le sol est, en général, si fertile qu'il produit sans grand effort ce que réclame l'indigène pour sa subsistance et son confort, là du moins où sa notion du confort n'a pas été modifiée par le contact avec des mœurs plus raffinées, une « civilisation plus développée », pour se servir des expressions usitées. Le climat étant d'une chaleur extrême, il y a là un obstacle au développement de l'énergie physique, ce qui d'ailleurs n'est pas, et n'a pas été durant d'innombrables générations, nécessaire, dans l'ordre économique, à la vie de l'Africain. Le degré de développement des indigènes dépend de l'existence ou de l'absence de relations avec eux, relations dont l'influence tend à faire naître en leur esprit des idées nouvelles, une plus haute conception des arts et des métiers. Cette influence peut s'exercer en eux soit par l'intermédiaire du commerce, des progrès de l'immigration, de la conquête accomplie par un peuple plus civilisé, soit par la propagation d'une religion révélée. Plus inaccessible est le pays, plus loin dans l'intérieur se trouve une population, à plus de distance elle se trouve des grandes voies commerciales, et plus elle demeure, par contre, dans un état de barbarie primitive. C'est là un fait logique, bien qu'il comporte naturellement des exceptions. Mais que, dans cet état primitif, l'indigène soit la « brute inutile et dangereuse » qu'un utilitarisme frivole, un désir impatient d'expansion, les divagations bruyantes et sans pitié du jour tendent à présenter en lui, c'est là une de ces nombreuses fictions qui passent au sujet de l'Afrique pour des vérités. Les Wa-Kavirondo sont les habitants les plus sauvages du protectorat de l'Ouganda. Ils sont absolument nus, ils sont d'une moralité supérieure à celle de leurs voisins plus ou moins vêtus, et sont agriculteurs. « Partout où ils s'établissent, dit le Dr Ansorge, la brousse autour d'eux se transforme rapidement en campagnes fertiles, produisant des patates ou des céréales variées. Ceux qui en ont les moyens possèdent des chèvres et des moutons, et les riches ont des troupeaux de gros bétail. » Et le Dr Ansorge ajoute que, parmi eux, « là où la perfidie d'Européens sans moralité n'a pas encore fait connaître le mensonge et la fraude, la simple parole du blanc est respectée à l'égal d'un engagement solennel ». Dans la plus grande partie des territoires africains, au sud de l'équateur, — surtout dans l'immense étendue du centre du continent, — dans le bassin du Haut-Nil, contrée parcourue par M. Grogan, l'indigène n'a jamais eu de raison, n'a pas éprouvé le désir tout impulsif de produire au delà de ce que ses besoins réclamaient, de ce que son imagination lui présentait comme nécessaire. Cependant il travaille le fer, fabrique de la poterie; il a souvent un sens artistique très développé (1), il confectionne des vêtements et des armes offensives relativement compliquées, il a des notions d'harmonie et possède assez fréquemment un véritable instinct poétique. Quand les circonstances locales ont favorisé la formation d'agglomérations sociales de quelque importance, il s'est constitué des Etats indigènes qui ont frappé d'étonnement les premiers Européens voyageant dans l'Afrique centrale. Et cependant, si loin que nous nous enfoncions dans les ténèbres du passé, ces millions d'indigènes — cette « masse inerte » — étaient entièrement privés de toutes relations avec le monde extérieur, loin de tout contact avec les races dites supérieures. Quelques marchands égyptiens s'étaient probablement avancés par hasard jusqu'au bassin supérieur du Nil et aux Grands Lacs. Plus récemment, une poignée d'Arabes avaient, en partant de Zanzibar, pénétré dans l'intérieur du continent, mais jusqu'à ce que Burton, Speke et Grant, Livingstone (venu par le sud), Baker, Emin et Stanley eussent découvert le centre africain, ses habitants avaient dû s'abstenir de tout rapport avec une culture plus élevée. Il est inutile de rechercher si la condition de ces indigènes est devenue beaucoup plus brillante depuis l'arrivée parmi eux de l'Arabe de demi-caste, marchand d'esclaves, du Belge chasseur d'ivoire et de caoutchouc, du trop zélé missionnaire européen et depuis la fièvre de conquêtes territoriales qui s'est emparée des Puissances. Toute appréciation sur ce

(1) L'ouvrage de Paul KOLLMANN, *The Victoria Nyanza*, peut être consulté à cet égard avec avantage. Les reproductions qui s'y trouvent d'ornements domestiques, de calebasses, de boîtes en écorce, de tambours, etc., fabriqués par les indigènes de l'Usukama et de l'Ukerave, offrent une réelle pureté de lignes. (*Note de l'Aueur.*)

point doit être, au premier chef, affaire d'opinion. Mais si l'on espère que ces indigènes vont de leur plein gré se porter *en masse* (1) vers les mines du Rand, louer leurs bras pour l'accomplissement d'une besogne pénible, pour piocher, creuser, créer des plantations, ou pour tout travail analogue, avec le zèle d'un ouvrier européen qui a besoin de gagner sa vie, c'est véritablement qu'on est atteint de folie. On ne peut faire prendre aux indigènes ce goût du travail qu'en les traitant avec beaucoup de ménagements, en leur payant un salaire convenable, en choisissant des agents européens ayant le sens des proportions, possédant au moins une notion élémentaire des enseignements de l'histoire. Vouloir bouleverser en quelques années les conceptions de ces populations, c'est faire preuve de prétentions insensées; et s'efforcer de déterminer les indigènes au travail par des mesures coercitives, c'est s'engager dans une politique immorale, imprévoyante, désastreuse (2).

Jusqu'à une époque toute récente, l'Afrique occidentale anglaise n'a pas été matériellement affectée par cet entraînement progressif de l'opinion publique en Europe vers l'emploi de la violence envers les noirs, aussi bien quand il s'agit de méconnaître la coutume indigène sur le régime des terres que lorsqu'on est en face des divers symptômes de la politique « d'exploitation ». Depuis, cependant, qu'à la Côte d'Or on a voulu tirer parti des mines selon des méthodes rationnelles, on a vu des erreurs se répandre à flots au sujet de l'Ouest africain, on a vu surgir toute une armée de conseillers funestes empressés à introduire en Afrique occidentale les procédés du Sud africain. Des doléances s'élèvent sans cesse sur la rareté de la main-d'œuvre, sur l'indolence et la paresse de l'indigène. Des hommes d'expérience, comme M. Daw, des mines de l'Ashanti, n'ont pas hésité à s'élever énergiquement contre ces tendances; et jusqu'à présent le Colonial Office (3), il

(1) Ces mots sont en français dans le texte anglais.

(2) Le récent rapport de Sir Marshall Clarke est instructif à cet égard. Parlant des indigènes de la Rhodésia, Sir Marshall Clarke dit : « Ils travaillent dans les mines, s'ils y sont contraints par une pression directe de l'administration, pression voisine de la violence, ou par la nécessité où ils sont de gagner de quoi payer leurs taxes... Ces pratiques, poursuit-il, ne sont pas propres à faire aimer l'industrie minière... » Et il ajoute : « Il y a maintenant un mécontentement certain parmi les indigènes. » (*Note de l'Auteur.*)

(3) « Il semble démontré que le problème de la main-d'œuvre à la Côte d'Or pourra être résolu sans qu'on introduise des travailleurs étrangers dans le pays. Le succès

faut le dire à sa louange, a refusé de céder à ces clameurs, et n'a pas voulu modifier la législation sur l'acquisition, la délimitation et l'enregistrement des concessions minières, législation qui sauvegarde les droits des possesseurs indigènes du sol. A cet égard l'ordonnance sur les concessions doit figurer parmi les règlements les plus équitables existant en Afrique occidentale en vue de protéger et de garantir la propriété foncière indigène. Il faut reconnaître pourtant que parmi les nombreuses réclamations soulevées par l'ordonnance, celles qui portent sur le mode d'application actuel de ses dispositions sont justifiées. Le mécanisme adopté pour l'enregistrement des titres aurait besoin d'être complété; sur ce point et sur quelques autres il pourrait y avoir des améliorations. Il est également certain que, dans certains cas, des chefs indigènes, à bon escient ou non, ont vendu deux fois les mêmes propriétés, usant ainsi d'une fraude extrêmement blâmable. Mais assurément de tels actes ne sont pas plus répréhensibles que les nombreux dols commis délibérément par les fondateurs de certaines compagnies de la Côte d'Or en entraînant le public anglais dans des affaires véreuses, et causant ainsi des pertes d'argent à des centaines et des milliers d'Anglais et d'Anglaises. Le chef africain qui se prête à des manœuvres frauduleuses peut être puni à la Côte d'Or, mais son prototype européen réussit d'ordinaire à échapper aux atteintes de la loi. Il faut espérer que le Colonial Office maintiendra dans son intégrité l'ordonnance sur les concessions, tout en améliorant les conditions de son application, car cette législation, en elle-même, fait honneur à la justice britannique dans l'Afrique occidentale.

D'un autre côté, il est fort à regretter que le Colonial Office ait préparé, sur l'exploitation des forêts et la constitution de zones forestières, un code de dispositions législatives et réglementaires, applicables à la Nigeria méridionale, qui a déjà soulevé et soulèvera encore de graves objections. Ces dispositions, dans leur ensemble, ont pour effet d'autoriser le haut-commissaire du gouvernement à mettre en vigueur les règles qu'il croit utiles, en ce qui

ou l'échec, en cette matière, dépend beaucoup des personnes appelées à s'occuper de la question. Il est très désirable que ces fonctionnaires soient des hommes de tact et d'éducation, car ils seront vraisemblablement plus capables d'entrer, de manière satisfaisante, en relations avec les indigènes, qui, d'ordinaire, demandent à être traités avec beaucoup de ménagement et de jugement. » Par. 9. « Ordonnance sur la main-d'œuvre », préparée par le Colonial Office. (*Note de l'Auteur.*)

concerne toute espèce de produits forestiers, y compris les produits du palmier. On ne fait aucune distinction à cet égard entre ce qu'on appelle les terres « vacantes » (1) et les terrains boisés à la disposition respective des indigènes et du gouvernement. Les indigènes ont été obligés d'obtenir des licences en règle pour avoir la permission de faire ce que, jusqu'à présent, ils avaient fait avec une entière liberté. Les licences doivent émaner des agents du gouvernement. La moitié de la redevance perçue est au trésor local, l'autre moitié au possesseur indigène, mais seulement s'il peut produire un titre régulier. L'indigène est soumis, sous les sanctions prévues par l'ordonnance, à la juridiction du fonctionnaire européen, et non à celle de ses tribunaux naturels, établis selon la coutume locale. Toute cette politique est mauvaise, sans largeur de vues. Elle doit tendre véritablement à faire croire à l'indigène que le gouvernement prend complète possession de sa terre. Ses droits à la propriété du sol sont traités comme s'ils n'existaient plus ou comme s'ils avaient été transférés au gouvernement. On nous assure dans les sphères officielles que les chefs indigènes ont reçu toutes satisfactions à cet égard, et qu'ils font bon accueil à ces dispositions. Il est impossible de considérer ces assurances sans quelque scepticisme. Dans la Nigeria méridionale, le gouvernement est celui d'une colonie de la Couronne, c'est-à-dire absolument, entièrement despotique. Il n'y a pas de conseil législatif; il n'y a pas de journaux indigènes. Les noirs n'ont pas les moyens de faire entendre leurs griefs. Les pouvoirs du haut-commissaire sont plus étendus que ceux du czar de toutes les Russies. Il n'est arrêté par aucun frein, il ne subit aucun contrôle. Il fait exactement ce qui lui plaît, et l'emploi de « la force » dans la Nigeria méridionale, c'est-à-dire les expéditions répressives, n'est que trop fréquent. Depuis près de trois quarts de siècle les indigènes de la Nigeria méridionale ont été encouragés par les gouvernements qui se sont succédé en Angleterre à croire qu'ils étaient libres d'utiliser les produits de leurs forêts. Je défie tout juriste de dire ce qui leur restera de cette liberté

(1) Selon les idées indigènes, il n'y a pas de terres non appropriées. Ce qui est présentement une forêt ou une terre inexploitée, sera, plus tard, transformé en terres de cultures par les serviteurs du chef, les membres de la collectivité du village, ou d'autres membres de la communauté indigène. (*Les Coutumes fanti*, J. M Sarbah.) Ce qui concerne les biens à la Côte d'Or s'applique également aux Rivières et à Lagos, en réalité à tout l'Ouest africain, là où l'on trouve des cultures indigènes. (*Note de l'Auteur.*)

si les dispositions nouvelles sont appliquées à la lettre. J'ai voulu connaître l'opinion d'hommes de loi anglais capables d'aprécier la législation indigène en cette matière, et ils n'ont été rien moins que convaincus de la justice et de la légalité de ces mesures. Les dispositions mises en vigueur ont fait songer à quelque retour « au temps de Guillaume le Conquérant ».

« La manière dont on interprète, sous l'empire de cette ordonnance, les pouvoirs du haut-commissaire » — je cite la lettre d'un juriste que j'avais consulté — « est beaucoup trop arbitraire. Quels avantages laisse-t-on à l'indigène qui, vous le remarquerez, est le propriétaire du sol? Il est, semble-t-il, dans cette situation peu enviable d'être propriétaire sans pouvoir retirer le plus mince profit de sa propriété, et, s'il veut en vendre les produits, même avec les meilleures intentions, il s'expose, au gré du haut-commissaire, aux termes de l'ordonnance, à l'emprisonnement ou à l'amende. Ce n'est pas certainement ce qu'ont voulu les auteurs du règlement; du moins je veux le croire. » Les chambres de commerce d'un côté, la Société de protection des Aborigènes de l'autre, ont protesté contre cette législation réactionnaire, ce qui montre une communauté de vues sur cette question dans les cercles commerciaux et philanthropiques. On veut, paraît-il, protéger les forêts contre le déboisement, c'est le motif qu'on donne pour expliquer les dispositions nouvelles, et toute personne raisonnable trouverait rationnel, en effet, qu'on édictât des règles sages pour la préservation des arbres et des lianes à caoutchouc ainsi que pour celle de jeunes arbres à bois dur, de croissance lente (bien qu'en l'espèce des indications pratiques fussent préférables à un règlement). Mais une chose toute différente, c'est d'adopter des dispositions dont l'ensemble est d'une telle rigueur, dont la légalité est douteuse, l'utilité plus discutable encore, qui sont inévitablement destinées à faire naître des difficultés et nettement contraires au développement de relations commerciales vraiment régulières. Le système des colonies de la Couronne dans les Rivières n'a pas eu de succès tellement brillant qu'on puisse s'exposer délibérément à courir des risques de cette nature. Ces dispositions enfin, il n'est pas inutile de l'ajouter, ont reçu force de loi dans la Nigeria méridionale, sans que les négociants, de qui viennent tous les revenus du pays, aient été avisés, ou seulement pressentis. Telle est la singulière méthode avec laquelle nous gérons nos intérêts dans l'Ouest africain!

A Lagos, où l'on voulut également les mettre en vigueur, des dispositions analogues, dont il ne faut jamais perdre de vue l'origine métropolitaine, rencontrèrent parmi les indigènes de très fortes résistances, et furent à diverses reprises amendées avant d'être définitivement applicables. A Lagos il y a un conseil législatif où siègent des indigènes — en minorité il est vrai, — il y a aussi des journaux locaux. Les indigènes ont donc les moyens de faire connaître leurs sentiments. Heureusement de même ils ont un gouverneur extrêmement sympathique, très instruit et de grande expérience. Sous son administration, nous pouvons être assurés qu'on ne fera rien, intentionnellement, qui doive porter atteinte aux droits des indigènes sur le sol. La réglementation amendée prévoit que les assemblées indigènes dûment constituées ou les gouvernements des protectorats de l'intérieur du pays auront la faculté de mettre les dispositions nouvelles en harmonie avec les coutumes et les usages locaux; et comme les chefs ont, non moins que les législateurs ou les commerçants, intérêt à préserver les forêts, nous pouvons être à peu près sûrs que le but visé sera atteint. En outre, il est stipulé que les assemblées indigènes pourront elles-mêmes, quand elles en seront requises, octroyer des licences d'exploitation, et que les redevances perçues de ce chef s'ajouteront aux ressources dont elles disposent; qu'elles pourront elles-mêmes faire prononcer des amendes selon leur propre législation et dans leurs juridictions particulières. Enfin le gouverneur recommande, plus loin, de céder à bail les réserves forestières, dépendant du domaine (1). On voit quelle est la différence entre les deux régimes. L'un est arbitraire, dogmatique, despotique, — l'autre est ce qu'on vient de le montrer. Si des difficultés s'élèvent à Lagos dans l'application de l'ordonnance (2), ce ne sera pas faute d'avoir fait tout le

(1) C'est naturellement pour éviter de laisser croire que le gouvernement a le désir, l'intention, d'exproprier les légitimes possesseurs du sol. (*Note de l'Auteur*..

(2) L'ordonnance amendée de Lagos ne touche pas aux droits coutumiers sur les quels elle laisse aux conseils indigènes de l'arrière-pays le soin de se prononcer. Ses effets dépendent donc largement des vues des gouverneurs sur la nature des rapports qui doivent exister entre ces conseils et l'administration. Sir W. Mac Gregor a fait paraître une réglementation qui doit, selon lui, fortifier la situation de ces conseils. Mais on peut affirmer, lorsqu'il s'agit de la législation foncière de l'Afrique occidentale, que la procédure destinée à sauvegarder les droits des indigènes, et dans leurs grandes lignes ces droits eux-mêmes, devraient toujours être mis en évidence aussi nettement que possible dans le texte même qu'on publie. (*Note de l'Auteur.*)

possible pour les éviter, d'avoir entouré la propriété indigène de garanties qui, pour peu qu'on les respecte, suffiront à sauvegarder les droits acquis, d'avoir donné à entendre aux noirs que l'administration veut respecter parmi eux les usages traditionnels. Si des difficultés s'élèvent, elles viendront du principe sur lequel repose l'ordonnance, à savoir que le gouvernement *a priori* a le droit d'intervenir, directement ou indirectement, dans les affaires d'Etats indigènes, dont l'indépendance intérieure, par opposition à leurs relations extérieures, est garantie par traité. Sur ce point il y aura des opinions divergentes, et quelques-uns d'entre nous continueront à penser qu'en tout ce qui concerne les industries indigènes, un enseignement qui puisse développer les connaissances professionnelles des noirs sera toujours préférable à une législation restrictive (1).

CHAPITRE XX

UNE INDUSTRIE COTONNIÈRE EN AFRIQUE OCCIDENTALE.

Au cours des derniers mois qui se sont écoulés on a discuté de façon précise une question du plus haut intérêt pour l'Afrique occidentale et d'un intérêt vital pour une fraction considérable des habitants de la Grande-Bretagne, et il y a tout lieu d'espérer, — et même on peut être certain — que des résultats pratiques s'ensuivront. Je veux parler de l'agitation qui s'est produite pour le développement de la culture du coton en Afrique occidentale.

Ce qu'on a déjà fait peut s'indiquer en quelques mots. Le 8 mai 1902, une réunion mémorable se tenait à l'Albion Hotel, à Manchester, sous les auspices de M. Arthur Hutton, président de la

(1) Pour apprécier clairement les sentiments des indigènes sur cette question, le lecteur pourra se reporter aux discours prononcés par le Dr O. Johnson, membre du conseil législatif de Lagos, en vue de faire rejeter l'ordonnance amendée sur le régime forestier (mai 1902). On se rendra compte de la situation personnelle que le Dr Johnson occupe dans la colonie si l'on considère qu'un mémoire très savant sur l'histoire indigène de Lagos, présenté par lui l'année dernière au « Lagos Institute », a été publié par l'administration à l'égal d'un document officiel. (*Note de l'Auteur.*)

chambre de commerce de cette ville. Les chambres de commerce de Londres, de Liverpool et d'Oldham étaient représentées à cette réunion, en même temps que le directeur de la compagnie de navigation anglaise de l'Ouest africain, sir Alfred Jones (1), les syndicats de filateurs d'Oldham et de Manchester, diverses autres associations de même nature de Blackburn et des villes du Lancashire, les commerçants de l'Afrique occidentale, les négociants en coton, courtiers, tisseurs et manufacturiers, etc. Le but de la réunion était d'élargir la zone britannique des cultures cotonnières, plus spécialement en Afrique occidentale, et, avant la clôture de la séance, une « Association britannique de cultures cotonnières » était constituée avec un premier capital de 10,000 livres, destiné à être exclusivement consacré à des essais dans les territoires de l'Ouest africain et autres possessions d'outre-mer. Cette réunion fut suivie d'une autre assemblée tenue à Manchester au mois de juin, et au cours de laquelle la résolution primitive fut confirmée et accentuée, en même temps qu'on décidait de porter le fonds d'études à 50,000 livres. Les résolutions votées à cette seconde réunion furent les suivantes :

Résolution.

1° Dans l'opinion de cette assemblée, le maintien de la prospérité de l'industrie cotonnière britannique dépend d'une augmentation de la matière première, et il est désirable qu'on développe les zones où nous nous approvisionnons de cette matière première;

2° Afin d'atteindre ce but il est constitué une association qui prend le titre d'Association britannique des cultures cotonnières;

3° Le principal objet de cette association est la culture et l'exploitation du coton dans les colnies, possessions et protectorats britanniques;

4° Un fonds de garantie de 50,000 livres est constitué, pour être dépensé en cinq ans, aucun souscripteur n'étant tenu de verser chaque année plus d'un cinquième de la quote-part souscrite;

5° L'Association aura la faculté de former une ou plusieurs com-

(1) Qui depuis longtemps a personnellement déployé le plus grand zèle à favoriser en Afrique occidentale la culture et l'exploitation du coton.

pagnies subsidiaires et de disposer d'une partie de son actif en faveur d'une de ces compagnies, à la condition que les membres de l'Association puissent, selon le montant de leurs souscriptions, se réserver par première préférence des actions de la compagnie nouvelle;

6° Un comité général sera nommé;

7° Un comité général désignera, en le choisissant dans son sein, un comité exécutif;

8° Le comité exécutif réunira immédiatement toutes informations utiles sur la question et organisera avec un personnel qualifié des missions en vue de s'enquérir des meilleures méthodes à suivre. Il aura pouvoir : *a)* d'acquérir des terres sur lesquelles des expériences puissent être tentées et des plantations créées; *b)* de distribuer des graines parmi les indigènes pour les amener, en leur donnant les renseignements et l'aide nécessaires, à cultiver du coton sur leurs terres et pour recruter des travailleurs dans ce but s'il est utile; *c)* de créer des établissements pour l'achat et la vente du coton, ou de produits similaires, d'animaux, matériel d'exploitation, et autres articles ou marchandises nécessaires aux entreprises à organiser; *d)* d'adopter toutes autres mesures qui lui sembleraient à lui-même, à un moment donné, les plus propres à atteindre le résultat cherché;

9° Le comité général publiera un rapport chaque semestre sur les opérations qui auront été effectuées.

Une troisième réunion eut lieu à la chambre de commerce de Liverpool le 14 juillet en présence de sir William Mac Gregor, gouverneur de Lagos, et de sir A. King Harman, gouverneur de Sierra-Leone; on y délibéra sur les voies et moyens pratiques de développer la culture du coton dans ces deux colonies (1).

Ayant ainsi brièvement indiqué quelles ont été les mesures déjà prises, nous avons intérêt à nous renseigner sur l'origine et les causes du mouvement. Cette enquête ne peut que montrer au public qui raisonne toute l'importance de la question. Tous les ans, la

(1) Dans la déclaration publiée par l'Association en octobre figure une liste de vice-présidents ayant à sa tête sir Alfred Jones, K. C. M. G, et ne comprenant pas moins de 22 membres du Parlement, parmi lesquels on remarque des noms aussi connus que ceux de Winston S. Churchill, R. Yerburgh, Alfred Emmott, sir William Mather, lord Stanley, l'Honorable Arthur Stanley, l'Honorable W. R. W. Peel, C. A. Cripps, K. C., J. M. Whitley, sir J. Leigh, etc. (*Note de l'Auteur.*)

Grande-Bretagne est de plus en plus tributaire des Etas-Unis pour ses approvisionnements en coton, et tous les ans la production cotonnière de l'Amérique s'accroît de plus en plus par comparaison avec celle des autres pays. Ainsi dans les périodes 1870-80, 1880-90, et 1890-1900, l'Amérique a produit 4 millions 1/2, 6 millions 1/2 et 9 millions 1/2 de balles de coton, tandis que l'Inde en produisait, dans les mêmes périodes, 2 millions, 2 millions 1/2 et 2 millions, l'Egypte 384,000, 400,000 et 700,000, et le Brésil 600,000, 300,000 et 380,000. La situation de plus en plus forte de l'Amérique au premier rang de la production cotonnière du monde est dès lors évidente, et, bien que la production de l'Egypte et de l'Inde augmente, la proportion dans laquelle elle s'accroît est faible par rapport à l'Amérique, tandis que diminue la production des autres pays.

Voilà une considération. En voici une autre. Il y a quarante ans, l'Angleterre achetait la totalité du coton américain. Aujourd'hui le Continent, grâce au développement et aux merveilleux succès de ses filatures, achète le tiers de la production totale de l'Amérique.

Il y a encore un autre facteur à envisager, c'est la consommation américaine du coton. Il y a quelques années cette consommation était presque nulle. L'Amérique maintenant consomme un tiers de ses produits. Selon quelques personnes au courant de la question, — bien que dans certaines régions l'opinion contraire soit soutenue, — l'Amérique consommera à la fin de l'année prochaine la moitié au moins de ce qu'elle aura produit.

Il faut citer aussi des faits très graves en ce qui concerne la région industrielle du Lancashire. La crise terrible que ce pays a traversée au temps de la guerre civile des Etats-Unis est encore assez récente pour qu'on ne l'ait pas oubliée, et l'on frémit à la pensée des événements qui se produiraient si le Lancashire était quelque jour dans l'impossibilité de se procurer une partie du coton récolté en Amérique et ne pouvait plus compter que sur les stocks insuffisants provenant d'autres parties du monde. Le danger est très réel et très menaçant. Dans l'état actuel des choses, la Grande-Bretagne est, en fait, à la merci des Etats-Unis et sa situation commerciale dépend presque entièrement des variations que font subir au marché les spéculateurs américains, qui peuvent régler les cours à leur convenance. La situation présente des affaires est si peu satisfaisante que depuis trois ans il est peu rémunérateur d'importer du coton à destination de Liverpool. La crainte d'un syndicat américain du coton n'est peut-être pas dénuée de fondement à cette époque de vastes trusts et de coalitions, alors que la concurrence des manufactures continentales et surtout l'accroissement de la consommation américaine rendent l'avenir aussi sombre que possible. Aussi est-il indispensable de faire quelque chose pour étendre la zone de production cotonnière sous le drapeau britannique. C'est là le côté de la question le plus important.

Ceux que le problème intéresse particulièrement ont naturellement tourné les yeux vers l'Ouest africain, et c'est en ce qui touche le développement possible dans cette partie du monde de l'exportation du coton que quelques observations sont bien à leur place dans ce volume. Je parle de l' « exportation » du coton, car, nous le savons, une industrie indigène du coton, répondant aux besoins locaux, existe depuis des siècles en Afrique occidentale. Nous avons ainsi constaté la part importante que l'industrie du coton a dans la prospérité de Kano et d'une manière générale de la Nigeria septentrionale, où, sans parler de la consommation locale, des tissus fabriqués de coton sont un article d'échange. Dans certaines régions ces tissus sont même une véritable monnaie qui se répand dans tout l'intérieur de l'Ouest africain où l'article de Kano, à cause de son excellente qualité, est constamment demandé. Mais ce qui est vrai de Kano l'est aussi de bien d'autres pays de l'Afrique occidentale. L'arbuste à coton *(gossypium herbaceum)* se rencontre partout à l'état sauvage dans l'Ouest africain, et il y est en outre cultivé sur des superficies très étendues. Partout où l'islam s'est propagé, cette culture s'est développée, mais dans les communautés païennes la confection des tissus de coton offre également une assez grande importance. Les tribus fétichistes de Sierra-Leone, de la Côte d'Or et du Libéria fabriquent les tissus les plus remarquables. La qualité en est si belle, le dessin si heureux qu'on ne peut les voir sans être frappé des aptitudes des populations qui, avec des procédés primitifs, les ont produits. Les tentatives en vue de développer la culture du coton ne sont donc pas à proprement parler une expérience nouvelle, et ce qui pouvait être une première difficulté à vaincre se trouve heureusement ne pas exister.

Ce ne sera pas non plus la première fois que l'Afrique occidentale aura, dans son histoire, été appelée à fournir à l'Europe du coton brut. Lorsqu'éclata la guerre civile d'Amérique, on offrit des prix élevés du coton de l'Afrique occidentale, que tous les connaisseurs trouvèrent d'excellente qualité. Le coton était exporté à l'état brut de la Côte d'Or, de Fernando Po, de Lagos, de la Gambie et de l'Angola. Cette exportation se continua longtemps après la guerre, et de 1878 à 1885 on a évalué à 56,501 livres le coton importé en Europe de la Côte d'Or et de Lagos. Même avant la guerre de sécession, comme le rappelait récemment un membre de la secte des Quackers, M. Elijah Helm (1), la répugnance que ceux-ci, en raison de leurs principes, éprouvaient à utiliser le produit du travail des esclaves les avait amenés à former une association restreinte qui importait de l'Afrique occidentale un coton d'assez belle qualité et en quantités assez considérables pour satisfaire aux besoins peu étendus d'ailleurs de leur communauté religieuse.

Mais après la guerre, et avec la baisse de prix très importante qui s'ensuivit, l'exportation du coton de l'Ouest africain devint à peu près nulle. Une quantité très faible s'achemine encore vers l'Europe, je crois, des rives de la Volta et de l'Angola, mais c'est tout, sauf l'expérience que le Togo a faite l'année dernière et dont je parlerai plus loin.

Les quatre conditions qu'exige la culture du coton sont les suivantes : 1° un sol approprié ; 2° une irrigation appropriée ou des pluies se produisant à intervalles réguliers; 3° une main-d'œuvre suffisante; 4° des facilités de transport. Les possessions britanniques de l'Afrique occidentale peuvent, en général, remplir les trois premières conditions, sur certains points mieux que sur d'autres. Elles pourront ou non satisfaire à la quatrième, selon que les plaines herbeuses qu'on rencontre en remontant vers l'intérieur du pays seront ou non jugées plus propres à la culture du coton que les régions, marécageuses et mieux arrosées, de la côte. Si les premières semblaient les mieux appropriées à cette culture, l'arrière pays de Lagos serait seul actuellement à présenter toutes les conditions requises. Le territoire de Lagos, au surplus, est spécialement favorisé en ce qui concerne la troisième condition, celle de la main-d'œuvre. Un chemin de fer s'étend, sur une distance de 125 milles, du chef-lieu vers l'intérieur, en traversant la zone forestière, naturellement riche et productive, où il ne faut pas compter

(1) Secrétaire de la chambre de commerce de Manchester. (*Note de l'Auteur.*)

pouvoir tenter, où il serait dangereux d'encourager, la culture du coton. Mais au delà de la forêt se trouve un véritable parc ayant une superficie d'environ 10,000 milles carrés, dont la plus grande partie conviendrait à la culture du coton, et qui justifierait et hâterait, s'il était possible de l'espérer, l'extension vers le Niger de la voie ferrée actuellement existante. Si donc il s'agit de tenter des essais dans une région de plaines couvertes d'herbes — semblables à celles du Texas — la colonie de Lagos, à cause de son chemin de fer, est la seule possession britannique où de telles expériences puissent actuellement être entreprises. L'intelligence des Yorubas, leurs dispositions pour le commerce et l'industrie, la densité de la population qu'on y trouve dans le pays, la nécessité qu'il y a d'y agir ou de s'y fortifier par des moyens économiques plutôt que stratégiques, ce qui plaide en faveur de continuation de la ligne vers le Niger (espérons fermement qu'elle se fera sous d'autres conditions que celles où se poursuit actuellement sa construction), tous ces différents facteurs permettent au plus haut point de croire que Lagos peut être choisi comme centre d'action pour l'entreprise nouvelle. Lagos, il ne faut jamais l'oublier, est une des portes de la Nigeria septentrionale.

Si, d'un autre côté, l'avis général de ceux qui connaissent la question est favorable aux régions basses voisines du littoral, où le transport par voie fluviale jusqu'au port actuel d'embarquement est relativement facile, la Gambie et la Nigeria méridionale s'offrent elles-mêmes tout d'abord. Ces possessions me semblent devoir être préférées à Sierra-Leone et à la Côte d'Or. La situation présente de Sierra-Leone n'est pas encourageante. Le chemin de fer, s'il sert à quelque chose, ce qui est douteux, ne peut être utile qu'à la condition d'accroître la production du palmier, et de mettre les régions de l'intérieur où se récolte l'huile de palme en relations plus étroites avec les marchés de la côte. C'est le seul moyen de permettre à cette malheureuse colonie de supporter les lourdes charges qui l'écrasent actuellement. Déboiser les régions orientales de Sierra-Leone pour y planter du coton, ce serait le suicide de la colonie. Dans la Côte d'Or, de même, il y a un obstacle à la culture du coton, c'est l'industrie minière. Les sociétés de mines se plaignent sans cesse de la rareté de la main-d'œuvre, ce dont souvent elles sont la cause. Les appels qu'elles adressent à la population ont eu déjà pour effet d'éloigner nombre de gens de leurs professions ordinaires, d'où est résultée une diminution dans l'exportation des bois. Toute nouvelle dérivation de la main-d'œuvre disponible, comme la culture du coton en amènerait une, amoindrirait sérieusement la capacité de rendement du pays, non seulement en ce qui concerne les bois, mais encore pour ce qui touche les autres produits naturels et les produits cultivés, tels que l'huile et les amandes de palme parmi les premiers, et le cacao parmi les seconds.

Pour la Gambie, par contre, l'introduction d'une nouvelle industrie serait un bienfait. La Gambie vit uniquement de l'arachide. Il est toujours mauvais de mettre, selon le proverbe, tous ses œufs dans un même panier. Quand il s'agit d'un produit comme l'arachide, c'est très dangereux, car on est à la merci d'une saison défavorable. L'arachide est pour cette raison un produit nécessairement variable, et l'on peut, après une bonne récolte, avoir, l'année suivante, une récolte médiocre. Sir George Denton — le gouverneur habile et populaire de la Gambie — a déjà songé, je le sais, à tenter d'établir un meilleur système d'irrigation dans certaines parties de cette colonie, pour développer la zone de production de l'arachide, et ce projet serait naturellement très favorable à la culture du coton. La population de la Gambie étant en majorité musulmane, et se trouvant en grande partie composée de Mandingues, indigènes très entreprenants, et particulièrement de Mandingues croisés de sang peul, — ayant survécu au vieil empire de Melle, — l'industrie cotonnière (avec laquelle ils sont depuis longtemps familiarisés) pourrait s'y développer avec les plus grandes chances de succès.

Dans la Nigeria méridionale (1), le champ est vaste. On peut durant des milles, en suivant les rives du fleuve, traverser une région productrice de coton. La densité de la population y est naturellement variable. Les moyens de transport par voie fluviale abondent. Les indigènes, il est vrai, pour leur bonheur ou leur malheur, ont peu de besoins. Mais si l'on veut s'en donner la peine et les traiter avec sympathie ; si l'on veut améliorer les moyens d'exploitations des amandes de palme, et, comme je l'ai déjà indiqué, laisser ainsi disponible pour l'utiliser ailleurs une grande partie de la

(1) La capacité de production qu'offre pour le coton la Nigeria septentrionale a déjà été indiquée. (*Note de l'Auteur.*)

main-d'œuvre locale ; si l'on veut introduire une plus étroite union entre les fonctionnaires et les commerçants; si l'on veut rendre beaucoup plus rares les expéditions répressives et sanglantes, ces moyens violents « de se débarrasser du rebut de la population », ces « mesures énergiques », etc., on voit difficilement pourquoi, ces conditions étant remplies, les indigènes de la Nigéria méridionale ne se décideraient à entreprendre la culture du coton, en vue de l'exportation de ce produit.

Nous avons montré la nécessité de cette culture; nous avons indiqué les conditions qu'elle exige, au point de vue du sol, de son irrigation artificielle ou naturelle, de la main-d'œuvre et des moyens de transport; nous avons rencontré chez les indigènes des essais de culture, de filature et de tissage de coton. Que reste-t-il à étudier encore dans cette grande entreprise destinée, nous l'espérons, à faire de l'Afrique occidentale une immense région de production cotonnière sur laquelle l'Angleterre puisse compter en cas de besoin; à nous permettre de nous libérer largement d'une position de dépendance envers l'Amérique et à éviter ainsi les périls qui s'accumulent actuellement; à contribuer sûrement enfin de la façon la plus sensible à la prospérité des possessions britanniques de l'Afrique occidentale.

Assurément, ce qu'il faut considérer tout d'abord, c'est le prix de revient. L'industrie du coton en Afrique occidentale peut-elle être rémunératrice? Peut-elle offrir à l'indigène un intérêt suffisant pour l'encourager à produire du coton en vue de l'exportation? Le coton de l'Afrique occidentale peut-il lutter avec quelque chance de succès, sous le rapport du prix, avec le produit américain? Sur quelles bases peut-on encourager l'industrie cotonnière en Afrique occidentale? En tenant compte des données dont on dispose et qui sont d'ailleurs forcément incomplètes, les personnes au courant de la question sont, en général, d'accord pour penser que, si l'on inculque des méthodes scientifiques de culture, si l'on soumet l'arbuste à une récolte annuelle au lieu d'en renouveler sans cesse l'exploitation, si l'on introduit le matériel nécessaire et notamment des machines d'égrénage et de peignage, il sera possible de cultiver le coton avec bénéfice. A cet égard les expériences des Allemands au Togo sont particulièrement intéressantes. A l'Allemagne appartient l'honneur d'avoir pris l'initiative du nouveau mouvement. De la colonie allemande de Togo, pour la première fois dans son histoire, on a exporté l'année dernière pour 15,000 marcs de coton. Les conclusions du comité allemand de l'agriculture furent très nettes. L'absence des facilités de transport nécessaires avait seule empêché le plein succès, au point de vue financier, de ce premier essai. En outre, il fut démontré après analyse, en comparant les variétés de coton exportées de l'Amérique, de l'Egypte et de l'Inde avec le produit indigène de l'Ouest africain, que ce dernier était, dans son ensemble, excellent, de qualité égale à celle de l'espèce moyenne des Etats-Unis. L'absence de facilités de transport est destinée vraisemblablement à ne pas durer, car on procède actuellement à l'étude d'un chemin de fer entre la côte et Misahöhe. En attendant, les Allemands sont si loin d'être découragés par ce premier essai qu'une compagnie est, je crois, à la veille de se constituer au capital de 37,500 livres dans le but exprès de développer l'industrie cotonnière au Togo (1).

En France aussi l'on se préoccupe fort aujourd'hui de la question. Il y a quelques années, le gouverneur, alors militaire, du Soudan français, le général de Trentinian, y avait pris intérêt. Ses efforts demeurèrent stériles, mais M. Roume, le nouveau gouverneur général de l'Afrique occidentale française, a fait de la question une de celles qui constituent son programme, sa plate-forme pour ainsi dire. Il est très désireux de créer une industrie cotonnière au Sénégal qui, comme la Gambie, vit uniquement de la récolte de l'arachide. On examine, encore vaguement, d'ambitieux projets et les enthousiastes parlent et écrivent déjà comme si le bassin du Haut-Niger allait être transformé, pour ainsi dire d'un coup de baguette magique, en un pays rival des Etats-Unis. Que la vallée du Haut-Niger, avec son sol magnifique et son merveilleux système d'irrigation naturelle, doive un jour réaliser les aspirations des Français, c'est peut-être parfaitement possible (2). Mais ce jour est encore bien éloigné.

On a peine à croire dès lors que ces initiatives simultanées de personnalités compétentes en Angleterre, en Allemagne et en France puissent reposer sur une erreur de calcul dans les frais d'exploitation. Nous pouvons, je crois, être à peu près certains, si

(1) Il s'agit de la « Deutsche Togo-Gesellschaft ». (*Note de l'Auteur.*)

(2) Il en est du riz comme du coton — Les Sonraïs cultivaient beaucoup le riz, et Gao, ou Gago, leur ancienne capitale, signifiait riz, paraît-il, dans leur langue. (*Note de l'Auteur.*)

le prix de revient du coton, au Texas, est en moyenne de 2 1/8 d. par livre, que l'on pourra, dans certaines régions de l'Afrique occidentale — susceptibles de jouir des mêmes facilités au point de vue des installations mécaniques et disposant de moyens de transport par voie ferrée ou fluviale, — cultiver le coton dans des conditions plus avantageuses encore. Et comme l'intérêt des armateurs en relations avec l'Afrique occidentale est d'assurer du fret à leurs navires revenant en Europe, nous pouvons supposer aussi qu'ils feront des concessions raisonnables en vue d'encourager la nouvelle industrie (1).

Il reste la question de savoir comment doit s'établir une industrie cotonnière en Afrique occidentale si l'on veut lui donner une base solide. Sera-t-elle entreprise sous forme de plantations dirigées par des surveillants européens, avec des travailleurs indigènes recevant un salaire; ou bien sera-t-elle très largement abandonnée à l'initiative indigène, se développera-t-elle en tant qu'industrie indigène, — comme c'est, je crois, le cas pour l'Inde? Tous ceux, je le crois, qui ont quelques notions des choses de l'Afrique occidentale se prononceront sans hésiter en faveur de la seconde solution. L'Afrique occidentale est essentiellement un pays d'industries indigènes, et les meilleurs résultats qu'on y ait obtenus dans l'ordre économique se sont produits quand on a pu utiliser comme force motrice (2) le travail indigène avec l'Européen pour enseigner, instruire, guider, mais non pas pour jouer le rôle de surveillant ou de contremaître (3). Dans l'exécution des travaux publics, on constate le même phénomène sous une forme quelque peu différente. Lorsqu'on a laissé aux chefs le soin de recruter la main-d'œuvre nécessaire à la construction de chemins de fer ou de routes, l'expérience a démontré qu'ils trouvaient les travailleurs nécessaires, tout en laissant dans les villages un personnel suffisant pour les cultures habituelles. Au contraire, lorsque les opérations de recrutement ont été dirigées par des Européens en dehors de l'autorité

(1) Sir Alfred Jones a spontanément offert d'exporter du coton de l'Afrique occidentale, avec gratuité de fret, pendant deux ans et je crois que M. Wœrmann, de la ligne maritime de ce nom, a accepté dans la même condition une quantité considérable de coton originaire du Togo (*Note de l'Auteur*).

(2) C'est aussi quand l'entreprise a eu pour base un travail accompli chez lui par le noir, ce qu'on a pu comparer alors au système du paysan propriétaire (*Note de l'Auteur*).

(3) M. Roume vient de s'exprimer de la même façon (*Nouvelle note de l'Auteur*).

des chefs, on ne pouvait, en réalité, se procurer une main-d'œuvre qu'à la condition de porter atteinte à l'organisation générale du travail dans le pays, non sans porter préjudice, par voie de conséquence, au commerce d'exportation.

Ces faits donnent à penser dès lors que l'industrie du coton peut être entreprise avec les plus grandes chances de succès si l'on y intéresse les chefs et les notables du pays; si on leur apporte le secours d'avis éclairés; si on conquiert leurs sympathies et leur bonne volonté; si on leur fournit gratuitement des graines, des outils, des machines d'égrenage se manœuvrant à la main, et ainsi de suite. Là, du moins, apparaît clairement la nécessité d'un enseignement technique. Il s'agit d'améliorer une industrie existante, de l'étendre considérablement et de la rendre plus méthodique, *d'y intéresser la population du pays*. Si l'indigène peut voir que l'affaire lui profitera, il l'entreprendra. Ceci est moralement certain. Il en a été de même dans toutes les branches du commerce de l'Afrique occidentale. L'indigène a si vivement le sens des débouchés qu'un nouveau genre de négoce lui ouvre qu'à l'occasion on l'a vu, dans l'ignorance où il est des lois économiques de la production, compromettre l'avenir. Une collaboration absolue et entière des fonctionnaires et des commerçants est essentielle, si l'on veut que le mouvement actuel conduise au succès. Les Allemands peuvent encore ici nous servir de modèle. Le gouvernement métropolitain, l'administration locale; les forces vives de l'industrie et du commerce en Allemagne et dans la colonie particulière où les essais ont lieu, tout, à l'envi, s'est employé à parvenir au but que l'intérêt général commande d'atteindre. Des centres d'enseignement ont été organisés dans la colonie; des fermes-modèles ont été créées; des fermiers noirs, venus des Etats-Unis, ont été recrutés grâce au concours de M. Booker T. Washington, l'Américain de couleur, élève et directeur distingué de l'Institut de Tuskegee (1). Pour ces diverses questions le monde officiel a travaillé la main dans la main avec le monde commercial.

Il importe également que les associations cotonnières et les négociants se prêtent sérieusement à l'opération tentée. Il ne suffira pas de se baisser pour recueillir des bénéfices. On doit escompter à

(1) De l'engrais chimique a été fourni gratuitement par les usines où ce produit est fabriqué. Une exposition de tissus manufacturés en coton du Togo s'est tenue à Dusseldorf, etc. (*Note de l'Auteur.*)

l'avance les déceptions et les délais ; il y aura certainement des unes et des autres. Il faut installer des machines d'égrenage et de peignage, soit sur la côte, soit, si l'on se décide à prendre la colonie de Lagos pour champ d'expérience, dans des centres importants tels qu'Ibadan et Abéokouta (1). De préférence il faut adopter l'appareil connu sous le nom de « American round lap », qui assure simultanément l'égrenage et le peignage de balles rondes de 250 livres, au lieu des machines plus encombrantes et plus coûteuses d'égrenage et de peignage séparés, qui permettent de produire la balle carrée de 500 livres. En résumé, le mouvement doit être, dès le début, dirigé d'après des méthodes vraiment scientifiques. Si le Togo, malgré des difficultés de transport, a pu dès la première année d'essais exporter 70,000 « livres décimales » de coton, que ne peut-on attendre de celles de nos colonies de l'Afrique occidentale où des facilités de transport existent ; où la population est au moins aussi dense, sinon plus dense; où des sujets britanniques sont en contact avec les indigènes depuis des périodes variant de cinquante à cent ans ?

Je ne puis abandonner ce sujet sans mentionner le rapport indirect qu'il présente avec le problème nègre aux Etats-Unis. En ce moment tout est vague et incertain. Nous ne pouvons prévoir ce que le mouvement actuel peut donner; mais, s'il réussit, que ne permet-il pas d'envisager pour l'avenir ? Nous avons vu comment les Allemands ont demandé la collaboration de nègres habitués à la culture du coton. Ceux qui sont venus, peu nombreux encore, ont décidé — les rapports allemands nous l'assurent, — de rester dans le pays. On en attend, déclare-t-on, un plus grand nombre. Quelle serait l'attitude du gouvernement américain si l'on voyait la population de couleur des Etats du sud développer ce courant d'émigration, afin d'aider à l'introduction dans son pays d'origine de cultures qu'elle a créées sur le nouveau continent ? De quel œil le gouvernement américain verrait-il la naissance d'une grande industrie du coton en Afrique occidentale ? Si, comme les circonstances semblent l'indiquer, les Etats-Unis doivent devenir, dans une proportion sans cesse croissante, les principaux consommateurs du coton brut qu'ils produisent, un événement de cette importance laissera-t-il le public américain indifférent ? Ou bien, s'il n'y est pas

(1) Aujourd'hui Abéokouta a sa machine d'égrenage et cinq autres machines sont en route. (*Nouvelle note de l'Auteur.*)

indifférent, se sentira-t-il disposé du moins à envisager d'un cœur léger ce qu'il considérera comme un danger, à la pensée qu'un péril plus grand encore pourra par là même être atténué, et plus tard peut-être tout à fait écarté? Une main-d'œuvre européenne, dans les plantations de coton américaines, pourrait-elle, si l'on excepte les régions les plus marécageuses et les plus malsaines, se substituer aux travailleurs nègres, au cas où l'émigration se développerait de manière appréciable? Ce sont là des questions auxquelles doivent répondre les hommes publics et les théoriciens des Etats-Unis. Si les Américains voient dans ces suggestions l'indice, si faible soit-il, d'événements que peut réserver l'avenir, un indice qui oblige à réfléchir et à se renseigner, qu'ils songent à ce territoire africain d'un million de milles carrés, qui fut en 1884 librement ouvert au commerce international, et dont la situation, sous le régime actuel, s'est consolidée, en grande partie grâce à leur gouvernement, — qu'ils veuillent bien se rappeler que ce pays est maintenant la proie d'une bande d'accapareurs avides, insensibles aux scrupules, à la pitié, à l'humanité, laissant derrière eux des ruines sanglantes, partout où leur influence peut s'affirmer. Si l'Amérique se préoccupe sérieusement de l'Afrique occidentale et y aperçoit la solution du plus grand problème de sa politique intérieure, qu'elle jette les yeux sur l'Etat du Congo, nommé à tort Etat libre, — devenu le foyer de la cruauté et de la persécution, de l'esclavage et de la violence.

CHAPITRE XXI

LE COMMERCE DE L'ACAJOU

« Le voyageur qui s'aventure à travers les mystérieuses retraites de la forêt tropicale en Afrique occidentale ne tarde pas à en sentir toute la beauté en même temps que la farouche grandeur. Il se laisse envahir par un profond sentiment de solitude, avec une conscience très nette de la solennité, de la majesté des lieux, et de l'isolement complet où il est plongé dans cette demi-obscurité sans fin de la forêt vierge. » — Dr Austin FREEMAN.

La grande forêt d'Afrique est une des merveilles du monde. On n'est pas d'accord sur la question de savoir s'il y a en Afrique deux zones forestières distinctes, ou une seule et même zone. D'une manière générale, la région forestière a la forme d'une hache, d'une cognée, renversée, dont le Congo français, l'Etat libre du Congo et une fraction de la région des Grands Lacs formeraient le tranchant, tandis que la côte occidentale, à partir de Sierra-Leone, constituerait le manche. Il y a des vides çà et là, dans l'arrière-pays du Cameroun, dans les marais de palétuviers du delta du Niger, et en arrière de Lagos, sur la rive du Niger. La forêt a sa plus grande épaisseur dans le Haut-Congo, où Stanley, nous le savons, lutta contre elle pendant de longues semaines de fatigues, comme sous l'oppression de quelque terrible cauchemar auquel il aurait tenté vainement d'échapper.

Dans cette serre chaude naturelle, toujours baignée dans une atmosphère d'humidité et de vapeur, la végétation s'épanouit dans toute la profusion et l'exubérance de la flore la plus sauvage, avec les variétés les plus grandes de dimension et d'aspect depuis le puissant *bombax* jusqu'aux mousses attenant au sol. Cette végétation luxuriante a de telles proportions, les branches entrelacées et les plantes grimpantes forment au-dessus de la tête une voûte si épaisse que la forêt se trouve plongée dans des ténèbres perpétuelles, sauf en la trouée qu'en tombant laisse après lui, çà et là, dans la ramure qui l'entoure, quelque arbre gigantesque, et par où la lumière du soleil parvient à s'infiltrer en vacillant. Cette obscurité et le silence qui l'accompagne sont les deux traits les plus caractéristiques de la forêt africaine. L'éternel silence n'est troublé que de temps en temps par les cris des singes, le fracas d'un arbre qui tombe ou le gazouillement lointain des oiseaux qui cherchent la lumière du soleil sur les branches les plus élevées. Rien n'est plus déprimant pour l'Européen, que de vivre dans cette obscurité et ce silence, et il ne faut pas s'étonner de ce que la solennité terrifiante d'un tel milieu ait exercé une profonde influence sur l'esprit naturellement superstitieux des indigènes qui y résident. C'est parmi les habitants de la région forestière que nous trouvons le type le plus dégradé de l'humanité africaine (1) et les conceptions les plus navrantes de son mysticisme. Tous les voyageurs européens qui ont passé quelque temps dans la zone des grandes forêts ont également été frappés de sa majesté et de sa mélancolie ; leurs récits portent l'empreinte des sentiments que leur a fait éprouver cette manifestation des forces de la nature dont ils ont été les témoins.

(1) Les explorations de sir H. Johnston et McGrogan ont naguère confirmé ce fait de la façon la plus éclatante. (*Note de l'Auteur.*)

Ce n'est que depuis quelques années que l'initiative des Européens s'est portée vers les richesses latentes de cette immense forêt, ou plutôt de la partie dont on peut encore en développer l'exploitation commerciale, c'est-à-dire la zone voisine de la côte occidentale, qui, dans l'image que nous avons employée tout à l'heure, constitue le manche de la hache. Les résultats qu'on a déjà obtenus dans cette courte période d'efforts, dépassant à peine les limites d'un premier essai peu méthodique, sont de nature à encourager les espérances d'avenir les plus brillantes pour le jour où des facilités de transport auront mis la plus grande partie de la région forestière à portée des marchés européens. Il est curieux d'observer comment, dans ses lignes principales, le commerce de l'Afrique occidentale s'est développé selon des étapes bien définies. Les transactions ont porté tout d'abord sur la poudre d'or et, autant que nous pouvons le savoir, y sont demeurées limitées, à moins que nous ne considérions comme élément de négoce, — ce qui serait plutôt ironique — les peaux de gorille, ou plus vraisemblablement de chimpanzé, apportées à Carthage par Hannon. Alors est venue une longue période pendant laquelle le monde civilisé s'est détourné de l'Afrique occidentale. Quand il y a reporté son attention, l'or était redevenu le principal objet de commerce, en même temps que l'ivoire, et bientôt que les esclaves — ce crime monstrueux de la traite des noirs, dont les Etats-Unis actuellement subissent l'expiation. Le commerce de l'or s'est éteint, celui de l'ivoire est languissant, mais celui de la gomme, de l'huile et des amandes de palme a pris naissance, pour s'étendre ensuite au caoutchouc et plus récemment aux bois précieux, particulièrement à l'acajou. Selon le principe que *plus ça change, plus c'est la même chose* (1), le commerce de l'or est de nouveau vivant, bien qu'il se pratique aujourd'hui selon des règles bien différentes de l'ancien système, celui du troc. Tout ceci, naturellement, doit s'entendre en un sens seulement général. Il y a bien eu de temps en temps des exceptions qui sont venues confirmer la règle, et, pour ce qui concerne le commerce des bois, des transactions d'une réelle importance avaient lieu, il y a environ cinquante ans, en Gambie et à Sierra-Leone.

Sir Alfred Moloney, toutefois, a pu écrire, en 1887, qu'il était possible, après une enquête approfondie, de considérer ce commerce,

(1) En français dans le texte anglais.

tel qu'il avait autrefois existé, « comme ayant cessé ou comme se confondant avec l'exportation des bois de teinture et de l'ébène ». Le tableau statistique ci-après montre combien fut insignifiant le commerce des bois en Afrique occidentale de 1878 à 1885 :

Années.	Quantités. (tonnes.)	Valeurs. (en livre st.)
1878	néant	néant
1879	»	»
1880	1733	14,892
1881	non indiquées	non indiquées
1882	1458	10,75
1883	1411	11,10
1884	1395	9,980
1885	1181	9,565

En 1889, l'importation totale de l'acajou d'origine africaine n'était que de 68,000 pieds, et, en 1890, — il y a un peu plus de dix ans, — elle ne dépassait pas 259,000 pieds. Aujourd'hui le commerce de l'acajou est devenu l'un des plus importants de l'Afrique occidentale. D'énormes quantités de billes sont embarquées de la Côte d'Or, de Lagos et de la Côte d'Ivoire à destination de l'Europe et les exportations d'acajou du Protectorat de la côte du Niger (1), qui commencèrent en août 1899, représentèrent, dans la seule année 1899-1900, 23,983 pieds superficiels.

Ce commerce est pratiqué par deux catégories d'importateurs ; d'une part, les négociants européens établis sur la côte, qui tantôt emploient le travailleur indigène à couper les arbres de sa forêt, et tantôt lui achètent du bois directement ; et, d'autre part, les marchands indigènes eux-mêmes qui, s'ils en reçoivent mandat, font des envois à destination d'Europe. Les principaux centres du commerce de l'acajou sur le littoral sont : pour la Côte d'Or, Axim, Twin Rivers, Sekondi et Chama ; pour la Côte d'Ivoire, Assinie, Half Assinie, Lahau et Grand-Bassam ; pour la Nigeria méridionale, Benin et Sapelli. Les bois de Lagos sont amenés par flottage jusqu'à Forcados, et là embarqués sur des bateaux à vapeur retournant en Europe. L'acajou de la côte méridionale se concentre principalement à Botica Point, au Gabon, à Elobey et à Mayumba, bien que quelques billes aient été, à bord des bateaux de la Compagnie belge maritime du Congo, exportées des environs de Boma, dans

(1) Aujourd'hui la Nigeria méridionale. (*Note de l'Auteur.*)

l'Etat indépendant. Le commerce de cette côte sud semble près de disparaître, à cause surtout de la couleur pâle du bois, qui le fait peu rechercher des acheteurs (1). Les immenses forêts du Congo supérieur ne peuvent être exploitées avec bénéfice, tant que la Compagnie du chemin de fer du Congo n'aura pas diminué ses tarifs insensés, et tant que l'administration du pays sera entre les mains des accapareurs qui le dirigent.

Il peut être intéressant d'indiquer les chiffres des exportations de bois de la Côte d'Or et de Lagos depuis 1895 jusqu'à 1899, afin d'en montrer la remarquable progression. La Côte d'Or a, semble-t-il, une surface forestière que l'on peut évaluer à 14,000 milles carrés.

Exportation de la Côte d'Or.

Années.	Valeurs.	Années.	Valeurs.
1895........	28.245 liv. st.	1898........	110.331 liv. st.
1896........	52.231 —	1899........	87.076 —
1897........	90.509 —		

Exportation de Lagos.

Années.	Valeurs.	Années.	Valeurs.
1895........	Néant.	1898........	12.911 liv. st.
1896........	275 liv. st.	1899........	31.737 —
1897........	8.271 —		

Liverpool, le Havre, Hambourg, Marseille et Bordeaux absorbent les neuf dixièmes de l'acajou exporté d'Afrique, mais une certaine quantité est réembarquée dans ces ports à destination des Etats-Unis (2). Parmi les ports ainsi mentionnés, Liverpool occupe de beaucoup la première place.

Si l'on considère ce développement manifeste du commerce de l'acajou, il semble presque déplacé de dire que la situation actuelle et l'avenir de cette branche de négoce ont, il y a quelques mois, causé beaucoup d'appréhension dans les cercles intéressés. La vérité, c'est que la progression de ce commerce s'est trouvée entravée, et qu'on a pu constater, durant les douze derniers mois certains signes de déclin. Les exportations de 1901 ont été, en

(1) Et aussi, d'après ceux qui pratiquent ce genre de commerce, à cause de l'élévation du fret. (*Note de l'Auteur.*)

(2) Les demandes de l'Amérique sont, je crois, en voie d'augmentation. (*Note de l'Auteur.*)

décroissance, de plus de 11,000 tonnes, et les chiffres donnés pour les six premiers mois de 1902 montrent une nouvelle diminution, bien que les prix soient sensiblement en hausse, et que la demande soit, pour les bois de bonne qualité, de beaucoup supérieure à l'offre.

C'est néanmoins un fait reconnu par tous les intéressés que l'exportation de l'acajou de l'Afrique occidentale a subi un recul sérieux. Quelles en sont les raisons? Elles varient avec les pays. Dans la Côte d'Or le fléchissement qui s'est produit est dû, avant tout, à ce fait que la main-d'œuvre a délaissé le commerce des bois pour l'industrie des mines d'or et que la construction du chemin de fer exige de nombreux travailleurs. Plusieurs milliers d'indigènes ont, de la sorte, été distraits de l'abatage des bois pour travailler sur la voie ferrée, dans les mines, ou pour être utilisés comme porteurs par les nombreuses missions de prospection envoyées dans l'intérieur de la colonie. Ce qui a contribué, en outre, à la diminution constatée, c'est l'état d'hostilités, la guerre ashanti, qui nécessairement devait entraîner un certain trouble dans les affaires, avec les grandes perturbations et les désordres que provoquent les réquisitions excessives de porteurs, etc. A la Côte d'Ivoire, les missions de prospection ont eu de même leur répercussion sur l'exportation des bois. En ce qui concerne Lagos, le dernier rapport du gouverneur de cette colonie produit toutes les explications désirables (1).

Le taux élevé du fret est certainement aussi destiné à faire obstacle au développement du commerce des bois, et l'on avait ouvertement prédit que l'effet commencerait à s'en manifester dès l'année dernière. Quelle est la part de cette question du fret, quelle est l'influence relative des autres causes indiquées, dans la décroissance générale du commerce des bois, il serait difficile de l'affirmer. Je ne veux pas fatiguer mes lecteurs avec les côtés techniques du sujet. Qu'il suffise de dire que la principale objection formulée contre les armateurs tient à la façon dont on pratique le système connu sous le nom d'« échelle mobile ». Actuellement les billes dont le poids dépasse 2 tonnes sont soumises à un tarif déjà relevé, et le relèvement est plus fort encore pour les billes de 3 tonnes et au-dessus. On fait observer que cette progression pourrait, à la

(1) Rapport du Colonial Office, n° 348.

rigueur, se défendre si la qualité du bois augmentait en raison directe de son volume ; mais il arrive que le prix moyen de vente pour une bille d'une tonne est sensiblement le même que pour une bille de 2, 3 ou 4 tonnes; pour qu'il en soit autrement, il faut que la bille la plus lourde soit ce qu'on appelle (1) bien « veinée ». Les billes de cette dernière catégorie atteignent toute espèce de prix, selon le caprice de l'acheteur, et la question de fret est alors insignifiante. Mais le plus souvent ces conditions ne se rencontrent pas, et le taux élevé du fret sur les billes les plus lourdes pèse de tout son poids sur le commerçant, et peut même, quand les cours sont faibles sur les marchés d'Europe, aller jusqu'à rendre impossible tout bénéfice sur la vente. Naturellement, l'armateur a sa réponse toute prête; et toujours il considère qu'elle suffit à justifier les tarifs existants.

On aura beau dire et beau faire, il n'en subsiste pas moins que le commerce des bois est languissant. Il serait vraiment pitoyable de laisser cette situation se prolonger, si l'on peut faire autrement. Un genre de commerce, s'il est un jour abandonné ou paralysé, reprend difficilement son essor. C'est l'intérêt de tous ceux que la question préoccupe d'arriver à un *modus vivendi* permettant à l'indigène qui coupe et taille le bois, comme au commerçant qui l'expédie en Europe, comme à l'armateur qui le transporte, de réaliser un bénéfice. A ce point de vue, comme à tout autre, on serait heureux de voir inculquer, avec méthode, aux indigènes, à la fois sous les auspices des fonctionnaires et des commerçants, les notions nécessaires pour qu'ils sachent choisir les arbres les plus propres à être abattus. On éviterait ainsi l'envoi en Europe d'une grande quantité de bois sans valeur ou trop verts encore, destinés parfois à encombrer le marché et à avilir les prix, non sans avoir endommagé les forêts africaines.

CHAPITRE XXII

L'ISLAM EN AFRIQUE OCCIDENTALE

L'extension progressive et continue de l'islam dans les régions occidentales du continent noir est un fait que nul, parmi ceux qui

(1) Si l'on désire une explication technique, on peut lire le passage suivant :

connaissent la question, n'essaiera de nier. Il est, en vérité, si bien établi que spécifier les circonstances où il a été constaté serait absolument superflu. Partout il est manifeste, partout il frappe, il impressionne. On ne peut pas plus le masquer ou l'ignorer qu'on ne saurait le faire de l'échec relatif qu'éprouvent en même temps les missions chrétiennes. Tandis que l'islamisme ne cesse un peu partout de faire des prosélytes, de conquérir des tribus entières, de descendre les cours d'eau jusqu'à l'Océan, de percer la zone forestière, sans que pour ainsi dire il échoue nulle part — certains cas exceptés, par exemple chez les Ibos sur le Niger — pendant ce temps, le christianisme ne gagne aucun terrain dans l'intérieur du continent. Et même, dans les régions les plus voisines de la côte, ou, plus exactement peut-être, dans certaines villes européanisées de la côte, les progrès du christianisme sont lents, si lents, en réalité, qu'on trouve des observateurs bien renseignés pour soutenir qu'il recule plutôt qu'il n'avance. A tous égards, on peut, je me permets de le croire, affirmer sans exagération que le christianisme a peine à maintenir sa place parmi les différents groupes sociaux de l'Afrique occidentale, et qu'il résiste en vain à la marée montante de l'islam (1).

Il y a certainement intérêt pour des Anglais, dont les possessions en Afrique occidentale occupent une superficie si considérable et comptent de 30 à 40 millions d'habitants, à consacrer l'attention la plus vive à une question dont la portée se trouve aussi étendue et que la Grande-Bretagne est absolument obligée de prendre en sérieuse considération, car c'est là un facteur qui doit être reconnu et apprécié à sa juste valeur. Pour ces raisons il n'est peut-être pas hors de propos d'examiner dans ses grandes lignes l'ensemble de cette question de l'islam en Afrique occidentale. Le problème est vaste,

« Les prix extrêmement élevés obtenus ici par des billes bien « veinées » ont naturellement attiré l'attention des armateurs, surtout des marchands indigènes, et tous désirent savoir ce qui constitue la « veine »... C'est difficile à exprimer, mais nous pouvons dire que le bois offre cette qualité lorsque les cercles concentriques formés par les fibres sont bien dessinés les uns au-dessus des autres ; pour que le bois soit d'une valeur supérieure à la moyenne, il faut que ce dessin soit très prononcé et très franc. C'est ce qui donne au bois ces variétés de nuances recherchées du public. » (*Note de l'Auteur.*)

(1) La conversion à l'islam de plusieurs centaines d'indigènes, à Jebu-Ode, une des localités les plus importantes du pays oruba, tout près de Lagos, l'un des centres où s'était porté l'effort de l'Eglise pendant des années, est un événement récent qui marque bien cette orientation. (*Note de l'Auteur.*)

et certes nous ne prétendons pas ici pouvoir faire plus que l'effleurer ; mais cette humble tentative elle-même offrira peut-être quelque intérêt pour cette fraction sans cesse croissante du public qui commence, obscurément encore, il est vrai, à saisir la nature et l'étendue des responsabilités que la Grande-Bretagne assume en Afrique occidentale.

Je crois que nous pouvons, en toute sûreté, répudier la légende d'après laquelle le mahométisme aurait existé à Oualata (Biru), centre de l'empire du Ghanata, dès la soixantième année de l'hégire, c'est-à-dire vers 682 après Jésus-Christ. Il y a cependant de bonnes raisons de croire que l'islam a traversé le Sahara et qu'il a conquis une réelle puissance en Afrique occidentale avant le XIe siècle après Jésus-Christ, époque généralement adoptée par les auteurs. Nous savons pertinemment que parmi les Sonraïs Za Kasaï, le prince de la première dynastie, celle de Za, fut converti à l'islam en l'an 1000 après Jésus-Christ (1). El Bekri nous apprend que le mahométisme était si fortement enraciné dans l'empire sonraï, soixante ans environ après la conversion de Za Kasaï (1067 après Jésus-Christ), qu'un musulman seul pouvait être roi. Sous le règne de Yusif Ibn Tashfin, le fondateur de l'empire du Maroc, en 1062 après Jésus-Christ, de nombreux noirs, selon Léon l'Africain, s'enrôlèrent sous la bannière du Prophète. La table chronologique de l'*Histoire du Bornou*, cet ouvrage si précieux de Barth, nous montre que l'islam pénétra dans le Kanem (et le Bornou) (2) sous le règne de Hume, le premier souverain musulman de cet immense empire (1086-89) ; et le fait que ce roi mourut dans le pays de Masr (Misr), c'est-à-dire l'Egypte, indique qu'il allait à la Mecque ou en revenait (3). Mais alors on ne peut concevoir que Gao ou Gogo, la capitale de l'empire sonraï, située sur le Niger, à 500 milles environ au cœur de la Nigritie, ait subi l'influence des propagateurs de l'islam venus du nord, avant que la religion de Mahomet eût pénétré dans le pays intermédiaire compris entre les limites méridionales du Sahara et le Soudan occidental. Il est assez naturel de supposer

(1) *Tarik.*

(2) Le Kanem à cette époque embrassait ce qu'on appela plus tard le Bornou. (*Note de l'Auteur.*)

(3) Makrizi attribue l'introduction de l'islam au Kanem à Hadj-el-Othman, qui était probablement d'origine peule, bien que Makrizi ne le mentionne pas. (*Note de l'Auteur.*)

qu'après avoir atteint le Niger l'islam dut en suivre le cours, qui lui offrait le moyen le plus rapide de pénétrer dans l'intérieur du pays, au lieu de s'avancer tout d'abord dans les régions situées sur chaque rive du fleuve ; et nous trouvons la confirmation indirecte de cette hypothèse dans le fait que le grand royaume nègre contemporain de l'empire sonraï, celui de Melle ou Mali, qui avait succédé à celui de Ghanata, n'embrassa la religion de Mahomet, en la personne de son roi, Baramidana, qu'en 1213, c'est-à-dire deux siècles environ après la conversion de Za Kasai. On peut donc soutenir, je crois, sans s'écarter des limites de la vraisemblance, que, si la fondation de mosquées à Oualata était placée en 900 au lieu de 682 après Jésus-Christ, la première date correspondrait assez exactement à la vérité. Il est également permis d'affirmer que les apôtres de l'islam ont dû se mettre activement à l'œuvre au Sénégal vers cette époque ou peu après, puis que, de là, ils se sont avancés vers le sud et vers l'est jusqu'à ce qu'ils atteignent le Niger, et qu'ils sont parvenus enfin à la principale ville située sur les rives du fleuve, Gao. Arrivés en ce point, comme on l'a établi, dans les premières années du XIe siècle (1), et, ayant réussi dans leur apostolat, ils ont ensuite poursuivi leur marche triomphale jusqu'au troisième des grands Etats indigènes de l'Afrique occidentale, le royaume de Kanem (2).

L'introduction de l'islam a révolutionné l'Afrique occidentale. Le premier contact avec une religion révélée a produit une impression puissante sur l'imagination des noirs, naturellement portée vers le mysticisme. Quel était le sens exact des croyances religieuses professées par les Sonraïs, les Mandingues, les Peuls, les Haoussas et les autres populations vivant dans les bassins supérieurs du Sénégal et du Niger à l'avènement du mahométisme, il est difficile de le faire connaître. Ce peut avoir été l'animisme qui, sous son appellation moderne, le fétichisme, se rencontre actuellement dans toute sa pureté parmi les noirs aborigènes habitant la région marécageuses de la côte et la zone forestière. Ou bien, ce qui est beaucoup plus probable, ce peut avoir été une sorte de panthéisme, mêlé à l'adoration des animaux, ce dernier culte étant

(1) Tombouctou ne fut fondée que soixante ans environ après la conversion de Za Kasai. (*Note de l'Auteur.*)

(2) L'opinion suivant laquelle les propagateurs de l'islam au Kanem seraient venus de l'est ne semble pas digne d'être prise en considération. (*Note de l'Auteur.*)

issu jadis d'un contact avec les croyances égyptiennes. Ce qui le démontre, c'est la description donnée par le *Tarik* du dieu-poisson primitivement adoré par les Sonraïs, et que certains — non sans raison — croient avoir été le lamentin (1) ; c'est le respect que les Mandingues ont, paraît-il, pour l'hippopotame (2); ce sont les fortes présomptions qui semblent établir l'existence d'un ancien culte du bœuf parmi ces Peuls qui demeurent fidèles à leur appellation primitive, celle de *bororoji* (pasteurs), se distinguant ainsi de leurs compatriotes plus ambitieux des villes, transformés en administrateurs, diplomates et militaires. Quelles qu'aient été ces diverses croyances, elles se sont évanouies, et l'empreinte de l'islam a été si profonde que le noir d'Afrique est vite devenu aussi zélé, et parfois plus zélé que les propagateurs sémites de la foi nouvelle. Sous l'impulsion vivifiante et le zèle des nouveaux convertis, ces pays arriérés, dit Thomson (3), s'acheminèrent vers le progrès. Un lien nouveau et puissant réunit des tribus disséminées et les groupa en communautés solidement constituées. Leur condition morale et spirituelle s'améliora tout d'un coup de façon très sensible, et leur vie politique et sociale eut en même temps un niveau plus élevé.

« L'islam est par lui-même stationnaire, et il était condamné à cette immobilité ; stérile comme son dieu, sans vie comme son premier principe en tout ce qui fait vivre, — car la vie c'est l'amour, l'esprit d'entreprise, l'action, et de toutes ces choses le dieu du Coran n'a cure. Il est, au contraire, hostile à tout changement, tout progrès, et, selon l'énergique expression de lord Houghton, la loi écrite qu'il offre à l'humanité, c'est l'anéantissement, la torpeur, l'inaction ; quiconque laisse apparaître sa vitalité est par cela seul convaincu d'hérésie et d'apostasie (4) ».

(1) Le lamentin est l'*ayu* des Peuls et la définition qu'on en donne, — celle d'un être mythique, vivant dans l'eau et attirant à lui ceux qu'il aperçoit — semble attester l'existence d'une ancienne superstition. Dans diverses régions du Niger et de la Bénoué, cet étrange animal est considéré encore avec une certaine terreur, qui cependant n'empêche pas de le tuer, tant à cause de sa viande qu'à cause de sa peau. La légende soninké du serpent d'eau qui chaque année réclamait l'immolation de la plus jolie fille du village, semblerait avoir un rapport assez frappant avec l'ancien culte de l'*ayu* des Sonraïs. (*Note de l'Auteur.*)

(2) Binger se demande si le mot *Mande* ou *Mandingue* ne serait pas dérivé de la même racine que celui de manatus (lamentin), en désignant ainsi la population d'un pays où le lamentin est adoré. (*Note de l'Auteur.*)

(3) « Mungo Park » Joseph Thomson. « Les plus grands explorateurs du monde. »

(4) Palgrave, *Arabia*, vol. Ier, p. 372.

Ce qui domine ce passage, c'est évidemment une comparaison. L'auteur, de façon plus ou moins consciente, établit un parallèle entre les deux grandes religions du monde, le christianisme et l'islamisme. Mais nous ne nous occupons ici des mérites de l'islam qu'en ce qui concerne l'Afrique occidentale et nous ne recherchons qu'en ce qui touche les nègres l'influence, d'abord du mahométisme, et indirectement du christianisme. On peut donc affirmer sans hésitation que si cette définition de l'islam est partiellement vraie pour l'ensemble de l'humanité, elle est totalement fausse quand on l'applique à l'Ouest africain. Pour le nègre, le dieu de l'islam n'est pas stérile ; l'islam n'est pas « sans vie ». C'est une force vive donnant aux musulmans noirs, comme le dit M. Bosworth-Smith, « une énergie, une dignité, un respect de soi-même qu'on trouve trop rarement chez leurs compatriotes païens ou chrétiens ». Individuellement et collectivement les noirs ont progressé depuis que l'islam a passé le désert, et comme les indigènes fétichistes des régions forestières et marécageuses ont associé leurs conceptions religieuses à tous leurs actes, comme ils les laissent présider à tout ce qu'ils entreprennent, se mêler à tous les incidents de leur existence journalière, de même le mahométisme, quand il a pour toujours soumis le nègre à son joug, exige de lui entière et complète allégeance.

De ceci nous n'avons pas besoin de rechercher la preuve. Elle est écrite partout en Afrique occidentale. Les noirs, non pas par petits groupes, mais par dizaines de mille, parcourent à pied des milliers de kilomètres, depuis les parties les plus reculées des pays soumis à l'islam, depuis le Sénégal, la boucle du Niger, le Bornou, les territoires haoussas, nos possessions de Sierra-Leone et de Lagos, afin d'accomplir le saint pélérinage à la Mecque que tout vrai croyant doit faire au moins une fois dans sa vie. Un ecclésiastique appartenant à la *Church Missionary Society*, dans une correspondance adressée de Tripoli (1), a signalé naguère « un courant ininterrompu de pélerins haoussas traversant constamment la Tripolitaine pour se rendre à la Mecque après une marche pénible dans le désert » ; le témoignage est significatif venant d'une telle source. Et le « courant ininterrompu » n'est pas limité au pays haoussa. Il se dégage de toutes les régions de l'Afrique occidentale. Il existe ainsi depuis

(1) *Notes sur le Niger et le Yoruba*, janvier 1900.

des siècles et son importance, loin de diminuer, ne fait que croître. Cela n'est pas le signe de la stérilité. Burton, pendant son séjour à la Mecque, constata l'extraordinaire influence que l'islam avait acquise sur l'esprit des noirs. Il ne s'agissait pas, Burton le remarque, d'un cas exceptionnel.

« Vers la fin du soir, dit-il, je vis un noir dans cet état d'exaltation religieuse connu sous le nom de « malbus ». Selon toutes les apparences, c'était un Takrouri (1), un personnage marquant comme l'attestaient les nombreux musulmans appelés pour le soutenir. Il lança ses armes loin de lui, jetant des cris aigus, dont le son paraissait être *le, le, le, le* et, quand on le soutint, il agita le corps et remua la tête à droite et à gauche comme l'eût fait un éléphant enchaîné et furieux, se tordant dans les plus violentes convulsions. Les Africains semblent particulièrement sujets à ces crises nerveuses que l'ignorance ou l'excès de l'imagination feraient prendre vite pour « la possession démoniaque ». Leur constitution plus impressionnable, ou plutôt les souffrances, les privations, les fatigues qu'ils endurent dans la traversée pénible de déserts inhospitaliers et dans de périlleuses navigations exaltent ainsi leur imagination jusqu'à un point voisin de la folie. Souvent on les voit se prosterner sur le sol, s'attacher d'une main crispée à quelque tissu, se frapper le front sur la pierre, pleurer amèrement et faire entendre les cris les plus sauvages. »

Le Dr Blyden, parlant des musulmans indigènes de Sierra-Leone, a dit : « Partout où ils vont, ils emportent le Coran avec eux. Dans un naufrage ou un incendie, si rien autre n'est sauvé, le saint livre est d'ordinaire préservé. Ils l'apprécient et l'honorent avec beaucoup de respect et de dévotion... Je les ai vus payer jusqu'à 5 livres sterling pour un manuscrit du Coran et considérer l'achat comme avantageux. » On pourrait remplir un volume en produisant des exemples concrets, ainsi que des considérations générales basées sur les observations personnelles recueillies par des voyageurs dans toute l'Afrique occidentale, pour établir qu'on ne saurait appliquer à cette contrée le passage de Palgrave cité plus haut, passage que nous avons tout spécialement choisi, car il représente malheureusement ce qu'on peut appeler l'opinion métropolitaine sur la question.

(1) Indigène du Soudan occidental.

On peut assurément affirmer avec exactitude que la plupart des musulmans de l'Afrique occidentale ne savent pas lire l'arabe et qu'un grand nombre d'entre eux connaissent seulement par ouï dire les préceptes du Coran. Mais ce fait, loin d'être un argument contre l'influence de l'islam en Afrique occidentale, montre davantage à quel point le mahométisme s'est emparé de l'âme africaine et comment il a réalisé pour les noirs — non dans la minutie de ses principes et de ses prescriptions, mais dans l'ensemble de sa doctrine, — ce que l'indigène réclamait au point de vue spirituel et temporel. Il est sage, en outre, de n'accepter qu'avec réserves cette affirmation d'ordre général d'après laquelle les musulmans de l'Afrique occidentale seraient absolument illettrés. Blyden énumère longuement les ouvrages qu'il trouva chez un mahométan de marque dans l'arrière-pays de Sierra-Leone. D'après le *Tarik*, beaucoups de noirs, peu de temps après l'introduction de l'islam en Afrique occidentale, pouvaient rivaliser avec leurs maîtres sémites ou berbères en science et en érudition. Barth a rencontré tout au fond de l'Adamaoua un Peul venu de la région lointaine du Macina et qui portait, pour les vendre, un grand nombre de livres arabes. On pourrait citer bien d'autres exemples.

L'islam en Afrique occidentale est, en réalité, une force bien vivante, un élément d'action des plus puissants, « qui, partout, réunit en un accord parfait vainqueurs et vaincus » (1), et il faut que les Anglais le voient tel qu'il est effectivement. Ils le trouvent en face d'eux sous son aspect politique dans la Nigeria septentrionale, et, sous son aspect social, à Sierra-Leone, dans la Gambie, à la Côte d'Or, à Lagos, et, à un degré beaucoup moindre, dans la Nigeria méridionale. En Angleterre on semble étrangement ignorant de ces choses. Sur le mahométisme, en Afrique occidentale, des idées fausses sont répandues dans le public anglais par ceux qui ont intérêt à le faire et qui sont d'ailleurs le plus facilement écoutés. Mais les autorités locales dans les colonies de l'Afrique occidentale voient les choses plus exactement ; et, bien plus, elles arrivent promptement à cette conclusion que les indigènes musulmans non seulement constituent la fraction la plus policée, la plus éclairée de la population, mais encore, sous le rapport des finances et de l'administration, doivent être traités de façon spéciale par le

(1) Blyden.

gouvernement. Dans ces dernières années, des écoles musulmanes, officiellement reconnues et subventionnées, ont été établies dans toutes nos colonies. Une mosquée, que Shitta Bey, aujourd'hui décédé, avait construite, a été ouverte à Lagos (1) par le gouverneur lui-même, et à Sierra-Leone un directeur de l'enseignement musulman, avec traitement fixe annuel, a fait l'objet d'une nomination spéciale.

Ce qui est vrai pour la Grande-Bretagne, l'est aussi pour la France à un bien plus haut degré. L'empire africain de la France est presque tout entier musulman, et, pour ne parler que de l'Afrique occidentale, il est habité par une population en très grande majorité attachée à l'islam. A l'exception d'un petit groupe de Bobos, de Diakantés et de Bambaras, d'une fraction plus importante, mais affaiblie déjà, de Malinkés, et de quelques Peuls nomades dans les territoires plus éloignés de Barani, de Fouladougou, de Bobo-Dioulassou, etc., tout le Soudan occidental est plus ou moins musulman. Au nord de sa colonie de la Guinée, la France possède le grand pays peul et musulman du Fouta-Djallon ; au Sénégal, l'islamisme s'est étendu jusqu'à l'océan ; dans les territoires du Tchad, au Baguirmi, et sur une distance en amont du Chari, l'islam est pratiqué depuis au moins quatre siècles. Les pasteurs peuls et les commerçants haoussas propagent la religion du Prophète, en l'étendant vers le sud jusqu'au Chari, à la Sangha et l'Oubangui. Les Français ont créé de nombreuses écoles où l'on donne à des fils de chefs musulmans une instruction à leur portée. Parmi ces écoles on peut mentionner celles de Kayes et de Médine. Des instituteurs, spécialement choisis dans ce but par le gouvernement, y enseignent à la fois l'arabe et le français, et la France ne néglige rien pour faire collaborer l'islam, dans la mesure qu'on peut exiger de ses adeptes en Afrique occidentale, à la grande œuvre qu'elle a entreprise. Le Comité de l'Afrique française va jusqu'à faire imprimer un bulletin spécial en langue arabe qui, avec le journal arabe *al Mobacher*, publié en Algérie, est distribué

(1) On m'a fait remarquer que ceux qui enseignent la religion musulmane dans cette mosquée n'apprennent pas à lire, mais seulement à écrire sur des ardoises. Cela prouve simplement que l'islam dans l'Afrique occidentale est susceptible d'être beaucoup amélioré, et qu'on devrait, s'il est possible, le mettre à la portée des indigènes de ces régions; mais cela ne change rien au fond de notre argumentation. *Note de l'Auteur.*)

gratuitement à beaucoup de musulmans de l'Ouest africain disposant de quelque influence, particulièrement à Djenné, Tombouctou, Nioro et Sokolo. Il n'est pas besoin de dire que ces publications se composent en grande partie d'articles élogieux destinés à convaincre les lecteurs de la justice, de la générosité et du libéralisme des conceptions politiques de la France. Les Français semblent adopter à ce point de vue, comme à beaucoup d'autres en Afrique occidentale, une ligne de conduite très éclairée. A l'école de Kayes, par exemple, ils ont chargé un instituteur algérien de diriger l'enseignement donné en langue arabe (1). En outre, pour bien montrer aux musulmans que leurs fils peuvent fréquenter les écoles du gouvernement sans s'exposer à recevoir un enseignement suspect d'hostilité ou de parti pris envers l'islam, les autorités françaises non seulement permettent, mais encouragent la présence pendant la classe des maîtres mahométans eux-mêmes. Elles écartent ainsi les méfiances assez naturelles des parents musulmans et se concilient en même temps les « marabouts ». Cette ligne de conduite, ajoutons-le, est tout spécialement tracée dans les instructions données aux commandants de cercles.

Comment expliquer ce succès de l'islamisme en Afrique occidentale, en face de l'échec du christianisme? L'islam a marché de triomphe en triomphe parmi les noirs, mais il reste peu ou pas de traces des grands efforts déployés par l'église primitive en Afrique occidentale, puis par les Portugais dans le Congo au XVIe siècle. Les tentatives actuelles, plus dispersées mais moins efficaces, à cause des divisions intestines de la chrétienté, donnent des résultats qu'on est obligé de considérer comme profondément décourageants, si l'on a égard aux vies humaines sacrifiées dans une tâche aussi inféconde et d'une stérilité pitoyable, si l'on sait quelles sommes importantes ont été et sont encore dépensées dans cette œuvre. L'échec du christianisme dans le nord de l'Afrique, celui du catholicisme romain, au XVIe siècle, dans le sud-ouest, semblent réservés encore aux sectes et aux églises variées de l'époque contemporaine. La monotonie de leurs pénibles efforts pour prendre pied sur les rives occidentales du continent inhospitalier ne se distingue du passé que par les jalousies et les récriminations auxquelles l'on voit les différentes missions se livrer les unes envers les autres.

(1) Rapport du capitaine Morisson publié pa e gouvernement du Soudan français.

Le missionnaire protestant d'ordinaire pour expliquer l'échec de la propagande chrétienne dans le S.-O. de l'Afrique au XVIe siècle, en attribue la faute au catholicisme romain, dont l'enseignement lui semble presque autant, sinon aussi funeste que la doctrine islamique (1). J'ai entendu, au contraire, des catholiques romains, anglais et français, imputer cet échec à l'incapacité foncière, à l'impuissance, à la corruption — selon les vues de chacun — des prétendus apôtres, les Portugais. Des personnes dépourvues de tout parti pris religieux inclinent parfois à soutenir que le fait de la traîte des noirs, en existant à l'époque, explique à lui seul l'insuccès de la foi chrétienne. Aucune de ces raisons ne nous semble vraiment décisive. Le protestantisme n'a pas mieux réussi en Afrique occidentale que le catholicisme romain. En vérité, on peut même se demander si, en général, il y a réussi aussi bien. Aucun argument vraiment sérieux n'a été apporté pour expliquer l'impuissance absolue du clergé portugais à mener à bonne fin l'œuvre qu'il avait entreprise, et la décadence de l'influence politique du Portugal en Afrique occidentale ne fournit de cet échec qu'une raison insuffisante, car, avant qu'elle se produisît, il était devenu manifeste que les premiers succès du catholicisme romain n'avaient aucune consistance. Quant aux conséquences prétendues de la traite des noirs, il est probable, si paradoxal que cela soit, qu'elles furent nulles ou furent toutes différentes ; car la politique des Portugais consistait à nouer des relations amicales avec les chefs les plus puissants du littoral et à leur fournir des armes et de la poudre pour combattre les tribus de l'intérieur. Ces dernières, et non les indigènes habitant la côte, étaient en général les principales victimes de la traite ; et les populations de la zone maritime, ainsi garanties contre tout dommage, n'avaient aucune raison de se plaindre des procédés dont usaient à leur égard les marchands portugais de chair humaine, à l'époque où ils se trouvèrent en contact avec les propagateurs du christianisme. En réalité, si l'attitude politique des nations chrétiennes doit être considérée comme ayant

(1) Lisez, par exemple, les passages suivants (*Pilkington of Uganda* — C. F. Harford Battersby) : « C'est la perte de la vérité qui a permis à Satan d'introduire à la fois l'islamisme et le papisme... Ils (les Waganda) ont appris à combattre les trois formes de l'erreur qu'ils rencontrent en Afrique : le fétichisme, l'islamisme et le papisme. » Et ailleurs : « Ne semble-t-il pas que les missionnaires français soient les instruments dont dieu se sert pour achever la confusion de Rome dans l'Ouganda ? (*Note de l'auteur.*)

contribué au succès ou à l'échec de ce prosélytisme religieux, — question douteuse sur laquelle je me propose de revenir plus loin — on peut affirmer sans hésitation que la politique de l'Europe, dans ses manifestations récentes, a plus fait pour mettre en défiance les indigènes contre le christianisme, tel que les missionnaires le leur enseignent, que la traite des noirs avec toute sa violence et ses horreurs.

Nous devons approfondir davantage la question et en même temps essayer de nous dégager d'opinions préconçues, ce qui n'est pas facile quand certaines erreurs nous ont été répétées avec tant de persistance qu'on en est venu à les considérer comme des vérités essentielles; et ceux qui à cet égard se hasardent à troubler la sérénité de nos convictions sont aussitôt regardés comme fâcheusement importuns. Une de ces opinions préconçues se trouve exprimée dans le passage extrait de l'ouvrage de Palgrave, *l'Arabie*, et que nous avons déjà commenté. Une autre porte sur la nature du prosélytisme musulman en Afrique occidentale. Bien des personnes sont imbues de cette idée que le mahométisme en Afrique occidentale a toujours été propagé par la force brutale, que partout et toujours il va de pair avec la traite des noirs. La simple épithète d'esclavagistes appliquée dans un télégramme de Reuter à une tribu avec laquelle quelques difficultés surgissent suffit à justifier, aux yeux du public, une de ces expéditions répressives que les autorités dans leur haute sagesse croient devoir organiser contre ceux qui ont pu déplaire à un administrateur de district ou à un commandant militaire. Loin de moi la prétention de soutenir que, dans certaines circonstances, ces expéditions non seulement peuvent être évitées, mais encore ne rentrent pas dans les obligations assumées par la puissance suzeraine envers ses sujets protégés. Mais je me permettrai respectueusement de faire remarquer qu'on abuse beaucoup du mot « esclavagiste », qu'on en dénature le sens, et que parfois on l'applique très injustement. On ne l'emploie guère que lorsqu'il s'agit de populations musulmanes. S'il se produit quelque litige avec des tribus païennes, on l'attribue toujours de même au goût marqué de celles-ci pour les sacrifices humains. En se référant aux nombreux conflits survenus entre la Grande-Bretagne et les indigènes de l'Afrique occidentale pendant les six dernières années, on verra toujours intervenir, soit comme une cause principale, soit comme une cause incidente de ces difficultés, les sacrifices humains lorsqu'il s'agit d'une population païenne, et la traite des noirs lorsqu'il s'agit d'une population musulmane.

Rien ne saurait être plus inexact que cette opinion très répandue suivant laquelle l'islam en Afrique occidentale, aurait obtenu des succès remarquables *manu militari*. La plupart des victoires de l'islam en Afrique occidentale ont, au contraire, été remportées par une confrérie pacifique, celle des Quadriyah, qui fut fondée par Sidi-Abd-el-Kader-el-Jicari en 1077 après Jésus-Christ, et qui commença à se répandre dans l'Ouest africain au xve siècle. L'œuvre de cette secte a été plus durable et plus étendue que celle d'une autre confrérie également importante, celle de Tidjania, qui croit avant tout à l'efficacité du glaive comme moyen de conversion

« Au commencement de ce siècle (1), le grand réveil religieux qui a exercé une influence si profonde sur le monde musulman, suscita chez les Quadriyah du Sahara et du Soudan occidental un renouvellement de vie et d'activité ; et peu de temps après on rencontrait des théologiens instruits ou de petites colonies de personnes affiliées à l'ordre, répandus à travers le Soudan, sur la chaîne de hauteurs qui borde la côte de Guinée, et même plus à l'ouest, dans l'Etat libre du Libéria. Ces initiés formèrent des centres d'influence islamique au milieu de la population païenne qui les reçut avec faveur en qualité de scribes, de légistes, de fabricants d'amulettes et de maîtres d'école ; peu à peu ils prirent de l'influence sur leur nouvel entourage et des cas isolés de conversion produisirent bientôt un petit nombre de prosélytes dont les plus capables allèrent souvent compléter leurs études au siège principal de la confrérie. Là ils pouvaient rester plusieurs années jusqu'à ce qu'ils eussent perfectionné leurs études théologiques, puis ils retournaient chez eux, tout prêts à répandre la foi parmi leurs compatriotes. C'est un levain qu'on a de la sorte introduit au milieu des fétichistes et des idolâtres, et grâce auquel s'est propagée la religion musulmane sûrement et promptement, bien que par degrés presque insensibles. Jusqu'au milieu de ce siècle (2), au Soudan, des écoles furent fondées et dirigées par des maîtres formés par les Quadriyah, et cette organisation a permis tout un système régulier et continu de propagande parmi les tribus païennes. L'œuvre des missionnaires de cet ordre a eu entièrement un caractère pacifique; elle a reposé uniquement

(1) et (2) Le XIXe siècle.

sur l'exemple personnel et les conseils, l'influence que le maître exerce sur ses disciples, et le développement de l'éducation (1) ».

L'ordre des Quadriyah, en outre, n'est pas animé de sentiments hostiles envers les chrétiens, ce en quoi il diffère essentiellement de l'ordre des Tidjania. Les Français trouvent sage d'associer le premier à leur politique. « Nous avons tout avantage, écrit le capitaine Morisson dans l'intéressant rapport déjà cité, à voir les noirs, les Maures, les Touareg et autres habitants du Soudan occidental s'affilier de plus en plus à la secte des Quadriyah. C'est grâce à l'esprit dans lequel l'iman de Lanfiera dirige ses fidèles que tous nos explorateurs ont trouvé dans ce pays amitié et protection. » M. le commandant Binger décrit en ces termes l'œuvre des Quadriyah dans la ville et la région importantes de Kong, arrière-pays de la Côte d'Ivoire, qu'il fut le premier à découvrir et à faire connaître à l'Europe.

« Il y a une centaine d'années, le domaine de la colonie musulmane de Kong ne s'étendait guère qu'à quelques kilomètres de la ville. Environnés de tous côtés de peuplades fétichistes qui ne vivaient que de rapines et de brigandages, les gens de Kong ne pouvaient se livrer aux transactions commerciales et écouler leurs cotonnades qu'avec de grosses pertes, provenant de droits exhorbitants à payer aux roitelets fétichistes des environs, sous peine de pillage. Qu'ont-ils fait? ils ont établi de proche en proche des familles musulmanes. Chacun de ces immigrants a organisé une école, de Kong à Bobodioulassou d'abord, à Djenné ensuite. Ils ont mis cinquante ans pour doter chaque village d'une ou deux familles musulmanes de Kong dans tous les villages situés sur le parcours et demandé à quelques habitants d'y envoyer leurs enfants, puis, peu à peu, par leurs relations avec Kong, d'une part, les autres centres commerciaux d'autre part, ils ont pu rendre quelques services au souverain fétichiste de la contrée, captiver sa confiance et insensiblement s'immiscer dans ses affaires. Y a-t-il un différend à régler, c'est toujours au musulman que l'on s'adresse. Serait-il tout seul dans le pays, que le roi le chargera des négociations parce que généralement il sait lire et écrire et qu'il a la réputation d'être un homme de bien en même temps qu'un homme de Dieu. Arrive-t-il que le musulman ambassadeur échoue dans sa mission, il ne manque pas de proposer au roi fétichiste d'employer l'intermédiaire

(1) Le Chatelier.

des gens de Kong. Du coup, voilà le pays placé sous le protectorat des Etats musulmans de Kong. Peu à peu l'islam fait des progrès, d'autres colonies viennent s'établir chez les fétichistes qui ne manquent pas de se convertir. Ces derniers reconnaissent bien vite que le seul moyen de trouver aide et protection partout où ils passeront est d'avoir la même religion qu'eux (1). Et puis, n'ont-ils point un puissant exemple sous les yeux, les musulmans? ne vivent-ils pas tous dans une aisance relative et entourés d'un bien-être supérieur au leur? Le fétichiste, tout en se rendant compte que c'est le commerce et l'industrie qui donnent la prospérité aux musulmans, attribue beaucoup leur bien-être à l'intervention de l'Etre suprême, et le musulman se garde bien de l'en dissuader : « C'est Dieu qui le veut ainsi » lui dit le musulman... Par tout ce que nous venons d'exposer pour la propagande musulmane de Kong, il ressort clairement qu'ils convertissent par la persuasion. La force n'est employée que rarement. Elle l'est seulement contre les peuplades fétichistes de brigands, de voleurs, et quand les musulmans de Kong ne peuvent pas faire autrement (2) ».

Les pratiques des habitants de Kong à ce point de vue ne leur sont pas spéciales. Nous trouvons les mêmes procédés mentionnés par Thomson, Barth et bien d'autres explorateurs ; et l'influence de l'islam chez les Haoussas n'aurait jamais pu se maintenir si, aux dernières conquêtes d'Othmar Fodio, n'avaient succédé les efforts pacifiques du prédicateur, du maître d'école et du prêtre musulman. Le Dr Blyden nous a jadis raconté les incidents de la conversion collective d'un des plus importants villages fétichistes de l'arrière-pays de Sierra-Leone ; il en avait lui-même recueilli le récit de la bouche des habitants au cours de ses voyages dans le protectorat. Un jour, les indigènes de ce village remarquèrent un homme, noir comme eux-mêmes, mais vêtu de blanc, qui descendait la principale rue. Tout d'un coup l'étranger se prosterna et fit sa prière à Allah. Les indigènes lui jetèrent des pierres et il s'éloigna. Peu de temps après il revint et se prosterna comme il l'avait déjà fait. Cette fois, il ne fut pas lapidé, mais on l'entoura

(1) Il est remarquable et c'est un fait souvent constaté, qu'un noir musulman sans armes peut voyager en Afrique à l'abri de toute agression, à travers des étendues de territoire considérables, privilège refusé à son compatriote chrétien. (*Note de l'Auteur.*)

(2) Binger : « Esclavage, islamisme et christianisme. »

en le raillant et l'injuriant. Les hommes crachaient sur lui et les femmes lui prodiguaient l'insulte et l'outrage. Sa prière terminée, l'étranger s'en alla en silence, grave et sévère, indifférent en apparence à l'antipathie de ceux qui l'entouraient. Pendant quelque temps il ne reparut pas et, durant cette période, la population se prit à regretter sa brutalité. L'attitude de l'étranger devant les épreuves qu'il subissait lui avait conquis le respect. Une troisième fois on le vit, alors accompagné de deux jeunes garçons également vêtus de blanc. Ensemble ils s'agenouillèrent et firent leur prière. Les indigènes l'observèrent et s'abstinrent de le railler. Quand la prière fut finie, une femme s'approcha timidement et poussa son jeune fils vers le saint homme, puis s'éloigna en toute hâte. Le musulman se leva, prit l'enfant par la main, et, suivi de ses compagnons, quitta le village en silence comme il était venu. Quand il reparut une nouvelle fois, il était accompagné de trois jeunes garçons, dont deux étaient venus avec lui précédemment, et dont le troisième, vêtu de blanc comme les autres, était l'enfant que sa mère avait amené. Tous les quatre s'agenouillèrent, et le saint homme récita les prières, prédisant succès et triomphes. Il ne quitta plus le village, car la multitude se pressait autour de lui, lui demandant d'instruire les enfants. En peu de temps, après avoir résisté pendant trois siècles aux assauts de prétendus propagateurs de l'islam qui voulaient la convertir à la pointe de l'épée, la population entière de cette localité avait spontanément embrassé la religion de Mahomet.

De tels incidents, qui sont fréquents en Afrique occidentale, font apparaître la force morale de l'islam et expliquent fort bien ses étonnants succès. Le fanatisme d'un Ahmadou, d'un Samory, et d'un El-Hadj-Omar n'est qu'une goutte d'eau dans l'océan, en comparaison du système de pure persuasion pratiqué par les propagateurs de l'islam qui, sans nul insigne extérieur, en comptant seulement sur le pouvoir que donne par elle-même une croyance supérieure, bravent les périls et les fatigues que leur réserve leur mission, avec une indifférence sublime dont on ne voit d'exemples que dans les récits de la Bible. Le passage suivant que nous trouvons dans l'ouvrage d'Arnold, *la Prédication de l'islam*, apprécie très exactement les erreurs qui ont cours sur la propagande islamique en Afrique occidentale :

« Malheureusement, dit cet auteur, pour une saine appréciation de l'œuvre des missionnaires musulmans en Afrique occidentale, la renommée bruyante des *jihads* ou guerres religieuses a laissé dans l'ombre les succès des propagateurs pacifiques bien que leurs efforts aient plus fait pour l'expansion de l'islam que la fondation de dynasties sans éclat et sans durée. Les souvenirs belliqueux, surtout quand ils se sont trouvés d'accord avec les projets commerciaux ou les plans de conquête des blancs, ont naturellement attiré l'attention des Européens bien plus que l'action discrète du prédicateur et du maître d'école musulman... Les *jihads*, pour les apprécier sous leur vrai jour, ne sont que des incidents sans portée dans la renaissance moderne de l'islam et ne sont nullement caractéristiques des forces et des moyens d'action ayant réellement contribué au développement du mahométisme en Afrique occidentale; à vrai dire, si elles n'avaient été suivies d'un apostolat tout différent, celui des missionnaires, ces guerres auraient presque toujours été de nul effet pour la fondation d'une communauté vraiment attachée à la religion du Coran. »

CHAPITRE XXIII

L'ISLAM DANS L'AFRIQUE OCCIDENTALE

Maintenant que nous sommes peut-être dans un état d'esprit plus accessible à toute appréciation de l'œuvre musulmane en Afrique occidentale, nous pouvons étudier les méthodes que l'islamisme et le christianisme appliquent respectivement dans leurs relations avec les noirs. Nous pouvons espérer de la sorte arriver à serrer de plus près la question et parvenir à nous faire de ses divers aspects une opinion suffisamment nette. Pourquoi l'Afrique, après avoir été, comme on l'a dit avec raison, « la nourrice de la chrétienté », demeure-t-elle inaccessible aujourd'hui aux enseignements de la plus élevée des religions? Pourquoi le christianisme, après tant d'efforts en Afrique occidentale, n'y fait-il pas de progrès sensibles? Cet insuccès, selon moi, peut être attribué à quatre causes principales : 1° à la méconnaissance de ce principe que les circonstances propres à justifier certaines lois naturelles varient avec les climats et les races; 2° à la tendance que montre le christianisme, tel qu'il est enseigné en Afrique occidentale, à dénationaliser; 3° à l'incompatibilité qui existe entre l'idéal apporté aux hommes par le Christ et les conceptions modernes de la chrétienté; 4° à l'action politique des Puissances chrétiennes.

Il est clair qu'on ne peut sans difficulté parler publiquement de la polygamie, mais la question des rapports de l'islam et du christianisme en Afrique occidentale ne peut être complètement traitée, sans qu'on aborde ce chapitre. Il est inutile de fermer les yeux sur ce fait, qu'un des plus grands obstacles rencontrés par l'Eglise chrétienne en Afrique occidentale tient à ce qu'elle se refuse à admettre les polygames dans son sein. Ceci ne peut être sérieusement contesté, et pourtant, autant qu'on peut le constater, l'importance essentielle du problème paraît échapper aux principaux dignitaires de l'Eglise, desquels dépendent en dernière analyse toutes décisions concernant l'œuvre des missionnaires en Afrique occidentale. De temps en temps, quelques déclarations tout individuelles laissent entendre que certains ecclésiastiques du moins ont l'esprit assez large pour traiter la question de façon plus pratique. Un chanoine bien connu de l'Eglise a reconnu autrefois que « les pays musulmans, à cause de la polygamie, ne connaissent pas la prostitution professionnelle, qui pour la chrétienté est une souillure plus forte que la polygamie l'est pour l'islam ». Bien que la première partie de cette affirmation ne puisse être prise à la lettre, il y a malheureusement des raisons suffisantes de croire que le niveau moral des communautés musulmanes en Afrique occidentale est plus élevé que celui des villes européanisées de la côte, les seules où le christianisme ait pu trouver un point d'appui et dans lesquelles il a prêché depuis des siècles la monogamie. Et à tous égards il est vrai qu'en règle générale le musulman en Afrique occidentale n'éprouve que de l'aversion pour les femmes publiques, tandis qu'il garde avec un soin jaloux l'honneur de ses épouses et de ses filles.

Considérons un instant comment cette résistance de l'Eglise à admettre des polygames dans son sein fait juger par les nègres le christianisme. S'il est un caractère que partout les observateurs aient constaté chez les noirs, c'est bien l'affection sincère et profonde unissant le fils à sa mère (1). Quels sentiments dès lors peut

(1) On en trouve l'influence fréquemment dans les lois et coutumes des indigènes en ce qui concerne le régime foncier. (*Note de l'Auteur.*)

inspirer aux noirs une religion qui, d'après ses propagateurs, taxe leurs parents d'immoralité? En vérité, soit que nous considérions cette grave question au point de vue du bon sens et par ses côtés simplement pratiques, soit que nous prétendions l'étudier sur le seul terrain de la morale, on ne peut arriver qu'à une conclusion. Offrir aux noirs d'entrer dans la religion chrétienne en reniant les membres de sa famille est déraisonnable, absurde, injuste, voire même cruel. C'est déraisonnable, car c'est ne pas tenir compte des lois les plus essentielles de l'affection filiale existant à des degrés divers en toute collectivité et sous tous les climats. C'est absurde, car c'est dénoter une extraordinaire ignorance des coutumes des noirs et de la puissance que conserve chez eux le lien familial. C'est injuste, car ce serait conduire à l'abandon des femmes (avec leurs enfants), les priver de ce qu'elles possèdent, les livrer à la honte et au mépris public et les inciter, de propos délibéré, à mener une vie immorale. C'est cruel, car avec une entière inconséquence, avec une insouciance complète de ce qui pourrait s'ensuivre, ce serait rompre avec une organisation sociale consacrée par un usage immémorial. Il y a dans le grand ouvrage de Faidherbe (1) de nobles pensées que je ne puis m'empêcher de reproduire :

« Certaines personnes, a dit l'éminent Français, paraissent souhaiter qu'on persuade aux indigènes de répudier leurs femmes et de n'en garder qu'une seule. Ce système me semble profondément immoral. Eh quoi! nous voulons fortifier les liens de la famille, et nous commencerions par désorganiser la famille elle-même! Nous commettrions une grande injustice et nous ferions preuve d'une singulière rigueur envers les femmes et les enfants, si nous prétendions accorder à l'indigène la qualité et les privilèges de citoyen à la condition qu'il gardât une femme et chassât les autres. Nous placerions des pères de famille vénérables dans l'obligation d'éloigner, avec leurs enfants, des femmes avec lesquelles ils ont vécu quinze, vingt ou trente ans. Et comment choisir entre les femmes?... La désorganisation serait complète. »

Il est un autre aspect de la question qui ne peut manquer d'arrêter l'attention de tous les gens éclairés et vraiment chrétiens. La polygamie est-elle une institution répondant pour les noirs africains à une nécessité physiologique? L'affirmative s'autorise de

(1) *Le Sénégal* : la France dans l'Afrique occidentale.

l'évidence même. Sans s'arrêter à cette opinion, généralement admise, que les exigences de la nature sont plus fortes à mesure qu'on se rapproche de l'équateur, il est certain qu'on considère les effets de la monogamie, quand on est au courant des choses de l'Ouest africain, comme devant aboutir à la disparition de la race. Le témoignage du Dr Blyden à cet égard ne ralliera pas peut-être tous les suffrages, mais l'extrait suivant de ses œuvres est bien digne d'attention :

« Si l'on tient compte, dit-il, de l'influence délétère du climat, la population ne peut vivre et se perpétuer que par la polygamie. Il y a une différence marquée entre les enfants nés sous le régime restrictif de la monogamie et ceux dont les parents sont polygames. Chez les uns, on trouve la trace manifeste de la déchéance physique et de l'affaiblissement intellectuel; chez les autres apparaissent visiblement la vigueur physique ainsi que l'activité et la vivacité de l'esprit. Chez les uns on trouve la triste évidence d'une croissance arrêtée, d'un développement physique rendu impossible et d'une paresse intellectuelle; chez les autres, une puissance musculaire étonnante, servie par un torse largement développé, héritage qu'ils ont reçu de leurs pères, en demeurant aussi robustes et plus avisés que l'étaient ces derniers à l'époque où des influences extérieures ne les avaient pas détournés de la simplicité primitive. »

A cette influence délétère du climat, dont parle le Dr Blyden se rattache une coutume presque universelle en Afrique occidentale, chez les musulmans comme chez les païens; quels que soient les inconvénients que cet usage puisse présenter, on doit supposer qu'il offre des avantages de premier ordre pour la propagation de la race, sinon il aurait eu peine à se généraliser comme il l'a fait. Je veux parler naturellement de la longue période d'allaitement — trois années d'ordinaire — pendant laquelle le mari et la femme n'ont pas de relations; relations qui cessent le plus souvent aussitôt après la conception. On attribue cette coutume à l'opinion suivant laquelle de trop fréquentes grossesses sont, en raison du climat (1), contraires à la santé de la mère et de ses enfants. Ce point mérite d'être pris en sérieuse considération. L'instinct des peuples primitifs en ces matières se trouve le plus souvent dériver de l'enseigne-

(1) Les médecins indigènes, il y en a quelques-uns en Afrique occidentale, et je ne parle que des plus sérieux, appuient énergiquement cette opinion; ils en donnent de nombreuses raisons, fondées sur l'expérience des faits. (*Note de l'Auteur.*)

ment des faits. La seule partie du continent noir où le christianisme orthodoxe ait fait des progrès appréciables est l'Ouganda. Or, que nous apprend sir Harry Johnston dans son dernier rapport? Il y affirme que le chiffre des naissances diminue sensiblement parmi les Bantous Wagandas. Il cite l'opinion de Mgr Strachir qui attribue l'une des causes de cette diminution à l'introduction de la monogamie, conséquence de la propagation du christianisme.

« Dans beaucoup de contrées de l'Afrique occidentale, continue sir Harry Johnston, là où le christianisme a du succès, mais sans guère avoir d'autre résultat que de faire murmurer des prières du bout des lèvres, la monogamie que l'on affiche trouve une atténuation dans la possession de concubines avouées ou cachées et dans la promiscuité générale des sexes. Mais dans l'Ouganda, la religion chrétienne semble avoir pris un réel empire sur les indigènes à tel point que, sans être d'une moralité impeccable, — étrangère à toute nation, et toute collectivité, — ils paraissent tendre vraiment à une monogamie sincère, à l'attribution exclusive d'une seule femme pour un mari. Comme les femmes ougandas sont assurément très peu fécondes, il en faut conclure que la plupart des couples n'ont qu'un enfant. En fait, il est tellement rare de voir une épouse mère d'un second enfant, que cette seconde maternité lui crée des titres d'honneur tout particuliers! »

Un évêque libérien, excellent homme, à qui je montrais ce passage, me répondit sentencieusement que les desseins du Tout-Puissant étaient insondables et que l'abandon de quelques-uns ne pouvait être mis en balance avec le salut du plus grand nombre. Cette réponse rappelle un passage d'Azurara, où le vieil historien portugais, apostrophant le prince Henri le Navigateur lors de l'arrivée à la cour des premiers esclaves de l'Afrique occidentale, arrachés cruellement à leur demeure par les vaillants chevaliers Antam Gonçalvez et Nuno Tristram, s'écrie :

« O vertueux prince, peut-être ton bonheur eût-il pu se nuancer d'un semblant de cupidité, en découvrant ces immenses richesses, fût-ce pour compenser les débours de ton entreprise!... Mais tu n'as pris plaisir qu'à chercher le salut des âmes perdues pour le ciel. Et sous cette inspiration il t'a semblé, quand tu as vu ces captifs amenés en ta présence, que tes dépenses et tes peines n'étaient rien, tellement tu avais de plaisir à les contempler. Et tu y gagnais encore, car si les corps de ces captifs tombaient en quelque dépendance, c'était là peu de chose en comparaison de leurs âmes qui allaient posséder à jamais la vraie liberté. »

On ne croira pas, je l'espère, que ces citations soient faites dans l'intention de diminuer le mérite des efforts, — à certains égards si extraordinairement féconds, — de la propagande chrétienne parmi les populations bantous du protectorat de l'Ouganda. Il s'agit de savoir non pas quel est le succès de l'Eglise dans l'évangélisation de l'Ouganda, mais quels sont les effets physiques de la monogamie chrétienne sur les indigènes de l'Afrique.

J'ai, à grand'peine, recueilli tous les témoignages ayant trait, directement ou indirectement, à la question, et j'y ai trouvé, dans l'ensemble, la confirmation de ce qui précède. Les plus éclairés parmi les noirs élevés dans la foi chrétienne estiment qu'en cette matière on devrait laisser toute liberté aux indigènes, et, tout en étant acquis eux-mêmes à la monogamie, ils soutiennent fermement — un laïque ne peut décider si c'est à tort ou à raison — que l'Eglise, en agissant de la sorte, ne contredirait pas aux prescriptions de la révélation divine (1).

J'ai cité, comme deuxième cause de l'échec des missions chrétiennes en Afrique occidentale, la tendance à la dénationalisation. Il est malheureusement vrai que le noir devenu chrétien est très largement dénationalisé, et la raison en est dans les méthodes employées pour le convertir. L'islam, au contraire, non seulement encourage l'esprit national parmi les indigènes d'Afrique, mais encore l'exalte. Le noir musulman s'élève au-dessus de ses voisins demeurés

(1) Un ecclésiastique bien connu en Afrique, et dont je respecte et admire les œuvres vraiment remarquables, me disait l'autre jour qu'à sa connaissance plus de 150 couples avaient été unis au Libéria par un certain ministre, et dans une certaine région, depuis cinq ans, et que de ces unions jusqu'à présent cinq enfants étaient nés, dont deux seulement avaient survécu. Mon vénérable ami trouvait dans ce fait remarquable, dont il attestait l'exactitude, et c'est un homme de bonne foi, la preuve de ce que, selon lui, un grand nombre de Libériens, descendants de noirs américains, menaient une existence amollie et déprimante. Selon moi, cette constatation démontre avec éloquence qu'en Afrique occidentale la monogamie pour les noirs équivaut à l'extinction de la race. Naturellement mon ami n'aurait pas admis cette conclusion bien qu'il fût au fond du cœur, je le crois du moins, assez embarrassé sur la question. Mais il reconnut et voulut bien admettre, au cours de la conversation, que la polygamie était un problème que l'Eglise, si elle voulait poursuivre son œuvre parmi les populations tropicales, devait maintenant envisager résolument en face et examiner avec attention. Il est certain, j'en ai peur, que les Libériens monogames, ou prétendus tels, sont, comme les Ougandas, en train de disparaître. (*Note de l'auteur*).

dans le paganisme; il conquiert leur respect et accroît en lui-même le sentiment de sa propre dignité. L'islam accueille le noir et en fait l'égal de tous les hommes. Du jour où le païen se convertit, il n'est pas de musulman d'origine sémitique qui puisse prétendre envers lui à la supériorité de la race. L'islam achemine le noir à une conception plus haute de l'existence, lui inspirant confiance en sa propre destinée, lui inculquant une foi robuste en lui-même et en son avenir. Le christianisme n'agit pas de la sorte envers le noir. Ses effets, en réalité, sont tout contraires. Au lieu d'encourager, il décourage. Au lieu d'augmenter la confiance en soi-même, il semble plutôt la diminuer. Le noir chrétien est le plus souvent un être hybride. Il n'est ni dans un camp ni dans l'autre. En adoptant des vêtements européens il s'expose à la suspicion et aux railleries de ses compatriotes demeurés païens, bien qu'ils aient recours à ses services, en qualité de commis ou de secrétaire, quand l'occasion l'exige. Les musulmans le traitent avec un mépris non déguisé. Plus amer encore, peut-être, que tout le reste est le dédain que les Européens eux-mêmes ont pour lui. Demandez au premier blanc venu, fonctionnaire, militaire, commerçant, voyageur, ses impressions sur l'indigène de l'Ouest africain. Il vous dira que le fétichiste est le plus souvent un gaillard solide, loyal, hospitalier, bon, simple, poli; que le musulman est un homme superbe, au maintien fier et respirant la confiance en soi, arrogant peut-être, hautain, mais d'une dignité singulière, d'une supériorité consciente et d'une tranquillité sûre de soi, que tout trahit dans sa personne. Mais il est rare qu'on parle sans termes méprisants du noir devenu chrétien. Sa vanité, sa suffisance, son « vernis de civilisation », les vices qu'il a pris et ainsi de suite, ce sont là des thèmes invariables. La malheureuse habitude qu'il a d'adopter les dernières extravagances des modes européennes, aussi bien pour lui-même que pour le personnel féminin de sa famille, le met en butte à de constants sarcasmes; on ne parle de même qu'en plaisantant de la célébration d'un mariage indigène dans une ville de la côte occidentale. Les missionnaires eux-mêmes, malgré leur naturelle indulgence, sont obligés de reconnaître un fait plutôt fâcheux : « Il y a, sur la côte et dans la Nigeria inférieure, écrit le chanoine Robinson, un très grand nombre d'indigènes qui se disent chrétiens; il n'y a malheureusement que peu de vrais convertis... Je conseillerais, pour ma part, aux personnes voyageant sur la côte et qui cherchent des serviteurs dignes de confiance de préférer le fétichiste ou le musulman au prétendu chrétien, car une mauvaise religion sincèrement acceptée, ou même l'absence de religion, vaut mieux qu'une manifestation de foi qui n'est que de l'hypocrisie. » Aveu humiliant, pour l'Eglise chrétienne comme pour la civilisation européenne. Placé entre deux camps, le noir christianisé est un *déclassé*, un *sans-culotte* (1). Naturellement il y a des exceptions, mais elles sont relativement rares, et s'appliquent d'ordinaire à des indigènes que le commerce a enrichis (la fortune étant partout une sauvegarde, quelle que soit la couleur de la peau, contre un mépris publiquement affiché) et qui, soit grâce à certains avantages d'éducation, soit à cause de l'élévation peu commune de leur caractère et de leurs facultés intellectuelles, parviennent à saisir le véritable idéal chrétien, et par là même à acquérir la noblesse du cœur et celle de l'âme. J'ai le bonheur de compter un tel homme au nombre de mes amis. Mais j'hésite vraiment à croire qu'il se sentirait en sûreté s'il voyageait ou séjournait seul dans l'intérieur du continent, même parmi la tribu à laquelle il appartient, dans son propre pays d'origine. Il semble qu'il y ait une barrière entre le noir devenu chrétien et l'indigène qui n'a pas été converti, une barrière qui exclut entre eux la sympathie, et dont la politique tend à accentuer encore l'importance (2).

A quoi faut-il attribuer cet état de choses? Non pas à une circonstance particulière, mais à tout un ensemble de circonstances dont la réunion produit ses effets. A cette opinion générale, répandue partout aujourd'hui, sans être raisonnée peut-être le plus souvent, et que propagent les missionnaires européens, à savoir que la race noire est par elle-même une race inférieure; à ce qu'on insiste toujours, on pourrait dire inévitablement, soit qu'on en parle, soit qu'on le sous-entende, sur l'abîme profond qui sépare, dans l'ordre intellectuel, social, moral, l'indigène noir et son éducateur européen, abîme que le christianisme, tel que les Européens l'en-

(1) En français dans le texte anglais.

(2) Au point de vue politique, les autorités britanniques se placent à ce point de vue. Lors des hostilités provoquées à Sierra-Leone par la taxe sur les huttes, et dans les règlements forestiers de Lagos, on a prétendu refuser aux noirs de la côte, qui ont quelque instruction et qui se disent chrétiens en général, toute communauté de pensée et de sentiment, toute affinité de race, avec les noirs de l'intérieur qui ne reçoivent aucune éducation européenne, et le plus souvent demeurent païens ou musulmans. (*Note de l'Auteur.*)

seignent en Afrique occidentale, ne pourra jamais aider à franchir.

Les troisième et quatrième causes de la situation religieuse de l'Afrique, c'est-à-dire l'incompatibilité entre l'idéal chrétien et les conceptions modernes de la chrétienté, ainsi que l'action politique des Puissances chrétiennes, peuvent être examinées simultanément, car elles se rattachent étroitement l'une à l'autre; elles sont inséparables également d'un ordre d'idées que j'ai déjà brièvement abordé. Il y a, dans le dernier ouvrage de miss Kingsley, écrit à l'occasion de son funeste voyage au Cap, un passage frappant, et qui développe avec plus d'éloquence que je ne pourrais le faire l'idée foncière que j'ai déjà exprimée :

« Je sais, a écrit miss Kingsley, que, d'après une opinion très répandue parmi les personnalités dirigeantes des deux races, le christianisme pourrait seul donner à l'ensemble du problème une solution. Je ne saurais partager cette opinion. Je ne puis croire que le christianisme fasse la paix entre les deux races pour cette simple raison que, s'il est possible de convertir les Africains *en masse* (1) aux pratiques du christianisme, il est tout à fait impossible d'y convertir les Européens également *en masse*. Vous n'avez qu'à considérer l'histoire d'une nation européenne ; qu'il s'agisse des Hollandais, des Espagnols, des Italiens ou des Allemands, tous se disent chrétiens et ni les uns ni les autres n'en sont plus tolérants ni plus pacifiques. Chacun d'eux est prêt à s'assurer le chemin du ciel, mais en le frayant à travers le sang et les ossements de victimes humaines, et les cendres de leurs demeures incendiées. Naturellement, en agissant de la sorte, ils ne suivent pas les enseignements du Christ, mais cela n'est pas, et ne sera jamais, l'un des facteurs de la politique. »

Les contradictions troublantes qui séparent l'idéal présenté aux hommes par le Christ, et tel que l'enseignent les propagateurs de sa doctrine, des effets visibles de cet enseignement tels qu'en offre l'exemple la conduite des blancs et des gouvernements européens frappent l'indigène à tout instant. Plus il est intelligent et élevé dans l'échelle sociale, et plus il est perplexe. Est-ce une question de charité? L'apôtre de l'islam parle du Christ avec un respect profond qui confine à la vénération. Il est *Kalima*, le Verbe ; *Ma-*

(1) En français dans le texte anglais.

sih, le Messie ; *Ruh*, l'Esprit (de Dieu). Il est « illustre dans ce monde et dans l'autre, celui qui a sa place près de Dieu. » Le missionnaire chrétien, au contraire, traite Mahomet d' « imposteur », de « maître imposteur », d' « homme vicieux et perfide ». L'islam est une « religion mauvaise » ; « ses voies sont celles des ténèbres » ; « c'est l'œuvre de Satan » et ainsi de suite. S'agit-il de l'oubli de soi-même? La Bible et le Coran posent les mêmes préceptes en termes presque identiques. Mais quelle différence dans la vie spirituelle des propagateurs de l'une et l'autre religion en Afrique occidentale. Le prédicateur musulman suit le Coran à la lettre. Il s'en va seul et sans suite, n'ayant ni bourse garnie ni carnet de chèques. Il vit à la manière du noir, se mêle à ses travaux, partage ses fatigues et ses plaisirs, et s'assimile autant qu'il le peut à ceux qu'il espère convertir. Le missionnaire européen est absolument contraint par les exigences du climat de rechercher avant tout son propre confort. Il voyage avec une longue file de porteurs chargés de bagages, de conserves, de linge, de matériel de campement et que sais-je encore. Quelques-uns parmi les plus zélés des missionnaires se rendent parfaitement compte des obstacles que tout cet appareil suscite infailliblement au succès de leurs œuvres, matériellement et moralement. Ils sont vivement affectés de l'influence fâcheuse qui se trouve de la sorte inévitablement exercée sur leur entreprise. Nous avons vu un prélat anglais, occupant un rang élevé dans la hiérarchie de son Eglise, offrir d'abandonner une partie de ses honoraires, afin de consacrer la différence à payer le traitement d'un autre ouvrier de la grande cause (1). D'un autre côté, nous trouvons dans les ouvrages et la correspondance de missionnaires éminents envoyés en Afrique occidentale, des observations, aussi peu désintéressées que celles-ci : « Il faut avoir soin de se munir d'un imperméable. Les éponges, les serviettes de bain, etc., sont tout indiquées. N'oubliez pas le linge de table; la vue d'une table bien disposée excite l'appétit qui est souvent languissant. Des cachets tout préparés contre la fièvre bilieuse valent,

(1) « Dès qu'une demi-douzaine de missionnaires quittent Liverpool, écrit le même personnage, l'archevêque Dobson, on ne cesse de vanter les courageux voyageurs, etc. Je ne veux pas me moquer des missionnaires, mais vraiment on rougit presque quelquefois de rencontrer ensuite un commerçant plein de vigueur, qui, depuis vingt ans, fait le même voyage, ses meilleures affaires étant alimentées par le palmier à huile et son plus beau paysage formé par un marais de palétuviers. » (*Note de l'Auteur.*)

je crois, 2 guinées la boîte. » Ces phrases sont extraites d'un livre récemment paru et qu'un missionnaire a publié après neuf années de séjour en Afrique occidentale. Les articles qu'il énumère sont indispensables, d'après lui, au succès d'un prédicateur de l'Evangile dans l'Ouest africain. Le passage suivant est également typique ; il a été recueilli dans les effusions épistolaires que publie de temps en temps l'organe de la Church Missionary Society, sous la plume d'un évêque des plus énergiques, qui a tenté avec peu de succès vraiment, et non sans s'exposer à provoquer des révoltes, d'évangéliser les Haoussas : « Nous allons tous bien... Nous avons un appétit énorme. Nous avons beaucoup de vivres ; la population nous en apporte tous les jours, riz, oignons, blé, maïs, volailles, bananes, etc. B... tue beaucoup de perdrix et de pintades et nous avons en réserve beaucoup de provisions venues de l'Europe et d'Angleterre. » Que le souci de ces détails n'enlève rien à la bonne foi de ceux à qui nous empruntons ces lignes, on peut le croire sans hésitation. Mais, ce que nous avons tous à considérer, c'est l'effet général que ces moyens de propagande chrétienne peuvent vraisemblablement avoir sur les Africains. Ceux qui ont de leur bien-être un soin si particulier sont-ils capables de faire accomplir de grands progrès aux œuvres évangéliques ! On peut raisonnablement en douter.

Est-il question de vices ? Le prédicateur musulman remue ciel et terre pour combattre l'ivrognerie sous toutes ses formes, et très fréquemment il réussit. La sobriété de la plupart des noirs convertis à l'islam n'a pas besoin d'être démontrée. S'il y a parmi eux quelque relâchement à cet égard, c'est une exception qui confirme la règle. Le missionnaire européen, lui aussi, dénonce l'ivrognerie et avec une ardeur qui manque parfois de discernement. Mais il est terriblement contrecarré dans son œuvre : 1° par le commerçant européen dont le négoce consiste, pour un cinquième environ, dans l'importation de spiritueux tout frais distillés, renfermant souvent, pas toujours, différentes impuretés, ne dépassant pas en qualité ce qu'on vend dans les débits de dernier ordre de la métropole ; qui, largement coupés d'eau, peuvent n'être pas très nuisibles, mais qui, avalés purs, ce qui est le cas ordinaire à la côte occidentale d'Afrique, sont pernicieux (1), — nous avons sur ce point des

(1) Cet alcool est reconnu pernicieux même par sir Alfred Jones dont les paque-

témoignages accablants ; 2° par les gouvernements européens qui, si de temps en temps ils augmentent les droits sur les spiritueux pour déférer à l'opinion publique, encouragent secrètement un trafic sans lequel toute la machine administrative serait temporairement arrêtée, car il produit 45 à 75 0/0 des revenus de leurs possessions. Ce sont là des circonstances qu'on peut, ou qu'on ne peut pas, empêcher. En tout cas, elles existent, et on ne peut les ignorer. S'agit-il d'une autre forme de vice ; l'existence que mènent les blancs en Afrique occidentale n'est pas faite, peut-être, pour donner au noir une haute idée de la moralité de l'Europe chrétienne. Lorsque par hasard il visite les villes européanisées de la côte, — si on le suppose habiter à quelque distance dans l'intérieur, — il n'est nullement convaincu sans doute que ceux de ses congénères, qui portent des pantalons, aient élevé leur niveau moral, au contact de la civilisation européenne. Et malheureusement on ne peut affirmer que les constatations personnelles de ceux de ses frères qui reçoivent quelque éducation et visitent nos grandes villes soient de nature à affirmer son impression première sur les résultats de vingt siècles de christianisme en Europe (1).

Est-il question d'apprécier le véritable objectif de la doctrine

bots en transportent des quantités considérables en Afrique occidentale, ainsi que par un grand nombre de commerçants trafiquant dans ces régions. Les négociants sont souvent attaqués avec violence à cause de cette branche de commerce. Personnellement, j'ai en horreur ce trafic. Je le méprise à l'égal du commerce de l'opium en Extrême-Orient; une tache qui déshonore l'Europe chrétienne. Mais ceux qui attaquent les commerçants pourraient tout aussi bien, et avec plus de raison, s'en prendre aux gouvernements. En lui-même, le commerce des spiritueux est rémunérateur, non pour le négociant, mais pour les administrations locales de la côte dont il alimente les budgets. Je n'ai jamais pu partager les vues de feue miss Kingsley à ce sujet, mais je suis d'accord avec elle sur ce qu'il y a de peu fondé à faire des commerçants les boucs émissaires d'un mal dont tout le monde, en un sens, est responsable. Malgré tout ce qu'on peut dire, je veux croire que miss Kingsley considérait surtout, dans l'opinion qu'elle professait, que, sans les revenus que procuraient les spiritueux, on introduirait partout l'impôt direct dans les possessions anglaises de l'Afrique occidentale par suite des exagérations habituelles du système des colonies de la Couronne. Je sais aussi que miss Kingsley s'opposait avec énergie à l'introduction, par voie ferrée, des spiritueux européens dans l'intérieur du continent. Cette question de l'alcool, pour être complètement traitée, exigerait un chapitre spécial. (*Note de l'Auteur.*)

(1) Ce qui l'édifiera encore sans doute sera d'apprendre que le gouvernement du Cap a jugé nécessaire de faire une loi punissant d'un emprisonnement sévère les *femmes* blanches convaincues d'avoir eu des relations sexuelles avec des indigènes, circonstance qui ne doit pas précisément accroître son admiration pour la civilisation chrétienne. (*Note de l'Auteur.*)

de paix et d'amour? On doit craindre alors que les visées politiques de Puissances européennes en Afrique occidentale ne soient trop souvent associées aux maxims et aux martinis pour qu'il y ait des doutes sur ce chapitre. Le nègre est clairvoyant et sait distinguer ce qu'on dit et ce qu'on fait. La promptitude avec laquelle les intrus blancs font appel à l'épée comme au moyen le plus rapide de résoudre une difficulté est à cet égard assez édifiante. La hâte avec laquelle les habitudes et les usages de l'indigène sont foulés aux pieds par ses prétendus éducateurs; l'entrain avec lequel on espère lui voir accueillir les innovations qu'on lui présente et qui mettent en défiance ses préjugés conservateurs, et finalement le désir croissant que montrent ses bons amis d'Europe de s'approprier son plus précieux héritage, la terre de ses ancêtres et les fruits qu'elle produit — tout cet ensemble, qu'il y faille voir ou non, pour en parler avec élégance, l'accompagnement « inévitable » de l'ouverture de l'Afrique occidentale par l'Europe, c'est bien là cet assemblage de contradictions que j'ai déjà évoqué et qui, quoi qu'on fasse, s'oppose à la propagation du christianisme en pays nègre.

Y a-t-il un remède, et où faut-il le chercher? Il n'y a qu'un Etat indigène chrétien en Afrique, l'Abyssinie, et les ministres de Dieu les plus distingués déclarent son christianisme entaché de toutes sortes d'hérésies et d'erreurs. Cependant l'Abyssinie y a puisé une vitalité assez forte pour lui permettre de repousser pendant de longs siècles les envahisseurs musulmans, et l'ardeur religieuse de ses soldats n'a pas été pour elle un facteur négligeable lorsqu'elle a résisté à l'agression injustifiable dont l'Italie a menacé son indépendance. Aujourd'hui, l'empereur de cet Etat chrétien d'Afrique est probablement, à une exception près, le plus puissant souverain indigène du monde. Sans doute, il n'entre pas dans les projets des gouvernements européens d'encourager en Afrique occidentale le développement d'un Etat ainsi constitué, et il y a, en vérité, diverses raisons qui s'y opposent manifestement. Cependant l'Abyssinie doit servir d'exemple à l'Eglise. Le christianisme abyssin est un christianisme *africain*, qui a été enseigné à l'origine par un Africain et que des *Africains* ont perpétué. Orthodoxe ou hétérodoxe, il a prouvé qu'il convenait aux besoins et aux aspirations des Africains. Et si le christianisme en Afrique occidentale doit jamais accomplir des progrès appréciables, c'est qu'il disposera du seul instrument qui puisse servir son action, une Eglise ouest-africaine ; une Eglise répondant aux besoins de l'Afrique occidentale qui ne sont pas ceux de l'Europe ; une Eglise dont les ministres ne seront ni des Européens ni des Afro-libériens rapatriés, mais des noirs du pays, imbus des instincts et du patriotisme de leur race ; une Eglise fondée sur un sentiment éclairé des lois immuables de la nature, sur les principes de la vraie science qui est la vraie religion, sur la connaissance de cette vérité que ce qui est bon, convenable, juste pour une fraction notable de l'humanité peut être, pour une autre, mauvais, malséant, injuste.

QUATRIÈME PARTIE

CHAPITRE XXIV

RELATIONS ANGLO-FRANÇAISES EN AFRIQUE OCCIDENTALE

Les relations de la France et de l'Angleterre en Afrique occidentale, c'est là une question dont l'importance s'accroît tous les ans. Les Français nous ont de beaucoup dépassés en Afrique occidentale pendant les quelques dernières années, en tout ce qui concerne l'extension territoriale. Ils y ont maintenant un grand empire. Ils l'ont acquis grâce à des efforts persistants, clairvoyants, courageux ; qualités qui visiblement ont fait défaut, il est fâcheux d'avoir à le constater, au monde officiel de la Grande-Bretagne. Si les gouvernements britanniques qui se sont succédé avaient déployé seulement un dixième de l'énergie qui a distingué les commerçants de Liverpool, de Manchester et de Glasgow en Afrique occidentale, les possessions anglaises de l'Ouest africain seraient aujourd'hui beaucoup plus étendues qu'elles ne le sont.

Tout en l'emportant sur nous au point de vue territorial, la France, — dont les possessions sont contiguës aux nôtres presque partout — entre de plus en plus en concurrence avec nous sur le terrain économique. Nous aurons à compter dans l'avenir de façon sans cesse croissante avec cette rivalité commerciale. Elle est de deux sortes. Il y a une concurrence loyale et une concurrence déloyale. Dans l'un et l'autre cas, il importe que nous en observions avec soin la nature et les effets ; que nous en tirions les leçons nécessaires ; que nous sachions reconnaître en toute simplicité, dans un esprit de tolérance et d'équité, qu'à certains égards l'obstacle que cette rivalité nous oppose est dû à la supériorité de l'administration française; que nous fassions appel à la droiture et à la bonne foi de nos voisins lorsque, comme il arrive actuellement dans certaines parties de leurs possessions de l'Afrique occidentale, des négociants britanniques, après avoir largement contribué à la création du commerce dans ces territoires, n'y rencontrent ni équité, ni justice. Et, d'une manière générale, il faut que nous réunissions tous nos efforts, en comprenant que dans l'Ouest africain, comme partout ailleurs, cette ancienne prééminence que la Grande-Bretagne put maintenir quelque temps sans trop de peine, dans l'ordre commercial, ne peut subsister aujourd'hui si l'on n'abandonne un facile opportunisme et si l'on ne sait se conformer, sur des bases scientifiques, aux exigences nouvelles de la situation.

La plupart des Anglais semblent savoir peu de chose de l'œuvre que les Français ont naguère accomplie en Afrique occidentale. Et pourtant les Français ont été, dans ces régions, parmi les pionniers de la première heure, devançant probablement tous les autres, précédant les Portugais en tout cas d'au moins cent ans. Après les remarquables études récemment publiées dans le *Bulletin du Comité de l'Afrique française* par le commandant Binger, la distingué directeur des affaires de l'Afrique au ministère des Colonies, on ne peut, je crois, qu'accepter comme fondées les prétentions de nos voisins à avoir été les premiers Européens qui eussent visité les côtes de l'Ouest africain. Des navigateurs espagnols et gênois, les premiers venus de la Catalogne, le Lancashire de l'Espagne, se sont peut-être à la même époque rencontrés dans ces parages avec les Français. Cependant, en outre du témoignage que ces derniers en apportent, les auteurs espagnols eux-mêmes, et non les moindres, Navarette et Viera par exemple, affirment que les Français ont devancé leurs compatriotes. Les Canaries furent découvertes par un Gênois d'origine française et de nom français, Maloisel, vers 1275 après Jésus-Christ. Elles furent de même conquises par un Français, de Bethancourt, dans les premières années du XVe siècle. Au commencement du XIVe siècle, la côte occidentale d'Afrique, au sud jusqu'au Sénégal certainement, et peut-être jusqu'à Sierra-Leone, était régulièrement visitée par des navires français. Ce sont là des faits maintenant établis. Il est moins certain que les navires français se soient avancés jusqu'à la Côte d'Or. Personnellement, j'incline à penser que ce point même est aujourd'hui suffisamment fixé, et le témoignage de Villauts-de-Bellefonds n'est plus seul désormais à le préciser.

La pénurie des preuves historiques et des documents a, jusqu'à ce jour, été le principal obstacle qu'ait rencontré le droit de priorité des Français. C'est naturellement des historiens portugais que sont venues les plus grosses objections. Mais aujourd'hui le commandant Binger a pu combler en partie les lacunes existantes, et Labat a fait ressortir avec beaucoup de sens que les vieux parchemins du port de Dieppe, d'où partirent beaucoup de navires français armés pour l'Afrique occidentale, ont été détruits lors du bombardement de ce port en 1694. Il y a de bonnes raisons, en outre, selon moi, pour que les Portugais, d'une part, conservent des récits merveilleux et uniques de leurs premiers exploits en Afrique occidentale en remontant jusqu'au milieu du xve siècle, et pour que, d'autre part, les Français, arrivés dans les mêmes parages un siècle au moins auparavant, soient si pauvrement représentés dans les archives de leur pays. En voici l'explication. Les expéditions portugaises en Afrique occidentale, qui ont si incomparablement enrichi le domaine des connaissances géographiques, étaient, au premier chef, des entreprises officielles. Le projet en appartenait au prince Henri le Navigateur — l'une des figures les plus remarquables de l'histoire, — qui avait fait appel à toutes les ressources de la science et de la littérature de son temps afin que cette ère nouvelle de découvertes eût, pour la nation et pour l'histoire, des résultats durables et jetât quelque gloire sur les annales portugaises. Les expéditions françaises étaient toutes différentes. Elles n'étaient nullement officielles, mais avaient un caractère privé. Elles étaient entreprises, non par des chevaliers réputés et des personnages importants au service du roi, mais par des marins et des marchands de Normandie, audacieux, illettrés, agissant dans leur pleine indépendance. Ils avaient en vue, non comme les Portugais, la gloire, les découvertes géographiques, le zèle religieux, mais le commerce. Ceux qui armaient les navires français et les envoyaient courir des aventures étaient des marchands de Dieppe, de Rouen, de Honfleur. Et les vaisseaux français revenaient en Europe, non pas avec des captifs arrachés à leurs demeures de vive force et par des procédés cruels pour être convertis à une religion de paix, de charité, et de bon vouloir, mais avec de l'ivoire, des épices et de la poudre d'or. C'est la première forme de commerce qu'aient pratiquée dans l'Ouest africain les habitants de l'Europe occidentale. La traite des esclaves vint plus tard. Jusqu'à ce jour, il existe à Dieppe une industrie locale de sculpture sur ivoire, et tous ceux qui ont visité ce vieux port de mer, toujours charmant, ont remarqué les nombreux objets d'ivoire qu'on étale dans les vitrines des magasins. Si donc les négociants britanniques peuvent prétendre être les pionniers de la dernière heure pour les entreprises commerciales en Afrique occidentale ; si, pendant le siècle qui vient de se clore, leurs aptitudes et leur initiative leur ont assuré le premier rang pour les transactions avec le littoral ouest africain, ce furent à l'origine des marchands français qui leur montrèrent le chemin. Nous avons trop souvent nous-mêmes ouvert la voie dans la plupart des pays du monde pour refuser aux Français cet honneur, en ce qui concerne l'Afrique occidentale. Puisse-t-il en résulter une mutuelle considération, sœur jumelle de la sympathie, entre nous et nos voisins.

Le premier exemple qu'on puisse citer d'une rencontre des Français et des Anglais en Afrique occidentale se rattache, il est curieux de le constater, à une alliance. L'événement se produisit de cette manière. Un certain William Towerson, au cours d'un voyage en Guinée, en 1555, se trouvant poursuivi par quelques brigantins portugais, eut la bonne fortune de croiser une flotte française, à laquelle il se joignit pour son salut. L'alliance ne semble pas, par ce qu'il en advint, avoir été très heureuse ; ce n'était qu'une alliance de hasard. Cette première rencontre se produisit vingt-cinq ans après que, pour la première fois, eut paru, en Afrique occidentale, un sujet anglais, en la personne d'Andrew Battel, de Leigh, qui s'embarqua à bord d'un bâtiment négrier portugais, et, après mainte aventure extraordinaire parmi les indigènes d'Angola, réussit à revenir dans sa patrie. Au début du XVIe siècle s'éveilla l'attention des Anglais vers les profits que pouvait réserver le commerce de l'Ouest africain. Ce réveil avait été précédé d'un refroidissement sensible dans le zèle des marchands normands. La guerre de Cent Ans avec l'Angleterre avait paralysé en France tout esprit d'entreprise. La maison de Valois était dans un état pitoyable. Les longues hostilités qui s'étaient ouvertes en 1337, et qui s'étaient poursuivies, avec des interruptions de courte durée, jusqu'à ce que le succès merveilleux de la Pucelle d'Orléans eût obligé les Anglais à se retirer, avaient été marquées par la défaite écrasante des Français à Crécy et à Poitiers sous Edouard III, et à Azincourt sous Henri V ; et pour rappeler une phrase souvent citée : « L'Etat était réduit à la banqueroute, la noblesse entraînée à la révolte et la masse du peuple plongée dans la barbarie ».

A peine cependant les victoires de Jeanne d'Arc eurent-elles ranimé l'ardeur des Français que nous trouvons de nouvelles traces des expéditions de marchands de Dieppe et de Rouen en Afrique occidentale. Le réveil de ces entreprises coïncide avec l'entrée en scène de marchands anglais, Windham, Hawkins de funeste mémoire, Rutter, Baker et d'autres ; et les récits de l'époque attestent qu'on signalait effectivement alors la présence de navires de commerce français sur la côte occidentale, depuis le Sénégal jusqu'à la Côte d'Or. D'anciens manuscrits, qu'on a découverts récemment à Honfleur, et qui sont datés de 1574, prouvent que de cette même année jusqu'en 1583, soit en une période de neuf ans, 22 navires quittèrent ce port uniquement pour se rendre en Afrique occidentale. Pendant quelque temps les Anglais et les Français réussirent assez bien sur la côte occidentale. La puissance du Portugal déclinait rapidement, et des aventuriers de toute nationalité, des Hollandais notamment, accouraient vers ces régions. Puis les hostilités devinrent plus fréquentes entre la France et l'Angleterre, et les transactions commerciales en Afrique occidentale en éprouvèrent natuellement le contre-coup. En 1696, les Français détruisirent les établissements britanniques à l'embouchure de la Gambie. Durant les cent années environ qui suivirent, les relations entre Européens établis ou commerçant à la côte occidentale semblent n'avoir été qu'une suite de conflits. Chacun paraît avoir combattu son voisin, et des pirates de toute nationalité attaquaient tous les vaisseaux qu'ils rencontraient, fussent-ils armés et montés par des compatriotes. On vit même Gambia Castle, qu'une force anglaise occupait, emporté et pris d'assaut par un pirate fameux d'origine britannique, Gallois vraisemblablement, nommé Davies. Malgré cette affreuse confusion, les Anglais peu à peu s'assurèrent la possession de toute la côte. En 1794, Sierra-Leone fut bombardée par une escadre française, agissant apparemment sans instruction du gouvernement révolutionnaire, alors au pouvoir. Vingt ans plus tard, la puissance de Napoléon étant renversée, tout ce qui fut laissé à la France par le traité de Vienne (1), ce fut son établissement de la côte du Sénégal.

L'Angleterre conservait une position prépondérante, politiquement et commercialement, sur la côte occidentale d'Afrique. Cette situation demeura telle dans l'ensemble, jusqu'au réveil de la politique coloniale de la France sous l'impulsion de ces hommes d'Etat clairvoyants que furent Gambetta, et, en 1883, Jules Ferry. Pendant toute la période écoulée de 1815 à 1883 l'Angleterre eut ainsi la faculté de créer un immense empire en Afrique occidentale et d'annexer en fait l'ensemble du littoral ouest-africain.

Ici la toile tombe sur l'ancien régime, en même temps que s'ouvre un nouveau chapitre de l'histoire des relations anglo-françaises.

A qui serait-il exact d'attribuer l'initiative de cette rivalité d'efforts dont l'Afrique fut l'objet? Elle a certainement suscité de gros désagréments aux cabinets européens et des ennuis plus graves encore, nous pouvons en être convaincus, aux indigènes africains. Chaque Puissance qui y a pris part en rejette la faute sur son voisin. En ce qui concerne l'Afrique occidentale, quoi qu'on puisse prétendre ou certifier, les Français doivent, il me semble, conserver la responsabilité ou l'honneur, selon le point de vue où l'on se place, de ce conflit d'intérêts. Cette rivalité eut son origine dans ce que, faute de termes plus précis, l'on peut appeler la découverte par les Français des hinterlands ouest africains. Lorsque Gambetta et Jules Ferry réveillèrent les instincts coloniaux alors engourdis de leurs compatriotes, l'intérieur de l'Afrique occidentale était à tous égards inconnu. Les Anglais et les Français étaient établis sur la côte, les premiers y faisant un commerce important, les seconds y faisant peu ou pas de commerce. Sur deux points seulement on tentait de pénétrer dans l'intérieur du continent. Sur le bas Niger, les Anglais étendaient peu à peu dans les terres le champ de leurs transactions. Sur le Sénégal, l'ère de la conquête politique inaugurée par Faidherbe se poursuivait lentement malgré les difficultés et les obstacles de toute nature. L'action politique de la Grande-Bretagne était paralysée par la résolution prise en 1865

(1) Traité de Paris du 30 mai 1814, article 8. (*Note du Traducteur.*)

de renoncer à toute intervention officielle en Afrique occidentale, à l'exception de Sierra-Leone. La France ressentait encore les effets de ses désastres de 1870.

La propagande de Jules Ferry et de Gambetta en faveur d'une politique d'expansion coloniale modifia les projets qu'on pouvait concevoir quant à l'Afrique occidentale. Soutenue par une fraction importante de l'opinion, appuyée par des hommes ayant de la notoriété, tels que M. Waldeck-Rousseau, ainsi que lui-même nous le rappelait récemment, l'activité de la France en Afrique occidentale s'accentua très sensiblement, et l'œuvre une fois entreprise ne fut pas abandonnée malgré la période momentanée de revers au Tonkin qui précipita Ferry du pouvoir et lui brisa le cœur. Des missions françaises, ayant en général un caractère pacifique, partirent du Sénégal pour se diriger vers l'est et vers le sud, puis d'autres points de la côte pour se diriger vers le nord et explorer les régions inconnues de l'intérieur. Elles rapportèrent que le pays était relativement sain, fertile, propre à la culture des céréales et à l'élevage du bétail, et qu'il n'était pas obstrué par d'épaisses forêts telles qu'on en rencontre dans l'intérieur à partir de la côte sur une étendue variant de 60 à 200 milles. Ce pays était habité par des populations intelligentes, relativement avancées dans l'échelle de la civilisation, pratiquant des industries florissantes et possédant des aptitudes commerciales. Les Français y trouvèrent des Etats régulièrement constitués, plus ou moins attachés à l'islam, où parfois l'organisation sociale et l'ordre public s'étaient remarquablement développés ; des villes de 10 à 15,000 habitants ayant leurs jours de marché, et dans lesquelles on travaillait le fer avec habileté, où les indigènes portaient des vêtements fort bien confectionnés par eux-mêmes, et se servaient de sandales, de ceinturons, de fourreaux, de sacs et de selles de leur propre fabrication. Ce fut une révélation. Le principal obstacle à surmonter dans ces immenses territoires, dont l'avenir pouvait offrir de si belles espérances sous une administration habile et bien dirigée, c'est que le pays pouvait à tout moment être dévasté par le fer et le feu sous l'impulsion trop ardente de certains membres militants d'une secte musulmane, jouissant d'une grande influence dans le Soudan occidental. Les agents français étaient, du reste, bien accueillis en général et grâce à eux de vastes étendues de pays inconnus s'ouvrirent et révélèrent au monde leur existence.

Ces découvertes firent naître chez les Français le désir — désir très naturel et très légitime — de constituer un puissant empire de l'Afrique occidentale, des Indes noires, pouvant rivaliser avec les Indes orientales par l'étendue, la richesse et le prestige qui s'attacheraient à leur acquisition. Des missions d'exploration, missions à demi politiques, furent suivies d'expéditions ayant alors un caractère politique bien prononcé, et régions après régions, Etats après Etats, tribus après tribus, passèrent sous l'influence française, le plus souvent par des moyens pacifiques. Pendant ce temps, les Anglais, officiellement du moins, demeuraient inactifs. Des personnalités de Liverpool incitaient le gouvernement à s'intéresser à l'œuvre qui s'accomplissait, mais leurs efforts étaient complètement stériles. L'action française étendait de plus en plus son réseau, enserrant de plus en plus nos colonies menacées d'être prises dans les mailles du filet. Sierra-Leone se trouva, de trois côtés à la fois, enveloppée par le territoire français ; la magnifique contrée du Fouta-Djallon, la Suisse de l'Afrique occidentale, comme on l'a appelée, qui avait été à des époques différentes parcourue par des agents du gouvernement de Sierra-Leone (notamment le Dr Blyden) dont elle formait le « hinterland » naturel, fut acquise par la France sans avoir tiré un coup de fusil. La Côte d'Or, Lagos, et ce qui forme maintenant la Nigeria septentrionale, — pays que l'on croyait sauvegardés par la convention de 1890, — se trouvaient exposés à éprouver le même sort.

J'ai vu souvent affirmer, même par des personnalités éminentes, qu'on a permis à la France, qu'on lui a laissé la faculté de se rendre maîtresse, en accomplissant un effort considérable, des différents arrière-pays (hinterland) de l'Afrique occidentale. En réalité, cette affirmation est très fallacieuse et a dû faire naître des idées quelque peu erronées. L'Angleterre n'était pas en situation de permettre ou d'empêcher. Les Français avaient conçu un plan et l'exécutaient en présence de formidables obstacles ; ils étaient préparés à s'imposer des sacrifices que nous n'étions pas, quant à nous, prêts à subir, et, telle étant la situation, ils n'avaient de comptes à rendre qu'à eux-mêmes. Leur succès et notre échec étaient exactement en rapport de leur initiative et de notre apathie.

Quand l'avenir de nos colonies, isolées des marchés de l'intérieur, apparut comme très fortement compromis, le gouvernement britannique comprit soudain que les commerçants de Liverpool et de Manchester avaient été plus clairvoyants que ses fonctionnaires, et l'on tenta, au dernier moment, d'assurer à nos possessions l'arrière-pays non encore absorbé. Alors se produisit une situation très délicate qui mit tout particulièrement à l'épreuve les ressources diplomatiques des deux Puissances. On vit des officiers français et anglais, ayant sous leurs ordres des troupes indigènes facilement excitables, rester loin de la côte les uns en face des autres à quelques centaines de mètres de distance, parfois pendant des semaines, en attendant que leurs gouvernements respectifs leur envoyassent des instructions. Le bon sens, le tact, l'estime réciproque de ces officiers ont seuls permis de maintenir la paix entre l'Angleterre et la France. Nous avons une grosse dette de reconnaissance envers ces hommes qui, malgré l'effet débilitant du climat de l'Afrique occidentale et les fatigues inséparables de tout voyage dans ces régions — circonstances peu propres à adoucir le caractère — parvinrent à conserver leur sang-froid. C'est surtout grâce à eux que le litige a pu se régler sans effusion de sang et que la convention anglo-française de 1898 a été signée. Elle a circonscrit en des limites étroites nos colonies de la Côte d'Or et de Lagos, mais elle nous a assuré dans la Nigeria un magnifique domaine ayant une superficie d'environ 504,000 milles carrés.

L'ère des rivalités territoriales entre la Grande-Bretagne et la France en Afrique occidentale est maintenant, on peut à bon droit l'affirmer, absolument close. Nous demeurons des concurrents sur le terrain commercial, mais c'est — ou ce devrait être du moins — une rivalité toute pacifique, nullement exclusive de l'amitié. Néanmoins, comme les intérêts commerciaux engendrent souvent des contestations, il est essentiel que les Anglais et les Français, afin de poursuivre leur œuvre, à l'avenir, en un harmonieux accord, aient bien, les uns et les autres, la notion exacte de leurs points de vue respectifs en ces matières. Nous autres, en tant que nation, nous sommes libre-échangistes. Les Français, en tant que nation, sont protectionnistes. Il serait absurde et indigne de nous plaindre du point de vue, différent du nôtre, qu'ont adopté nos voisins. En outre, il y a divers degrés de protectionnisme en France. Il y a le protectionnisme absolu de M. Méline qui, s'il était appliqué, selon sa stricte doctrine, dans les colonies françaises de l'Afrique occidentale, ruinerait ces possessions en l'espace de cinq ans. Il y a l'école qui soutient un protectionnisme partiel en France, mais favorise la liberté du commerce dans les colonies françaises. Cette dernière école gagne du terrain fort heureusement. Nous devrions essayer, autant qu'il dépend de nous, de travailler de concert avec les représentants de cette école. Une des clauses de la convention de 1898, — disposition qui souleva en France, quand elle fut connue, de vives protestations, — a stipulé qu'un traitement différentiel ne pourrait, pendant trente ans, être imposé au commerce anglais dans une zone très étendue de l'Afrique occidentale française. Il est intéressant de reproduire ici le passage suivant, qui concerne cette question et qui est emprunté à un mémoire lu devant la Société de géographie de Marseille, en septembre 1898, par M. Bohn, le chef d'une des plus importantes compagnies commerciales françaises en Afrique occidentale :

« Une certaine école coloniale, dit M. Bohn, partant de ces prémisses que l'unique but des colonies est de favoriser la vente de marchandises fabriquées dans la mère-patrie, demande l'application de tarifs prohibitifs sur les marchandises étrangères importées dans nos possessions. Ce système, qui a si puissamment contribué à faire perdre à l'Espagne ses plus belles colonies, est en vigueur au Gabon, qui est la moins prospère de nos possessions et ne subsiste que grâce à des subventions constantes de la métropole. Ces exemples ne sont guère encourageants. D'un autre côté, nous pouvons voir que celles de nos colonies qui se développent de la façon la plus rapide et la plus satisfaisante sont celles où n'existent pas de tarifs différentiels... A ce point de vue il est certain que la convention franco-anglaise de juin 1898, en interdisant pendant trente années tous droits différentiels à la Côte d'Ivoire et au Dahomey, a assuré pour la même période la prospérité commerciale de ces colonies. »

Cette intéressante déclaration et d'autres exposés conçus dans le même esprit (dont les faits ont depuis amplement vérifié l'exactitude) montrent qu'il y a des Français, hommes d'expérience, engagés dans des opérations commerciales en Afrique occidentale, pour reconnaître avec nous qu'une politique libre-échangiste assure dans l'Ouest africain, sur le terrain des affaires, le succès de la nation qui la pratique. Que cette opinion ait en France des défenseurs, c'est là un symptôme très encourageant pour ceux qui croient fermement que le commerce est le moyen le plus propre à développer les relations entre l'Europe occidentale et l'Afrique occidentale.

De récents événements démontrent qu'il y a des intérêts communs entre les commerçants britanniques et les commerçants français en Afrique occidentale; que les uns et les autres auront à combattre un même ennemi, le concessionnaire, et que c'est faire un pas de plus dans la bonne voie que de travailler à resserrer leur union.

CHAPITRE XXV

DIX ANNÉES D'ACTION FRANÇAISE EN AFRIQUE OCCIDENTALE

L'histoire de l'action française en Afrique occidentale pendant les dix dernières années a été si remarquable qu'elle mérite d'être rappelée avec quelques détails; et cette politique de la France, partant où le parallèle est possible, peut d'ailleurs être avantageusement comparée avec la nôtre. Le 23 janvier 1892, le journal parisien *le Figaro* publiait sous le titre « Notre domaine colonial » un supplément littéraire où l'œuvre accomplie, la situation actuelle et les aspirations présentes et futures de la France en Afrique occidentale et centrale se trouvaient exposées par différents auteurs spécialement qualifiés — parmi lesquels étaient le capitaine Binger (1), Emile Masqueray, bien connu par ses études sur les questions algériennes, Georges Rolland, un des principaux partisans du chemin de fer transsaharien, et Harry Alis, redoutable polémiste, colonial ardent, *bête noire* (2) de lord Cromer, et dont beaucoup se rappelleront la fin tragique. Ce supplément se divisait en cinq par-

(1) Le capitaine, depuis le commandant Binger, est depuis quelque temps à la tête de la direction de l'Afrique au ministère français des Colonies. Ses voyages, ses livres, ses opuscules sont familiers à tous ceux qui s'occupent de l'Afrique occidentale. *Note de l'Auteur.*)

(2) En français dans le texte anglais.

ties, respectivement intitulées : Algérie; Pénétration vers le Tchad; Sénégal et dépendances; Notre situation sur le golfe de Guinée; Congo et Tchad. Au moment où ce supplément paraissait, le réveil des ambitions coloniales de la France, suscité en grande partie par la clairvoyance et le courage de Jules Ferry, s'accentuait fortement parmi *l'élite* (1) de l'opinion publique française. Mais quoique la graine, là où elle était semée, fût particulièrement féconde, les semences étaient relativement rares, et le terrain cultivé était encore bien restreint en 1892. La Chambre des députés mettait peu d'empressement à accorder de nouveaux crédits. La généralité des hommes politiques considérait avec une mauvaise humeur mal dissimulée, sinon avec une appréhension réelle, l'éloquence d'Eugène Etienne et d'autres représentants de l'école de Ferry; on craignait que le pays ne fût détourné de son véritable intérêt, celui qu'il avait à se garantir contre une agression possible de l'Allemagne, et qu'il ne fît le jeu de Bismarck en se jetant dans des aventures coloniales, que le chancelier passait pour avoir de bonnes raisons d'encourager. Chaque parti, chaque groupe même évitait de s'identifier trop complètement avec les partisans de l'expansion coloniale, se souvenant de la tourmente de fureur populaire qui avait assailli et emporté *le Tonkinois* (2). D'autre part, il n'était pas sage de s'isoler tout à fait d'un mouvement qui gagnait vite du terrain dans les masses. Ainsi le Parlement était fluctuant, et, ballotté entre des vents contraires, il accordait des crédits et cherchait tout aussitôt après à annuler son vote.

Le supplément du *Figaro* donna lieu à bien des critiques. Les projets qu'il exposait n'étaient pas simplement ambitieux, ils étaient gigantesques. « Notre politique, y était-il déclaré, est de faire une entité homogène de l'Algérie, du Sénégal et du Congo, à travers les pays touareg du Sahara et le Soudan central et occidental. » Les députés timides frissonnaient d'épouvante à cette perspective. Ce qui sans doute, même pour les esprits supérieurs qui préconisaient cette politique, n'était guère qu'une espérance où les aidait à se complaire une foi indomptable dans les destinées du pays; ce qui, aux yeux des adversaires de la politique d'expansion,

(1) En français dans le texte anglais.

(2) En français dans le texte anglais.

semblait un rêve chimérique, est aujourd'hui, dans les grandes lignes, une réalité! Comment ce résultat a-t-il été obtenu?

« Nos intentions sont pures et nobles, notre cause est juste, l'avenir ne peut nous trahir », écrivait Faidherbe en 1859, et, dans l'ensemble, malgré des erreurs, malgré les effets de périodes de réaction succédant à de profondes déceptions, malgré des exemples isolés de cruauté et d'oppression, les événements ont justifié la déclaration confiante de Faidherbe. L'œuvre de la France dans les dix dernières années au moins a, en général, été une œuvre de progrès tendant à améliorer le sort des populations auxquelles elle s'adressait. Il y eut, c'est inévitable, de notables exceptions, surtout pendant les années 1897 et 1898, alors qu'on se disputait l'Afrique occidentale avec le plus d'acharnement, et que, sous l'influence d'une folle rivalité, l'on commettait, de part et d'autre, dans l'ardeur de la lutte, des actes qui ne sauraient être trop énergiquement condamnés. Au compte débiteur de la France on doit porter les procédés barbares de Bretonnet dans le Borgou, le sang versé sans nécessité dans le Mossi, le Kipprisi et le Gourounsi, l'inévitable sauvagerie qui devait caractériser le recrutement des porteurs de la mission Marchand dans le Haut-Oubangui et le Bahr-el-Ghazal. Ces incidents en eux-mêmes sont odieux et blâmables; mais il n'est que juste de reconnaître qu'ils étaient l'effet de jalousies internationales dont la responsabilité était plutôt collective que personnelle, et que d'autres Puissances partageaient avec la France. Dans ce qu'on peut regarder comme la zone d'influence à proprement parler française, il y eut aussi des actes commis parfois, qui doivent être censurés. Le châtiment infligé à certains villages hostiles aux Français dans le Soudan occidental s'est ainsi trouvé hors de proportion avec l'offense. Avec la mission Voulet-Chanoine, on vit soumettre à d'innombrables exactions les populations infortunées de la rive occidentale du Niger. Mais l'histoire d'une Puissance européenne en Afrique n'est jamais complètement exempte de ces violations isolées des principes de l'humanité, si coupables soient-elles, et quand il s'agit de la France elles ne sauraient être considérées comme annulant ou même affaiblissant les bienfaits que cette nation a certainement assurés aux populations du Soudan occidental et central, ni comme ayant terni la gloire que lui a fait acquérir l'émancipation de millions d'indigènes soustraits à des siècles de tyrannie et de servitude. Si elle a eu ses Voulet et ses

Chanoine, la France peut aussi montrer en la personne de ses de Brazza, de ses Binger, de ses Monteil, de ses Crozat, de ses Foureau, Noirot, Gentil, Hourst et Lenfant, des mérites que les sujets d'autres Puissances ont pu égaler, mais n'ont pas surpassés; toujours à l'exception de Barth, dont la grandeur morale s'élève bien au-dessus de celle de ses compétiteurs sur le sol de l'Ouest africain.

Depuis l'époque où le sieur de Brüe, l'un des Français les plus intelligents qui aient servi leur pays en Afrique, rendit solennellement visite au roi de Cayor et au « grand seratik » des Peuls à la fin du XVIIe siècle et au commencement du XVIIIe, depuis l'époque où les pillards trarzas, en étendant leurs déprédations aux portes mêmes de Saint-Louis (1840-60) obligèrent Faidherbe à prendre contre eux l'offensive, jusqu'aux circonstances actuelles, ce fut le sort de la France de trouver en face d'elle en Afrique occidentale des populations absolument dissemblables des véritables nègres des régions de la côte, avec lesquels l'Angleterre, jusqu'en 1900, s'est trouvée surtout en contact. Huit années auparavant, un certain comité spécial de la Chambre des Communes, effrayé des responsabilités que l'Angleterre assumait en Afrique occidentale, avait été assez pusillanime pour recommander l'abandon de tous nos établissements à l'exception de Sierra-Leone, se prononçant ainsi pour une politique dont les funestes effets se sont prolongés jusqu'en 1895 et ont beaucoup limité notre action dans l'Afrique occidentale et centrale. A cette époque la France était à peine sortie d'une lutte sans pitié avec un des chefs les plus puissants que le sol africain eût jamais fait surgir, El-Hadj-Omar, le grand chef et le grand guerrier toucouleur. Si l'on jette un regard en arrière sur cette longue suite d'années pendant laquelle la France, lentement mais irrésistiblement, étendait son influence en Afrique, par le Sénégal et le Haut-Niger, en dépensant sans compter l'or et le sang de ses fils; si l'on considère qu'à la même époque l'Angleterre demeurait inactive sur la côte, insensible aux représentations de ses audacieux commerçants, il ne faut pas nous étonner de ce que, sortant trop tard, ou peu s'en faut, de ce long sommeil, nous ayons trouvé les Français, après avoir triomphé des obstacles qui les arrêtaient vers le nord, en train de s'avancer vers le sud et de nous fermer l'accès des riches hinterlands de l'intérieur. Dans une lettre au marquis de Dufferin en 1892, lord Salisbury opposait l'une à l'autre la politique de la France et celle de la Grande-Bretagne en Afrique occidentale. « La France, écrivait lord Salisbury, en prenant pour base la côte du Sénégal, a poursuivi activement la réalisation d'un but, celui de s'établir sur le Haut-Niger et ses affluents... La Grande-Bretagne, de son côté, a adopté la politique d'expansion par des entreprises commerciales! » Il y eut effectivement, de la part des négociants de Liverpool, de Manchester et de Bristol, « beaucoup d'entreprises commerciales », mais il aurait été difficile à lord Salisbury de citer une circonstance quelconque où ces « entreprises commerciales » eussent constitué « une politique d'expansion ».

C'est à cause du type d'indigène qui se rencontre à l'axe principal de l'action française en Afrique occidentale, que la tâche de nos voisins a été si dangereuse et si pénible, et qu'il a été si méritoire de l'accomplir. Critiquer comme nous pouvons le faire, souvent assez injustement, car nous en parlons sans savoir, les facultés colonisatrices de nos celtiques voisins et les fluctuations de leur politique coloniale, c'est méconnaître qu'aucun peuple au monde n'aurait pu accomplir ce que les Français ont accompli dans l'Ouest africain sans une persévérance et une résolution pour lesquelles même encore maintenant — il faut le dire à notre honte — nous ne leur rendons pas suffisamment justice. Durant une suite de siècles, l'immense territoire qui s'étend entre les abords du Sahara et la lisière de la forêt tropicale, — territoire formé en général de collines verdoyantes et de larges plaines d'une étonnante fertilité, car il est arrosé tous les ans par les crues du Niger, — cette vaste région avait été le champ de bataille de l'Afrique. Empire après empire se constituait et disparaissait; invasions et contre-invasions livraient le pays à la dévastation. Les splendeurs de Djenné et de Tombouctou s'évanouissaient avec l'anéantissement des Sonraïs sous les balles des fusils marocains. La domination peule surgissait, puis était anéantie devant les cruautés toucouleurs. Des royaumes semi-nègres se constituaient en se déclarant indépendants de tel ou tel conquérant, pour être bientôt soumis à leur tour, tandis que leurs vainqueurs se préparaient, eux aussi, à mordre la poussière en face de quelque ennemi plus puissant. Il n'existe en Afrique aucun exemple d'une telle confusion de races. Il y avait des siècles que les pasteurs peuls, — véritables Asiatiques — s'étaient établis avec leurs troupeaux dans ces régions, destinés avec le temps, par la seule force de la supériorité de l'intelligence, à devenir les maîtres là où ils n'étaient que des étrangers ou de simples occupants du sol, traités avec mépris. Plus tard s'infiltrèrent des populations d'origine maure, peuplade de pasteurs elles aussi, ayant quitté les plateaux de l'Adrar et la vallée bien arrosée du Niger. Vinrent aussi les Touareg, habitants du Sahara, au teint basané, descendants, comme certains aiment à le croire, de ces guerriers de l'Europe septentrionale, à la haute taille, à la belle chevelure, aux membres allongés, qui, environ 1,500 ans avant Jésus-Christ, s'étaient avancés lentement par la Gaule et l'Espagne, et traversant la Méditerranée avec une flottille de bateaux, avaient abordé la côte nord de l'Afrique, puis, poussant toujours vers le sud, surmontant la terreur du désert, avaient atteint les pâturages verdoyants qui y font suite, mais pour rester la plus grande partie de l'année dans les solitudes désolées dont ils demeurent en réalité les maîtres, bien que Foureau et ses *tirailleurs* aient, pour la première fois dans l'histoire, parcouru le pays sans leur payer tribut. Les Arabes aussi étaient arrivés dans ces parages, mais plus tard encore, et d'une manière générale plus au sud et à l'est, dans le Kanem, le Oouadai et le Baguirmi, où Lamy trouva la mort et où Gentil lutta plus de deux ans; ils venaient les uns du nord avec des caravanes de marchandises, les autres de l'est; il y avait aussi des Shuwas dont nul ne sait l'histoire et l'origine. Ils se mariaient, ces étrangers nomades, au teint basané, aux cheveux plats, avec les noirs aborigènes, ou bien, ce qui devait arriver souvent, leur prenaient leurs femmes, et de ces unions légitimes ou illégitimes, naquirent dans la suite des siècles des peuplades métissées, farouches et sauvages, passant leur temps à guerroyer, vivant dans une atmosphère de désordre et de brigandage; noirs d'origine peule, maure, arabe, exagérant les instincts sauvages de la race dont ils étaient issus et qu'ils n'hésitaient pas, quand ils étaient assez forts pour le faire, à combattre et traiter sans pitié. Une de ces populations hybrides est devenue le fléau de l'Afrique occidentale — les Toucouleurs, descendants de noirs Ouoloffs et de Peuls, cruels, impitoyables, redoutés à la fois par les noirs et par les Peuls, et dont les atrocités sont écrites en lettres de sang depuis le Toro (Sénégal) jusqu'aux frontières du pays haoussa.

Dans cette confusion de races se firent entendre au xe siècle de notre ère les premiers murmures d'une religion révélée. A ces murmures succéda vite l'éclat bruyant de voix nombreuses répétant bien haut la parole du Prophète. L'islam se propagea avec une inconcevable rapidité. Les Peuls se convertirent promptement, mais les moyens qu'ils employèrent à leur tour pour gagner à leur foi les païens de leur voisinage étaient généralement pacifiques. Il n'en fut pas de même avec les Toucouleurs et les autres races métissées. Ils n'y virent qu'une nouvelle occasion d'exploits belliqueux, et, à peine professaient-ils le mahométisme que non seulement ils massacraient les infidèles, mais qu'en outre ils s'attaquaient à leurs paisibles coreligionnaires. Comme si ce n'était pas encore assez, une autre cause très puissante de massacres et de troubles était destinée à se produire, et à plonger davantage encore dans l'infortune ce pays si éprouvé. Les aventuriers portugais sur la côte, en déclarant vouloir sauver l'âme des noirs, découvrirent que la force musculaire de ces mêmes noirs convenait parfaitement au travail manuel. De cette découverte date le plus odieux trafic dont le monde ait jamais été témoin. Dans le désir ardent qu'ils avaient de se procurer des esclaves, les chrétiens de l'Europe occidentale et de l'Amérique — sans distinction de nationalité, bien que peut-être les Portugais et les Anglais eussent montré dans ce rôle la plus cruelle âpreté — opposèrent les tribus les unes aux autres; et, pour mieux stimuler le trafic des esclaves, importèrent des fusils et de la poudre de traite, qu'ils savaient être pour les noirs des objets de vive convoitise. Les indigènes se combattirent avec ardeur les uns les autres, et leurs prétendus prisonniers de guerre allèrent remplir les bâtiments négriers. Bientôt, les peuplades au teint basané qui vivaient au delà de la zone forestière se mirent de la partie, désirant avant tout se procurer des fusils et s'en servir, car c'était le moyen d'acquérir de la puissance et de s'assurer de plus grandes facilités de brigandage. La traite des noirs alors prit des proportions presque incroyables. Les guerres intestines reçurent une nouvelle et terrible extension. Il n'y avait pas besoin de prétexte, sérieux ou imaginaire, pour attaquer son voisin, et si jadis on se contentait d'un riche butin de gros bétail et de moutons, on souhaitait alors la capture de l'animal humain lui-même. C'est dans un pays ainsi désolé par des luttes séculaires, c'est parmi des populations auxquelles l'Europe avait ainsi transmis ses propres vices, c'est dans de telles circonstances que la France en Afrique occidentale a suivi le cours de ses destinées.

Un des arguments favoris de ceux qui sont partisans d'une politique militariste dans la Nigeria septentrionale consiste à citer l'action de la France dans le Soudan occidental. On dit parfois qu'il est peu logique d'approuver les tendances militaires de la politique française dans des régions voisines de la Nigeria septentrionale, et de les désapprouver quand il s'agit de cette dernière contrée. Je ne crois pas que le reproche puisse supporter la discussion. En premier lieu nous devons éviter toute généralisation. Dans l'Afrique occidentale proprement dite, c'est-à-dire dans les régions voisines de la côte, où séjournent les véritables nègres, les Français ont eu rarement recours à une politique militaire, si l'on considère l'ensemble de leurs opérations. Dans le Soudan occidental, bien que sans doute on ait pu facilement, en diverses circonstances, éviter bien des effusions de sang, je ne vois pas moi-même comment, sans conquêtes militaires, la politique française aurait atteint le but réel qu'elle visait. A juger les choses au point de vue purement moral, on peut mettre en question le droit que peut avoir une Puissance de s'ingérer dans les affaires intérieures de l'Ouest africain; mais s'il est une région où cette intervention ait pu se justifier par ses résultats, c'est bien le Soudan occidental. La France est en train de rendre à l'immense étendue de territoire comprise entre le Niger et la zone forestière la prospérité qu'elle avait aux XVe et XVIe siècles sous les Sonraïs, alors que Djenné était la réserve et le grenier d'abondance de tout le bassin du fleuve. Elle lui prépare une ère de prospérité beaucoup plus brillante encore, car elle peut lui assurer la paix là où les Sonraïs en étaient incapables. Après avoir vaincu les populations croisées de différentes races, elle s'abstient avec sagesse, soit de s'immiscer dans leurs coutumes, telles que l'esclavage domestique, institution d'où dépend l'organisation sociale de l'Afrique occidentale, soit de permettre à une propagande chrétienne, sauf dans des limites étroitement circonscrites, de s'exercer parmi ces peuplades, car elle sait bien que ce prosélytisme, en des communautés musulmanes à peine soumises, est le précurseur certain de la révolte, du meurtre et du fanatisme. Elle a pourchassé et détrôné les quatre tyrans qui lui avaient barré successivement la route de l'intérieur et qui avaient exercé des cruautés inouïes envers des centaines de milliers d'êtres humains — El-Hadj-Omar, Amadou, Samory et Rabah. Si elle avait pu utiliser les services de ces chefs, peut-être eût-il été préférable qu'elle le fît, mais il est prouvé, avec toute la force de l'évidence, que la France n'en avait pas les moyens. Toutefois, on ne peut approuver sans restriction l'action militaire de la France et si, maintenant que son influence politique est assurée, au point de vue international, à l'est et au nord du Tchad, elle s'aventure les yeux fermés dans une lutte avec les Senoussis, elle commettra une grande faute. A moins qu'elle ne soit ouvertement entraînée, par une agression non justifiée, à recourir à la force des armes, elle a maintenant intérêt dans ces régions à remettre l'épée au fourreau pour laisser la place à une action toute pacifique, et ceux des Français qui comprennent le danger d'une intervention hâtive, inopportune, dans le Ouadaï et le Kanem et s'y opposent avec énergie, sont sages entre tous parmi leurs compatriotes (1).

Mais, envisagées dans leur ensemble, les circonstances où se trouve l'Angleterre dans la Nigeria septentrionale et celles où la France s'est trouvée elle-même en ce qui concerne le Soudan occidental avant la conquête sont tout à fait différentes. Les buts que visaient l'une et l'autre Puissances ne correspondaient pas aux mêmes préoccupations. Les pays convoités par la France étaient pour la plupart très éloignés — situés à des distances énormes — de sa base d'opérations sur la côte et sur le fleuve Sénégal. Pour faire prévaloir ses prétentions sur ces contrées *au point de vue international*, il était nécessaire que la France y acquît une influence tangible, et le plus souvent ce résultat n'aurait pu s'obtenir sans la conquête.

Mais dans la Nigeria septentrionale les Anglais se trouvaient placés dans une situation très différente. La Nigeria septentrionale était la prolongation pour ainsi dire de la base d'opérations que la Grande-Bretagne avait sur le delta. Elle se trouvait située immédiatement en arrière de cette base d'opérations. La possession des bouches du Niger facilitait l'extension de l'influence britannique en amont du fleuve et de son affluent la Bénoué. De plus, des négociants et des explorateurs anglais avaient remonté depuis longtemps le Niger et la Bénoué; ils avaient préparé les voies qu'on devait suivre, et quinze années avant l'établissement direct du contrôle de l'empire dans la Nigeria septentrionale, les chefs indigènes du pays s'étaient trouvés communément engagés en des relations politiques très étroites avec une compagnie à charte britannique. Le

(1) Il semble qu'actuellement leurs conseils aient réussi à prévaloir pour un temps dans les régions du pouvoir. (*Note de l'Auteur.*) Cette note était publiée en décembre 1902. (*Nouvelle note de l'Auteur.*)

gouvernement, en se substituant à cette compagnie, n'avait pas à jouer le rôle de *conquistador* et de *pionnier*, mais à récolter ce qu'on avait semé, à consolider l'œuvre à moitié accomplie déjà. Il faudrait remarquer, entre parenthèses, que la France administre le Soudan occidental, un pays beaucoup plus vaste que la Nigeria septentrionale, et dans lequel des luttes intestines ont existé durant des siècles, avec une force armée ne dépassant pas 3,000 hommes. D'autre part, si des hostilités ont suivi l'établissement de l'influence française dans la région du Chari, elles étaient dues à des circonstances particulières. Gentil, il ne faut pas l'oublier, avait établi sans coup férir le protectorat de la France sur le Baguirmi. C'est seulement quand ce pays fut envahi et dévasté par Rabah qu'on eut le devoir de recourir à une action militaire.

Il n'y a pas à vrai dire de comparaison possible entre les tâches respectivement assignées à la Grande-Bretagne et à la France. L'une et l'autre sont différentes et ne peuvent être appréciées qu'en tenant compte des circonstances spéciales qui les ont précédées et accompagnées.

Dans la Nigeria septentrionale (1), nous avons à compter avec des chefs indigènes qui ont depuis quinze ans conclu des traités avec nous, et qui sont avec nous, depuis plus longtemps encore, en relations commerciales. Ils sont nos pupilles; nous avons assumé envers eux un rôle tout de bonne foi; ils sont nos *protégés* (2). Nous nous sommes engagés par traité à les soutenir, à ne pas « nous immiscer dans les coutumes » locales. Nous devrions, suivant les conseils de sir Andrew Clarke, faire de ces chefs de « beaucoup plus gros personnages » qu'ils ne sont, loin de les renverser. Ils appartiennent à une race fière, intelligente, bien équilibrée, habile, et capable de se gouverner. Ils ont joué un grand rôle dans l'histoire de l'Afrique occidentale. Barth, qui les connaissait bien, a dit d'eux « qu'ils sont les indigènes les plus intelligents de l'Afrique ». Les réduire à l'impuissance, diviser leur autorité, morceler à l'infini l'organisation qu'ils ont créée, serait insensé, pratiquement absurde, moralement injuste, désastreux au point de vue des intérêts de l'empire. Fortifier leur domination là où elle est faible, l'améliorer là où elle est oppressive; les aider; se mettre à l'œuvre

(1) Dans l'empire du Sokoto (pays haoussa) plus particulièrement. (*Note de l'Auteur.*)

(2) En français dans le texte anglais.

avec eux et par leur intermédiaire, selon les principes qui leur sont familiers; s'immiscer aussi peu que possible dans leurs coutumes et leurs usages ainsi que ceux de leurs sujets; respecter leurs croyances religieuses, s'attacher graduellement, sans violence, et avec tact, à atteindre le seul but que nous ayons pu concevoir en venant chez eux — le développement commercial, le progrès, la prospérité — tels devraient être les principes directeurs de notre conduite politique dans la Nigeria septentrionale.

Comment s'exécuta le plan colossal esquissé par le *Figaro* en 1892, et qui consistait à unifier pour ainsi dire les possessions françaises en Afrique grâce à des expéditions venues du nord, de l'ouest et du sud, et destinées à se rencontrer sur les rives du Tchad, c'est ce qu'on peut maintenant brièvement exposer. C'est un récit passionnant. La première tentative, — si nous excluons celle de Flatters, par le nord, dont le but était limité — eut lieu par le sud, et ce fut l'œuvre de Paul Crampel, l'explorateur enthousiaste, aux yeux bleus, à la magnifique chevelure. Il tomba, assassiné par les émissaires de Rabah à El Kouti, le 15 avril 1891. Dybowski et Maistre, envoyés par le Comité de l'Afrique française sur les traces de Crampel, durent revenir en arrière sans avoir guère fait autre chose qu'une utile exploration. Puis vint le tour de Gentil, un modeste enseigne de vaisseau, qui, profitant des embarras suscités à Rabah dans le Bornou, réussit, après d'incroyables difficultés, à parvenir à l'embouchure du Chari (non sans avoir signé un traité de protectorat avec le Baguirmi) et à faire flotter une chaloupe à vapeur sur les eaux du lac mystérieux. Mais le succès fut de courte durée. Rabah retraversa le Chari, obligea les Français à battre en retraite, et dévasta à nouveau le Baguirmi par le fer et par le feu. Les autorités françaises expédièrent en toute hâte des forces nouvelles sur les lieux, et ces troupes, sous la direction de Bretonnet, furent attaquées par Rabah et décimées. Un nouvel et plus vigoureux effort était nécessaire.

Ici la scène remonte vers le nord. En octobre 1898, Foureau, cet intrépide explorateur, avait quitté l'oasis de Sadrata, près de Ouargla, en Algérie, à la tête d'une troupe d'élite, forte de 310 hommes, *tirailleurs* (1) sénégalais et sahariens, qui sont peut-être les plus beaux soldats du monde, à moins que ce ne soient nos Sikhs

(1) En français dans le texte anglais.

de l'armée des Indes. Foureau était accompagné par trois civils de ses amis. Le commandant Lamy dirigeait la force armée de la mission, qui comprenait quatre officiers en outre de lui-même L'expédition avait pour objet de traverser le Sahara algérien et d'atteindre le Tchad, tandis que Gentil et Bretonnet s'établiraient solidement sur les rives du lac en y parvenant par le Congo et l'Oubangui. Foureau et ses compagnons s'enfoncèrent dans le désert inconnu, et pendant dix mois on n'eut sur eux aucun renseignement. La rumeur d'un massacre complet de la mission arrivait fréquemment en Europe, et le souvenir du sort qu'auraient éprouvé Douls, De Palot, Dournaux-Duperré, Joubert, Flatters et Bonnier, aux mains des nomades cruels qui écument les solitudes désolées par où Foureau devait passer, tint la France en haleine. Si Foureau succombait, ce ne devait pas être seulement un terrible désastre, gros de péril pour la politique de la France dans l'immense étendue de ses possessions musulmanes en Afrique, cela pouvait aussi modifier le sentiment populaire, suspendre pendant une génération au moins l'exécution des projets auxquels on s'était complu. Mais Foureau ne succomba pas, n'échoua pas. Il atteignit l'oasis d'Asben en toute sécurité, et prouva aux âmes timorées que les Touareg, quand ils étaient en face d'une troupe bien armée et disciplinée, habilement dirigée et suffisamment nombreuse pour inspirer le respect, préféraient en général demeurer à distance (1).

La scène change encore. Le plan était à moitié exécuté. La troisième entreprise vint de l'ouest par la route de la boucle du Niger. Elle fut d'abord l'occasion des plus terribles événements. Le vaillant Cazemajou trouva traîtreusement une mort cruelle à Zinder Voulet et Chanoine, qui lui succédèrent, montrèrent quel mal peuvent exercer sur des esprits mal équilibrés une autorité sans frein, jointe aux funestes effets du climat africain. Dénoncés par un de leurs inférieurs pour les procédés barbares dont ils usaient envers les indigènes, après avoir méconnu les lois élémentaires de l'humanité, ils oublièrent également l'honneur et le patriotisme, assassinèrent odieusement l'officier supérieur qui avait mission de les remplacer, déchirèrent leurs uniformes, se déclarèrent rebelles et se livrèrent aux plus sauvages excès. Mais leur révolte fut de courte

(1) Ils firent si bien qu'après avoir sans succès attaqué le camp des Français ils laissèrent le pays dénué de toutes ressources et soumirent quelque temps l'expédition à de terribles embarras. (*Note de l'Auteur.*)

durée, et ils ne tardèrent pas à succomber sous les balles des soldats auxquels ils avaient un moment fait perdre le sentiment du devoir.

Le gouvernement français, toutefois, persista dans sa résolution. Les restes de l'expédition Voulet-Chanoine furent rassemblés, et, sous la direction du capitaine Joalland en même temps que du lieutenant Meynier, parvinrent au Tchad pour se réunir ensuite aux forces de Gentil sur le Bas-Chari. A cette époque Foureau était, lui aussi, arrivé sur le Tchad. Les trois missions, qui après tant de vicissitudes se trouvaient de la sorte réunies en un sort commun, furent tout aussitôt appelées à faire face à un nouveau et très redoutable péril. Rabah, à la tête de 5,000 hommes dont 2,000 armés de fusils de divers modèles, marchait contre la ville de Kousri ou Kousseri, où les Français s'étaient établis. Rabah disposait aussi de 3 pièces de campagne, qu'il avait prises à Bretonnet. Les Français disposaient d'une force totale de 774 officiers et soldats — ces derniers ne comprenant que des indigènes — et de 4 pièces de campagne. Ils étaient assistés de 1,500 auxiliaires baguirmiens, qui ne semblent pas leur avoir été fort utiles, se bornant à piller après la bataille. Rabah établit son campement à 3 milles de Kousseri, et attendit que les Français vinssent l'attaquer. Cette attaque se trouva irrésistible. Rabah lui-même périt. Il laissait sur le champ de bataille 1,000 de ses soldats tués ou blessés, tandis que son camp avec tout ce qu'il renfermait tombait aux mains des Français. Les pertes de ces derniers étaient sérieuses. Elles comprenaient le brave Lamy, le capitaine de Cointet, 1 sous-officier et 17 hommes tués. Les blessés étaient au nombre de 60, parmi lesquels le capitaine de Lamothe et les lieutenants Meynier et Galland. Mais la victoire était complète, et Rabah, qui avait rempli l'Afrique centrale du bruit de ses exploits pendant près d'un quart de siècle, et dont les meurtrières équipées avaient laissé des traces sanglantes depuis le Bahr-el-Ghazal jusqu'au Tchad ; Rabah, le dernier des grands *conquistadores*, avait eu le sort d'El-Hadj-Omar et de Samory. Le plan élaboré par le *Figaro* huit années auparavant était un fait accompli.

Depuis la chute de Rabah, les Français se sont appliqués à consolider avec méthode leur domination sur le Soudan central et le Bas-Chari. M. Terrier, le distingué secrétaire général du Comité de l'Afrique française, expose dans le *Bulletin du Comité* pour le mois d'avril 1901 le système qu'on a adopté. On ne peut qu'être frappé de la netteté des vues, de la sagacité et de la science politique qui y sont déployées. La région du Chari a été divisée en deux districts dont le plus septentrional s'étend jusqu'au Tchad et comprend le Baguirmi ainsi que le delta du fleuve. Il constitue une circonscription militaire. Le district méridional, comprenant le bassin supérieur du fleuve et de ses affluents, est soumis au régime de l'administration civile. La population du district méridional est composée de nègres dont la religion est le fétichisme ou ce qu'il nous plaît d'appeler de ce nom. Le district septentrional est habité par divers groupes de négroïdes baguirmiens, par les Kotokos, par les Arabes Shuwas et par quelques pasteurs peuls. Les païens du district méridional ont, durant des siècles, été les victimes des déprédations des noirs semi-arabes du Bornou et du Baguirmi. C'est parmi eux qu'on recrutait les principaux contingents d'esclaves qui d'ordinaire étaient acheminés vers Tripoli par la route du désert avant le firman de 1865. La France, en les délivrant de leurs ennemis de l'extérieur, prétend les faire contribuer à ses dépenses d'administration. Elle est pleinement fondée dans cette prétention, car pendant de longues années, et jusqu'à ce que le Chari soit réuni à l'Oubangui par une voie ferrée, il ne se fera dans ces régions aucun commerce sur lequel on puisse prélever des droits pour en tirer des revenus. Une moitié de la population est appelée à fournir des porteurs, et l'autre moitié paie une taxe annuelle de 4 livres de caoutchouc, dont 2 livres sont laissées aux chefs à titre de remise. On nous assure — M. Terrier le déclare — que les chefs apportent l'impôt spontanément de régions très éloignées. Dans le district septentrional, qui fut directement soumis à l'influence de Rabah, les Français ont trouvé établie toute une organisation qu'ils ont, dans ses grandes lignes, conservée, mais l'impôt prélevé par le roi de Baguirmi sur ses sujets étant considéré comme trop lourd, les Français l'ont réduit des deux tiers, allégeant ainsi la population de charges financières exagérées. Le roi et les chefs subalternes, dont les Français utilisent l'intermédiaire pour exercer leur influence, ont tout le profit de cette taxe réduite, c'est-à-dire qu'ils en gardent le montant pour eux-mêmes. Les contingents d'esclaves fournis sous forme de tribut au roi et aux chefs par leurs subordonnés sont naturellement supprimés. Les revenus du souverain étant ainsi limités au Baguirmi, mais lui étant assurés néanmoins, en même temps que le maintien de son prestige, et le roi lui-même devant son trône aux Français tout en ayant cessé, grâce à eux, d'être obligé de payer un tribut annuel au Ouadai, on lui demande de fournir chaque année à l'administration 240 livres de mil, 500 pièces de tissus, et 100 bœufs, ce qui représente au total 1,680 livres sterling.

Ici donc, comme dans le Soudan occidental, on retrouve l'écho des paroles de Faidherbe, et M. Etienne, en prenant la parole il y a peu de temps au cours d'une conférence tenue à l'école coloniale de Paris, ne faisait qu'exprimer une vérité qui ne s'est pas démentie quand il disait : « La France peut en toute sécurité soutenir qu'elle a délivré les peuples de l'intérieur de l'Afrique d'un joug intolérable. Elle a affranchi des millions d'êtres humains de tyrans sanguinaires qui les avaient réduits en esclavage. Elle a accompli une œuvre d'émancipation, de liberté et de générosité. » Il serait triste vraiment que la France, égarée par des conseils funestes, fût entraînée dans une autre partie de son empire ouest africain, c'est-à-dire au Congo, à ternir la grande renommée qu'elle s'est incontestablement acquise.

On peut se demander si les problèmes que la France a dû résoudre en Afrique occidentale ont toujours été bien compris parmi nous, car les Anglais sont d'ordinaire assez généreux pour rendre justice au bien que les autres ont accompli, même si ceux-là sont parfois des rivaux. Il est certain que la plupart des Anglais ignorent de façon navrante ce qu'ont fait les Français dans l'Afrique occidentale et centrale, et l'on y voit même des écrivains réputés persister à fermer les yeux sur les changements considérables, presque révolutionnaires, qu'une expérience, chèrement achetée, a fait subir aux conceptions coloniales de nos voisins. Nous n'avons pas su, en tant que nation, rendre justice à ce que les Français ont fait en Afrique. Nous avons contesté leurs facultés colonisatrices, et nous n'avons pas voulu admettre, dans les conseils de leur gouvernement, l'existence d'un plan initial, mûrement réfléchi, et dont la fréquence des crises ministérielles a simplement retardé mais n'a pas arrêté l'exécution. Et nous persistons maintenant à ne pas voir que la France apporte au développement économique de ses vastes territoires le zèle et la clairvoyance qu'elle a mis constamment à les conquérir et à les annexer.

CHAPITRE XXVI

SITUATION COMMERCIALE ET FINANCIÈRE DES POSSESSIONS FRANÇAISES

La logique des faits conduit peu à peu les Anglais à cette conviction que, depuis quelques années, les Français ont complètement transformé la situation commerciale de leurs possessions de l'Afrique occidentale, de celles de ces possessions du moins qu'il est possible aujourd'hui d'exploiter commercialement. Mais une étrange ignorance subsiste néanmoins à ce sujet, et en dehors des milieux où l'on s'occupe spécialement de ces questions, les possessions françaises sont encore défavorablement jugées au point de vue commercial et financier. Les idées ainsi profondément enracinées sont tellement loin de la vérité que les Français, au point de vue commercial, non seulement ont des succès très honorables en Afrique occidentale, mais encore y réussissent, comparativement, beaucoup mieux que nous. En outre, leurs possessions coûtent moins que les nôtres à administrer, et l'économie n'est pas réalisée aux dépens des travaux publics ; c'est tout le contraire. Ils sont passés et bien passés, les jours où les Anglais pouvaient incarner l'idéal de l'administration coloniale française en Afrique occidentale dans un douanier et dans un soldat, ajoutant que les dépenses y dépassaient les recettes, que la mère-patrie leur fournissait constamment des subsides, que le commerce y était embryonnaire et que le déficit budgétaire y allait croissant. A certains égards les Français ont vis-à-vis de nous renversé les rôles. Une personnalité aussi distinguée que celle de sir Harry Johnston tombe elle-même dans l'erreur courante quand elle affirme, qu' « à l'exception de la Tunisie aucune des possessions françaises de l'Afrique n'est en état de suffire à elle-même et que toutes les autres ne peuvent que drainer l'or de la France ». C'est une complète erreur et l'on peut le prouver de la façon la plus catégorique. Çà et là, il est vrai, on retrouve la vieille conception bureaucratique, funeste et paralysante, mais dans l'ensemble les possessions françaises au nord du golfe de Guinée progressent avec une étonnante rapidité ; elles peuvent entreprendre l'exécution de travaux publics importants avec leurs excédents de recettes et contracter des emprunts pour la construction de chemins de fer sous la garantie de leurs propres ressources. Mary Kingsley, dans ses *Etudes sur l'Ouest africain (West African Studies)*, a pu soutenir cette opinion que la France, si l'on admettait qu'elle pût acquérir « le sens des affaires », serait en mesure « d'absorber tout le commerce de l'Afrique occidentale depuis le Sénégal jusqu'à Lagos ». Il est certain en effet que si la politique britannique dans l'Ouest africain continue à suivre les principes actuels, et si, d'autre part, la politique de nos voisins échappe à la contamination du régime des concessions dont l'application dans la colonie du Congo a donné de si tristes résultats, la France pourra faire et fera un tort énorme à nos possessions de l'Afrique occidentale, et sur un excellent terrain, celui de la concurrence loyale. Le Sénégal, la Guinée française, la Côte d'Ivoire et le Dahomey se suffisent tous à eux-mêmes, et le développement du commerce y est en toute conscience assez éloquent, comme le démontrent les chiffres suivants :

	Sénégal.	Guinée (1).	Côte d'Ivoire.	Dahomey.
	—	—	—	—
1889......	1,520,000 liv. st.	320,000 liv. st.	160,000 liv. st.	300,000 liv. st.
1899.......	2,920,000	1,000,000	520,000	1,000,000
1900.......	3,189,400	973,000 (1)	686,000	1,001,081

Aucune de nos colonies ne peut faire preuve de progrès aussi rapides que ceux de leurs rivales celtiques, si jeunes soient-elles, le Sénégal excepté. L'augmentation est vraiment prodigieuse. Dans les colonies françaises ci-dessus mentionnées les dépenses sont admirablement proportionnées aux recettes. En Guinée française notamment cette excellente gestion est manifeste. Pourrions-nous en dire autant de nos possessions? Dans toutes ces colonies les Français dépensent moins que nous en frais d'administration. Dans certaines d'entre elles néanmoins ils consacrent aux travaux publics des sommes plus considérables, et avant longtemps leurs dépenses à ce titre seront au total plus élevées que les nôtres. Il suffira de donner un ou deux exemples à l'appui de ces affirmations générales.

(1) La baisse prédite, et officiellement prévue, pour 1901, s'est produite à cause de la crise du caoutchouc. Les mesures prises depuis quinze mois pour encourager des industries nouvelles dans le pays et l'avancement du chemin de fer produiront certainement leurs effets dans deux ou trois ans. (*Note de l'Auteur.*)

La situation du Dahomey est particulièrement intéressante parce que cette colonie est voisine de Lagos, parce que Lagos est un des ports de transit du Dahomey, parce que les deux possessions construisent des chemins de fer dans la même direction, et parce que l'une et l'autre visent à accaparer tout le commerce de l'intérieur. Comparé à Lagos, le Dahomey, cela va de soi, n'est, par l'âge, qu'un enfant, mais un enfant vigoureusement constitué. Son commerce a passé de 19 millions de francs en 1893 à 27 millions en 1900. Le développement du commerce d'exportation est très remarquable. En 1893 le total était de 347,258 livres sterling (8,681,463 francs), et en 1900 il s'est élevé à 502,350 livres. En 1893, le commerce d'exportation de Lagos était de 836,295 livres sterling ; en 1900, il était de 885,111 livres. Il est vrai que Lagos a connu des jours meilleurs en 1896 et 1899 (975,263 et 915,924 livres pour l'une et l'autre année), mais l'augmentation relative est inférieure à ce qu'elle est pour le Dahomey. En 1894, pour un commerce d'exportation de 821,682 livres sterling, les dépenses de Lagos s'élevaient à 124,819 livres ; en 1900, pour un commerce d'exportation de 885,111 livres, les dépenses étaient de 187,124 livres, y compris 37,214 livres consacrées à des travaux publics et 18,169 à l'amortissement d'une dette publique. En 1900, avec un commerce d'exportation de 502,350 livres sterling, le Dahomey dépensait 119,664 livres dont 29,000 en travaux publics et en 1901 consacrait 60,000 livres prélevées sur propres ressources à la construction d'un chemin de fer (1). En 1900 le Dahomey dépensait 8,000 livres (2) pour l'entretien de forces militaires et d'une police; Lagos pour le même objet dépensait 39,095 livres (3). Pour des raisons qu'on ne fait pas connaître, le Dahomey n'exporte pas de bois, mais ses exportations d'huile de palme et d'amandes de palme augmentent tous les ans. Le Dahomey exporte aujourd'hui presque autant d'huile de palme que Lagos (4). En ce qui concerne les amandes de palme, le Dahomey n'est pas encore sur le même rang

(1) Colonial Office. Rapport de 1900.

(2) Rapport d'ensemble, Dahomey, 1900.

(3) Pour 1902, sur un total de dépenses de 121,560 livres, le Dahomey consacrait 32,000 livres à la construction d'un chemin de fer et 11,911 livres à l'exécution de travaux publics ordinaires, soit pour l'ensemble de ces travaux d'intérêt général 43,911 livres. (*Note de l'Auteur.*)

(4) Les statistiques suivantes sur les exportations du Dahomey, statistiques établies d'après des chiffres récemment publiés, sont intéressantes.

que Lagos, mais il gagne du terrain, car il a exporté 24,211,614 kilogrammes ou en chiffres ronds 24,000 tonnes en 1901 contre 21,986,043 kilogrammes en 1900 et 21,850,982 kilogrammes en 1899. Lagos a exporté en 1900-1901 plus de 47,000 tonnes d'amandes Il y a quelques années, les Français se voyaient avec déplaisir tributaires de Lagos, le seul port de transit que pût utiliser le commerce de leur colonie ; Lagos est en effet relié à Porto-Novo par une lagune et pour certaines catégories de marchandises il offrait et offre encore des facilités beaucoup plus grandes que partout ailleurs pour le passage de la barre. Les Français, en présence de cette situation, construisirent à Kotonou un des rares appontements qui existent sur le littoral ouest africain. Ce wharf, à la faveur de cette circonstance que les marchandises en transit par Lagos étaient frappées de droits par les autorités anglaises, a atteint le but qu'on se proposait, et la plus grande partie du commerce du Dahomey remplace aujourd'hui la voie de Lagos par celle de Kotonou. A ce point de vue, Lagos, dans un intérêt immédiat de pure fiscalité, a fait le jeu de ses rivaux. La colonie construit également un chemin de fer qui probablement deviendra une entreprise très importante. La politique fiscale adoptée par la France au Dahomey depuis la convention de 1898, qui a interdit tout tarif différentiel pendant trente ans, est propre à lui assurer un très brillant succès, et, à moins qu'on ne laisse le concessionnaire de la voie ferrée, dans l'exécution du contrat qu'il a conclu avec la colonie (1), entraver la liberté du commerce sur les terrains qui lui sont concédés et y porter atteinte aux droits fonciers des indigènes, la sagesse de la politique fiscale du Dahomey continuera à porter ses fruits. Bien des personnes seront étonnées d'apprendre que le Dahomey perçoit sur les marchandises

Quantités exportées en kilog (1,015 kilog à la tonne.)

	Amandes de palme.	Huile de palme.
1898.......	18,091,312	6,059,539
1899.......	21,850,982	9,650,081
1900.......	21,986,013	8,920,359
1901.......	24,211,614	11,290,658
Premier trimestre 1902.......	6,972,297	3,488,766
id. 1901.......	4,768,050	1,993,520

(*Note de l'Auteur.*

(1) Il convient de remarquer que le gouvernement français a autorisé plusieurs de ses possessions de l'Afrique occidentale à contracter elles-mêmes avec des tiers pour la construction de voies ferrées. (*Note de l'Auteur.*)

des droits dont le tarif est en général inférieur à celui de Lagos, et il est certain que le fait est favorable à la colonie française et préjudiciable à la colonie anglaise. Il y a tant d'idées fausses sur ces questions, qui, cependant, intéressent si directement la prospérité et la situation commerciale de nos possessions de l'Afrique occidentale et des possessions rivales, qu'on a tout avantage à avoir sous les yeux, un tableau comparatif aussi complet que possible des droits perçus dans les deux colonies (1). Sur tous les articles autres que les cotonnades, le Dahomey perçoit des droits moins élevés que ceux de Lagos. Si le Dahomey pourvoit aux besoins de son administration et même obtient des excédents de recettes en percevant 2 d. par livre de tabac et de poudre de traite, et 11 s. 4 d., ou 4 s. 10 d., selon le cas, par tonne de sel gemme et de sel marin, quelle peut bien être la raison qui empêche Lagos d'agir de même, au lieu de percevoir 8 d. et 4 d. par livre de tabac, 6 d. par livre de poudre, et 20 s. sur les deux sortes de sel? La réponse, c'est que le système administratif des colonies de la Couronne est beaucoup plus dispendieux que celui des possessions françaises.

La plus ancienne colonie de la France en Afrique occidentale, le Sénégal, — malgré les ravages périodiques de la fièvre jaune contre lesquels la science, il faut l'espérer, permettra de lutter avec plus de chances de succès, — est dans une excellente situation commerciale et financière, bien qu'elle soit trop exclusivement à la merci d'une seule exploitation, celle de l'arachide (2). Son commerce d'exportation s'est élevé de 517,934 livres sterling en 1891 à 1 million de livres en 1900 ; mais ses dépenses au lieu de croître dans une proportion identique ou supérieure, comme c'est d'ordinaire le cas pour les possessions britanniques, demeurent en fait

(1) En ce qui concerne le taux comparé des droits sur les spiritueux, le tarif est tout à l'honneur de Lagos. (*Note de l'Auteur.*)

(2) Il est un fait très intéressant à noter en ce qui concerne le commerce des arachides. Tous les produits de cette nature sont importés sur le continent, aussi bien ceux du Sénégal que ceux de la Gambie, et l'huile qu'on en extrait sert à la fabrication de la margarine, qui est ensuite consommée en quantités importantes par des Anglais! Pourquoi n'aurions-nous pas nos propres usines d'extraction? Est-ce parce que, d'autre part, l'Angleterre produit peu de lait? On ne peut en tout cas qu'être frappé de la situation toute spéciale et assez fâcheuse où nous sommes en envoyant en France l'arachide récoltée sur nos possessions de l'Ouest africain, pour acheter ensuite aux Français l'huile extraite de ce même produit et destinée à notre consommation! L'arachide peut croître partout en Afrique occidentale et les soins qu'exige sa culture se réduisent à très peu de chose. (*Note de l'Auteur.*)

stationnaires, aux environs d'un total de 150,000 livres. Les excédents de recettes ont permis d'allouer un subside annuel de 36,000 livres pendant vingt-deux ans au budget du chemin de fer de Kayes au Niger dont la construction, quand elle sera terminée, sera certainement très profitable à la colonie du Sénégal. En ce qui concerne l'exécution des travaux publics, le Sénégal est sans conteste en avance sur toutes les possessions européennes de l'Afrique occidentale. Une voie ferrée de 250 kilomètres de longueur relie Saint-Louis, chef-lieu de la colonie, à Dakar, le principal port du Sénégal et la meilleure rade de toute la côte. Saint-Louis, Dakar et Rufisque ont toutes les trois des adductions d'eau. Le pont Faidherbe est une œuvre d'art remarquable, et les appontements de Rufisque et de Dakar sont installés dans d'excellentes conditions. Les études d'une nouvelle voie ferrée qui traverserait la région du Saloum avec prolongation vers Kayes se poursuivent actuellement, et il y a maintenant un projet établi pour l'amélioration de la navigation sur le Sénégal. Cette colonie semble assurée d'un brillant avenir.

La Côte d'Ivoire s'est révélée depuis peu de temps comme pouvant être une colonie minière, destinée à rivaliser avec la Côte d'Or anglaise, sinon à la surpasser. *Le Transvaal français*, tel est le titre que des admirateurs enthousiastes lui ont déjà donné. Des travaux de prospection ont été entrepris, et des centaines de permis d'exploration ou de recherches ont été accordés. On se montre très réservé sur les premiers résultats obtenus, et l'on semble veiller très sagement sur les opérations de sociétés de pure spéculation. Il paraît y avoir de bonnes raisons de croire que des filons aurifères très importants existent dans le pays. De récentes explorations ont révélé les traces de plusieurs mines autrefois ouvertes par les indigènes, et même d'une mine encore exploitée par eux, celle de Kokombo dans la région du Baoulé. Selon des personnes bien informées, la Côte d'Ivoire se montrera particulièrement riche en minerai d'alluvion. Le Baoulé, l'Indénié, l'Attié et le Jaman sont, dit-on, les quatre régions de la colonie qui rémunèrent le mieux les chercheurs d'or. Le commandant Binger, qui a parcouru tout le pays, a largement foi en ses richesses minières et, selon le Dr Freeman, le sud-ouest du Diamann est *par excellence* (1) le pays

(1) En français dans le texte anglais.

de l'or comparativement aux autres régions de la colonie ; il serait plus riche que l'Ashanti et les autres fractions du protectorat britannique (1). A l'Exposition universelle de Paris en 1900, plusieurs échantillons de quartz aurifère de la Côte d'Ivoire furent présentés au public. Ils venaient de Kodokiofi, de Nangoukrou, d'Alépé et d'Adokoi; il y avait aussi des spécimens d'objets en or de fabrication indigène recueillis dans le Baoulé et le Diamann et dénotant de la part de ceux qui avaient exécuté le travail un talent artistique très remarquable. On a aussi pendant quelques années exporté de la Côte d'Ivoire de la poudre d'or, et la valeur annuelle de cette exportation a été, de 1890 à 1897, de 25,000 livres en moyenne. Actuellement, le commerce de la Côte d'Ivoire, qui se développe rapidement, tire sa principale importance de l'exportation des bois. Les ports de Grand-Bassam, de Lahou et d'Assinie sont au nombre des points de la côte où se font les chargements de bois les plus importants. En 1892, la Côte d'Ivoire exportait de l'acajou pour une somme de 23,000 livres ; en 1900, elle en a exporté pour 44,000 livres. Presque tout cet acajou est expédié à Liverpool qui a importé en 1899, de la Côte d'Ivoire, 4,714 billes mesurant 2,727,349 pieds cubiques, et, en 1900, 5,748 billes mesurant 3,697,416 pieds cubiques. Autrefois, la colonie, l' « Elfenbein Küste » (Côte d'Ivoire) des Allemands, était réputée pour le produit que son nom rappelle encore actuellement.

En 1730, Barbot écrivait que « le pays de l'intérieur produit chaque année une quantité considérable de dents d'éléphant, belles et de grande taille, constituant l'ivoire le plus pur qu'il y ait au monde, et que venaient acheter constamment sur cette côte les Anglais, les Hollandais, les Français, et parfois les Danois et les Portugais ». Il va nous décrire, en un beau langage, combien le commerce de l'ivoire était alors important sur la côte et quel en était le profit pour les indigènes : « Le grand concours de navires européens, écrit-il, qui viennent ici tous les ans, et qui sont parfois trois ou quatre à se rencontrer à jeter l'ancre, a encouragé les indigènes à vendre si cher leurs dents (*sic*), particulièrement les

(1) Des syndicats belges ont essayé et essaient encore de s'emparer des mines d'or de la Côte d'Ivoire française. Jusqu'à présent leurs tentatives ont été déjouées grâce à la vigilance des négociants français ; mais on ne sait ce qui peut arriver quand on connaît l'influence extraordinaire que le roi Léopold semble exercer sur le monde officiel français. (*Note de l'Auteur.*)

plus grandes, — il y en a du poids de 200 livres de France — qu'il n'y a guère de profit à tirer de l'opération, si l'on tient compte des frais énormes qui grèvent ordinairement des transactions aussi lointaines. » Barbot expose ensuite comment lui-même commerçait à la Côte d'Ivoire et il déclare avoir vu « 6 grands canots auprès de son navire, remplis de superbes dents d'éléphants, chaque canot étant monté par 5 ou 6 hommes au moins, gaillards solides et résolus ». Se référant au témoignage des Hollandais, le même auteur écrit qu' « on a peine à concevoir quelle multitude d'éléphants il y a dans ce pays ». Il semble bien établi qu'à cette époque l'ivoire était le seul produit échangé par les indigènes contre les barres et les anneaux de fer, les perles, les marmites, les cotonnades, le brandy et autres articles que les marchands européens apportaient sur leurs voiliers. Aujourd'hui, le commerce de l'ivoire a complètement disparu sans doute parce qu'on a exterminé tous les éléphants dans les régions voisines de la côte. Le peu d'ivoire qu'on exporte de ces parages doit être apporté par des caravanes venant du Soudan occidental. Cette disparition d'un commerce qui fut assez important autrefois pour en avoir laissé le nom à une partie étendue de la côte est une de ces particularités dont l'Afrique occidentale nous offre plus d'un exemple. Rien ne prouve mieux, je crois, le sens commercial si développé des indigènes de l'Ouest africain que cette facilité avec laquelle un genre de trafic disparaissant, ils en imaginent aussitôt un autre. Ce n'est pas sans doute une initiative raisonnée qui les guide, c'est la nécessité ; en tout cas, la facilité avec laquelle ils s'assimilent les nouvelles exigences du commerce montre clairement que leur race est accessible au progrès. C'est ce qui s'est produit à la Côte d'Ivoire. Le commerce de l'ivoire a disparu, mais pour être remplacé par celui de l'huile et de l'amande de palme, celui du caoutchouc, et, tout récemment, celui de l'acajou.

Jusqu'à présent, la Côte d'Ivoire est la moins avancée des possessions françaises de l'Afrique occidentale quant à l'exécution de travaux publics, bien qu'il y ait un wharf à Grand-Bassam. Mais on a pour le moment un très gros projet qui consiste à construire un port et un chemin de fer, en creusant un canal à travers une plage de sable à Petit-Bassam en face du « trou sans fond » bien connu et si redouté des marins, et en draguant la lagune au fond de laquelle se trouve Bingerville. L'avenir de la Côte d'Ivoire semble être en bonnes mains, garanti comme il l'est par un état-major de fonctionnaires très capables. M. Clozel et M. Maurice Delafosse, notamment, se sont récemment distingués en étudiant les populations aborigènes, et en posant les bases d'une politique indigène qui, si elle est suivie, fera de cette possession une nouvelle Guinée française. En ce moment, toutefois, l'élément militaire semble avoir la haute main, et il y a eu un conflit regrettable entre les Français et les puissantes tribus du Baoulé, collision qui a fait oublier des années d'efforts pacifiques, et qui auraient pu réussir, selon ceux de nos voisins qui connaissent le mieux le pays. Des découvertes archéologiques d'un profond intérêt ont eu lieu dans le Baoulé et dénotent l'existence d'anciennes relations avec un peuple plus civilisé, que M. Delafosse croit avoir été le peuple égyptien (1).

La Guinée française peut montrer par elle-même ce qu'est capable de produire en Afrique occidentale une administration guidée par le bon sens, favorable au commerce, et bienveillante à tous. Le Dr Ballay, aujourd'hui décédé, qui l'a fondée et l'a gouvernée pendant plus de dix ans, demeure le type le plus complet de l'administrateur colonial, digne émule de son compatriote André de Brüe, et du nôtre, sir John Glover. Les progrès que la Guinée française a réalisés depuis qu'elle a pris naissance en 1889 sont réellement prodigieux. En 1890, Conakry, sa capitale, n'existait pas. Aujourd'hui elle compte 10,000 habitants dont 300 Européens. Le commerce de la Guinée française, qui en 1890 n'était que de 300,000 livres, a atteint en 1899 et 1900 environ 1 million de livres. C'est l'une des possessions de la côte administrées au meilleur compte et pourtant de la façon la plus pratique. Ses revenus sont très solides, en grande partie grâce à ce qu'on a pu établir avec succès un impôt de capitation, et ils demeurent supérieurs à ses dépenses, bien qu'un chemin de fer destiné à atteindre Kouroussa soit en cours de construction. Une route carrossable magnifique, longue de 137 kilomètres, a été construite de Conakry jusqu'à l'entrée du Fouta-Djallon. Les droits perçus à l'importation y sont, à l'exception d'un ou deux articles, inférieurs à ceux qu'exige sa voisine mourante, Sierra-Leone. D'autre part, on y trouve à l'exportation un droit de 7 0/0 sur le caoutchouc et la gomme copale. La

(1) *Sur les traces probables de civilisation égyptienne et d'hommes de race blanche à la Côte d'Ivoire*, Masson et Cie, Paris. Une brochure que devraient lire tous ceux qui étudient l'Afrique occidentale. (*Note de l'Auteur.*)

situation de la Guinée française, comparée à celle de Sierra-Leone, sera rendue plus apparente par le tableau suivant :

Guinée française en 1900.			Sierra-Leone en 1900.		
Commerce total...	962,209	liv. st.	Commerce total.......	921,017	liv. st.
Exportations..........	391,191	—	Exportations..........	362,741	—
Dépenses..............	116,699	—	Dépenses..............	156,421	—

Décomposition des dépenses.			Décomposition des dépenses.		
Travaux publics et chemin de fer...........	57,478	liv. st.	Travaux publics et chemin de fer...........	36,084	liv. st.
Autres dépenses........	59,221	—	Autres dépenses.	120,337	—

Il convient d'ajouter que l'année dernière (1901) les exportations de Sierra-Leone sont tombées de 362,741 livres en 1900 à 304,010 livres, y compris le numéraire (1), et de 317,980 livres à 265,433 livres, non compris le numéraire, ce dernier chiffre étant le plus faible qu'on ait eu depuis vingt et un ans. En même temps, les dépenses ont passé de 156,421 livres à 173,457 livres, somme supérieure de 91,976 livres seulement au total des exportations, c'est-à-dire à la puissance d'achat de la colonie.

CHAPITRE XXVII

L'ADMINISTRATION FRANÇAISE ET L'ADMINISTRATION BRITANNIQUE EN AFRIQUE OCCIDENTALE

Nous avons vu, au cours du précédent chapitre, ce qu'il fallait penser de ce préjugé selon lequel la France serait incapable d'administrer avec succès ses possessions de l'Afrique occidentale; il est une autre opinion qui paraît également très répandue. Les moyens de domination qu'emploie la France en Afrique occidentale sont, dit-on, d'une rudesse excessive. Je ne vois rien qui puisse justifier cette affirmation. L'histoire de toutes les Puissances qui se sont établies dans l'Ouest africain est ternie par des actes d'oppression et d'injustice commis envers les indigènes, et rien ne me paraît démontrer que la France, à cet égard, ne puisse soutenir la

(1) Le numéraire est ordinairement compris dans les statistiques du commerce, et cette pratique peut être l'origine de fréquentes erreurs. (*Note de l'Auteur.*)

comparaison avec l'Angleterre, l'Allemagne et le Portugal. Au total, la France est peut-être moins à blâmer que la plupart des autres Puissances. Au nord du golfe de Guinée, c'est-à-dire dans les régions de l'Afrique occidentale dont nous nous sommes occupés, j'oserais dire que le parallèle serait nettement à l'avantage de la France. C'est l'opinion de sir Charles Dilke; ce fut celle de feu Mary Kingsley, et d'une ou deux autres personnalités compétentes. Prenant la parole en septembre 1901 à une séance de la chambre de commerce de Liverpool, un savant distingué, Africain entre tous les Africains, le Dr Blyden, qui peut si bien se prononcer en connaissance de cause et qui occupe encore une des fonctions officielles à Sierra-Leone, émettait à ce sujet une opinion très concluante.

« La France, disait-il, a une œuvre remarquable à accomplir en Afrique, une œuvre qui s'accommode, qui s'adapte admirablement au génie de la race celtique... La part que prendront les Français au développement de la civilisation en Afrique tient à coup sûr à ce qu'ils ont en commun avec toute l'humanité, mais à ce qui les distingue eux-mêmes tout spécialement. La France est la France. L'Angleterre est l'Angleterre. La France peut faire pour l'Afrique ce qui est impossible à l'Angleterre, et celle-ci ce qui est impossible à la France. Cette vérité, tous les Africains capables de raisonner l'admettent, et tous sont heureux de coopérer avec l'une et l'autre nation, dans la mesure où les méthodes de chacune d'elles peuvent se concilier avec les idées, les coutumes et les traditions des indigènes. Et il semble que les méthodes françaises s'harmonisent mieux avec les sentiments indigènes que les procédés plus rudes, plus positifs des Anglo-Saxons. Tout ce qu'elle trouve parmi les indigènes d'original, de spécial à la race, de pittoresque, l'administration française le laisse subsister. »

C'est parfaitement exact et cela contribue fort à nous expliquer les succès politiques des Français dans l'Ouest africain.

S'il est un fait dont nous devons être frappés, c'est que les Français aient réussi à établir l'impôt direct dans leurs possessions sans effusion de sang, sans troubles locaux, alors qu'à Sierra-Leone l'institution d'une taxe analogue bouleversait le pays de façon si désastreuse. Tout ce qui touche à l'impôt direct en Afrique occidentale est gros de péril; c'est un problème qui mérite l'attention et la réflexion la plus profonde, et vraiment il semble que nous devions nous arrêter assez longuement sur ce qui, en la matière, a déjà été fait par les Français et par nous-mêmes. Un impôt de capitation fut établi en Guinée française en 1897. En 1900, il produisait 90,000 livres, et j'apprends de bonne source que la perception en 1901 donnera un total de 140,000 livres, et que ce résultat sera dépassé encore, l'impôt n'ayant pu atteindre jusqu'à présent tous les contribuables. Ce résultat a-t-il été de vive force obtenu par une action militaire? Pas du tout, car la Guinée française a maintenant une étendue trois fois supérieure à celle de Sierra-Leone, et la force armée, plus exactement, la force de police qu'elle entretient représente un peu plus de la moitié de celle que nous trouvons dans notre colonie. Le système qui consiste à « montrer sa force » brille donc ici par son absence. Il a été remplacé par beaucoup d'adresse, venant s'ajouter à l'observation de certains faits positifs. Quels sont ces faits, tout d'abord? Le taxe perçue en Guinée française est un impôt de capitation; la taxe perçue à Sierra-Leone est un impôt foncier. Dans le premier cas, on n'eut pas à intervenir dans le régime des terres, tel qu'il résulte de la coutume indigène; dans le second car, il fallut indirectement s'y ingérer. M. Chamberlain lui-même (1) inclinait à penser que les « indigènes voyaient dans la taxe nouvelle une première atteinte à leurs droits de propriété ». Pourtant M. Chamberlain a maintenu la taxe. M. Chamberlain ajoute que « si les indigènes sont peu disposés à payer l'impôt on doit pouvoir triompher de leur opposition, puisqu'une taxe similaire est perçue sans difficulté par les Français sur des populations semblables à celles de Sierra-Leone, dans la colonie voisine ». Ici, M. Chamberlain a prouvé qu'il n'était pas exactement renseigné. La taxe n'était pas « similaire », et les populations du territoire français n'étaient pas semblables à celles de Sierra-Leone; il n'y avait pas similitude, il y avait dissemblance. Quelle similitude ethnique peut-il y avoir, par exemple, entre les Peuls, qui dominent sur une grande partie de la Guinée française, et les Mendis, les Timénés, les Konnos et les Soulimas de Sierra-Leone? Une telle confusion est extraordinaire. Les populations de la Guinée française sont, soit musulmanes, soit le plus souvent habituées depuis des siècles par la conquête musulmane à l'impôt direct (2). Les

(1) Rapport de sir David Chalmer, p. 169.

(2) Tel est, par exemple, le cas des Soussous, très nombreux en Guinée française, et dont une petite fraction seulement s'est établie dans le protectorat britannique voisin. (*Note de l'Auteur.*)

populations de Sierra-Leone sont des tribus indépendantes qui ont résisté à tous les efforts de la conquête musulmane, et parmi lesquelles le paiement périodique d'un impôt est inconnu, contraire à toutes les idées des indigènes. On s'est servi d'un argument presque identique en ce qui concerne la Gambie. Nous percevons un impôt sur les cases en Gambie; pourquoi n'en serait-il pas de même à Sierra-Leone? Toujours pour la raison que ce qui est bon dans un pays peut ne pas l'être dans un autre. On ne peut faire un bloc de toute l'Afrique occidentale et y appliquer partout une même législation. Le goût de l'assimilation est funeste à tout gouvernement dans l'Ouest africain. Ainsi les populations de la Gambie sont musulmanes ou bien ont subi le joug musulman. La situation de cette contrée est, en outre, à un autre point de vue, bien différente de celle de Sierra-Leone. Sierra-Leone est couverte d'épaisses forêts. La Gambie n'est qu'un fragment de territoire sur chaque rive du fleuve. Les villages situés sur ses bords sont toujours à portée des canonnières. La région tout entière est facilement accessible, et de l'autre côté de la frontière le pays est occupé par les Français. Comment dès lors, en Gambie, pourrait-on résister aux demandes du gouvernement même si l'impôt était excessif, ce qui n'est pas le cas pour les raisons exposées déjà, et bien que les indigènes, sans doute, aient pour cet impôt les sentiments que l'*income-tax* nous fait éprouver à nous-mêmes? L'impôt direct est toujours impopulaire; il en est ainsi particulièrement chez les peuplades primitives. Enfin les indigènes de la Guinée française sont beaucoup plus riches que ceux de Sierra-Leone. Ce sont là les faits positifs à considérer. Et n'y aurait-il pas avantage pour le Colonial Office à s'assurer le concours d'un ethnologiste exercé, au moment où il vient d'instituer dans l'Afrique occidentale des conseils indigènes ayant toute indépendance et se trouvant en contact avec l'administration?

Le Dahomey et l'Ashanti peuvent également, d'une autre manière, être mis en parallèle. Au Dahomey, l'impôt de capitation fut pour la première fois depuis la conquête (1892) mis en vigueur dans le courant de l'année 1899. Il produisit 8,200 livres en 1899 et 22,290 livres en 1900. Il n'y eut aucun trouble et, comme en Guinée française, la taxe n'a pas empêché un rapide accroissement des exportations, bien que plusieurs milliers de travailleurs fussent employés au chemin de fer. Au Dahomey comme dans l'Ashanti les contribuables sont des noirs qui subirent autrefois une forme de gouvernement assez rare dans l'Afrique occidentale proprement dite, c'est-à-dire le despotisme. Ils ont été conquis par des Européens et la conquête implique tacitement le droit de lever l'impôt. Mais, après la victoire, les vaincus, dans l'Ouest africain, ont à réparer les plus grands maux. Des villages et des magasins sont détruits, des récoltes brûlées, des terrains laissés en friche; on manque de bras pour semer, moissonner, faire la récolte, et la misère devient générale. C'est le moment où le vainqueur, plus civilisé, professant une religion dont l'idéal est élevé, devrait prendre le vaincu par la main et tenter de reconstruire ce qu'il a détruit, mais sur des bases plus solides, où il devrait, puisqu'il aime à voir dans le noir un enfant, le traiter comme un père, qui, lorsqu'il a puni un fils coupable, lui rend toute son affection en oubliant la faute commise. En d'autres termes, toute assistance devrait être prêtée, toutes facilités devraient être laissées à la population assez malheureuse pour avoir encouru la vengeance d'une nation supérieure, dont l'action réformatrice, pour être efficace, doit être généreuse. Les Français ont ainsi pendant sept ans laissé les Dahoméens respirer, avant de leur appliquer un impôt direct (1).

Qu'avons-nous fait dans l'Ashanti? A peine une guerre funeste était-elle terminée, après avoir été accompagnée d'incidents qui ne sont guère à l'honneur de notre pays, après avoir été provoquée par une série de bévues administratives des plus grossières, — aussitôt les hostilités finies, nous mettons en vigueur un impôt direct, comme une prime offerte à des troubles futurs. En réalité, peu après que l'établissement de cette imposition eut été notifiée aux chefs vaincus, on n'évitait encore un nouveau soulèvement qu'en

(1) Il ne faut pas croire que ce parallèle entre la politique de la France au Dahomey et celle de l'Angleterre dans l'Ashanti implique une approbation de l'impôt direct en soi. Cet impôt est toujours une expérience dangereuse en Afrique occidentale, surtout envers les fétichistes, même après une conquête. Si le mode de perception des taxes n'est pas très minutieusement étudié, il est presque certain que des abus graves se produiront. Tout récemment, certaines rumeurs selon lesquelles la perception serait oppressive dans le Haut-Dahomey ont trouvé écho dans la presse française. Qu'y a-t-il de vrai dans ces bruits? je l'ignore. Mais ce qui est exact, je crois, c'est que les excellents fonctionnaires dont s'était entouré le gouverneur Ballot ont quitté la colonie depuis son départ et ont été remplacés par des agents qui connaissent moins le pays et sont moins compétents. (*Note de l'Auteur.*)

dirigeant en toute hâte des renforts sur Coumassie (1). Pouvait-on rien imaginer de plus maladroit, — pour ne pas dire davantage — que d'aller réclamer le paiement d'une indemnité de guerre vieille de près de trente ans, alors que sans l'attendre on avait obtenu justice en arrêtant et déportant Prempreh et en annexant le pays, alors aussi que le fait d'avoir en 1900 ressuscité cette demande passait pour n'être pas étranger au dernier soulèvement? Sir William Geary le remarquait avec raison :

« Pour emprunter, disait-il, une comparaison à la propriété privée, on ne peut faire saisir un gage immobilier, recevoir la rente et les revenus du sol, puis exiger, en outre, après s'être payé soi-même, les intérêts de la dette. Ainsi, nous avons annexé l'Ashanti en 1896, et nous avons non seulement établi formellement sur le pays notre souveraineté, mais encore fait de cette manière une excellente opération. Nous exportons du pays le minerai d'or, à l'avantage des actionnaires européens. Et maintenant nous voulons imposer les indigènes. »

Une telle politique peut-elle assurer la prospérité de l'Afrique occidentale britannique! En 1864, le *Times* s'exprimait dans ces termes en ce qui concernait le roi de l'Ashanti :

« Au lieu d'accueillir ceux qui conspirent contre lui, au lieu de violer les traités que nous avons conclus avec lui, au lieu d'essayer de saper les fondements de son trône, nous devrions entretenir des relations avec lui, pacifiquement secondés par des opérations commerciales. Au fond de ses vastes Etats, vivant au pied des montagnes de Kong, habitent des indigènes qui lui doivent et lui prêtent obéissance. Comme il serait profitable au protectorat que nous nous unissions tous pour favoriser et affermir des relations basées sur l'amitié et sur le développement de légitimes transactions! »

Paroles prudentes, conseils excellents. Pourquoi le *Times* ne les prêche-t-il pas aujourd'hui pour qu'il en soit tenu compte en d'autres parties de l'Afrique occidentale, là où le système des colonies de la Couronne n'est pas encore complètement parvenu à détruire ce qu'ont fait des générations d'efforts pacifiques et commerciaux! S'il y a encore quelque vitalité dans les restes misérables de ce qui fut jadis la puissante nation des Ashantis, il est certain que de nouveaux troubles suivront de même la perception de

(1) Voir le dernier Livre bleu sur l'Ashanti, 1902. (*Note de l'Auteur.*)

la taxe. Il ne nous semble pas que cette éventualité soit considérée comme très lointaine, même par le gouvernement, et il y a des passages significatifs à ce sujet dans le dernier Livre Bleu. Par bonheur, nous avons un excellent résident à Coumassie en la personne du capitaine Donald Stewart, homme des plus sympathiques, et il est possible que son influence personnelle l'emporte sur le sourd mécontentement que la politique de ses supérieurs rend inévitable en ce pays, soit qu'on l'exprime ouvertement, soit qu'on le dissimule.

L'un des témoignages recueillis auprès d'Européens par sir David Chalmers, au cours d'une enquête sur les hostilités amenées par l'impôt des cases, met en évidence, mieux peut-être que toute autre explication, la différence qui sépare les procédés des Français en Guinée et ceux des autorités britanniques à Sierra-Leone. Ces procédés ne sont pas tellement compliqués. On suppose que le grand almamy Daoula perçoit la taxe pour son compte, et il apporte l'argent au gouverneur en disant : « Voilà ce que j'ai pu percevoir », et le gouverneur répond : « Merci. » C'est précisément ce que les Français ont fait partout. Ils se sont présentés aux chefs comme étant pour eux des « amis puissants », ils leur ont expliqué qu'ils avaient besoin d'argent pour le chemin de fer, pour les routes, et ainsi de suite; ils leur ont fait remarquer les avantages de ces dépenses et leur ont demandé d'y contribuer; ils leur ont offert une très belle commission, un tiers des sommes recueillies (en d'autres termes ils les ont subventionnés) dans leur propre pays et ils ont fermé les yeux quand les sommes présentées étaient inférieures à celles qui se trouvaient dues. En même temps, le prestige des chefs a partout été fortifié, les institutions indigènes ont été sauvegardées, les procédés vexatoires du formalisme européen ont été écartés; on a encouragé l'arrivée de négociants, on a pris conseil auprès d'eux sur la direction à donner aux services publics, on a restreint le nombre des fonctionnaires, réalisé des économies dans les diverses branches de l'administration et renoncé à toute application des méthodes militaires. Résultat, un succès magnifique au point de vue politique, commercial et financier. Comparez ce résultat à celui que nous avons obtenu à Sierra-Leone. Nous détruisons le pouvoir des chefs au lieu de le fortifier (1). La

(1) Voir le témoignage du lieutenant-colonel Gore, secrétaire colonial pour Sierra-Leone. Rapport de sir David Chalmers. (*Note de l'Auteur.*)

taxe des cases fut à l'origine appliquée d'une manière hâtive, pour ne pas dire brutale. On s'est montré d'une exigence extrême dans la perception. On a vu des chefs arrachés de vive force à leurs villages, accusés de trahison, et conduits en prison les menottes aux mains, sous les yeux de leurs sujets incapables de résister. Le corps de la police des frontières, troupe mal disciplinée (1), recrutée dans les bas-fonds du protectorat, a commis toutes sortes d'exactions; selon l'expression du haut commissaire royal on a fait preuve d'une « rigueur oppressive », on a traité cette très délicate question dans un esprit « d'autorité impérieuse et intransigeante ». Un soulèvement devait naturellement s'ensuivre, qui bouleversa tout le Protectorat. Le rapport de sir David Chalmers, qui fut alors adressé et qui combattait l'impôt des cases en demandant sa suppression, ne fut pas suivi d'effet; la taxe fut maintenue, les dépenses civiles et militaires, celles de la magistrature, se sont accrues et se sont trouvées hors de proportion avec les ressources du pays. Conséquence, les dépenses ont atteint environ 60 0/0 de la capacité de production du pays, qui diminue rapidement, et la machine administrative nécessaire à la perception de l'impôt coûte plus que celui-ci ne rapporte lui-même. Le Colonial Office, qui s'est confondu en ingénieuses explications pour enlever au soulèvement toute connexité avec l'impôt des cases, a récemment publié des déclarations optimistes — dépassant tout ce qu'on a pu voir en ce genre, — et reproduit le rapport du nouveau gouverneur sur son voyage dans l'intérieur (2). Il semble que tout soit pour le mieux dans le meilleur des mondes. Les indigènes sont satis-

(1) De juillet 1894 à février 1898 il n'y eut pas moins de soixante cas de culpabilité, ne représentant qu'une faible proportion, on peut le penser, des délits commis actuellement relevés à la charge des miliciens de cette police pour sévices, pillage, et en général pour mauvais traitements envers les indigènes. (*Note de l'Auteur.*)

(2) Un des arguments favoris des autorités consiste à invoquer les avantages qu'ont retirés les habitants du protectorat de la mise en vigueur de l'ordonnance supprimant le commerce des esclaves. En échange de ce bienfait les indigènes, selon les représentants de l'Administration, devaient sans difficulté consentir à payer l'impôt. Il se peut qu'ils l'eussnt payé, à un certain moment, plus ou moins volontairement, si la taxe leur avait été présentée dans un esprit différent. Mais en ce qui concerne le commerce des esclaves, l'argument est singulièrement faible, si l'on considère que, d'après une déclaration publique de sir F. Cardew, en 1895, ce « trafic avait complètement disparu en fait dans l'intérieur du protectorat ». (*Note de l'Auteur.*)

faits de leur sort, y compris l'impôt qu'on leur applique. La diminution des exportations (cet indice véritable de la prospérité d'une colonie de l'Ouest africain), qui ont baissé considérablement depuis l'établissement de la taxe et l'année dernière sont descendues au chiffre le plus bas qu'on ait connu depuis vingt ans (l'année de la révolte exceptée), cette diminution est attribuée à « un manque d'activité de la part des producteurs indigènes » et à l'action des Français. En ce qui concerne ces derniers, ils ont depuis plusieurs années perçu une taxe sur les caravanes indigènes traversant la frontière, et le rapide développement ainsi que l'administration judicieuse de la Guinée française ont tué le commerce de transit qui d'ordinaire passait alors *via* Freetown et qui maintenant est concentré à Conakry. Cependant, pour résister à la concurrence des Français, les autorités de Sierra-Leone croient qu'il est politique de maintenir la taxe des cases et toutes les dépenses qu'elle entraîne. Le trafic des caravanes avec les régions de l'intérieur les plus éloignées était condamné déjà le jour où les Français ont occupé l'arrière-pays; et les doléances qui se réveillent sur la taxation des caravanes semblent légèrement manquer de sincérité. Il y a de cela plusieurs raisons; il faut considérer notamment que si les indigènes de notre protectorat voisins de la frontière regrettent de perdre les bénéfices que leur procurait le passage des caravanes par leur pays et font par suite entendre des plaintes, on n'a pas démontré que les habitants venant des régions plus éloignées, situées au delà de la limite et, on ne peut l'oublier, appartenant à la France, on n'a pas démontré que ceux-ci désirassent parcourir une longue distance jusqu'à Freetown pour vendre leurs produits, alors que des factoreries françaises, très rapprochées, les leur achètent à des prix aussi avantageux. Il est curieux aussi d'opposer les explications données par le Colonial Office à d'autres déclarations officielles, d'après lesquelles en 1899 et 1900 le pays devait se relever promptement des suites de la révolte déchaînée par l'impôt des cases, et le commerce d'exportation reprendre son importance normale. En définitive, ce commerce, il y a vingt ans, représentait 366,000 livres pour une dépense de 72,000 livres; l'année dernière les dépenses étaient de 173,457 livres, y compris les frais du chemin de fer et de 154,210 livres, non compris ces derniers. Les dépenses dès lors, en retranchant celles du chemin de fer, ont augmenté de plus de 100 0/0, en face d'une diminution dans la capacité de production du pays. C'est la voie de la ruine financière, et ceux qui sont au courant de la question ne l'ignorent pas; mais tant que le public britannique ne se sera pas résolu à aborder sérieusement les problèmes de l'Ouest africain, les quelques personnes qui le diront continueront sans doute à être taxées de pessimisme, de sentimentalisme doctrinaire ou de folie, jusqu'au jour inévitable où l'on reconnaîtra qu'elles avaient raison.

CINQUIÈME PARTIE

CHAPITRE XXVIII

LE RÉGIME DES CONCESSIONS AU CONGO FRANÇAIS

« Ce qui importe en matière coloniale, c'est que les gouvernements, dans leur marche difficile et incertaine, mais méthodique, aient de plus en plus présent à l'esprit l'idéal qu'ils se sont proposé à eux-mêmes, et qu'ils ne perdent jamais de vue, au milieu des ténèbres, l'étoile qui brille dans les cieux et dont les rayons sont la justice et l'humanité. » — M. Decrais, ministre des Colonies dans le cabinet Waldeck-Rousseau.

« Nous estimons même qu'à raison de la difficulté, de l'impossibilité où ils se trouvent de faire connaître leurs sentiments et d'exprimer leurs doléances, les intérêts de ces indigènes demandent à être l'objet d'une bienveillance, d'une sollicitude toutes particulières...

« Peut-on davantage soumettre ces indigènes à l'exploitation irréfrénée, à la servitude économique dont ils sont menacés? Car c'est bien une forme déguisée d'esclavage que le droit exclusif que voudront s'arroger les concessionnaires d'acheter aux indigènes établis sur leurs concessions, et aux conditions qu'il leur plaira de leur imposer, les produits naturels du sol ou les récoltes que leur travail aura fait sortir des entrailles de la terre... C'est une raison de plus pour nous de déclarer que ce régime de concessions est incompatible avec le bien-être, avec les progrès matériels et moraux de nos indigènes, et avec les responsabilités que nous avons assumées en les soumettant à notre domination. » — Mémoire adressé par la Compagnie française de l'Afrique occidentale à M. Decrais (1).

Par une de ces contradictions extraordinaires dont son histoire présente de si nombreux et de si curieux exemples, la France amie de la liberté, qui par ses merveilleux succès en Afrique occidentale a montré qu'elle pouvait donner une heureuse direction à ses possessions; la France qui, dans ces régions, compte parmi ses fonctionnaires et ses négociants des hommes de la plus haute valeur

(1) La Compagnie française de l'Afrique occidentale est la société commerciale française la plus importante de l'Ouest africain. Elle a été fondée en 1887 au capital de 7 millions de francs; elle a réalisé 22 millions d'affaires en 1899. Elle a des comptoirs au Sénégal, en Guinée française et portugaise, dans la Gambie, à Sierra-Leone, à Lagos et à la Côte d'Ivoire. (*Note de l'Auteur.*)

morale, imbus de sentiments d'humanité et favorables à une politique indigène s'inspirant de saines doctrines, la France a malgré tout, depuis quelques années, approuvé l'établissement dans sa colonie du Congo d'un régime de monopoles qui lui a déjà été lamentablement funeste et qui lui réserve certainement, s'il est maintenu, des malheurs plus redoutables encore. Pour expliquer par quelles étapes successives la France s'est ainsi, dans l'Ouest africain, nettement écartée de ses propres traditions, il faudrait donner à cette étude un développement qu'elle ne saurait recevoir. On ne peut que rappeler l'origine du régime nouveau, en indiquer les lignes essentielles et que mentionner les événements qui s'y rattachent, sauf à examiner brièvement ensuite quelles conséquences il peut avoir pour les relations générales de l'Europe occidentale avec l'Ouest africain et pour les intérêts des sujets britanniques dans la zone maritime du Congo français.

Il peut y avoir environ trois ans et demi, on apprit en France que des compagnies soi-disant constituées pour l'exploitation du caoutchouc dans l'Etat du Congo, réalisaient d'énormes bénéfices; leurs actions étaient cotées avec des primes considérables à la Bourse d'Anvers. On se livrait en Belgique, sur le caoutchouc du Congo, à des spéculations effrénées; les quantités annuelles de ce produit exportées de l'Etat indépendant, et qui en 1888 représentaient une somme de 260,000 francs, s'étaient développées dans une proportion colossale à tel point que leur valeur en 1898 (1) était de 15,850,000 francs. Ce mouvement suscita chez nos voisins, — ou du moins chez quelques-unes de leurs personnalités les plus influentes, notamment dans les cercles officiels, — le désir de voir le Congo français obtenir des résultats analogues. « Nous avons là, disait-on, un territoire immense, aussi riche en produits forestiers, notamment en caoutchouc, que peut l'être l'Etat du Congo, et qui ne nous rapporte rien, qui ne sert qu'à drainer l'or de la métropole, tandis que les Belges, — ces nouveaux venus en Afrique, ces débutants de la colonisation tropicale — réalisent chaque jour des fortunes. Pourquoi ne pas les imiter? » Ces sentiments étaient absolument naturels. Ceux qui les concevaient, toutefois, oubliaient quatre choses — dont trois encore aujourd'hui peuvent être indiquées, — ou s'ils ne les oubliaient pas, ils les considéraient comme

(1) En 1900, 39,871,005 francs; en 1901, 43,965,950 francs. (*Note de l'Auteur.*)

négligeables sous l'influence de leur premier enthousiasme. Ils oubliaient les circonstances qui, d'une part, expliquaient la situation relativement fâcheuse du Congo français, et celles qui, d'autre part, avaient rendu prospères les colonies que la France possédait par ailleurs en Afrique occidentale. Ils oubliaient les ambitions politiques du diplomate le plus rusé de toute l'Europe, c'est-à-dire du souverain de l'Etat du Congo. Ils oubliaient *comment* on avait obtenu, et l'on continuait à réaliser, les primes exagérées, les bénéfices colossaux et les excès de production. Et si cette dernière objection se présentait à l'esprit de quelques personnes, on déclarait aussitôt que, sous l'administration de la France, on n'avait pas à redouter les abus constatés dans l'Etat du Congo, et qu'on obtiendrait néanmoins, sans recourir aux mêmes procédés, des résultats à peu près identiques. Entraînés par ces considérations, le gouvernement français et le public colonial français, à l'exception d'une poignée d'hommes clairvoyants et compétents, voulurent sans retard mettre le nouveau programme à exécution.

Le roi Léopold se rendit compte aussitôt du péril à éviter et de l'occasion à mettre à profit. Le péril, c'était de voir un afflux soudain de capital français au Congo français rendre possible la construction d'un chemin de fer entre la côte et Brazzaville sur le cours supérieur du fleuve, non sans menacer le monopole du trafic avec l'intérieur que s'était assuré la voie ferrée de Matadi au Stanley-Pool. Il fallait détourner ce danger en plaçant dans des mains belges la direction financière des concessions françaises et, par là même, en retardant sans limite la construction d'une telle ligne. On pouvait, en outre, y trouver le double avantage : 1° de favoriser en France un mouvement dont le résultat devait être d'augmenter le trafic de la voie belge existante, sans parler du profit que représenteraient les droits de douane à percevoir sur les marchandises et le matériel destinés au Congo français, dont l'intérieur ne pouvait être atteint pratiquement que par le territoire de l'Etat libre ; et 2° d'assurer une situation prépondérante dans les possessions voisines de cet Etat au groupe peu nombreux mais influent de personnalités belges dont le roi est le chef éminemment habile (1). Rassemblant ses bailleurs de fonds et ses associés ordi-

(1) On essaya de jouer ce jeu avec les Allemands au Cameroun. Il faut citer ici un article de la *National Zeitung*, qui, je crois le savoir, peut être considérée comme particulièrement autorisée : « Si dans l'Etat du Congo lui-même l'Acte de Berlin

naires dans cet immense *trust* qu'on appelle l'Etat indépendant du Congo, le roi Léopold se lança dans la mêlée, et il fit si bien que le Congo français fut, dans un délai d'une brièveté invraisemblable, découpé sur le papier en une quarantaine de concessions singulières, de toutes formes et de toutes dimensions, avec des sociétés ayant à leur tête des Français, mais ayant des Belges dans leurs conseils d'administration, une majorité belge d'actionnaires, un capital belge pour facteur dirigeant, à découvert ou masqué, la Belgique tenant les fils de l'entreprise, prêtant ses idées, et laissant apparaître ses méthodes pour le développement de l'Afrique et l'approvisionnement des marchés européens (1). Avec quelle habileté consommée le souverain de l'Etat du Congo prépara ses filets, les jeta, et fit bonne pêche, ceux-là seuls qui ont entrevu ce qui se passait derrière le rideau peuvent le dire. Ce serait une histoire

pouvait être aussi mal observé, et si les indigènes étaient obligés de recueillir des produits contre leur gré, pourquoi n'en aurait-il pas été de même ailleurs? Et puisque l'Etat du Congo faisait lui-même le meilleur usage de son monopole et ne donnait des concessions à des tiers qu'à des conditions très onéreuses, ceux qui bénéficiaient du monopole essayèrent, et non sans succès, de créer un état de choses semblable en France et en Allemagne. La Société coloniale allemande protesta tout aussitôt contre ces tendances. Malgré cette protestation néanmoins, plusieurs capitalistes belges parvinrent à s'assurer le concours de personnalités allemandes influentes, qui obtinrent du gouvernement la concession du Sud-Cameroun. La compagnie formée pour l'exploitation de cette concession eut l'assistance du colonel Thys auprès de la Bourse de Bruxelles et, aussitôt après sa constitution, les actions furent cotées à deux et trois fois leur valeur. On ne délivra plus de concessions dans la zone du commerce libre, et même, si l'on excepte celle du nord-ouest du Cameroun, on renonça complètement dans les territoires allemands, devant l'opposition énergique des cercles coloniaux, au système des concessions. Le gouvernement allemand a entièrement abandonné cette méthode de colonisation. » (*Note de l'Auteur.*)

(1) Ce n'est pas chose facile, on le conçoit, que de préciser la constitution de ces compagnies. L'exemple suivant, toutefois, donne une idée de ce qui se produisit dans la plupart des cas. Il s'agit du *Comptoir colonial français*. Siège social à Paris; a fondé au moins 6 compagnies concessionnaires, au capital total de 9,650,000 francs. Conseil d'administration composé de 6 membres, dont 3 sont Belges; les deux tiers des actions sont entre des mains belges; 2 des membres belges du conseil sont également membres des conseils d'administration de 4 compagnies du *Domaine privé* du Congo belge dont les profits se partagent avec l'Etat (lisez le roi); le troisième membre appartient également à la clique du Congo; parmi les actionnaires belges se trouvent d'autres membres des conseils d'administration de ces mêmes compagnies du Domaine privé, jouissant tous de la confiance du souverain de l'Etat du Congo, et ayant avec lui des relations étroites. Une des 6 sociétés concessionnaires de ce « groupe » s'est particulièrement distinguée dans la persécution exercée sur les commerçants britanniques. Voir le chapitre suivant. (*Note de l'Auteur.*)

curieuse (1), et d'une certaine saveur, qui sera peut-être un jour contée dans tous ses détails. L'habile doigté du roi ne fut égalé que par l'infatuation, l'insouciance, le manque absolu de réflexion, qui caractérisèrent l'initiative du gouvernement français de l'époque, et celle de la fraction la plus bruyante du monde colonial français. Une politique dont les conséquences devaient être de la plus grande portée fut adoptée tout d'un coup, selon les expressions d'un écrivain français, très distingué, avec « une insouciance, une désinvolture presque criminelle (2) ». Comme hypnotisée, la France se jeta tête baissée dans un abîme, d'où elle cherche vainement à sortir, où elle s'est déjà sali les mains, et, comme l'a dit de Brazza avec quelque noblesse, « où elle a compromis sa dignité ».

Pendant ce temps, les concessions du Congo français existent ; qu'ont-elles produit depuis plus de deux années que dure l'expérience? Les promoteurs de l'entreprise ont admirablement réussi. Lançant leurs sociétés avec des primes insensées sur le marché d'Anvers, et se maintenant à l'avant-garde de la spéculation sur le caoutchouc, ils réussirent — pas toujours, mais généralement — à se débarrasser de leurs actions avec de sérieux avantages. Les actionnaires qui suivirent leur exemple se montrèrent clairvoyants, car, à l'exception de deux sociétés, il n'y a pas eu cette année (1902) une seule opération sur les actions de 43 compagnies dont les titres sont encore cotés dans les feuilles de la finance congolaise éditées à Anvers. Plusieurs de ces sociétés ont disparu. Celles auxquelles on n'a pas livré en proie le commerce d'échange, très légitime, qui se pratiquait dans la zone maritime du Congo, sont plus ou moins à l'agonie, et, après avoir gaspillé l'argent de leurs actionnaires, n'ont fait absolument rien. Mais quels ont été pour le pays les effets de cette expérience? Le commerce libre de la zone maritime a disparu, et, en même temps que lui, les ressources qu'il assurait à l'administration. Le commerce d'exportation est actuellement en décroissance. Les finances sont si sérieusement compromises qu'on parle d'un emprunt de 10 millions de francs, et à un certain moment de l'année dernière (1901), il n'y avait pas dans le

(1) Quelque lumière a déjà été répandue à ce sujet par M. R. E. Dennett, un Anglais qui s'est établi au Congo français, et qui s'est acquis une autorité reconnue sur les peuples Fjorts de l'Afrique occidentale. (*Note de l'Auteur.*)

(2) En français dans le texte anglais.

trésor local (1) de quoi payer les traitements des fonctionnaires. Les travaux publics et les améliorations de toute espèce sont naturellement suspendus. Les tribunaux de la colonie sont absorbés par des litiges interminables entre les compagnies concessionnaires qui s'accusent mutuellement de braconnage en chasse réservée, aucune n'ayant eu, disons-le en passant, ses limites reconnues sur les lieux. Deux révoltes d'indigènes se sont produites, entraînant la perte de beaucoup d'existences humaines, et la destruction de nombreuses propriétés ; c'est partout le chaos. Les journaux coloniaux de Paris sont remplis de propositions, de conseils, de menaces, d'injures, mais à l'exception isolée d'un député (2) — M. le comte d'Agoult — et d'une poignée de courageux publicistes, comme M. Jean Hess, l'explorateur africain, et M. Serge Basset, de la *Revue*, pas une personnalité notable des cercles coloniaux français n'a eu le courage d'aborder franchement la question, n'a remonté à la source et n'a préconisé la seule solution qui soit possible. Il se peut que le problème, ou plutôt les deux problèmes, d'ordre international, très délicats, auxquels a donné lieu la question, aient été pour quelque chose dans les résistances que montrent les principaux organes de la presse française à s'occuper de la question. Mais il est triste à tous égards que la France avec tous ses instincts généreux ne puisse compter dans cette circonstance qu'un très petit nombre de voix protestataires contre ce funeste abandon de la politique sage et équitable qu'elle a jusqu'à ce jour en général suivie envers les indigènes, et avec de si brillants succès, dans ses autres possessions de l'Afrique occidentale.

Car c'est surtout en ce qui concerne les indigènes que le régime des concessions au Congo français prête à la critique. Les fréquentations mauvaises, dit-on, corrompent les mœurs ; ce ne fut jamais plus vrai que dans ce cas. Une fois qu'on s'était engagé dans la voie ouverte depuis trois ans, des événements inévitables en étaient la conséquence. Il aurait fallu une volonté de fer — et les amis les plus ardents de l'ancien ministre français des colonies, qui reçut, sans en être responsable, tout un héritage de difficultés, lui contes-

(1) Le budget local du Congo français, qui reçoit, il est vrai, une subvention de l'Etat, s'est soldé pour l'exercice 1902 par un excédent de recettes. Il en sera de même pour l'exercice 1903 avec un excédent de recettes qu'on évalue dès maintenant à 400,000 francs au moins. (*Note du Traducteur.*)

(2) Je devrais dire aujourd'hui : ancien député. (*Note de l'Auteur.*)

teraient sans doute un caractère aussi résolu, — pour remonter le courant et refuser, même au risque d'une démission, de laisser son pays s'engager dans la voie de réaction où l'entraînait infailliblement le régime des concessions. Peu à peu le gouvernement français s'est trouvé contraint de se rapprocher de plus en plus du système belge. Les concessionnaires rencontrèrent en face d'eux des négociants anglais et allemands exerçant paisiblement avec les indigènes un commerce qu'ils prétendaient eux-mêmes, en alléguant les contrats conclus avec le gouvernement français, leur être exclusivement réservé. Des contestations s'élevèrent, puis il fut procédé à des saisies de marchandises, et il devint de plus en plus urgent de déterminer les « droits » des concessionnaires. M. Decrais hésita longtemps, mais devant les instances de presque toute la presse coloniale et d'une partie de la presse quotidienne, et les sollicitations constantes qui lui parvenaient de milieux influents, il fut contraint finalement de sauter le pas. Il s'y décida et, par l'intermédiaire du gouverneur du Congo français, fit paraître une circulaire (20 mars 1901) dont on peut dire une chose, c'est que si, quelques années auparavant, on avait prédit qu'un ministre français pourrait préparer un tel document, la prophétie eût été accueillie avec une méprisante incrédulité par nos voisins et par tous les étrangers renseignés sur le rôle de la France en Afrique occidentale.

Cette circulaire déclarait qu'une idée dominait (1) tout le système des concessions, c'était que les produits du sol appartenaient aux concessionnaires qui seuls avaient le droit d'en disposer, les indigènes ne pouvant les vendre à d'autres personnes. Pour atté-

(1) « Une idée domine l'ensemble du système : tous les produits du territoire concédé, quels qu'ils soient, sont la propriété de la société concessionnaire. Seuls les agents de cette société ont le droit de les recueillir ou de les acheter des indigènes qui les ont récoltés ; ces derniers ne pouvant disposer librement que des produits des réserves qui leur ont été spécialement attribuées et sur lesquelles je reviendrai, et devant, en thèse générale, lorsqu'ils s'emparent d'un produit quelconque du sol en dehors de ces réserves, le remettre aux concessionnaires dont l'intérêt bien entendu est de rémunérer ensuite leur travail. » (*Texte cité par l'Auteur.*)

Cette circulaire, émanant du commissaire général du gouvernement au Congo français, porte la date du 26 mars 1901. Elle se continuait ainsi : « ... Ils (les tiers européens) peuvent, par contre, circuler librement sur les cours d'eau et autres parties du domaine public, entrer en relations avec les indigènes pour leur vendre des marchandises importées contre paiement en numéraire ou en échange de produits des territoires réservés à ces indigènes. » (*Note du Traducteur.*)

nuer ce qu'une telle disposition avait d'arbitraire, on parlait de réserves indigènes, c'est-à-dire de terrains où les indigènes pourraient faire ce qu'ils voudraient. Mais cette atténuation apparente de la rigueur des instructions est entièrement illusoire pour trois raisons : 1° l'étendue des réserves n'était pas délimitée, et à cause des difficultés énormes et des dépenses qu'aurait entraînées cette délimitation, on ne pouvait espérer qu'elle fût faite avant de longues années ; 2° un jugement rendu par les tribunaux de la colonie avait spécifié que, jusqu'à cette délimitation, les réserves seraient légalement inexistantes, et que les concessionnaires auraient par suite le droit d'exploiter tout le pays ; 3° une circulaire ministérielle précédente avait stipulé que, le jour où l'on délimiterait les réserves, on ne devait laisser dans leur étendue aucun terrain où l'on pût recueillir des produits propres à la vente (1). Quelles que pussent avoir été les difficultés suscitées au ministre français des Colonies, il est impossible en équité d'excuser une telle circulaire (2). Elle mettait, en réalité, la population du Congo français à la merci de spéculateurs européens, à la merci de ces Belges dont la richesse était faite de la misère et de la dégradation des indigènes de l'Etat indépendant. Elle ouvrait la porte aux abus les plus monstrueux, aux atteintes les plus cyniques à l'humanité. Elle allait permettre tous les excès de plume et de langage des apôtres de la force et de la violence en Afrique. Elle réduisait les indigènes à n'être plus que les domestiques, les serfs, de la bande toujours inassouvie qui tenait le pays attaché à ses griffes, et elle fortifiait la situation de l'Etat du Congo en Europe.

Voyant leurs « droits » officiellement reconnus, les compagnies concessionnaires adoptèrent une nouvelle attitude, telle qu'on pouvait bien l'attendre des hommes qui les dirigeaient. Le commerce libre n'entrant jamais dans leurs conceptions, ils commencèrent aussitôt une « campagne » pour amener le gouvernement fran-

(1) « Les indigènes ont droit aux superficies qui leur sont nécessaires pour les cultures vivrières correspondantes aux besoins de leur alimentation. On peut leur attribuer une certaine étendue de forêt nécessaire à leurs besoins de chauffage et de construction, mais ils n'ont pas droit à réclamer des forêts domaniales *dans le but de faire commerce de leurs produits naturels* et de constituer ainsi une concurrence ruineuse pour le concessionnaire » (Art. 18.)

(2) Les conclusions de l'auteur, en ce qui concerne la portée pratique de cette législation, ont été depuis confirmées de tout point par un auteur français, M. Gaston Bouteillier, dans un ouvrage paru chez Pezous, Albi, 1903. (*Nouvelle note de l'Auteur.*)

çais à contraindre les indigènes d'apporter à leurs factoreries le caoutchouc et les autres produits forestiers, en rémunérant, aux conditions qu'il plairait aux compagnies de fixer, le travail imposé aux indigènes pour la récolte de ces produits. Tandis que les journaux à leurs gages consacraient chaque jour leurs colonnes à démontrer que l'emploi de la force était inévitable envers les populations primitives, leurs agents en Afrique s'empressaient, autant qu'ils le pouvaient, de mettre ces principes en application. Des armes perfectionnées étaient par fraude introduites dans le pays, et bientôt les concessionnaires essayaient, dans des proportions plus modestes, de copier les exploits que leurs compatriotes belges accomplissaient sur l'autre rive du Congo. *Facilis descensus Averni.* L'agitation fut partiellement arrêtée par la perception en nature d'un impôt sur les cases ; les produits étaient apportés par les indigènes aux agents du gouvernement qui en disposaient à un prix très faible au profit des concessionnaires (1). On donnait ainsi une apparence de légalité à l'opération, et l'on dissimulait la contrainte sous les dehors de nécessités administratives. Le gouvernement n'ayant fait quoi que ce fût pour améliorer l'état du pays, développer les moyens de communication, ou construire des travaux publics dont les indigènes pussent espérer retirer quelque avantage, l'impôt sur les cases fut naturellement mal accueilli ; son application au Congo français, au surplus, manquait de base scientifique et ne pouvait avoir lieu qu'après une longue période de préparation. En venant renforcer l'action des concessionnaires, la mesure eut pour effet de provoquer des révoltes sur divers points, notamment parmi les Pahouins batailleurs de l'Ogooué et les populations de la Haute-Sangha.

Cette nouvelle initiative du gouvernement français émut un instant ceux qui en France demeuraient les adversaires du régime des concessions. De Brazza envoya au *Temps* une mémorable protestation. La conclusion est bien digne d'en être citée :

« La France a assumé un devoir envers les peuplades indigènes (du Congo français) qui depuis vingt-sept ans lui ont prêté leur concours dans l'œuvre d'expansion. Ces populations ont reçu de nous le sceau de leurs libertés futures. Nous ne devons pas les sacrifier au vain espoir de résultats immédiats, en opposant des me-

(1) Ce système a été maintenu. (*Nouvelle note de l'Auteur.*)

sures irréfléchies de coercition aux idées généreuses que notre drapeau représente. Nous commettrions une grande faute à vouloir obtenir ces résultats, en établissant actuellement des impôts sur les produits du sol, ou en obligeant les indigènes à nous prêter leur concours sous forme de travail forcé ou de service militaire. Ce serait compromettre gravement notre dignité que de faire de ce travail forcé et de ces impôts une sorte de lettre de change en faveur des concessionnaires... C'est pour rappeler ces considérations, et pour détourner la banqueroute morale à laquelle les désastres économiques et financiers peuvent nous entraîner que je suis sorti de la réserve que je m'étais imposée (1). »

A la même époque aussi, l'une des rares sociétés vraiment françaises parmi les compagnies concessionnaires, dirigée par un Français qui s'était distingué par ses explorations au Congo, M. Fondère, écrivait au ministre des Colonies, pour faire abandon de sa concession, une lettre qui fut rendue publique :

« L'expérience nous a convaincus, écrivait M. Fondère, que, malgré certaines modifications de détail que votre département pourrait proposer, soit dans l'organisation administrative de la colonie du Congo, soit dans le contrat intervenu entre le gouvernement et les concessionnaires, le droit exclusif d'exploiter les concessions n'est qu'un vain mot. Le droit de vendre ses produits à qui bon lui semble ne peut être refusé à l'indigène, puisqu'il l'a toujours possédé. En outre, et malgré toutes les stipulations contraires, il serait purement illusoire de prétendre enlever ce droit à l'indigène. Cela ne pourrait être fait que par la force des armes. »

Peu de temps après, M. Albert Cousin, qui est également bien connu dans les cercles coloniaux français, et qui avait été un défenseur ardent du régime des concessions, publiait une brochure pour exposer qu'il avait changé d'avis et qu'il considérait désormais cette expérience comme une erreur (2).

Ces coups successifs arrêtèrent un moment les défenseurs du système belge en France. Le journal qui avait le plus contribué à

(1) Le gouvernement français vient de voter à de Brazza une pension annuelle de 10,000 francs. (*Note de l'Auteur.*)

(2) *Concessions congolaises*, par Albert Cousin, membre du Conseil supérieur des colonies. Paris, Augustin Challamel. (*Note de l'Auteur.*)

influencer dans ce sens l'opinion coloniale française alla même jusqu'à reconnaître qu'on ne pouvait qu'être « très impressionné par les nouvelles idées qui se faisaient jour ». Ces idées ne sont pas nouvelles. Elles sont vieilles comme le monde. Elles remontent au jour où l'homme, s'élevant au-dessus de la brute, devint législateur, et décida que certains principes immuables de morale constitueraient la base de tout ordre social.

Cette période d'hésitations aurait offert au gouvernement français une occasion dont il aurait su tirer parti, mais nul ne vint appuyer la leçon qui venait ainsi d'être donnée. Et les influences puissantes qui s'étaient exercées dès l'origine s'attachèrent à détruire « l'impression » créée. Elles y réussirent en partie, non pas tout à fait cependant, et je crois plutôt que l'impression tend à s'accentuer et qu'elle peut fort bien finir par être victorieuse. Il est un facteur dans tous les cas qui vraisemblablement contribuera beaucoup à la développer : c'est l'exagération des demandes des concessionnaires, jointe à la violence des attaques dont le gouvernement de la France est actuellement l'objet de la part des journaux belges dévoués aux intérêts de leurs compatriotes dans la colonie française du Congo (1). L'établissement de l'impôt sur les cases n'a été pour eux qu'un os à ronger. Il a fait taire quelque temps les clameurs, mais naturellement il ne pouvait être suffisant. Pour nourrir l'armée des concessionnaires avec le produit d'un impôt sur les cases, il faudrait toute une armée de miliciens indigènes. On est fatalement obligé d'arriver à faire ce que demandent les concessionnaires, et une fois de plus on tire les mêmes ficelles, on présente les mêmes arguments, on met en mouvement le même mécanisme. Le gouvernement français doit faire ce qu'a fait l'Etat du Congo. Il doit lever 15 à 20,000 hommes (2), leur donner des armes de précision et les laisser aux prises avec la population pour en exiger un impôt, dont le produit permettra aux concessionnaires, non seulement de vivre, mais encore d'exagérer la prime de leurs actions, de présenter des dividendes respectables aux porteurs de titres en Bel-

(1) Ces remarques, il faut le rappeler, étaient écrites en 1902. Depuis lors, les attaques ont cessé, ou à peu près. (*Nouvelle note de l'Auteur.*)

(2) Les effectifs actuels du Congo français, y compris le territoire du Tchad, sont les suivants : garde régionale (milice), Européens et indigènes, 1,028; troupes de l'armee coloniale, entretenues sur le budget de l'Etat, Européens et indigènes, 1,745 ; au total : 2,773 hommes. (*Note du Traducteur.*)

gique, en un mot de s'enrichir aux dépens des indigènes, en se servant du gouvernement français pour jeter l'amorce.

Je ne sais si cela réussira. Je m'imagine que le roi Léopold et ses amis vont un peu loin. Mais une chose est au moins certaine, c'est que les concessionnaires ne peuvent commercer; n'ayant du reste aucune notion pratique de ce qu'est le nègre, ne l'ayant même jamais considéré comme l'un des éléments réels de « leurs affaires », ils se trouveront forcés de renoncer à leur entreprise; ou bien, sous une forme quelconque, ils obligeront le gouvernement français à leur donner les moyens matériels d'établir l'esclavage dans sa colonie du Congo, comme on l'a fait dans l'Etat indépendant. Cette seconde hypothèse, malgré tout ce qu'on a vu, est à peu près invraisemblable, et l'on peut affirmer, sans montrer un optimisme excessif, que le régime des concessions au Congo français est exposé à mourir des causes de faiblesse qui lui sont inhérentes. En attendant, il reste à voir comment il a déjà porté, et continue à porter préjudice aux intérêts britanniques (1), et quel rôle il joue dans la situation internationale créée par les procédés de l'Etat du Congo.

CHAPITRE XXIX

INTÉRÊTS INTERNATIONAUX ET MONOPOLE

« Ce sont bien là, en vérité, les principes qui n'ont cessé de nous guider, ceux sur lesquels nous appuyons les droits qui nous appartiennent dans l'intérieur de l'Afrique. *Il ne s'agit pas, pour nous, de territoire, il s'agit de liberté commerciale;* sur ce terrain, nous sommes forts et nous ferons de notre mieux. » — Extrait d'une allocution prononcée par lord Salisbury devant une députation des chambres de commerce, 1898.

Dans un discours prononcé à Manchester en 1884, sir H. M. Stanley prédisait, comme devant suivre la création de l'Etat du Congo, une exportation de cotonnades anglaises dans les territoires du nouvel Etat pour 26 millions de livres chaque année. Selon le même orateur, une société établie sur le Congo avait, à elle seule,

(1) Il est bien entendu qu'en parlant d'intérêts britanniques, il n'est question que d'intérêts britanniques *commerciaux*. Cette remarque est nécessaire, car quelques écrivains français, en appréciant ce que j'avais publié à ce sujet, ont cru y voir des arguments tendant à faire supposer que l'auteur parlait d'intérêts *politiques*, tandis qu'il n'a jamais eu cette pensée et n'a jamais rien écrit en ce sens. (*Nouvelle note de l'Auteur.*)

importé, en 1879, des marchandises anglaises pour une somme de 185,000 livres. Après dix-sept années d'existence, le total des importations de marchandises anglaises dans l'État du Congo est bien au-dessous de ces chiffres; il représente, en 1901, 133,260 livres.

L'importance des intérêts commerciaux de la Grande-Bretagne dans l'Afrique occidentale française peut être appréciée d'après ce fait, qu'en 1900, les possessions françaises recevaient des marchandises anglaises pour 709,900 livres et envoyaient pour 531,727 livres de produits dans les ports anglais.

Dans le *cahier des charges* (1), c'est-à-dire dans l'ensemble des conventions intervenues entre le gouvernement français et les compagnies concessionnaires, ces dernières étaient tenues de respecter « les droits acquis par les tiers » et les « droits généraux issus de l'Acte de Berlin ». Que fallait-il entendre par « tiers », par « droits acquis », par « droits généraux issus de l'Acte de Berlin » ?

Lorsque, dans la première partie du XIXe siècle, les nations européennes mirent un terme à la traite des noirs, la Grande-Bretagne, qui avait ouvert la voie et assuré l'accomplissement de cette réforme, conclut des traités avec la plupart des souverains et des chefs sur la côte occidentale de l'Afrique. Elle fournit des subsides à certains d'entre eux, et, par l'intermédiaire de ses consuls et de sa marine, elle les encouragea à se préoccuper de recueillir les produits de leurs forêts, pour les vendre aux Européens en échange des marchandises qu'ils apportaient. C'est ainsi que l'on développa dans le delta du Niger et sur la côte de Guinée le commerce de l'huile de palme. Au Gabon les transactions portèrent sur les bois, sur l'ébène et sur l'ivoire; et dans le Congo elles eurent pour objet l'huile de palme et l'ivoire. A cette époque, il n'y avait pas de puissance européenne établie sur le littoral africain entre la Côte d'Or et Ambriz. Les Européens qui s'arrêtaient le long de la côte faisaient du commerce sans quitter leurs vaisseaux. Après l'introduction de la vapeur dans la marine marchande, des négociants européens (des Anglais principalement) firent du commerce à bord de pontons dans le delta du Niger et ils construisirent des comptoirs et des magasins sur divers points tout le long de la côte jusqu'à Ambriz. De petits voiliers faisaient du cabotage entre ces

(1) En français dans le texte anglais. — Il s'agit, en réalité, non du cahier des charges lui-même, mais du décret qui l'accompagne et dont l'article 1er réserve : « 1° Les droits résultant pour les tiers et les obligations résultant pour les concessionnaires des stipulations des actes généraux de Berlin et de Bruxelles, en date des 26 février 1885 et 2 juillet 1890; 2° les droits acquis par les tiers. » (*Note du Traducteur.*)

points commerciaux et l'escale où s'arrêtaient les navires à vapeur des lignes maritimes (alors Fernando Po ou Cameroons), et de grands voiliers venus d'Europe faisaient un service régulier à l'aller et au retour, apportant des marchandises et remportant des cargaisons de produits végétaux et animaux. Peu de temps après l'installation de services de navigation à vapeur, le gouvernement français conclut un traité avec les chefs du Gabon, traité aux termes duquel il obtenait l'emplacement nécessaire à l'établissement d'un dépôt de charbon pour les navires de sa marine militaire qui surveillaient alors la côte de l'Afrique en vue de réprimer la traite des noirs. Quelque temps après, un citoyen américain établi à Fernando Po découvrit une liane, dont la sève, quand on l'exposait à l'air, fut reconnue produire du caoutchouc; bientôt cette nouvelle industrie se trouva tout à fait entrée dans la pratique et progressivement s'étendit sur les territoires voisins. Ce développement ne fut pas immédiat; néanmoins quelques années plus tard la récolte du caoutchouc était devenue générale dans cette partie de la côte; au Gabon, les officiers de la marine française s'avisèrent de taxer le nouveau commerce, ils se hâtèrent de construire un édifice pour la douane et de frapper de droits les marchandises importées.

Quand les négociants anglais s'établirent pour la première fois au Gabon, l'autorité politique du gouvernement français ne dépassait pas l'estuaire de la rivière, et, en amont, c'est à leurs risques que nos commerçants pénétraient dans le pays. Afin d'encourager les indigènes à recueillir du caoutchouc, les commerçants européens étaient obligés de leur livrer des marchandises à crédit, car ceux qui habitaient près de la côte devaient aller loin dans l'intérieur pour acheter les produits du sol à d'autres noirs, ces derniers à leur retour jouaient, dans des conditions semblables, ce même rôle d'intermédiaire, de façon que la récolte s'étendît le plus loin possible. Ainsi fut créé, tel qu'il existe encore aujourd'hui le système de traite, avec crédit.

En développant ce commerce du caoutchouc, que favorisaient les commerçants britanniques, les indigènes du Gabon, parcourant leur pays vers le sud, atteignirent le cours de l'Ogooué, qui leur donna facilement accès dans une zone immense propre à la récolte du produit. Les commerçants européens, avec l'aide du temps, suivirent les indigènes à travers le pays, et, rencontrant l'Ogooué (1), s'empressèrent d'en déterminer le cours jusqu'à la mer et, tout aussitôt, d'établir des communications maritimes entre le Gabon et l'Ogooué. Leur exemple fut imité par le gouvernement français, et, le moment venu, la France prit possession de l'Ogooué et du Fernan Vaz. Mais lorsque les Puissances européennes, réunies à Berlin, déterminèrent à qui les territoires du Congo et les pays voisins devraient appartenir, la France n'exerçait aucune influence politique au sud du Fernan Vaz. C'est à l'initiative des Anglais et des Allemands qu'était due l'extension du Gabon, des commerçants français n'étant arrivés sur les lieux qu'une fois accomplie l'œuvre de découverte. Quand on adopta le parallèle sud 2°30' pour limite septentrionale de la zone du commerce libre, on pensait que cette ligne engloberait dans la zone franche le commerce du Setté-Cama, qui était entièrement anglais et allemand. Les chambres de commerce de Liverpool et de Manchester précisèrent ces points en temps voulu. Avant que l'Acte général eût été signé, alors qu'on délibérait sur le principe de la liberté commerciale dans la zone conventionnelle, personne, parmi les négociants, les chambres de commerce, ou les représentants des Puissances à Berlin, n'entendait appliquer cette franchise à un autre genre de transactions que celui qui se pratiquait alors, c'est-à-dire à la récolte et à la vente par les indigènes de produits végétaux et autres du pays, en échange de marchandises européennes. Toute législation, par conséquent, qui refuse aux indigènes le droit de recueillir les produits de leur pays et d'en disposer librement à qui bon leur semble est nettement contraire aux principes d'équité dont la Conférence s'inspirait envers les indigènes et aux droits mêmes que les Puissances signataires de l'Acte général pouvaient exercer.

Il est dès lors absolument clair : 1° que les « tiers » mentionnés au *cahier des charges* étaient les commerçants européens qui avaient créé le commerce alors existant au Congo français, et qui payaient les droits perçus par l'administration locale en vue d'assurer des ressources à la colonie; 2° que les « droits acquis » de ces commerçants, c'était pour eux la faculté qu'ils avaient de continuer leurs opérations, dont la liberté leur était garantie par l'Acte de Berlin;

(1) Un commerçant anglais, M. Walker, y arriva le premier. Les écrivains français reconnaissent qu'il découvrit l'Ogooué. (*Note de l'Auteur*).

3° que les « droits généraux issus de l'Acte de Berlin » étaient, d'une part, les droits des indigènes (dont les Puissances signataires de l'Acte général s'étaient engagées à « améliorer la condition morale et matérielle ») en ce qui concerne le sol et les produits du sol, et, d'autre part, le droit que chacune des Puissances signataires avait de contrôler l'observation des dispositions de l'Acte général. Nous examinerons dans les derniers chapitres de cet ouvrage comment on prend souci des droits de l'indigène sous le régime des concessions. Il reste à dire en ce moment quel cas on a fait des « droits acquis » par les négociants qui se livraient au commerce dans le pays.

Deux des maisons les plus importantes, commerçant au Congo français, à l'époque où parurent les décrets de concessions (mars 1899), étaient anglaises (1). Elles avaient été parmi les premières à ouvrir le pays au commerce, et leurs représentants s'étaient toujours montrés, sous le drapeau de la France, respectueux de la légalité . On les avait toujours vues à l'œuvre en complet accord avec les agents français, qui de temps en temps avaient réclamé leur concours pour aider au développement de telle ou telle région, qui leur avaient demandé d'envoyer leurs traitants indigènes sur tel ou tel point et qui, d'ordinaire, les encourageaient par tous les moyens à développer et à étendre le champ de leurs opérations commerciales. Au cours de transactions auxquelles ces maisons avaient, durant plus d'un quart de siècle, procédé dans le pays, elles avaient contribué pour une grosse part aux revenus de la colonie; elles avaient toujours acquitté volontiers les droits énormes, à tarif différentiel, perçus sur les marchandises anglaises, les taxes, les patentes, les impôts de toute nature auxquels leurs divers genres d'opérations se trouvaient astreints selon la législation locale. Leur attitude ne pouvait certes donner lieu à aucune méprise de la part du gouver-

(1) Ces maisons sont celles de MM. John Holt et Cie d'une part, et de MM. Hatton et Cookson d'autre part, l'une et l'autre ayant leur siège à Liverpool et s'occupant, depuis un demi-siècle, de commerce en Afrique occidentale, M. John Holt est probablement le pionnier le plus hardi du commerce britannique en Afrique occidentale. Il possède des comptoirs dans la plupart des colonies anglaises et étrangères de l'Ouest africain. Il est le vice-président de la section du commerce d'Afrique à la chambre de commerce de Liverpool. Il y a peu de personnes vivantes qui possèdent une compétence aussi étendue dans les questions qui concernent l'Afrique occidentale, une connaissance aussi approfondie de ces problèmes. (*Note de l'Auteur.*)

nement français. Dans des instructions secrètes (1) qu'il avait adressées aux concessionnaires, le ministre français des Colonies avait invité ceux-ci à prendre l'engagement « de laisser une entière latitude pendant deux ans aux maisons étrangères existantes pour toutes les opérations commerciales qu'elles pouvaient accomplir sur le territoire concédé »; et il leur avait, en outre, demandé de proposer auxdites maisons étrangères, à l'expiration de ces deux années, et en prévision de difficultés avec ces dernières, le rachat de leurs établissements. L'engagement fut pris. Mais il ne fut pas tenu. Le gouvernement français, se trouvant impuissant à en imposer l'exécution, laissa traîner l'affaire en longueur; il fut amené de la sorte, à travers les phases successives par où passa la question, à la publication de la circulaire du 26 mars 1901 que nous avons mentionnée dans le précédent chapitre et d'après laquelle, on l'a vu, les produits du sol — c'est-à-dire l'unique moyen de commerce du pays — étaient exclusivement réservés aux concessionnaires, les indigènes n'en pouvant disposer qu'en faveur de ces derniers. Les « droits acquis par les tiers » et les droits des indigènes étaient jetés par-dessus bord; ceux de l'Angleterre en tant que Puissance signataire de l'Acte de Berlin étaient méconnus; et l'Acte général lui-même était violé dans un de ses principaux articles, l'article 5, aux termes duquel « toute puissance qui exerçait ou exercerait des droits de souveraineté dans les territoires susvisés ne pourrait accorder ni monopole ni privilège d'aucune sorte en matière commerciale ».

On pourrait consacrer plus d'un chapitre à rappeler la série d'iniquités (1) dont nos négociants ont été les victimes de la part des représentants de groupes belges déguisés en Français patriotes, durant les deux années pendant lesquelles les sociétés concessionnaires s'étaient engagées à laisser une « entière latitude » aux maisons commerçant alors dans le pays; les protestations de nos compatriotes que les fonctionnaires français n'avaient nullement avisés d'une modification quelconque de leur *locus standi*, et qui continuaient à payer des droits d'importation, des patentes pour

(1) Dont l'existence ne fut connue en Angleterre qu'à la fin de l'année dernière (1901). (*Note de l'Auteur.*)

(2) Saisie de marchandises anglaises sur la voie publique; perquisitions opérées dans les factoreries anglaises, fustigation de traitants indigènes anglais, etc. (*Note de l'Auteur.*)

leurs factoreries et leurs traitants, tandis qu'on les empêchait de vive force, sous les yeux des mêmes fonctionnaires et avec leur assentiment tacite, d'échanger avec les indigènes leurs marchandises contre les produits du sol. On pourrait y consacrer plus d'un chapitre, si l'on voulait, en outre, rappeler comme il convient les plaintes de sir Edmund Monson, notre ambassadeur à Paris; les promesses de M. Decrais qui ne furent jamais tenues; les actions en justice introduites à grands frais au Congo par nos commerçants pour contester la légalité des procédés employés par les concessionnaires; la députation envoyée par neuf chambres de commerce à lord Lansdowne; l'appui donné par les tribunaux locaux aux prétentions des concessionnaires dans des jugements fondés, non sur la loi, mais sur la circulaire de mars 1901 que les juges ne pouvaient vraiment dépasser, comme l'observa le *Temps* (qui réclama justice pour nos commerçants avec un ou deux autres journaux français) (1); les poursuites que les concessionnaires, à la faveur de cette jurisprudence, engagèrent contre nos négociants pour achat de produits venant de leurs concessions; les lourdes amendes infligées à nos compatriotes; l'arrêt complet de leurs affaires; la saisie de leurs produits dans des ports africains et même dans un port français (2); leur départ de la colonie, qui s'accomplit présentement; les protestations nouvelles des chambres de commerce britanniques auprès du Foreign Office; enfin et surtout, l'inexprimable léthargie du gouvernement de la Grande-Bretagne (3), et,

(1) Notamment cette revue mensuelle de si grande valeur, le *Bulletin du Comité de l'Afrique française*, sous la plume des deux écrivains et savants si distingués qui dirigent sa politique, le comte Robert de Caix et M. Auguste Terrier. (*Note de l'Auteur.*)

(2) 40 tonnes d'ébène qu'une maison anglaise avait achetées au Congo selon les usages ordinairement suivis, et expédiées au Havre sur un navire français, furent saisies dans ce port (1902) à la requête d'une compagnie concessionnaire. Les expéditeurs ont, toutefois, à l'heure actuelle, fait lever l'embargo mis sur ce chargement. (*Note de l'Auteur.*)

(3) Le Foreign Office fut prévenu, dès le commencement de l'année 1898, par la chambre de commerce de Manchester, qu'il y avait lieu de redouter l'inauguration possible d'un système de monopoles territoriaux. Lord Salisbury répondit que la question recevrait « sa plus sérieuse attention »; et il admit finalement qu'en matière douanière l'Angleterre, pays de libre-échange, n'avait que des moyens « inférieurs » pour peser sur les intentions d'autres contrées; « dans le cas tout exceptionnel, ajoutait Sa Seigneurie, des concessions territoriales, nous n'avons aucun moyen de persuasion ». Et pourtant, dans la question purement douanière qui formait le principal objet de la démarche accomplie dans cette circonstance auprès de

à une ou deux exceptions près (1) l'indifférence de la presse anglaise.

La situation est aujourd'hui la suivante; nos commerçants ont été expulsés sans un sou d'indemnité de la plus grande partie du bassin de l'Ogooué, qui n'est pas soumis à l'application des actes de Berlin et de Bruxelles, car il est en dehors du bassin conventionnel du Congo. Dans cette dernière zone, où, comme dans l'Ogooué, nos négociants sont établis depuis vingt ans, où le droit qu'ils ont de commercer librement avec les indigènes est solennellement garanti par les traités internationaux, des sujets britanniques sont chassés, non seulement sans compensation, mais encore avec des outrages et des insultes et après avoir subi des pertes considérables; les relations commerciales qu'ils ont établies sont perdues, les stations commerciales qu'ils ont créées sont abandonnées et ils se trouvent eux-mêmes arbitrairement contraints de s'éloigner de régions dans lesquelles on les a vus à l'œuvre depuis si longtemps (2)!

C'est un épisode honteux, déshonorant. Mais s'il est vrai que le bien peut naître du mal, on peut espérer encore que le traitement — qu'on ne saurait, quand on en connaît les détails apprécier en langage parlementaire — infligé à des commerçants britanniques au Congo français contribuera à affranchir du joug belge les populations de l'Etat indépendant. On peut croire que ces procédés susciteront entre les Puissances un accord international qui les obligera mutuellement à pratiquer envers les indigènes une politique pleine de raison, de bon sens, et d'équité, et qui permettra d'ouvrir au libre commerce de toutes les nations la vaste zone du bassin du Congo. Le mouvement d'hostilité contre un monopole fondé sur la force en Afrique occidentale, contre le mal dont le roi Léopold a

lord Salisbury par les délégués des chambres de commerce, le premier ministre put arriver à ses fins, simplement par persuasion, « en pesant sur les idées de la France ». Au contraire, en ce qui touche les concessions au Congo français, question étrangère à toute considération douanière, et dans laquelle nous pouvions nous retrancher sur le texte d'un traité, lord Lansdowne n'a pu empêcher l'expulsion de commerçants anglais d'une zone librement ouverte au commerce internationale (*Note de l'Auteur.*)

(1) Le *Morning Post*, le *Manchester Guardian*, le *Liverpool Daily Post*, le *West Africa*. (*Note de l'Auteur.*)

(2) Les négociants allemands, désespérant d'obtenir même la plus élémentaire justice, ont évacué le pays. Nos commerçants ont jugé plus noble de lutter en faveur de leurs droits, garantis par une convention internationale. (*Note de l'Auteur.*)

jeté la semence, contre les folies et les horreurs que ce mal a fait naître, s'accentue rapidement. L'expulsion de sujets britanniques au Congo français constituera peut-être le levier qui renversera le monument de fraude, de cupidité, et de cruauté, édifié par celui qui s'est appelé lui-même le « régénérateur » de l'Afrique. Et la raison, la voici.

Le gouvernement britannique est, depuis plusieurs années, sollicité d'intervenir, au point de vue des droits de l'humanité, dans l'administration de l'Etat du Congo. Le gouvernement de l'Allemagne, celui des EtatsUnis et celui de la France, ont été de même pressentis. Aucun d'eux n'a pris encore dans ce sens de résolutions précises. Les raisons principales dont l'Angleterre, la France et l'Allemagne ont à tenir compte sont probablement au nombre de trois. La première doit se rattacher aux rivalités internationales dont le partage de l'Afrique a été l'occasion et aux ambitions politiques que ces rivalités ont fait naître. Grâce à un concours de circonstances dont le roi Léopold s'est assuré tout l'avantage, le souverain de l'Etat du Congo a pu nouer des intrigues avec la France contre l'Angleterre (1892-94), avec l'Angleterre contre la France (1894), avec la France contre l'Angleterre (1897-99). Quand l'expédition du commandant Marchand — qui n'aurait jamais atteint Fachoda sans des renforts en hommes, munitions et vivres expédiés par le chemin de fer du Congo, à travers le territoire de l'Etat indépendant, — quand cette expédition apparut comme ayant politiquement échoué, le roi Léopold se tourna vers l'Angleterre, se montra plein de flatteries à son adresse, et tenta de l'amener à consentir à ce qu'il s'appropriât le Bahr-el-Ghazal. Avec son astuce habituelle il voulut fortifier sa situation diplomatique auprès du cabinet de Saint-James en s'assurant, sur ces entrefaites, en Afrique les avantages du *fait accompli* (1). Il y échoua, surtout grâce à l'initiative de la presse qui vint à dévoiler ses plans habilement dressés; là aussi, il y aurait à raconter, disons-le en passant, une petite histoire pleine d'intérêt. Après l'épisode de Fachoda, le roi Léopold fut encore pendant quelques temps favorable à la Grande-Bretagne jusqu'à ce qu'il redevînt, une fois de plus, le bon ami de la France et finalement plongeât le Congo français dans le chaos. A travers ses procédés d'honnête courtier tour à

(1) En français dans le texte anglais.

tour envers l'Angleterre et la France, il a tenté de mettre l'Allemagne dans son jeu contre la Grande-Bretagne dans différentes questions, telles que le projet de chemins de fer transafricain. Il en est de même des rivalités internationales dont l'Afrique occidentale et centrale fut le théâtre et dans lesquelles le souverain de l'Etat du Congo a tenu les rôles les plus variés. A ces rivalités, naturellement, il faut ajouter d'autres problèmes dont les mêmes Puissances ont à se préoccuper sur un champ plus vaste et qui tendent à paralyser de plus en plus toute action utile, désintéressée et concertée en vue de servir au Congo la cause de l'humanité. La seconde raison est d'ordre dynastique. Le roi Léopold est allié aux familles royales d'Angleterre et d'Allemagne. Ceux-là seuls qui sont dans le secret des cours savent dans quelle mesure le souverain de l'Etat du Congo a profité de ces relations de famille, si utiles à ses intérêts. Il y a trouvé, c'est indéniable, l'appui le plus important. La troisième raison, c'est l'auréole factice d'impeccabilité dont l'Etat du Congo s'entoure et par laquelle on égare l'opinion publique depuis des années, en ayant l'heureuse adresse d'imputer à des subalternes isolés la responsabilité d'abus d'une gravité peu commune; c'est là un procédé qu'on emploie de plus en plus et qui réussit toujours. Voilà les raisons — il y en a d'autres sans doute et deux d'entre elles nous arrêteront dans le prochain chapitre — qui ont principalement contribué à empêcher les Puissances d'accomplir leur devoir sous l'empire de l'Acte de Berlin, *en agissant au nom des principes humanitaires.*

Aujourd'hui le problème congolais se présente sous un aspect différent. Jusqu'à présent l'affaire Stokes (1) a seule apporté ce qu'on pourrait appeler une cause *matérielle* de plainte contre l'Etat du Congo. L'effet de cet attentat se trouva atténué par de nouvelles rivalités internationales qui se produisirent peu après; la désignation du major Lothaire, qui fut postérieurement choisi comme administrateur-directeur en Afrique d'une des « compagnies » dont l'Etat a la moitié des actions et dont le roi Léopold nomme les agents, n'exerça pas elle-même l'influence que, dans

(1) A laquelle nous devons ajouter maintenant l'affaire Rabinek qui la rappelle quelque peu. Il s'agit d'un sujet autrichien que l'Etat du Congo a fait arrêter dans la région du Katanga et dont il s'est finalement débarrassé dans des circonstances analogues, en quelque mesure, à celles où s'est trouvé M. Stokes. (*Note de l'Auteur.*)

d'autres circonstances, elle aurait eue certainement. Mais, depuis, l'horizon s'est éclairci. On a fini de se disputer l'Afrique. Les Puissances commencent à songer sérieusement aux immenses problèmes en face desquels elles se trouvent dans la zone tropicale de l'Ouest africain. Et c'est précisément à ce tournant où se trouvait la politique européenne en Afrique occidentale qu'est apparu le côté purement matériel de la question. L'Angleterre et l'Allemagne ont, l'une et l'autre, à leurs points de vue respectifs, été durement punies de leur indifférence passée dans les violations répétées de l'Acte de Berlin commises par l'Etat du Congo. L'Allemagne a vu son commerce de l'ivoire disparaître en Afrique orientale; ses protégés indigènes étaient chassés du territoire de l'Etat indépendant, et ne pouvaient acheter de l'ivoire ou d'autres produits aux noirs habitant au delà de la frontière germano-belge, car, selon les lois du Congo, tous les produits forestiers, végétaux ou animaux, pour peu qu'ils aient quelque valeur intrinsèque, appartiennent non pas à l'indigène maître de la forêt et dont l'Etat ne reconnaît pas le droit de propriété, mais à l'Etat lui-même. L'Angleterre a vu ses commerçants chassés du Congo français par suite d'une extension du système de monopoles territoriaux que l'Etat du Congo avait inauguré en 1892 et qui comportait des droits exclusifs sur les produits du sol. La théorie belge s'est fortifiée, grâce au *non possumus* des nations européennes. Le cancer africain a attaqué les deux rives du Congo, et, partout où se répand le mal cruel, disparaissent, pour le blanc comme pour le noir, l'indépendance de chacun, les facilités offertes aux transactions de tous, la liberté commerciale.

Le système belge pour le développement de la zone tropicale de l'Ouest africain se trouve aujourd'hui, et depuis peu de temps, se présenter sous un autre aspect. Ce n'est plus maintenant qu'un moyen de s'assurer des dividendes et d'asservir les populations indigènes. Il apparaît actuellement comme une menace envers tous les intérêts légitimes de l'Europe en Afrique occidentale. Ce que l'Angleterre et l'Allemagne pouvaient se refuser à accomplir s'il s'agissait seulement de considérations humanitaires, elles ne sauraient y demeurer plus longtemps étrangères, alors que leurs intérêts en Afrique sont directement menacés. Les tentacules de la pieuvre belge s'étendent de plus en plus loin : le Congo français, Fernando Po, le territoire de la Muny, le Dahomey, la Côte d'Ivoire et le sud-ouest de l'Abyssinie sont également, soit menacés, soit atteints par les enlacements perfides qui apportent la mort et la désolation aux indigènes de l'Afrique (1). La façon dont nos commerçants ont été traités au Congo français a renforcé et appuyé de nouveaux motifs le désir qu'a le public de voir appeler l'Etat du Congo à la barre des Puissances; car si l'expulsion de sujets britanniques d'une région déclarée solennellement ouverte au commerce de toutes les nations exige une action particulière de la part du gouvernement anglais sous la forme d'une demande d'arbitrage, ce qui, j'ai des raisons de le croire, a été fait, il reste une question plus large, celle de la violation de l'Acte de Berlin par l'Etat du Congo, auteur du nouvel esclavagisme africain. L'arbre est pourri, et, quoi qu'on puisse attendre d'une nouvelle pousse, il faut, pour que le mal disparaisse à jamais, arracher l'arbre et le détruire. Tout ce qu'on peut attendre de l'initiative européenne dans la zone tropicale de l'Ouest africain, sa raison d'être, son avenir tout entier, dépendent de cette question. Si les gouvernements hésitent encore à agir, le peuple, lui, est impatient.

Les journaux bien informés d'Angleterre et d'Allemagne sont unanimes pour inviter les gouvernements de ces deux pays à combiner leurs efforts en vue de l'abolition du régime des monopoles en Afrique occidentale et là surtout où il a pris naissance, dans l'Etat du Congo. La Société coloniale allemande, qui compte 32,000 membres, a tenu dans ce but deux grandes réunions et a adopté les motions les plus chaleureuses ; elle emploie en même temps son énorme influence pour obtenir qu'au Cameroun, dans les deux concessions obtenues à l'époque où le système fut mis en pratique au Congo français et par les mêmes moyens, le commerce ne subisse aucune restriction et l'indigène demeure libre de vendre ses produits à qui bon lui semblera (2). A ce point de vue, l'Allemagne

(1) Il y a quelque temps, le député qui représentait alors le Sénégal au Parlement français, prenant la parole à Saint-Louis devant ses électeurs, les avertissait que le plus grand péril dont fût menacé leur arrière-pays, le Soudan, venait du roi Léopold de Belgique et de sa bande monopoliste. (*Note de l'Auteur.*)

(2) Au grand « congrès colonial » tenu à Berlin le 11 octobre, M. Vohsen, consul, déposa une motion votée à l'unanimité, et invitant les Puissances à se préoccuper de la revision de l'Acte de Berlin. M. Vohsen dit : « L'Etat du Congo, ont le premier, puis récemment la France, dans sa colonie du Congo, ont méconnu les principes posés dans l'Acte de Berlin.... » En visant l'Etat indépendant il poursuivit : « Tous les pays que l'on présente comme » non occupés par les » indigènes » et qui sont situés dans la zone du commerce libre, furent, à partir de

fait de son mieux pour réparer une erreur initiale, commise sur la foi de renseignements inexacts, et dont on aperçoit maintenant toutes les conséquences. En Angleterre, nous rencontrons une heureuse alliance de philanthropie toute instinctive, de science acquise, et de sens commercial, unis dans un but commun ; et grâce à ces sentiments aucune question ne parut jamais, dans les choses africaines, mêler aussi étroitement la morale et l'intérêt pratique (1). Si la presse britannique, dans sa généralité, reste encore arrière, il suffit de rappeler que l'Angleterre vient à peine d'en finir avec une lutte terrible qui absorbe depuis trois ans toutes les forces du pays. En vérité, si l'on tient compte des circonstances, nous devrions peut-être montrer quelque gratitude pour l'intérêt dont la presse a fait preuve dans cette question quoiqu'on puisse observer, en ce qui concerne spécialement la manière dont nos commerçants sont traités au Congo français, qu'elle a manqué singulièrement de clairvoyance. Aux Etats-Unis, il semble qu'on commence à comprendre la responsabilité spéciale encourue par l'Amérique, qui fut la première à reconnaître l'existence comme gouvernement régulier de l'Association internationale africaine, depuis l'Etat du Congo ; maintenant que la politique de l'Etat est mieux connue, les Américains éclairés doivent sentir tout le poids de cette responsabilité et pour diverses raisons ne sauraient se désintéresser des

juillet 1885, déclarés la propriété de l'Etat; en 1892, on frappa de lourdes taxes le commerce du caoutchouc, qui fut entièrement prohibé dans certaines parties du bassin conventionnel. La conséquence, ce fut, en fait, la suppression de la liberté du commerce et des transactions garantie par l'Acte de Berlin. La première condition du maintien de cette liberté, c'est de laisser aux indigènes le droit de disposer des produits naturels du sol et des produits de leur chasse. C'est ce qui existait, avant l'Acte de Berlin, dans toutes les colonies françaises, anglaises et allemandes de l'Afrique occidentale, et c'est ce qui y existe encore, à l'exception des territoires de l'Etat du Congo et du Congo français, les pays mêmes directement visés, il est curieux de le constater, par les articles 1er et 5 de l'Acte général. » (*Note de l'Auteur.*)

(1) Parmi les personnalités qui favorisèrent la réunion de Mansion House le 15 mai 1902 (réunion qui eut lieu sous les auspices de la Société de protection des aborigènes), il faut citer M. John Morley, sir J. Kennway, le comte Spencer, le marquis de Ripon, lord Avebury M. Lecky, M. P., sir Edward Clarke, K. C., sir W. Brampton Gurdon M. P. K. C. M. G., sir Charles Dilke, M. P., sir Mark. J. Stewart, M. P., M. James Bryce, M. P., M. W. S. Robson, M. P., et d'autres hommes politiques appartenant à l'un et l'autre partis. Cinq chambres de commerce, la Société africaine et la Société coloniale allemande étaient représentées; le Dr Alfred Zimmermann, *attaché* à l'ambassade d'Allemagne à Londres, assistait également à la séance. (*Note de l'Auteur.*)

affaires de l'Ouest africain. Aussi le Président Roosevelt a-t-il été invité à s'associer à d'autres Puissances signataires de l'Acte de Berlin pour provoquer la convocation d'une nouvelle conférence. Il faut espérer que cet appel sera entendu. La situation de l'Amérique est telle que les Etats-Unis peuvent agir en cette circonstance sans être soupçonnés de calculs intéressés, et l'importance de son appui moral dans cette conjoncture ne peut être trop appréciée. En France, on peut affirmer avec certitude que l'*élite* (1) des fonctionnaires de l'Afrique occidentale est entièrement hostile au système des monopoles (2), que les sociétés commerciales les plus puissantes y sont profondément, passionnément opposées, et que, sauf de rares exceptions, les écrivains les mieux renseignés sur les choses de l'Ouest africain, et les explorateurs de ces régions (M. Chevalier par exemple) n'y sont rien moins que favorables. Comment dès lors pouvons-nous expliquer ce qui s'est passé? Très facilement, je crois. Une lourde faute a été commise. Presque partout en France, sinon toujours en public, on le reconnaît maintenant. Mais le gouvernement français se refuse à l'admettre, et le cas des négociants anglais accentue la difficulté. Tout gouvernement de la France craint qu'on ne lui reproche à grands cris sa trop grande amitié pour les Anglais, et nul ne sait mieux que lord Lansdowne combien ce sentiment a toujours entravé la politique des hommes d'Etat français. L'influence dont disposent les concessionnaires est toujours puissante. Ils ont encore pour eux la majorité des journaux coloniaux français — et cela pour des raisons qu'il est facile de découvrir. Et l'influence personnelle du roi Léopold dans les sphères gouvernementales est toujours considérable, tout diplomate le sait en Europe ; il ne néglige, du reste, aucune occasion de fortifier cette influence, témoin par exemple l'envoi au président Loubet, à son retour de Russie, de félicitations spéciales pour son heureux voyage. La vérité, c'est que le gouvernement français marque un temps. Les quelques mois qui vont

(1) En français dans le texte anglais.

(2) Les vues de M. Binger sont bien connues. M. Cousturier, gouverneur de la Guinée française, dans son rapport sur cette colonie pour l'année 1901, ne cache pas son hostilité envers les méthodes que les Belges appliquent dans l'Etat du Congo à la récolte du caoutchouc.

L'auteur pourrait produire des documents attestant que cette opinion se trouve partagée par d'autres fonctionnaires français bien connus de l'Afrique occidentale. (*Note de l'Auteur.*)

suivre seront décisifs dans l'histoire de cet essai du système des concessions. Les concessionnaires feront un suprême effort pour justifier leur existence et pour forcer le gouvernement à mettre sur pied toute une armée au Congo afin d'obliger les indigènes à récolter du caoutchouc. S'ils n'y réussissent pas, il se peut que le gouvernement se mette doucement à leur rappeler qu'ils n'ont observé aucune des clauses *du cahier des charges* (1), et si l'Angleterre et l'Allemagne parviennent à conclure une entente définitive entre elles et les Etats-Unis, la France sera trop heureuse de trouver dans la réunion d'une conférence le meilleur moyen de sortir de *l'impasse* (2) où ses prétendus amis les Belges l'ont entraînée.

Il se peut que ces prévisions pèchent par excès d'optimisme ; tout au moins, il n'est que trop visible que les partisans des monopoles sont très forts et qu'ils disposent largement de la fortune et de l'influence. En attendant, tous ceux qui voient dans le maintien et le développement de la méthode belge en Afrique un mal contagieux prêt à se propager partout où il peut pénétrer, et qui sont d'avis de le combattre sans trêve ni repos, ceux-là ne sauraient mieux faire ce qu'ils croient être leur devoir qu'en répandant, de plus en plus, la lumière sur les procédés de l'Etat du Congo.

CHAPITRE XXX

HISTOIRE DE L'ÉTAT DU CONGO

« Actuellement la société dite l'Association internationale, si étrange que cela puisse vous paraître, est invulnérable et inattaquable. Toutes les armées du monde ne pourraient rien contre elle. Elle est impalpable, intangible comme l'air. Je l'appelle la Bienveillance, la Charité, la Philanthropie, l'Esprit de Paix, de bonne volonté envers tous les hommes, le Progrès. Elle est ici parmi vous ce soir... Elle se joue de vos armées, se moque de vos efforts; elle aura disparu comme un souffle sans que vous puissiez la ressaisir... Les fondateurs de l'Association internationale ont été considérés comme des rêveurs... On comprend, ou l'on croit comprendre, pourquoi un George Peabody consacre des capitaux, considérables à l'installation de logements modèles, ou un Josiah Mason à celle d'un institut..... On peut s'expliquer aussi pourquoi une nation entière a dépensé 20 millions de livres à libérer les esclaves dans les Indes occidentales... Quoiqu'on sache apprécier un sentiment quand il s'exerce en Angleterre, on a peine à comprendre le sentiment qui a conduit le roi Léopold II à fonder l'Association internationale. C'est un rêveur comme ses collaborateurs, car ses sentiments il les exerce envers des millions d'êtres abandonnés, habitants

(1) et (2) En français dans le texte anglais.

du continent noir. On ne peut se rendre compte exactement, *car il n'y a pas de dividendes à en attendre*, de ce sentiment toujours en éveil, ardent, vivant, prêt à s'épancher, qui tend à propager les influences civilisatrices parmi les noirs, et à éclairer à la lumière du progrès les sombres retraites de la ténébreuse Afrique. » — Sir H. M. STANLEY, à la chambre de commerce de Londres, le 19 septembre 1884.

« Tous les pouvoirs émanent du souverain qui les exerce par lui-même ou par ses délégués. Il consulte s'il le juge bon le Conseil supérieur siégeant à Bruxelles. Il prend en personne les mesures les plus importantes... Le souverain manifeste sa volonté sous la forme de décrets contresignés par le secrétaire d'Etat... » — M. A. J. WAUTERS, *L'Etat Indépendant du Congo*, chapitre XXXII. Pouvoir législatif p. 433.

Les légendes ont la vie dure. Celle qui attribue au roi Léopold de Belgique et à l'Etat du Congo des intentions philanthropiques dans les questions africaines vit encore parmi nous, bien qu'elle se soit affaiblie. Elle serait morte depuis longtemps si deux raisons ne s'y étaient opposées, d'une part les inexactitudes répandues par deux ou trois personnalités anglaises bien connues, et, d'autre part, l'impuissance apparente de la presse britannique en général à saisir le *fons et origo mali* qui réserve à l'Europe de terribles complications dans l'Afrique centrale. A l'occasion, on est tenté de croire, — supposition que fortifient des articles comme ceux que le *Times* consacrait récemment aux débuts de la Chambre belge sur l'annexion du Congo, — on soutiendrait volontiers que, si l'on a tant de peine à se rendre à l'évidence, c'est moins par impuissance à voir les choses comme elles sont, que par répugnance à mettre en cause le souverain lui-même de l'Etat du Congo. On n'aime pas les critiques trop personnelles, surtout quand il s'agit de la royauté. Si c'est la véritable explication de l'insouciance que l'on montre dans certains milieux envers l'Etat du Congo, il n'y a pas de raison pour que la question ne demeure indéfiniment ouverte. Je prétends qu'il est tout à fait impossible de faire éclater la vérité si la responsabilité personnelle du roi dans la mauvaise administration de l'Etat du Congo doit être perpétuellement écartée. Pourquoi le serait-elle? Le *régime* (1) administratif de l'État, comme M. Cattier l'a dit avec raison, c'est le « despotisme absolu ». Tous ceux qui connaissent ce *régime* (2) n'ignorent pas que les Van Eetvelde, les Droogmans, les Liebrechts ou les Cuvelier ont pour unique

(1) et (2) En français dans le texte anglais.

tâche d'exécuter les décisions du roi et de surveiller le travail purement matériel que cette exécution comporte. Le roi Léopold est seul à commander, et il doit porter toute la responsabilité des différentes mesures dont il a pris lui-même l'initiative et qu'il a fait appliquer par ses agents. Le roi a hautement et à plusieurs reprises revendiqué cette situation pour lui-même à la face du monde. Il s'est posé, et il continue à se poser, comme le régénérateur des populations africaines. Il a rappelé, dans une circulaire à ses agents, que « son seul programme, c'est d'accomplir une régénération morale et matérielle ». Il a écrit que les « résultats obtenus par l'Etat du Congo étaient dus à la concentration de tous ses efforts en un seul champ d'action ». Il a constamment et de façon très nette insisté sur la pureté et le désintéressement de ses intentions. Il a mis à combattre toute opinion contraire une fermeté de ton, un sentiment prétendu de la grandeur de ses desseins, une vivacité d'expression grandiloquente qu'on ne peut s'empêcher d'admirer, comme si l'on voyait représenter une pièce dont le sujet ne plaît pas, mais où le talent de l'acteur fait oublier l'imperfection du scenario. « Mon but a toujours été, dit-il, de trouver la vérité et de la faire connaître aux autres. On m'a souvent mal compris et mal jugé, mais nous ne devons pas nous décourager ; allons toujours de l'avant dans le chemin du devoir, nous efforçant de faire éclater la lumière ». Sa Majesté et les amis de Sa Majesté ne pourront donc se plaindre si nous prenons au mot le souverain de l'Etat du Congo ; si nous estimons que dans le gouvernement de cet Etat il a pris à la lettre pour son compte la fière devise de Louis XIV : *l'Etat c'est moi* (1) ; si, prenant texte de ce qu'il a déclaré vouloir, par sa politique, régénérer les noirs de l'Afrique — politique dans l'exécution de laquelle il n'entend pas éviter la publicité et ne désire que la vérité et la lumière, — nous jugeons ses actes et leurs conséquences au point de vue où il s'est lui-même placé.

Il est essentiel dans ce but d'exposer l'histoire rétrospective des événements qui ont précédé l'Acte général de Berlin.

Le 12 septembre 1876, le roi Léopold organisa la réunion d'une conférence à Bruxelles en vue de rechercher les meilleurs moyens qu'il fût possible d'adopter afin d'ouvrir l'Afrique centrale à la

(1) En français dans le texte anglais.

civilisation européenne. La « barbarie » avait déjà commencé à préoccuper Sa Majesté, qui eut soin de bien faire ressortir l'absolu désintéressement de ses intentions. S'adressant aux savants et aux explorateurs qui se trouvaient réunis (1), le roi Léopold s'exprima en ces termes : « Ai-je besoin de vous dire qu'en vous invitant à venir à Bruxelles je n'ai pas été guidé par un sentiment égoïste? Non, messieurs, si la Belgique est petite, la Belgique est heureuse et satisfaite de son sort... mais il me serait agréable de penser que ce mouvement civilisateur eût son point de départ à Bruxelles. » Cette conférence amena la formation de l'Association internationale pour l'exploration et la civilisation de l'Afrique centrale. Son but avoué, c'était l'exploration, ainsi que l'établissement de divers centres où des explorateurs de toute nationalité pussent trouver accueil. Des comités chargés de recueillir des fonds furent établis dans tous les pays représentés (2), et un conseil exécutif fut institué à Bruxelles pour gérer l'emploi des sommes ainsi réunies. Le roi Léopold, qui dès le début avait ses projets, il l'a bien montré plus tard, — y vit cet avantage de placer le comité belge au premier rang des souscripteurs, si bien qu'avant longtemps l'Association devait apparaître comme une organisation belge.

L'Association dirigea tout d'abord ses efforts vers la côte orientale d'Afrique; mais quand Stanley rentra en Europe en janvier 1878, après avoir découvert le cours du Congo, il devint manifestement nécessaire de changer de politique. Le roi s'assura tout aussitôt les services de Stanley, un « comité d'études » pour le Haut-Congo fut constitué, et le colonel Strauch fut envoyé au Congo pour représenter à la fois l'association et le comité d'études. Pendant ce temps, les ambitions du roi Léopold se développaient peu à peu, et la conception d'un Etat africain dont il serait le principal représentant germait déjà dans l'esprit de Sa Majesté. Dans une lettre qu'il écrivait à Stanley, le colonel Strauch proposait la formation « d'une confédération indépendante de noirs libres, dont la présidence appartiendrait au roi qui aurait conçu et créé une telle organisation ». « Notre entreprise, continuait le colonel Strauch, ne tend pas à la création d'une colonie belge, mais à l'établissement d'un puissant *royaume noir.* » Cette idée semble avoir

(1) La Belgique, la Grande-Bretagne, la France, l'Allemagne, l'Autriche-Hongrie, l'Italie et la Russie envoyèrent des délégués à cette conférence. (*Note de l'Auteur.*)

(2) Il en fut ainsi à l'exception de l'Angleterre. (*Note de l'Auteur.*)

été de façon incessante propagée par le colonel Strauch parmi les commerçants européens établis sur le Bas-Congo; on le vit bien dans la suite. Cette idée devait-elle ou non servir de trompe-l'œil, il est difficile de se prononcer. Dans tous les cas, Stanley la fit abandonner. Vers cette époque, la France et le Portugal commençaient à s'accommoder mal du rôle assez exclusif que l'association et le comité entendaient jouer, et il s'ensuivit une longue intrigue où les acteurs principaux furent Stanley et de Brazza. De Brazza devança Stanley sur la rive droite du Congo, et Stanley gagna la partie sur la rive gauche au-dessus du Stanley Pool. Le Portugal, dont les explorateurs avaient découvert l'embouchure du Congo en 1484 (1), dont les traités avec les indigènes avaient certainement plus de validité que ceux des agents de l'Association, et qui conservait des intérêts commerciaux dans le pays, — le Portugal s'alarma vivement et tenta, avec l'aide de la Grande-Bretagne, de faire valoir ses droits. Le 26 février 1884, une convention fut signée entre la Grande-Bretagne et le Portugal dont le but était de mettre un terme à l'expansion de l'Association vers l'intérieur. Le traité fut attaqué en Angleterre et hors d'Angleterre; au dehors, à divers points de vue et notamment parce qu'on redoutait de voir l'influence politique de la Grande-Bretagne devenir prépondérante au Congo; au-dedans, parce que, d'après les clauses du traité, le Portugal avait le droit d'établir des droits modérés à l'importation, et parce qu'on craignait que cette disposition ne conduisît plus tard à l'application de tarifs différentiels vus avec faveur par le cabinet de Lisbonne, et aussi parce que les chambres de commerce britanniques se trompaient sur le vrai caractère de l'Association internationale, qui se représentait elle-même comme acquise aux principes libre-échangistes. Le traité rencontra pour les mêmes motifs l'opposition des commerçants européens du Congo, s'autorisant eux-mêmes de cette opinion que l'Association avait pour but de maintenir et de fortifier la souveraineté indigène, celle-ci constituant (les négociants intéressés dans les affaires de l'Ouest africain ne l'ignorent pas), la meilleure garantie pour le développement de transactions régulières.

Le traité fut d'un commun accord annulé. Cette annulation fut précédée d'un événement considérable, nous voulons parler de ce

(1) Diego Cam. (*Note de l'Auteur.*)

fait que l'Association fut reconnue comme Etat ami par le gouvernement américain (1). Le roi, secondé par Stanley, qui était encore à cette époque, je crois, citoyen américain, engagea fort habilement la partie avec le général Henry S. Sandford (qui fut depuis l'un des deux représentants des Etats-Unis à la conférence de Berlin). Il semble que la déclaration notifiée par le général Sandford au gouvernement des Etat-Unis ait exercé une influence considérable. Cette déclaration spécifiait que « l'Association internationale du Congo avait, par traités conclus avec les souverains légitimes des bassins du Congo, du Niadi-Kouilou et des pays voisins, acquis des territoires en vue de l'utilité et du profit des Etats libres, établis ou destinés à s'établir dans ces régions ». Les « Etats libres », c'était un appel adressé aux sentiments américains (2). Il est inutile de le dire, la seule chose qui n'ait pas été réailsée d'une manière quelconque au Congo, c'est la liberté, soit pour les Etats ou les institutions indigènes, soit pour le commerce européen (3). Il est difficile de s'expliquer comment le général Sandford a pu se tromper au point d'écrire la dépêche que nous avons reproduite, si l'on considère la façon catégorique dont Stanley avait repoussé en 1898 la proposition du colonel Strauch, circonstance que sans doute le général avait présenté à l'esprit, bien qu'elle remontât à six années. La reconnaissance par l'Amérique du nouveau statut de l'Association fut suivie de la proposition émanant de Bismarck et tendant à réunir une conférence à Berlin en vue d'apaiser les rivalités qui

(1) L'Association, à cette époque, avait échangé son titre contre celui d' « Association internationale du Congo ». (*Note de l'Auteur.*)

(2) Ce point est fort bien mis en lumière par M. Dennet, le seul écrivain qui ait traité du royaume Fjort au Congo, et l'auteur en même temps de plusieurs ouvrages concernant cette peuplade des Fjort. M. Dennet a examiné le point particulier que nous avons en vue dans une série de lettres intéressantes publiées l'année dernière dans le *West Africa*. M. Dennet, qui a passé vingt-deux années de suite dans le Bas-Congo, déclare positivement que les traités conclus par l'Association et auxquels se référait le général Sanford étaient dépourvus de toute validité. (*Note de l'Auteur.*)

(3) Dans son rapport sur l'Etat du Congo pour 1898, le consul Pickersgill termine une longue énumération des taxes perçues sur le commerce libre par ce passage humoristique :

« Je puis résumer cette partie de mes observations en citant les remarques plaisantes des missionnaires anglais et américains, qui m'ont déclaré ne trouver rien qui fût libre dans l'Etat Indépendant si ce n'est la fièvre. Un missionnaire belge avec qui j'eus un entretien sur la question a fait cette remarque : « Le gouvernement taxe même la civilisation que nous apportons. » (*Note de l'Auteur.*)

s'étaient manifestées dans le bassin du Congo. La conférence tint sa première séance en novembre 1884, et se termina en février 1885. Fortement influencées par la décision des Etats-Unis, les Puissances autorisèrent leurs représentants à suivre l'orientation donnée par l'Amérique, et, le 1er août 1885, le roi Léopold avait l'inexprimable satisfaction de notifier aux gouvernements que l'Association serait désormais connue sous le nom d'Etat libre du Congo et que lui-même serait souverain de cet Etat. Ainsi s'accomplit l'évolution du roi Léopold qui, de simple philanthrope, devint le maître d'un territoire ayant un million de milles carrés de superficie. Le roi, objectent ses admirateurs, en était arrivé à constater que le patriotisme était un devoir supérieur même à la philanthropie. Le côté pratique l'avait emporté sur l'idéal. Fort bien; mais comme nous voulons examiner une nouvelle phase de cette royale métamorphose, nos lecteurs voudront bien se rappeler les paroles mémorables prononcées en 1876 à Bruxelles devant des savants et des explorateurs : « Ai-je besoin de vous dire qu'en vous invitant à venir à Bruxelles je n'ai pas été guidé par un sentiment égoïste? Non, messieurs, si la Belgique est petite, la Belgique est heureuse et satisfaite de son sort. »

La conférence de Berlin stipula que des droits d'importation ne devraient pas être établis à l'embouchure du Congo pendant une période de vingt années. Mais en 1890 le roi Léopold, alléguant les lourdes charges que lui avait imposées la lutte contre les Arabes dans le Haut-Congo, réclama la faculté d'établir un tarif léger de droits à l'importation. Ce fut la première désillusion; et les chambres de commerce britanniques commencèrent à se demander si elles n'avaient pas eu tort de s'opposer à la convention anglo-portugaise. La requête du roi fut accueillie, les Puissances se réservant seulement le droit de revenir aux dispositions primitives après quinze ans. Une vive opposition s'était produite toutefois de la part de la Hollande, qui avait au Congo des intérêts commerciaux fort importants et qui fut, dans cette circonstance, soutenue par les chambres de commerce britanniques et tous les négociants congolais sans distinction de nationalité. Une assemblée où tous les intérêts en cause étaient représentés s'était tenue à Londres le 4 novembre 1890 sous la présidence de Sir Robert Rollit, pour protester contre l'établissement de droits d'importation et pour dénoncer l'hypocrisie qui attribuait à des motifs philanthropiques les intentions qui avaient guidé dans cette perception l'Etat du Congo. Les orateurs, à cette réunion, insistèrent sur ce qu'il y avait d'étrange et d'anormal à voir un monarque, qui avait fait des dépenses en alléguant, en proclamant bien haut, ses intentions philanthropiques, venir ensuite demander qu'on lui remboursât les sommes ainsi déboursées, tout comme l'eût fait un homme d'affaires ordinaire, — un homme d'affaires, il est vrai, qui, après avoir acquis un immense domaine sous des prétextes imaginaires, demandait à ses victimes de quoi payer pour l'administrer! Ils rappelèrent avec éclat un « speech » prononcé par Stanley à Manchester le 21 octobre 1884, au nom de l'Association et contre le traité anglo-portugais. « Les 500,000 livres, avait alors déclaré Stanley, que l'Association a dépensées pour le Congo, elle les a librement déboursées; les milliers de livres qu'elle peut y consacrer chaque année, elle les y affecte sans rien espérer en retour pour une satisfaction de pur sentiment. » Ils purent montrer que, à cette époque déjà, le roi Léopold, — après avoir déclaré au monde commercial que l'Etat du Congo s'abstiendrait toujours de trafiquer lui-même directement ou indirectement, dans son domaine, — achetait, ou plus exactement volait, l'ivoire aux indigènes sur le Haut-Congo et en disposait selon les cours de la vente sur les marchés d'Europe. Ils établirent que, profitant du silence de l'acte de Berlin au sujet des droits de sortie, l'Etat du Congo percevait déjà des taxes s'élevant à 17 1/2 0/0 sur l'ivoire, 13 0/0 sur le caoutchouc, et 5 0/0 sur les amandes de palme, l'huile de palme et les arachides, — tarif dont le total ne représentait pas moins de 33 0/0 de la valeur générale du commerce. Finalement, ils n'eurent aucune peine à démontrer que, malgré tout son désir de supprimer la traite des noirs pratiquée par les Arabes de demi-caste sur le Haut-Congo (1) Sa Majesté encourageait elle-même l'esclavage en se faisant payer par les chefs vaincus un tribut consistant en esclaves qui étaient aussitôt enrôlés comme miliciens dans la force armée de l'Etat. La sincérité de la sollicitude du roi Léopold pour les indigènes de l'Afrique apparaissait à d'autres égards sous son vrai jour. Il s'agit de la lettre du colonel Williams, officier anglais au service de Sa

(1) Ces Arabes détenaient le monopole de l'ivoire sur le Haut-Congo; l'Etat libre, en les exterminant avec l'aide de ses soldats cannibales (voir HINDE, *Défaite des Arabes au Congo*) s'assura à son tour le même monopole. (*Note de l'Auteur.*)

Majesté, qui, ne pouvant tolérer les iniquités qui se commettaient au Congo, les dénonça au roi. Cette lettre, dont j'extrais les passages suivants, fut lue à la conférence que nous avons rappelée par M. Philipps, représentant la chambre de commerce de Manchester. Elle était ainsi conçue :

« Le gouvernement de Votre Majesté a été et demeure coupable d'engager des guerres injustes et cruelles contre les indigènes dans l'espoir de s'assurer des esclaves et des femmes destinés au service de ses officiers. Dans ces expéditions esclavagistes un village est armé par l'Etat contre un autre village et les forces que l'on recrute ainsi sont incorporées dans les troupes régulières. Je n'ai pas d'expressions suffisantes pour dépeindre à Votre Majesté la brutalité dont ses soldats font preuve dans des expéditions de ce genre. Ceux qui ouvrent le feu sont d'ordinaire les Bangalas, anthropophages altérés de sang, qui ne font quartier ni à l'aïeule vieillie, ni à l'enfant encore au sein de sa mère. Dans certaines circonstances ils ont apporté les têtes de leurs victimes à leurs officiers blancs sur les bateaux à vapeur de l'expédition, et ils ont ensuite mangé la chair des enfants égorgés (1). »

L'histoire des faits et gestes du roi Léopold dans l'Afrique centrale de 1876 à 1890 peut donc être résumée de la manière suivante : Première phase : Inauguration d'un « mouvement » en vue de « l'exploration et de la civilisation de l'Afrique » pour des motifs, paraît-il, de pure philanthropie, sans l'ombre d'intérêt et d'ambition personnels de la part de la Belgique. Dépense de certaines sommes d'argent dans ce but (prétendu). Acquisition d'un certificat de hautes conceptions morales. Seconde phase : Le « mouvement » se transforme ; il s'agit de créer un Etat, peut-être une « confédération indépendante de noirs libres » avec le roi pour président. Ce projet est abandonné et remplacé par la conception d'un « Etat indépendant » administré directement par le roi et ses représentants. La conception se fortifie, et grâce à l'Acte de Berlin

(1) Voir M. Herbert Ward, *Cinq années chez les cannibales du Congo*, p. 297.

Tout ce passage pourrait avoir été écrit il y a quelques semaines, au lieu de l'avoir été il y a onze ans. L'état de choses décrit par le colonel Williams s'est aggravé au lieu de s'améliorer. Le mal est plus étendu, et les moyens de le perpétuer sont moins limités et plus puissants. Il faut lire à ce sujet les dernières révélations de M. Canisius et du capitaine Burrows. (*Note de l'Auteur.*)

elle devient un *fait accompli* (1). Conformément à cet Acte, le roi se trouve souverain de « l'État Indépendant du Congo » et il s'engage à n'accorder dans cet Etat ni monopole, ni privilège en matière commerciale, à veiller à l'amélioration du sort des indigènes et à ne pas établir de droits d'importation. On donne également au monde commercial l'assurance formelle que l'Etat ne fera pas de négoce pour son propre compte, ni directement, ni indirectement. Troisième phase : L'Etat ne tarde pas à faire le commerce de l'ivoire sur le Haut-Congo, et il engage des hostilités contre les indigènes grâce à une armée de soldats anthropophages formée d'esclaves devenus prisonniers de guerre et livrés, sous forme de tribut, par les vaincus. Les agents de l'Etat commencent à encourir l'accusation de mauvais traitements envers les indigènes. Quatrième phase : Le roi demande la permission d'établir des droits d'importation, arguant des dépenses que lui a imposées la répression de l'esclavage, et la Conférence de Bruxelles accède à sa demande.

On peut, je crois, soutenir à bon droit que cette « satisfaction de pur sentiment », qu'en 1884, selon sir H. M. Stanley, le roi se bornait à rechercher en compensation de ses débours, avait pris en 1890 une forme singulièrement pratique. Il y a loin d'un philanthrope à un marchand d'ivoire.

A peine le souverain de l'Etat du Congo eut-il obtenu l'adhésion des Puissances à l'établissement de droits d'entrée, — ce qui fortifia considérablement, il est presque inutile de l'affirmer, la situation internationale de l'Etat, — que se manifestèrent les plans conçus par Sa Majesté pour le développement de ce qui devenait rapidement une possession. Quels étaient ces plans, et quel en était le *leitmotiv?* Quant aux plans, j'y arriverai plus tard, mais dès maintenant je puis brièvement indiquer le *leitmotiv*. Ceux qui ont étudié la personnalité du roi Léopold ne peuvent aucunement croire aux intentions philanthropiques manifestées par le roi Léopold, à quelque époque que ce soit de ses entreprises africaines. En tout cas, les prétextes humanitaires ont perdu tous les ans de leur force depuis 1876. Les révélations faites à la réunion tenue à Londres le 4 novembre 1890 les ont définitivement détruits. Quiconque depuis cette réunion a cru à la philanthropie du souverain de l'Etat du

(1) En français dans le texte anglais.

Congo a été d'une absurde crédulité, bien qu'il pût encore être honnête. Quiconque, au courant des décrets de 1891 et 1892, du jour où ces décrets furent bien connus en Europe, vers le milieu de l'année 1892, a néanmoins affirmé la sincérité de ces intentions philanthropiques, celui-là doit s'être rendu coupable d'un grossier mensonge. Je suis tenté d'aller plus loin encore et d'affirmer que, dans ce cas, on s'est rendu le complice, — et l'on a entraîné le public à partager cette complicité, — d'un crime dont l'étendue et le caractère odieux n'ont cessé de s'aggraver depuis lors, un crime qui coûtera encore cher à l'Europe.

Le roi Léopold s'est trouvé en 1885 possesseur d'un territoire immense, dans l'acquisition duquel il avait, comme mise de fonds, dépensé une certaine somme. Comme il n'était pas un philanthrope, mais bien, au contraire, un homme d'affaires très avisé, il songea dès lors à rentrer dans son capital, intérêts compris. En ouvrant le Congo à toutes les transactions régulières, en encourageant et facilitant le commerce de toutes les nations comme il s'y était solennellement engagé, en poursuivant une politique rationnelle envers les indigènes, le souverain de l'Etat indépendant aurait pu recouvrer le capital initial qu'il avait dépensé, et même il aurait réalisé, en outre, un assez joli bénéfice. En même temps il aurait posé les fondements pour la Belgique d'une colonie paisible et dont le commerce eût été prospère, d'une colonie ayant des ressources immenses, un système hydrographique superbe, des espérances d'avenir illimitées. C'eût été là du vrai patriotisme, et la fin aurait pu justifier les moyens plus ou moins honorables qui avaient été employés. Le roi Léopold a préféré adopter une autre voie, qui l'a conduit de l'illégalité à la violence, et de la violence à la barbarie. Les intentions du roi ont toujours été de se payer de ses débours dans le plus bref délai possible. Voilà ce qu'on peut dire pour le *leitmotiv*.

Les mesures adoptées par Sa Majesté pour parvenir au résultat désiré furent les suivantes. Cinq mois après la clôture de la Conférence de Berlin, le roi Léopold rendit un décret (juillet 1885) par lequel l'Etat affirmait ses droits de propriété sur toutes les terres vacantes dans l'étendue du Congo. On entendait appliquer, dans leur sens le plus étendu, les mots « terres vacantes » à toutes les terres non occupées par les indigènes à l'époque où parut le décret. Par des décrets successifs, promulgués en 1886, 1887 et 1888, le roi réduisit aux plus étroites limites les droits des indigènes sur le sol à tel point que dans son étendue tout entière l'immense zone d'un million de milles carrés attribuée à l'Etat du Congo se trouva, à l'exception de la superficie relativement très faible occupée par les villages ou les cultures des noirs, transformée en *terres domaniales* (1). Le 17 octobre 1889, le roi publia, en outre, un décret ordonnant aux commerçants de limiter les transactions qu'ils opéraient sur le caoutchouc sous forme d'échange avec les indigènes. Le décret n'avait d'intérêt que par l'orientation qu'il indiquait, car à cette époque le commerce du caoutchouc était très faible. En juillet 1890, à l'époque où se trouvait réunie la Conférence de Bruxelles, l'Etat du Congo alla plus loin encore. Un décret publié dans ce même mois de juillet confirma tout ce qui devait être, au mois de novembre suivant, allégué par les orateurs de la réunion tenue à Londres pour protester contre l'établissement par l'Etat de droits d'importation. Le roi déclarait, par le texte de ce décret, que l'Etat avait le droit de faire pour son propre compte le commerce de l'ivoire; c'était une première violation de ses engagements. En outre, le décret établissait différentes taxes extraordinaires sur tout l'ivoire acheté par des négociants aux indigènes ; disposition qui, depuis que l'Etat était devenu lui-même une entreprise trafiquante, constituait une violation très directe de l'Acte de Berlin, car elle établissait un traitement différentiel en matière commerciale. Telles furent les mesures que prit le roi Léopold avant d'obtenir des Puissances le droit d'établir des droits à l'importation (2). Tout était prêt pour le grand *coup* (3), qui devait ouvrir la cinquième phase de la politique africaine de Sa Majesté.

La Conférence de Bruxelles se réunit. Les Puissances, avec une inconcevable insouciance, se laissèrent complètement duper, et au

(1) En français dans le texte anglais.

(2) L'importance du droit d'entrée de 10 0/0 fut pour les besoins de la cause exagérée. Le produit en était insignifiant. Les négociants y étaient opposés en principe. Selon la juste observation de sir Albert Rollit, « la raison de cette opposition, c'est uniquement qu'ils (les droits d'entrée) sont contraires au grand principe de la liberté commerciale qui fut la base même du programme de la Conférence de Berlin. » Il est certain toutefois que la plupart des commerçants combattaient en outre ces droits d'entrée, par un vague soupçon de ce qu'était l'arrière-pensée du roi, soupçon que les événements démontrèrent n'avoir été que trop fondé. (*Note de l'Auteur.*)

(3) En français dans le texte anglais.

bout d'une année se trouvait commise la plus grande iniquité dont les malheureux indigènes de l'Afrique eussent été victimes depuis que les Portugais au XVe siècle avaient eu l'idée de les expatrier pour les utiliser comme travailleurs; et cette injustice émanait d'un monarque qui depuis quinze ans n'avait pas cessé de se représenter comme s'appliquant à leur régénération. Le 21 septembre 1891, le roi Léopold élaborait secrètement un décret qu'il faisait transmettre aux commissaires de l'Etat dans les districts de l'Oubangui-Ouellé et de l'Arouimi-Ouellé, ainsi qu'aux chefs des expéditions militaires opérant dans le district du Haut-Oubangui. Ce décret n'ayant jamais été publié au *Bulletin officiel* de l'Etat, ses termes exacts ne peuvent que donner lieu à des conjectures; nous savons toutefois qu'il prescrivait aux fonctionnaires à qui il était adressé « de prendre des mesures devenues urgentes et nécessaires en vue d'assurer la préservation des fruits du domaine de l'Etat, spécialement l'ivoire et le caoutchouc ». Par « fruits du domaine » le roi Léopold entendait les produits du sol dans les « terres vacantes » qu'il s'était attribuées à lui-même, comme il a été exposé par le décret de 1885. Les instructions du roi furent immédiatement appliquées et trois circulaires, datées respectivement de Bangala, le 15 décembre 1891, de Basankusu le 8 mai 1892, et de Yakoma le 14 février 1892, furent publiées par les fonctionnaires mis en cause. La circulaire n° 1 interdit aux indigènes de chasser des éléphants à moins d'en apporter les défenses aux agents de l'Etat. La circulaire n° 2 interdit aux indigènes de récolter du caoutchouc à moins de l'apporter aux agents de l'Etat. La circulaire n° 3 interdit aux indigènes de recueillir, soit de l'ivoire, soit du caoutchouc, à moins d'apporter ces produits aux agents de l'Etat, et ajouta que l'on considérerait comme ayant recélé des marchandises dérobées et que l'on dénoncerait aux autorités judiciaires les commerçants qui achèteraient ces mêmes produits aux indigènes, autorisés seulement à les récolter sous la condition de les apporter aux représentants de l'administration. »

Ainsi, le souverain de l'Etat du Congo sur tirer parti du nouveau prestige que lui avait donné la Conférence de Bruxelles. Il n'arriva pas complètement à ses fins, car depuis la Conférence de Berlin on avait vu se constituer un groupe puissant de compagnies commerciales belges, présidées par ce même colonel Thys qui, dans la suite, réussit à assurer la construction du chemin de fer unissant le Congo inférieur au Congo supérieur, et qui est sans doute aujourd'hui le plus grand propriétaire foncier de l'Afrique. Ces compagnies faisaient beaucoup de commerce en ivoire et en caoutchouc avec les indigènes. Elles invoquèrent l'Acte de Berlin, protestèrent contre la violation flagrante que l'Etat faisait de ses dispositions, se maintinrent fortement sur le terrain sacré de la liberté commerciale et des droits des indigènes, plaidèrent la cause de la Belgique et des autres Puissances; puis, trouvant ces considérations insuffisantes, attaquèrent violemment le roi lui-même dans l'intention avouée de le contraindre à abdiquer sa « souveraineté » sur le Congo. Il est inutile d'exposer par le menu les diverses phases d'une agitation qui, si elle n'eut pas d'autre effet, montra, en assombrissant le tableau, combien le patriotisme du roi des Belges était subordonné à l'égoïsme du souverain de l'Etat du Congo. La conclusion, c'est que le roi fit la part du colonel, et que les compagnies commerciales du groupe de la rue Bréderode, comme on les désigne familièrement, furent conduites à garder le silence grâce à la concession d'un monopole commercial sur un territoire très étendu, et où elles auraient la faculté de continuer leurs opérations sans être molestées. Ayant apaisé de la sorte son adversaire déclaré, le roi publia un nouveau décret daté d'octobre 1892 et par lequel il définit les limites de ses *terres domaniales* (1); il couronna, en outre, la politique qu'il avait constamment suivie, en créant pour lui-même dans l'Afrique centrale une réserve immense, un *domaine privé* (2), dont il pourrait tirer des revenus illimités en vue de son enrichissement personnel. L'étendue de ce domaine ne doit pas être inférieure à 800,000 milles carrés (3). L'ambition suprême du roi Léopold était atteinte.

CHAPITRE XXXI

LE DOMAINE PRIVÉ (4).

Il est regrettable de voir les écrivains qui de temps en temps appellent l'attention sur l'administration déplorable de l'Etat du

(1) et (2) En français dans le texte anglais.

(3) La carte publiée dans le numéro de mai 1902 du *Journal de la Société africaine* peut être consultée avec avantage sur ce point. (*Note de l'Auteur.*)

(4) En français dans le texte anglais.

Congo ne pas chercher, en règle générale, à faire apparaître nettement devant le public la *causa causans* de cette situation. Ce qui est essentiel se trouve trop souvent noyé dans le détail, et le lecteur embarrassé et cherchant la lumière désespère finalement de comprendre, avec une éternelle question sur les lèvres : « Pourquoi? » Pourquoi ces atrocités attestées par quantité de personnes honorables (1), atrocités que l'administration de l'Etat du Congo a depuis longtemps cessé de nier, et qu'elle tente aujourd'hui simplement d'atténuer, atrocités dont tous les courriers du Congo viennent renforcer les preuves (2)! Pourquoi cette cruauté féroce qui semble à première vue n'être qu'incohérente et bassement stupide, qui paraît monstrueuse presque jusqu'à l'invraisemblance, qui est attestée pourtant, non seulement par les voyageurs et les missionnaires témoins de ses effets, non seulement par ceux qui peuvent garantir l'exactitude de leurs renseignements, recueillis auprès de personnes désirant garder l'anonyme pour ne pas perdre leurs moyens d'existence, mais par les auteurs mêmes des atrocités commises, qui, non sans raison — ils n'en sont pas moins méprisables, — en laissent la responsabilité au système dont ils ont été les instruments? Quel est le mobile secret de toutes ces cruautés? L'existence du *Domaine privé* fournit réponse à cette question. Quand on connaît ce qu'est le *Domaine privé*, ce qu'il signifie, ce qu'il comporte, ce qu'il nécessite, ce qu'il rend inévitable, on sait toute l'histoire et l'on a tout expliqué.

En premier lieu, il importe de bien avoir présents à l'esprit les faits essentiels. Les vastes territoires du *Domaine privé* sont depuis onze ans absolument fermés à tous les efforts légitimes des entreprises privées. Le commerce qui, en Afrique centrale, consiste dans l'échange des marchandises européennes contre des produits bruts n'existe pas dans ces territoires. L'indigène qui y habite a été par

(1) Parmi lesquelles il convient de mentionner les noms d'Augouard, Hinde-Glave, Morrisson, Hawkins, Sheppard, Andrew, Sjöblom, Alfred Parminter, de Mandat-Grancey, Rankin, Murphy, Lloyd, Grogan, et tant d'autres, sans compter les auteurs belges — plus nombreux que tous les étrangers réunis. (*Note de l'Auteur.*)

(2) A l'heure actuelle de terribles combats ont lieu dans le district de l'Ouellé, à cause, j'ai quelque raison de le penser, des taxes ordinairement perçues sur le caoutchouc. Les faits qui se rattachent à ce soulèvement partiel ont pu fort heureusement être rendus publics avant que le présent volume eût paru. (*Note de l'Auteur.*)

décret royal, privé de tous droits à la possession du sol. Les terres dont la condition était fixée depuis des siècles par des coutumes indigènes bien établies, dont la jouissance appartenait à des familles ou des tribus, ont été appropriées sans qu'on eût pris l'avis des intéressés, bien plus encore sans qu'on les en eût dédommagés. En même temps qu'il était privé de sa terre, l'indigène a été dépossédé des fruits qu'elle donnait; le caoutchouc que ses forêts produisent de façon si abondante, il ne « peut » d'après le décret, et nous verrons qu'aujourd'hui il ne « doit » le recueillir que pour le compte de l'Etat; l'ivoire récolté autour de son village ne lui appartient plus, mais appartient à autrui; les éléphants qui errent dans le pays et ravagent ses plantations, il peut encourir le danger matériel de les détruire, mais il n'a pas droit à la récompense à laquelle il devrait prétendre, car les défenses des animaux tués, aux termes du décret royal, ne lui appartiennent pas. Depuis qu'il ne peut plus disposer des produits de son sol, qui constituent sa fortune et aussi sa monnaie d'échange; depuis qu'il a perdu tous droits à la propriété du sol; depuis qu'il ne peut même plus poursuivre les animaux sauvages avec la dépouille desquels il fabrique des cors dont il sonne à la guerre et à la chasse, des bracelets et des anneaux pour ses femmes, des ornements pour sa case, l'indigène n'est plus un homme libre, il est *de facto* un serf. En théorie, on le voit, les décrets de septembre 1891 et octobre 1892 ont fait de l'indigène du *Domaine privé* un serf. En théorie seulement, il a conservé pendant peu de temps cette condition. Mais comme l'étreinte du régénérateur de l'Afrique l'attachait au *Domaine privé*, comme les troupes régulièrement exercées et commandées, armées de fusils à répétition, se renforçaient peu à peu jusqu'à devenir plus nombreuses que celles d'aucune des Puissances européennes sur le sol africain (1), comme le tarif des droits sur le caoutchouc augmentait, comme des fractions du territoire commençaient à se trouver affermées à de pré-

(1) L'armée régulière — la *force publique* — de l'Etat du Congo est évaluée officiellement (*Bulletin* de juillet 1900) à 15,000 hommes, mais nous savons qu'en outre de ces troupes, — de ces 15,000 anthropophages, armés d'albinis et parmi lesquels des révoltes partielles se produisent constamment — l'Etat arme en outre, quand il le juge nécessaire, des milliers d'auxiliaires, anthropophages recrutés dans ce but (voir la lettre écrite au roi en octobre 1899 par le supérieur alors en fonctions de la mission presbytérienne américaine du district du Kassai). Il y a aussi des réserves importantes, mais qu'il est impossible d'évaluer. (*Note de l'Auteur.*)

tendues « compagnies » dont les agents étaient aussi des fonctionnaires du roi; alors l'indigène est devenu un serf non seulement en théorie, mais en réalité, un serf avili, exploité, obligé de récolter du caoutchouc à la pointe de la baïonnette, contraint de payer un lourd tribut à ceux dont le traitement dépend des bénéfices opérés sur les produits expédiés de leurs postes respectifs. Et s'il désobéit, s'il oppose de l'inertie, s'il ne peut satisfaire à des demandes dont l'exagération va croissant, le châtiment qu'il subit va de la mutilation à la mort, avec destruction des villages et des récoltes.

Le *Domaine privé* est « exploité » de deux manières. Le pays est vaguement divisé en un certain nombre de districts, et les *commissaires* (1) de districts, leurs agents et sous-agents, ont pour tâche de percevoir les *impôts de nature* (2), les taxes payées en produits, qui sont établies par le roi. Il n'y a pas de limite à la taxation. Les commissaires ont pour instructions « de consacrer toute leur énergie à la récolte du caoutchouc », mais en même temps d'y procéder « *autant que possible* par la persuasion plutôt que par la force ». Le sens de ces instructions peut ainsi se résumer : « Recueillez tout le caoutchouc et tout l'ivoire que vous pourrez récolter; votre avancement futur dépend de votre énergie (3) ». Naturellement, ce *régime* dans un pays comme l'Afrique où l'indigène n'est pas obligé de « travailler » pour vivre serait de nul effet si la force n'intervenait pour le rendre pratique. Le roi Léopold l'a bien compris, et comme l'a dit un écrivain français, faisant autorité dans les questions coloniales, M. Pierre Mille, « la base de la politique économique du roi a été la formation d'une armée suffi-

(1) et (2) En français dans le texte anglais.

(3) Il peut y avoir intérêt à remarquer ici que les *impôts de nature* sont perçus par l'Etat du Congo dans la zone dite du commerce libre aussi bien que dans le *Domaine privé*. Jusqu'à ce que le district du Kassai fût incorporé dans le *Domaine privé* nombreuses et vives furent les plaintes de compagnies trafiquant dans ce district contre la concurrence déloyale à laquelle les exposait une telle perception. Certaines de ces compagnies ont cité des circonstances où l'on a cru voir les agents de l'Etat menacer les indigènes d'un châtiment exemplaire s'ils ne leur apportaient pas leur caoutchouc. Un accord a récemment été conclu entre l'Etat et les compagnies du Kassai — le district du Kassai était la seule région du Haut-Congo où le commerce libre fût toléré, — et par cet accord lesdites compagnies se sont groupées en un syndicat où l'Etat est intéressé pour une moitié. A tous égards, on le voit, le Kassai est maintenant incorporé dans le *Domaine privé, qui dès lors embrasse l'étendue entière du Congo au nord du Stanley Pool.* (*Note de l'Auteur.*)

samment forte pour obliger les indigènes à payer l'impôt en caoutchouc et en ivoire ». Une armée importante, principalement recrutée chez les Bangalas et les Batetlas — deux tribus cannibales — a été constituée, et, quand elle n'était pas en pleine révolte contre ses officiers, elle n'a que trop bien montré ce qu'elle pouvait faire (1).

Parallèlement à la perception des impôts de nature, le roi Léopold se préoccupa d'un autre projet destiné à accroître ses revenus et en même temps de faire illusion près l'opinion publique de l'Europe, en se montrant disposé à accueillir les initiatives particulières dans le *Domaine privé*. Sa Majesté résolut d'affermer des fractions de son domaine à certains financiers avec lesquels il lui plaisait de rester en bons termes. Des « compagnies » se constituèrent dans lesquelles l'Etat s'intéressa pour moitié. Ces compagnies sont considérées comme ayant acquis par voie d'échange l'ivoire et le caoutchouc qu'elles expédient en Europe. Mais, comme le plus souvent, les fonctionnaires du roi se confondent avec les agents des compagnies et que celles-ci ont le concours de la *Force publique* ou la faculté de lever (2) elles-mêmes des troupes en vue de faciliter leurs opérations commerciales (3), nous pouvons apprécier la nature véritable du troc qu'elles pratiquent! Il y a six de ces compagnies actuellement existantes (4). Le premier groupe, qui comprend cinq d'entre elles, se compose de la *Société anversoise du commerce au Congo*, de l'*Abir*, de la *Compagnie du Lomami*, du *Comptoir commercial congolais* et de la *Société générale africaine*. L'Etat détient la moitié des actions de l'*Abir* et la moitié de celles de la *Société anversoise*. Il n'a pas d'actions du *Comptoir congolais*, mais il reçoit 50 0/0 des bénéfices. Son contrat avec la *Compagnie du Lomami* (5) repose, je crois, sur les mêmes bases qu'avec le *Comp-*

(1) Cette appréciation a été confirmée presque textuellement depuis, dans la correspondance entre le commandant Verstraeten et le capitaine Tilkens, lue à la Chambre belge, lors du débat sur le Congo au mois de juillet 1903. (*Nouvelle note de l'Auteur.*)

(2) Ces deux sortes de faits ont été maintes fois affirmés. Ils se trouvèrent placés hors de tout conteste l'année dernière par les révélations qui suivirent les scandales de la Mongalla, où des agents de la *Société anversoise* furent compromis. (*Note de l'Auteur.*)

(3) D'après mes renseignements on peut évaluer les troupes levées par les Trusts (ou compagnies privilégiées) à 10,000 au moins. (*Nouvelle note de l'Auteur.*)

(4) Sept, en y comprenant le trust du Kassai récemment formé. (*Note de l'Auteur.*)

(5) C'est là une erreur, l'Etat reçoit 15 0/0 des bénéfices de cette société. (*Nouvelle note de l'Auteur.*)

toir commercial congolais; et avec la *Société générale africaine* sur les mêmes bases qu'avec l'*Abir* et l'*Anversoise*. La *Société* ou plutôt le *Comité spécial du Katanga* est également une compagnie du *Domaine privé*, mais elle est organisée d'une manière quelque peu différente. Un tiers des bénéfices de cette dernière société est attribué au groupe de compagnies du colonel Thys, et deux tiers vont à l'Etat. Les principaux agents du *Comité spécial du Katanga* — la 6e compagnie du *Domaine privé* — sont MM. Droogmans (président et secrétaire général), Arnold, de Keyser et Lombard. Tous les quatre sont de hauts fonctionnaires de l'Etat. Droogmans est ministre des Finances, Arnold est directeur du domaine, de l'agriculture et de la comptabilité centrale, de Keyser est directeur au département des Finances et Lombard est directeur au département de l'Intérieur.

La *Société anversoise du commerce au Congo* étant le type de ces compagnies, nous pouvons examiner sa situation. Elle se forma en août 1892 sous l'empire de la législation belge, mais se reconstitua en janvier 1898 sous l'empire de la législation congolaise, de laquelle on peut dire *summum jus summa injuria;* son capital est de 1,700,000 francs divisés en 3,400 actions de 500 francs chacune. Le roi Léopold a concédé à cette compagnie environ 12,000 milles carrés dans le district de la Mongalla. Dans cette immense zone, nul, il va sans dire, n'a le droit de pénétrer; à cet égard, le district de la Mongalla ressemble à tout le territoire de l'Etat *libre* du Congo au-dessus de Léopoldville, c'est un monopole dans un monopole. Le siège social de l'*Anversoise* est : 104, rempart des Béguines, à Anvers; son principal établissement en Afrique est à Mobéka. Son président est M. A. de Browne de Tiège, nommé lors de la formation de la compagnie par le roi lui-même. M. de Browne de Tiège est le principal conseiller du roi dans les affaires congolaises et il a, à plusieurs reprises, consenti des prêts à l'Etat. Il occupe un siège de député à la Chambre. Les administrateurs sont MM. le baron Goffinet (1), Ed. Bunge et C. de Browne de Tiège; le « commissaire » est

(1) Le baron A. Goffinet est « conseiller de légation, secrétaire des commandements de LL. MM. le roi et la reine, major de l'état-major de la garde civique, aide de camp, ministre résident ». Le baron C. Goffinet est « conseiller de légation, intendant de la liste civile du roi, ministre résident, major de la garde civique ». (*Note de l'Auteur.*)

le comte Émile de Grelle. Les actionnaires primitifs ont été : l'Etat du Congo, pour 1,700 actions; MM. A. de Browne de Tiège, pour 1,100; Bunge et Cie, pour 100; E. P. Grisar, pour 130; Deyman et Druart, pour 100, — ce qui représente 3,130 actions sur 3,400. Tout le monde, pour peu qu'on ait une idée même superficielle de la société belge, connaît les relations existant entre le roi et le baron Goffinet, le comte de Grelle et M. E. P. Grisar. Les bénéfices nets pendant les quatre années écoulées de 1897 à 1900 ont été : en 1897, de 120,697 francs; en 1898, de 3,968,832 francs; en 1899, de 3,083,976 francs; en 1900, de 84,333 francs, soit au total de 7,275,838 francs. L'Etat détenant la moitié des actions, sa part dans les bénéfices a de même été de moitié. Sur ce point, il peut être intéressant de le remarquer, les déclarations tendancieuses, ayant leur origine à Bruxelles, que l'on rencontre de temps en temps dans la presse anglaise, et d'après lesquelles le roi ne détient aucune action de ces sociétés, constituent, en réalité, une aimable fiction. Pour ce qui concerne le *Domaine privé*, l'Etat se confond avec le roi. Le Domaine privé, rappelons-le encore, est la propriété du roi et de lui seul. Les actions de la *Société Anversoise* ont monté jusqu'à 13,730 francs (mars 1900), ce qui, pour des titres émis à 500 francs, est assez joli. A ce prix, que les sceptiques peuvent aisément vérifier, les 1,700 actions de Sa Majesté valaient plus de 23 millions de francs, soit 933,000 livres. Pendant les deux dernières années les révoltes dans le district de la Mongalla ont été si nombreuses que les bénéfices de la compagnie ont quelque peu diminué.

L'exploitation particulière du *Domaine privé* du roi Léopold, en ses traits distinctifs, s'est trouvée bien digne de cette œuvre de régénération qui caractérise l'Etat du Congo. En 1900, un ou deux des agents de la compagnie avouèrent avoir fait tuer, par ordre, 150 indigènes, fait couper 60 mains, crucifier des femmes et des enfants et empaler les restes sexuels de noirs massacrés sur la palissade de villages dont les habitants ne se hâtaient guère de récolter du caoutchouc! « *Les scandales de la Mongalla* » donnèrent lieu à des débats orageux à la Chambre belge les 16 et 17 juillet de l'année dernière (1901). Il peut n'être pas hors de propos d'en rappeler ici la nature :

7 juillet. — *M. Vandervelde.* — Nous ne sommes pas anticoloniaux en principe... Mais nous sommes les adversaires d'une poli-

tique coloniale capitaliste qui pratique l'exploitation, le vol et l'assassinat... Vous n'osez pas, au nom de la morale chrétienne, défendre l'exploitation du *Domaine privé*... Le caoutchouc et l'ivoire représentent 93 0/0 des exportations... Le *Domaine privé* produit plus que les recettes budgétaires. Comment ces résultats extraordinaires sont-ils obtenus?... L'Etat du Congo a introduit le travail forcé, l'impôt payé en nature, et un service militaire de douze années... Nous protestons contre cette forme déguisée d'esclavage. *(Applaudissements.)* Les plus grands noms de l'Angleterre et de l'Allemagne ont condamné ce système. Les primes accordées aux agents du Congo ont été refusées par ceux qui, parmi eux, sont honnêtes. *(M. de Browne de Tiège interrompt.)* M. de Browne de Tiège, qui est intéressé dans les affaires du Congo, doit être admirablement renseigné sur les poursuites de la Mongalla, qui ont révélé des actes de cruautés commis dans sa concession.

M. de Browne de Tiège. — C'est faux.

M. Marolle. — Sans doute : comme les histoires de mains coupées.

M. Lorand. — C'est si vrai qu'à la suite de ce que j'ai affirmé hier, le fonctionnaire particulier que j'avais mis au défi de nier les faits m'a écrit pour m'adresser des renseignements, en reconnaissant qu'on apportait ces « trophées de guerre ». Voilà la civilisation du Congo. De tous côtés on y pratique la guerre, les massacres, les crimes. Comment vous est-il possible de défendre ces choses?

M. Furnemont. — Dans les armoiries de la ville d'Anvers figurent des mains coupées. M. de Browne, qui habite Anvers, considère sans doute cet emblême comme bien à sa place.

M. de Smet de Naeyer, premier ministre belge. — L'exploitation du *Domaine privé* est conforme à la jurisprudence... On critique le système des prestations en nature. Mais ces prestations n'existent-elles pas jusqu'à un certain point en Belgique? Pourquoi soupçonner l'Etat du Congo de cruauté?

M. Lorand. — Nous sommes fondés à le faire. Rappelez-vous les 1,300 mains coupées.

M. de Smet de Naeyer. — Des fautes ont certainement été commises, mais l'Etat s'applique à les effacer. Le désintéressement des créateurs de l'Etat du Congo trouvera sa récompense dans la gratitude du pays.

18 juillet. — *M. Lorand.* — Votre politique coloniale a des analogies avec les crimes prévus à l'article 125 du Code pénal; c'est une politique de dévastation, de pillage et d'assassinat *(l'orateur* — je me réfère au compte rendu parlementaire des journaux belges de l'époque — *lit alors une correspondance publiée dans le journal d'Anvers* « La Métropole », *mentionnant une série d'exécutions, de meurtres et d'expéditions contre les Bundjos).* Devons-nous, continue-t-il, avoir une nouvelle édition de l'incident des mains coupées?

M. de Browne de Tiège. — Ce n'est pas la question.

M. Lorand. — Vraiment. Mais c'est précisément la question *(M. de Browne de Tiège interrompt.)*

M. Vandervelde. — Vous êtes, monsieur de Browne, intéressé si directement dans la question que vous devriez vous abstenir de prendre part à ce débat.

Le fait des mains coupées, c'est là une accusation sur laquelle on est constamment revenu. Je possède en ce moment la photographie, prise dans le Haut-Congo, de trois indigènes, une femme et deux jeunes garçons; la femme et l'un des enfants ont la main droite coupée au poignet, le second enfant a les deux mains coupées. Le correspondant de qui je tiens cette photographie et que je sais être un homme honorable a vu lui-même les victimes et il a acquis la conviction que les coupables étaient des agents de l'Etat. Je le crois, mais la photographie naturellement ne prouve pas qu'il en soit ainsi.

En novembre dernier, un Américain, ancien agent de la *Société anversoise,* M. Canisuis, qui fut quelque temps sous les ordres de l'ex-major Lothaire, l'aimable personnage, qui, comme on l'a rappelé, fut nommé directeur en Afrique de cette compagnie après le meurtre de Stokes, M. Canisuis, interviewé par un journaliste, disait : « L'an dernier je pris part avec le major Lothaire à une expédition ayant pour objet la récolte du caoutchouc, et pendant les six semaines que dura cette expédition, 900 indigènes furent massacrés et des vingtaines de villages furent incendiés. »

D'après la même personne, les indigènes reçoivent la valeur d'un penny par livre de caoutchouc, et le paiement en est effectué en marchandises, estimées 100 0/0 au-dessus du prix coûtant. Nous le savions déjà. Au train dont vont les choses dans l'Etat du Congo, cette évaluation est même généreuse. Mais l'on ne peut obtenir du caoutchouc en Afrique même à ce prix libéral d'un penny par livre et le vendre en Europe de 3 à 4 shellings la livre, sans recourir à ces méthodes de douce persuasion qui trouvent faveur en des milieux où les tendances « régénératrices » sont véritablement développées !

Je ne crois pas devoir fatiguer sans raison mes lecteurs si je passe en revue d'autres compagnies du *Domaine privé* du roi Léopold. Il ne dépend pas de moi que le coloris dont on a voulu blanchir le système soit devenu aussi épais, et que, pour en opérer le grattage, il faille un peu de temps, et, au point de vue de l'auteur, beaucoup de mal. Quelle compagnie pourrait être choisie de préférence à l'*Abir*, la plus puissamment constituée, la « reine » des compagnies du Congo, comme on l'a appelée? A l'origine, c'était l'Anglo-Belgian India Rubber Company, dans laquelle le colonel North eut un moment de gros intérêts; puis, comme l'*Anversoise*, elle se reconstitua sous « la législation congolaise », en 1898, avec un capital de 1 million de francs, divisé en 2,000 actions, sans valeur déterminée, « donnant droit à 1/2000e de l'*avoir social* ». Le roi Léopold a donné à cette compagnie le monopole de l'exploitation des districts de Lopori et de Maringa dans le *Domaine privé*. Le siège social de l'*Abir* est 48, rempart Klipdorp, à Anvers; ses principaux établissements en Afrique sont à Bassankousou. Le président est M. A. van den Nest, les administrateurs sont : MM. A. Mols et le comte H. van de Burgh; les *commissaires*, MM. Jules Stappers et F. Reiss; le directeur, M. Ch. de Wael; le directeur en Afrique, M. Ch. Sterckmans. J'ai l'impression que les intérêts anglais dans la compagnie ont disparu quand elle a cessé d'être une société commerciale dans le sens ordinaire des mots, c'est-à-dire, comme on l'a vu, en 1898. Je ne trouve partout que des actionnaires belges dans les documents que j'ai pu me procurer. Le premier et le plus fort est l'Etat avec 50 0/0, c'est-à-dire 1,000 actions, l'inévitable M. A. de Browne de Tiège étant « mandataire » de l'Etat; puis viennent M. A. de Browne de Tiège avec 60 actions en son nom propre, et M. C. de Browne de Tiège avec 50, tandis que notre vieille connaissance la *Société anversoise* en a 150 et se trouve représentée par son président M. de Browne de Tiège et un administrateur, M. Bunge; MM. Bunge et C° (que nous avons vu détenir 100 actions de l'*Anversoise)* ont 50 actions; les autres actionnaires sont : MM. Alexis Mols, Charles de Wael, F. Reiss, etc. (1). J'ai employé le mot *clique* (2) pour désigner le petit groupe de personnes qui font agir l'Etat du Congo, et tout ce qu'ils peuvent saisir du sol africain, avec le roi comme directeur et comme gérant. L'expression est juste, comme le démontrent les détails donnés sur ces deux « compagnies ». Je puis ajouter que M. A. Van den Nest, président de l'*Abir*, était détenteur, à l'origine, de 120 actions du *Comptoir commercial congolais*, compagnie dont M. Alexis Mols est président, tandis que MM. Charles de Wael et F. Reiss y possèdent, d'autre part, le premier 100, le second 60 actions (3). Le nom du baron Goffinet se retrouve dans la Lomami (4) et ainsi de suite (5). Ces messieurs forment la garde du corps du roi. Je ne sais rien d'eux personnellement. Ils peuvent dans la vie privée être sans reproche, mais ce qui est extraordinaire, c'est que l'Europe tolère l'exploitation d'un territoire de un million de milles carrés de superficie par cette *clique* dirigée par le roi, qui ne songe qu'à ses intérêts, qui s'occupe seulement d'emplir ses poches! Au nom du sens commun et des simples convenances, est-il possible que des centaines, sinon des milliers, d'indigènes africains soient massacrés chaque année à cause de cette *clique?* Ce serait grotesque si ce n'était horrible; ce serait si monstrueux que ce semblerait être un cauchemar plutôt qu'une réalité.

Mais revenons à l'*Abir*. Ses revenus nets en 1897 furent de 1,247,455 francs; en 1898, de 2,482,697 francs; en 1899, de 2,692,063 francs. Je ne puis donner les chiffres de 1900, et je le regrette. En 1901, les bénéfices nets d'exploitation furent de 2,455,182 francs et le « compte profits et pertes » se clôtura en béné-

(1) « Abir » (société à responsabilité limitée), statuts. Anvers, imprimerie Ratinck, frères, Grande-Place 40-42. (*Note de l'Auteur.*)

(2) En français dans le texte anglais.

(3) « Comptoir commercial congolais » (société à responsabilité limitée), statuts. Anvers, imprimerie Ratinck. (*Note de l'Auteur.*)

(4) « Compagnie du Lomami » (société anonyme), statuts. Bruxelles, P. Weissenbruch, imprimerie du roi, 45, rue du Poinçon. (*Note de l'Auteur.*)

(5) Dans le chapitre XXVIII, j'ai parlé du Comptoir colonial français, qui est parvenu à assurer à ses sociétés filiales une tranche respectable du Congo français. Or, Alexis Molsen est l'un des administrateurs, ainsi que M. Osterrich, actionnaire de l'*Abir*, et M. A. Lambrechts, autre actionnaire de l'*Abir*, etc. (*Note de l'Auteur.*)

fice à 2,614,370 francs. Un dividende (1) de 900 francs fut attribué à chaque action, et l'Etat possédant 1,000 actions, son auguste souverain recueillit la jolie petite somme de 900,000 francs, soit 36,000 livres, pour les opérations d'une année de cette « filiale » éminemment utile du *Domaine privé*. En quatre ans, les bénéfices nets de l'*Abir* se sont donc élevés à 8,877,397 francs, à près de neuf fois le montant de son capital. En juin 1899, les actions étaient cotées à 17,900 francs et la valeur totale que la compagnie, avec un capital de un million, représentait à la Bourse d'Anvers était de 35,800,000 francs! Mais depuis cette époque les actions ont monté à plus de 25,000 francs! En juin de l'année courante (1902) elles étaient descendues à un peu plus de 11,000 francs. Pendant longtemps, elles ont été traitées par dixièmes, c'est-à-dire qu'on vend et qu'on achète un dixième, ce qui donne lieu à la Bourse à de grosses spéculations. Représentez-vous la fortune que le détenteur de 1,000 actions libérées a pu faire pendant ces dernières années! Ces 1,000 actions, à 25,000 francs l'une, ont représenté un million de livres sterling! Que c'est beau d'être un royal marchand de caoutchouc au Congo!

On a pu constater la baisse qu'ont subie les actions de l'*Abir*. Le fait est que des « indiscrétions » ont été commises et que plusieurs journaux belges, au mois d'octobre de l'année dernière (1901), ont donné des renseignements fâcheux sur les moyens employés pour expédier en Europe ces stocks énormes de caoutchouc. Entre autres révélations publiées — toutes venaient, d'après les journaux belges, d' « un agent très honorable et très estimé » de l'*Abir* — se trouvaient celles-ci : 1° en septembre 1897, toute la région du Haut-Bolombo fut mise à feu et à sang par la factorerie de Dikila pour obliger les indigènes, avec lesquels on n'avait pas encore pris contact, à récolter du caoutchouc; 2° « le 24 août 1900, je rencontrai à Boyela, dit le même correspondant, deux jeunes femmes, dont l'une était enceinte, et qui avaient la main droite coupée. Elles me dirent qu'elles appartenaient au village de Bossombo et que les soldats du blanc de Boyela leur avaient coupé la main parce que leur maître ne produisait pas assez de caoutchouc! » Ces déclarations semblent

(1) Je crains que sir H. M. Stanley n'ait parlé trop vite en disant devant la chambre de commerce de Londres, en 1884, que certaines gens ne pourraient pas apprécier à sa valeur la philanthropie du roi Léopold, « aucun dividende ne s'y trouvant attaché ». (*Note de l'Auteur.*)

avoir eu pour effet de déprécier en Bourse la valeur des actions. Mais, en vérité, les spéculateurs auraient dû s'y attendre. Peut-être ignoraient-ils les affirmations de M. de Lamothe, ancien gouverneur du Congo français, devant la commission des concessions coloniales à Paris. M. de Lamothe, qui venait de faire un séjour de cinq mois dans le Haut-Congo, présenta les déclarations suivantes au cours de sa déposition :

« Les Belges, dit-il, viennent d'avoir des émeutes et des révoltes; il est juste d'ajouter qu'ils emploient parfois à l'égard des indigènes des procédés que les Français n'emploieront jamais. L'Abir possède un territoire considérable et a même des droits de police sur les indigènes. A ce point de vue, les droits que leur confère sa charte sont exagérés. Les agents les ont si bien appliqués qu'ils ont réussi à faire partir de leurs territoires 30,000 indigènes qui sont venus se réfugier sur la rive française du Congo (1). »

Est-il nécessaire de s'enfoncer plus avant dans cet abîme de bassesse humaine et de cupidité? Tout le système est fondé sur la terreur. Quiconque jouit de ses facultés ne peut avoir un avis différent. On pourrait remplir tout un volume du récit de méfaits que depuis l'époque de Cortès et de Pizarre on n'a jamais égalés, encore moins surpassés. Le *modus operandi* ordinaire dans le territoire de la Mongalla fut élégamment décrit par l'un des agents de l'*Anversoise* :

« Quand les indigènes apportent du caoutchouc à une factorerie, ils sont reçus par l'agent, entouré de miliciens. Les calebasses sont pesées. Si elles ne contiennent pas les 5 kilos requis, l'indigène reçoit 100 coups de *chicotte* (2). Ceux dont les callebasses atteignent le poids voulu reçoivent une pièce d'étoffe, ou tout autre objet. Si un village renferme, par exemple, 100 habitants mâles (un recense-

(1) En examinant de plus près — et depuis l'apparition de ce volume — les affirmations de M. de Lamothe je crains qu'il ne se soit trompé, non pas en ce qui concerne l'émigration énorme d'indigènes vers les rives françaises, mais en ce qui concerne le territoire d'où cette émigration aurait eu lieu! En effet, le territoire de l'Abir est trop éloigné de la rive française pour permettre une émigration quelconque. Sans doute M. de Lamothe voulait parler de l'émigration des régions du Lac Mantumba qui fait partie du mystérieux « Domaine de la Couronne », et où se sont produits depuis quelque temps, de sanglants événements. (*Nouvelle note de l'Auteur.*)

(2) Fouet fait de peau d'hippopotame, le *sjambok* du Congo. (*Note de l'Auteur.*)

ment a toujours lieu avant le commencement des opérations) et si 50 seulement viennent à la factorerie avec du caoutchouc, on les retient comme otages, et l'on envoie un détachement fusiller *(sic)* les 50 récalcitrants et brûler le village. »

Il y a des régions qui ne produisent pas de caoutchouc, il en est ainsi, par exemple, du pays bangala proprement dit où pour ainsi dire on n'en trouve pas. Qu'on ne s'imagine pas que les habitants y gagnent. Ils ne sont pas soumis, il est vrai, soit à l'impôt payé en caoutchouc, soit aux opérations pour la récolte du produit, auxquelles procèdent les compagnies du *Domaine privé*. Mais leur sort n'en est guère plus avantageux. Le pays bangala est un des centres les plus importants de l'Etat pour le recrutement de ses troupes (1); les Bangalas sont anthropophages et belliqueux. C'est aussi un centre de ravitaillement pour les postes de l'Etat. J'ai reçu de ce pays dernièrement de nombreuses informations. On peut les résumer utilement. Tout d'abord, pour le recrutement. La méthode employée est la suivante : Un ordre général est envoyé de Boma aux commissaires de districts en vue de recruter et d'envoyer vers le Bas-Congo un nombre déterminé de miliciens. Chaque commissaire se préoccupe alors du recrutement qu'on lui demande. La méthode suivie est très spéciale. On prend aux villages leurs hommes valides au gré du commissaire. Tel village est appelé à fournir un certain nombre de recrues. Les demandes sont rarement transmises par un agent blanc; presque toujours par des miliciens indigènes. Les demandes une fois présentées, il faut y obéir, sinon le châtiment ordinaire est infligé. Néanmoins ce recrutement forcé a parfois rencontré une vive opposition. Et toujours il y a une opposition au moins passive. Hommes et femmes protestent et se plaignent très amèrement, mais ils doivent se soumettre. On a vu des mères, des femmes, des parents crier et protester contre le recrutement et l'éloignement de leurs enfants, de leurs maris, de membres de leurs familles; bien peu reviennent, en effet, ce qui n'est pas étonnant, si l'on songe que leur service est de douze ans. En second lieu, il s'agit des réquisitions de vivres. Tous les mois, et quelquefois tous les quinze jours, des cabris, de la volaille, de l'huile de palme, des œufs et du pain de manioc doivent être fournis aux troupes de l'Etat. Cette charge est de plus en plus lourde pour les indigènes, car depuis le jour où elle fut pour

(1) Il en était ainsi du moins tout récemment. (*Note de l'Auteur.*)

la première fois établie, la population a beaucoup diminué. Quand on l'accuse d'extorsion, l'Etat répond qu'il paie ce qui lui est livré. Il paie sans doute, mais environ au taux d'un vingtième du prix courant. Les indigènes sont souvent dans l'obligation d'acheter eux-mêmes des vivres pour satisfaire aux demandes de l'Etat, et ils sont forcés de les céder ensuite aux miliciens à un prix beaucoup plus bas que celui auquel ils les ont achetés. Le correspondant auquel j'emprunte ces renseignements poursuit ainsi :

« Tous les 2 ou 3 milles on place des sentinelles, avec 1 ou 2 hommes, et 2 ou 3 serviteurs pris dans le pays. La sentinelle doit veiller à ce que l'on satisfasse exactement aux demandes de l'administration, et, si elle ne le fait pas, elle encourt les réprimandes sévères de son chef. Un milicien intelligent s'arrangera de manière à éviter la réprimande, et, s'il est dépourvu de tout sens moral, il fera en sorte d'arracher aux indigènes ce qu'ils doivent, plutôt que de s'exposer au risque d'être mal noté auprès du commissaire de district. »

L'oppression et la misère qu'elle entraîne peuvent aisément s'imaginer. L'effet de ce double mal sur les indigènes et sur les ressources en vivres du pays a naturellement été une diminution notable de la population. Un correspondant qui connaît bien le pays bangala m'assure que de 1890 à 1895 cette diminution fut insensible. Les taxes furent pour la première fois établies en 1895 et en cinq ans, de 1895 à 1900, la population fut réduite de moitié. Cette proportion effrayante vient en partie de ce fait que la maladie du sommeil est endémique dans le pays et que l'éloignement des éléments les plus robustes et les plus virils de la population, recrutés pour la milice, a naturellement été suivi d'une diminution de la natalité. Ceux qui restent subissent, d'après mon correspondant, le tourment des réquisitions de vivres. Les indigènes voisins du fleuve meurent vite, et l'Etat « oblige les habitants de la forêt, afin de mieux les exploiter, à se rapprocher des rives et à y établir leurs villages ». Dans une zone relativement restreinte, selon mon correspondant, depuis 1890, un village, d'un mille de largeur, a disparu ; un autre, d'un quart de mille de longueur, a eu le même sort, et, si l'on atteint une crique où l'on trouvait 1,500 indigènes, on en voit à peine 400 aujourd'hui.

Tant que l'Europe tolèrera le *Domaine privé*, tant que ces choses subsisteront, le régénérateur de l'Afrique et ses amis pourront monnayer leur initiative philanthropique, et compter sur la malhonnêteté, l'égoïsme ou l'aveuglement de leurs amis d'Europe pour jeter de la poudre aux yeux du public.

Il faut encore à un autre point de vue considérer ces misères, avant de terminer le chapitre sur la question indigène dans l'administration de l'Etat du Congo. L'Etat s'efforce invariablement d'éviter toute responsabilité dans ces horreurs qu'il attribue aux « excès » d'agents isolés. M. Jules Houdret, le consul général de l'Etat du Congo en Angleterre, avait l'audace, l'autre jour, de présenter les mesures prises contre une partie du personnel de l'*Anversoise* comme justifiant cette prétention que conserve l'Etat de pratiquer ses théories, c'est-à-dire de se montrer soucieux du bien-être des indigènes. C'est une tentative effrontée pour duper l'opinion publique, c'est d'une impudence égale à celle de la proposition, qu'émirent, en mai dernier, les représentants de l'Etat du Congo à la réunion de Mansion House , de « faire une enquête » sur des actes de cruauté spécialement visés. Nous savons ce que ces « châtiments » signifient. A l'occasion, l'Etat annonce à grand bruit qu'un agent a été puni. La nouvelle suit presque toujours quelques nouvelles révélations. On prend comme boucs émissaires un ou deux agents, puis tout va comme par le passé. Comment en serait-il autrement quand le *système lui-même* est ce qu'on l'a montré? Le temps n'est plus où le public se contentait de ces sophismes, de ces excuses, de ces dénégations, perpétuelles et ridicules.

Les actes de l'administration du Congo, joints à des faits dont la matérialité ne peut faire doute, démontrent que les éléments essentiels, si l'on peut ainsi parler, du système institué par l'Etat indépendant pour le développement de l'Afrique tropicale, sont les suivants :

1° L'expropriation des indigènes;

2° L'établissement d'un monopole sur les produits de la terre;

3° L'intèrdiction aux indigènes de recueillir ces produits sinon pour le compte de l'Etat ou celui des sociétés fondées par lui (les compagnies du *Domaine privé*, si l'on préfère cette désignation), qui partagent leurs bénéfices avec l'Etat, en général dans la proportion de 50 0/0;

4° L'obligation pour les indigènes d'apporter du caoutchouc et de l'ivoire, et de fournir des recrues pour la milice (ainsi que la main-d'œuvre nécessaire aux plantations de cacao et de café), à titre d'impôt payé à l'Etat, et, en outre, de pourvoir les compagnies de *Domaine privé* de caoutchouc et d'ivoire;

5° L'existence d'une force armée régulière de 15,000 (1) hommes armés de fusils Albini, et d'auxiliaires non dénombrés, destinés à percevoir de vive force l'impôt prélevé en caoutchouc et en ivoire, et à « faciliter les opérations » des compagnies du Domaine privé;

6° L'envoi d'instructions recommandant aux agents européens de consacrer toute leur énergie à l'exploitation du caoutchouc et de l'ivoire; en d'autres termes, les invitant à tirer de leurs districts tout le caoutchouc et tout l'ivoire qu'ils pourront;

7° L'instabilité à laquelle exposent les finances de l'Etat l'existence d'un impôt perçu en ivoire et en caoutchouc, et d'un partage de bénéfice avec les compagnies du *Domaine privé.*

Si d'un côté l'on trouve les facteurs énumérés déjà, d'un autre une population primitive et qui, sous la menace des fusils à répétition, en est réduite au désespoir, le simple bon sens conduit à penser que l'oppression la plus terrible, la violence et toutes les formes de la tyrannie et de l'iniquité sont le résultat infaillible d'un tel système. Et c'est à ce système que les Puissances sont moralement obligées de mettre un terme, en voyant ce qu'est un régime dans l'existence duquel elles ont une sorte de responsabilité.

CHAPITRE XXXII

LE « COMMERCE » DE L'ÉTAT DU CONGO

On éprouve quelque surprise à voir M. Cattier, l'impérialiste belge, à qui fait le plus grand honneur une magistrale étude de l'administration du roi Léopold, tenter de défendre, non pas l'application du système du *Domaine privé* sous la forme d'un service militaire obligatoire pendant douze années, d'un travail forcé dans les plantations du gouvernement, etc., toutes choses qu'il condamne,

(1) Dans les milieux congolais de Belgique, on estime que pour se mettre en garde contre « des attaques qui pourraient devenir trop menaçantes », (par « attaques » on entend les révélations de la presse et l'appel à l'opinion publique en Angleterre et en Allemagne), l'Etat indépendant devrait augmenter considérablement la force armée dont il dispose. (*Note de l'Auteur.*)

mais la légalité même du régime. Il soutient cette thèse comme suit. L'article 5 de l'Acte de Berlin, qui interdisait les monopoles et les privilèges dans le bassin du Congo en matière commerciale, devait s'entendre et s'appliquer dans l'ordre international; il empêchait l'Etat du Congo d'accorder aux sujets d'une Puissance quelconque des avantages qu'il refusait à ceux d'une autre Puissance. M. Cattier s'exprime ainsi :

« Le gouvernement de l'Etat du Congo ne pourrait donc adopter aucune mesure législative ni établir aucun régime concédant des monopoles ou des privilèges internationaux... Toutes les facilités accordées à ses nationaux pour le négoce doivent être étendues de droit aux sujets des autres Etats, mais là s'arrêtent ses obligations... L'Etat indépendant du Congo peut établir tel régime commercial qu'il juge bon, et aucune objection ne peut être soulevée contre son action législative quand les mesures prises sont applicables dans les mêmes conditions et de la même manière aux commerçants des diverses nationalités, y compris la nationalité congolaise. »

Il s'ensuit, d'après M. Cattier, qu'en s'attribuant à lui-même toutes les terres vacantes du bassin du Congo, ce qui lui a permis de se constituer un *Domaine privé*, et en affermant des fractions de ce domaine à des financiers de ses amis avec monopole absolu d'exploitation, le souverain de l'Etat du Congo n'a pas violé l'Acte de Berlin. M. Cattier admet toutefois qu'en agissant de la sorte le roi a commis « une violation des droits des indigènes ».

Cette thèse ingénieuse de M. Cattier a été combattue par le Dr Anton, professeur agrégé à l'Université d'Iéna, comme n'étant qu'un sophisme juridique, et je partage entièrement cette opinion. Les idées de M. Cattier se contredisent mutuellement. Admettons, simplement par amour de la discussion, que M. Cattier interprète exactement, au point de vue de la légalité stricte, l'article 5 de l'Acte de Berlin; mais tout aussitôt, pour exprimer sa doctrine en un langage qu'on puisse comprendre sans être versé dans les subtilités juridiques, il la condamne lui-même sans merci. Car, que nous dit-il dans le passage que nous avons reproduit? « Aucune objection ne peut être soulevée contre son action législative (celle de l'Etat du Congo) quand les mesures prises sont applicables dans les mêmes conditions et de la même manière aux commerçants des diverses nationalités y compris la nationalité congolaise. » Or, les mesures prises ne s'appliquent pas dans les mêmes conditions aux diverses nationalités! Les trois quarts de l'Etat du Congo sont la propriété privée de l'Etat, — c'est-à-dire du roi — et sont fermés aux commerçants des diverses nationalités, à l'exception de la nationalité belge et « congolaise »; ce n'est pas de la théorie, c'est un fait. Un Anglais, un Allemand, un Chinois, si l'on préfère, peut-il importer des marchandises européennes, par exemple, dans le territoire concédé à la *Société anversoise* et les échanger contre les produits bruts du sol, sur les bases d'une transaction commerciale absolument régulière? Naturellement il n'en est rien. Un Autrichien ne fut-il pas arrêté — sur le lac Moëro et, autant qu'il apparaît, à bord d'un navire anglais — il y a seulement quelques mois, pour avoir commercé avec les indigènes dans la région du Katanga, alors qu'il y avait été autorisé cependant par la Compagnie du Katanga avant l'accord intervenu pour une exploitation commune du territoire entre la compagnie et l'Etat? Et son arrestation, dans les conditions où elle eut lieu, équivalait moralement à une condamnation à mort, car on le livrait à la soldatesque anthropophage et sans pitié du roi Léopold pour le conduire à deux milliers de milles plus loin; c'était un blanc et il était sans armes (1)! A quels misérables sophismes on a recours quand on veut tenter la quadrature du cercle au Congo! L'Etat indépendant, qui s'est engagé à ne pas faire de commerce directement ou indirectement dans ses possessions y est devenu non seulement le principal « exploitant », mais encore dans leur majeure partie le seul « exploitant ». C'est en s'assurant à lui-même un monopole absolu, qui fait de lui le plus gros marchand du monde pour l'ivoire et le caoutchouc, que le roi interprète l'article 5 de l'Acte de Berlin d'après lequel « toute Puissance qui exerce ou exercera des droits de souveraineté dans les territoires susvisés ne pourra y concéder ni monopole ni privilège d'aucune sorte en matière commerciale ». En agissant ainsi il peut exporter ses produits dans des conditions particulières, avec une franchise complète de droits, ceux-ci ne devant sortir d'une des poches de Sa Majesté que pour entrer dans une autre. Tout cela est diamétralement opposé aux dispositions de l'Acte de Berlin.

Ce que je veux surtout, c'est montrer que l'intervention du roi

(1) L'auteur, qui peut revendiquer pour lui-même la publicité donnée à l'affaire Rabinek peut affirmer que le gouvernement britannique fait précéder par l'intermédiaire de ses agents dans Afrique centrale à une enquête particulière se ratachant à la question. (*Note de l'Auteur.*)

Léopold dans le continent noir n'a cessé d'être due à des mobiles intéressés et qu'elle a produit les conséquences les plus déplorables, soit que nous nous attachions exclusivement au passé et au présent, soit que nous envisagions l'avenir. J'ai des excuses à présenter pour m'être attardé si longtemps sur ce qui a trait au commerce. C'était pourtant nécessaire, car la politique indigène du roi est la conséquence inévitable de sa politique commerciale. Je dois, en vérité, revenir encore sur ce côté de la question afin de réfuter une fois pour toutes les erreurs entretenues à plaisir sur la situation florissante de l'Etat du Congo et sur la condition favorable où s'y trouve actuellement le commerce libre, afin aussi, par cette réfutation, de montrer, ce qui est plus important, que, sans l'ivoire et le caoutchouc que les indigènes du domaine du roi Léopold sont obligés de produire au prix de luttes incessantes, de massacres et d'innombrables atrocités, les exportations, et par suite le commerce total de l'Etat seraient nuls dans la pratique ou tout au moins négligeables. Ceci sera mieux établi si l'on cite des faits et des chiffres que toutes les subtilités des théoriciens du monde ne sauraient détruire.

Le tableau suivant montre quelle est la proportion par rapport aux exportations totales de l'exportation du caoutchouc et de l'ivoire hors des limites du Congo :

TABLEAU I

Année.	Caoutchouc.	Ivoire.	Total de ces deux exportations.	Total général des exportat.
—	—		—	—
	Fr.	Fr.	Fr.	Fr.
1898...........	15.850.987	4.319.260	20.170.247	22.163.481
1899...........	28.100.917	5.834.620	33.935.537	36.067.950
1900...........	39.874.005	5.253.300	45.627.405	47.377.401
1901...........	43.965.950	3.961.600	47.930.550	50 488.394

Si l'on déduit du total des exportations les chiffres de l'exportation du caoutchouc et de l'ivoire, on verra que, ces deux produits retranchés, le Congo a exporté seulement en 1898, 1,993,234 francs; en 1899, 2,132,422 francs; en 1900, 1,750,096 francs; et en 1901, 2,557,844 francs; les 7 0/0 environ étaient représentés chaque année par des amandes et de l'huile de palme expédiés presque exclusivement du Bas-Congo (1) à Rotterdam par la maison hollandaise

(1) Le commerce du Bas-Congo a sensiblement diminué depuis la fondation de l'Etat indépendant. Le 10 août de l'année dernière les commerçants établis dans

Nieuwe Afrikaansche Handels Vennootschap (Nouvelle compagnie commerciale de commerce africain).

Le tableau suivant donne la statistique du caoutchouc et de l'ivoire expédiés en Europe par l'Etat du Congo agissant comme expéditeur pour son propre compte, grâce aux taxes, aux *impôts de nature*, perçus sur les indigènes du *Domaine privé*. Comme on le verra, l'Etat du Congo cherche à dissimuler la réalité des faits. Toujours depuis 1893, quand les résultats acquis après réalisation de l'impôt ont dépassé de moitié les prévisions, l'Etat n'a pas publié ces résultats. On peut arriver néanmoins à des chiffres approximativement exacts en comparant les prévisions aux quantités d'ivoire et de caoutchouc dont l'Etat a disposé comme vendeur sur le marché d'Anvers. La différence considérable que l'on a constatée ces dernières années entre les prévisions et les produits vendus par l'Etat est très significative et ne peut échapper à mes lecteurs. Dans la poche de qui va l'excédent? Mais avons-nous besoin de poser la question?

TABLEAU II

Année.	Résultats prévus et publiés.	Résultat réalisé.	Produits (ivoire et caoutchouc) venant du *Domaine privé* et vendu sur le marché d'Anvers par les courtiers de l'Etat du Congo.
1893	237.057	317.496	Chiffre impossible à obtenir
1894	300.000	N'ont pas été portés à la connaissance du public.	Id.
1895	1.250.000		5.500.000
1896	1.200.000		6.000.000
1897	2.500.000		8.500.000
1898	6.700.000		9.000.000
1899	10.000.000		19.130.000
1900	10.500.000		11.991.300 (1)

cette région (il n'en reste que quelques-uns) adressèrent une pétition au roi en vue d'obtenir une réduction d'impôts. Après avoir signalé les lourdes charges qui grèvent à l'importation et à l'exportation les marchandises et les produits (20 *s.* par tonne pour l'huile de palme par exemple) et après avoir montré la faiblesse actuelle du commerce d'exportation, à cause des taxes en vigueur et de l'émigration de la main-d'œuvre indigène, « due au système employé pour la perception de l'impôt », les pétitionnaires poursuivaient ainsi : « Nous ne nous dissimulons pas que les affaires dans le Bas-Congo sont dans la pratique devenues absolument nulles. — Chacun de nous espère fermement un relèvement du commerce; mais cet espoir nous semble de plus en plus illusoire, et le gouvernement de l'Etat, au lieu de nous venir en aide, nous soumet à des charges croissantes et trop onéreuses. » (*Note de l'Auteur.*)

(1) Les chiffres de 1900 ont pour base la vente déclarée sur le marché

On verra de la sorte qu'en 1898 sur une exportation de caoutchouc et d'ivoire dont le total pour l'Etat du Congo était de 20,170,247 francs (voir tableau I), les impôts du *Domaine privé* produisaient un rendement de 9 millions de francs, soit près de la moitié; et qu'en 1899, sur une exportation totale des mêmes produits s'élevant à 33,935,537 francs, les impôts du *Domaine privé* produisaient 19,130,000 francs, soit près des deux tiers. Cet exposé suffit à détruire la légende de la prospérité commerciale propagée avec tant de soin par le roi Léopold et ses amis afin d'égarer l'opinion publique. Cette « prospérité » s'édifie sur le massacre de nombreux êtres humains. Comment, en vérité, dépeindre avec plus d'éloquence la véritable situation? Les exportations totales de l'Etat du Congo en 1899 se trouvaient s'élever (voir tableau I) à 36,067,959 francs, dont .33,935,537 francs sont représentés par de l'ivoire et du caoutchouc, où la part de l'Etat lui-même, en tant que collecteur d'impôts, n'est pas inférieure à 19,130,000 francs. L'Etat du Congo affirme qu'il ne fait pas de commerce. Il se borne à établir des taxes comme toute Puissance « civilisée » (Dieu nous pardonne!) a le droit de le faire, et pourtant il fait entrer le produit de ces taxes dans le total de son commerce prétendu! Que reste-t-il, dès lors, de ce commerce florissant dont on nous a tant parlé? D'après les preuves que nous en avons données, il n'est plus pour 1899 que de 16,937,959 francs (36,067,959 moins 19,130,000) au lieu de s'élever à 36,067,959 francs, comme on le proclame à la face de l'univers. En réalité, il n'atteint même pas ce chiffre de 16,937,959 francs, pour cette simple raison qu'il n'y a pas du tout de « commerce » dans l'Etat du Congo au nord de Léopoldville; et que, si l'on déduit de cette somme de 16,937,959 francs les exportations du Bas-Congo, où le commerce libre, malheureusement entravé par des impôts, existe seul, la différence est constituée par les cargaisons qu'expédient les compagnies concessionnaires du *Domaine privé* où l'Etat s'est réservé 50 0/0 des bénéfices, et par les envois émanant du *trust* qu'a formé le colonel Thys, véritable monopole dans un monopole, exploité toutefois, il n'est que juste de le reconnaître, selon des prin-

d'Anvers par les courtiers de l'Etat de 1,828 tonnes de caoutchouc, en 1900, et de 153,445 kilos d'ivoire, estimés à un prix moyen de 6 francs par kilo pour le caoutchouc (1,115 kilos à la tonne) et de 18 francs par kilo pour l'ivoire. Je crois qu'une certaine quantité des produits importés fut conservée au stock, à cause de l'état défavorable du marché pour le caoutchouc. (*Note de l'Auteur.*)

cipes différents. Tel est le « commerce » de l'Etat du Congo, la fraude la plus monstrueuse qu'on ait inventée pour le malheur de l'humanité.

Il serait injuste de ne pas reconnaître que toute cette vilaine histoire a soulevé les protestations et l'écœurement de beaucoup de Belges honorables — n'ayant aucune attache avec le parti hostile à toute politique coloniale, — pour cette raison surtout, je crois, que le roi Léopold, à force d'illégalités et d'intrigues, finira par compromettre la neutralité de son pays. Il serait injuste de même de ne pas admirer l'indomptable énergie montrée par le colonel Thys dans la construction du chemin de fer de Léopoldville aussi bien que d'englober dans les attaques dirigées contre la *politique* du roi Léopold en Afrique tous les Belges qui furent, à un moment quelconque, au service de l'Etat. Sir Harry Johnston a récemment prêté l'appui de son nom à l'Etat du Congo, après avoir visité « une très faible partie » du territoire de cet Etat. Sir Harry Johnston aurait pu ajouter que la législation sur le caoutchouc n'est que partiellement appliquée dans la région qu'il a parcourue et que les agents belges, avec lesquels il s'est trouvé en contact, n'ont pas été associés à cette besogne dégradante, leur rôle dans les territoires où ils ont servi se bornant à fortifier les tendances assez obscures de la politique suivie par le roi Léopold dans le bassin du Nil. Pour connaître l'état de choses existant au sud de la « très faible partie » du territoire du Congo dont nous avons parlé, on peut consulter avantageusement l'ouvrage de M. Grogan et le livre de M. Codrington publié récemment sous ce titre : *Voies d'exploration et de commerce dans la Rhodesia septentrionale ainsi que dans les régions voisines de l'Afrique orientale et centrale* (1), en même temps que les révélations sur le traitement infligé par les agents de l'Etat indépendant à M. Rabinek, maintenant décédé. Ce serait faire injure à sir Harry Johnston, qui a lui-même condamné le système des concessions territoriales, que de soutenir qu'il entend d'une manière quelconque justifier l'Etat du Congo. Mais il est mille fois pitoyable

(1) « Il n'y a pas de commerce à proprement parler », dit M. Codrington, « sur la rive congolaise du Tanganyika; tout le caoutchouc et tout l'ivoire sont considérés comme appartenant à l'Etat, et doivent être apportés par les indigènes, chaque année, en quantités déterminées. Les indigènes sont néanmoins en rébellion incessante, et le pays n'est pas sûr, si ce n'est dans le voisinage immédiat des postes militaires et dans la zone où s'exerce l'influence des missionnaires. » (*Note de l'Auteur.*)

assurément que sir Harry Johnston se soit associé, même en partie, à des déclarations qui, bien qu'exactes en elles-mêmes, ne peuvent manquer d'exercer une fâcheuse influence, alors surtout qu'il n'avait pu se rendre compte du régime généralement en vigueur dans l'Etat du Congo. Quand on connaît bien ce qu'est le système, c'est un outrage au bon sens et aux convenances que d'écrire un mot pour excuser ce régime ou l'homme qui l'a fondé.

M. Cattier, dont j'ai cité l'ouvrage à plusieurs reprises, personnifie bien les Belges qui, convaincus de la nécessité d'une politique coloniale, ont néanmoins assez de clairvoyance pour comprendre, et assez de courage pour affirmer que la politique du roi Léopold dans l'Etat du Congo porte en elle des germes de mort. L'exactitude de cette affirmation, le lecteur peut lui-même l'apprécier. Mais, ce qui est au moins significatif, c'est que parmi les Français traitant de questions coloniales on en trouve qui considèrent le récent abandon, sur l'ordre du roi, du projet de M. Bernaert, comme l'ajournement définitif de revendications de la Belgique, ajournement que suivra, dans un certain délai, l'affirmation par la France de son droit de préemption. Et ces écrivains commencent à se demander si le but final du roi n'est pas de continuer pendant quelques années encore sa « ruineuse exploitation » de l'Etat du Congo, pour offrir ensuite poliment à ses voisins de la Gaule un fruit dont il aura exprimé tout le suc, quand les révoltes auront pris une extension telle que son armée d'anthropophages, si nombreuse soit-elle, se trouvera impuissante à les réprimer, et quand la zone des districts les plus riches en caoutchouc et les plus facilement accessibles aura été dévastée irréparablement. Si le *régime* (1) funeste que le roi Léopold a inauguré en Afrique était limité à l'Etat du Congo, il serait encore suffisant, on peut le croire, de réveiller la conscience de l'Europe sinon par le sentiment de sa propre dignité qu'outrage la violation d'engagements solennels, sinon par amour de l'humanité, du moins par le désir de ménager en vue de l'avenir les relations entre les Européens et les noirs dans l'Afrique centrale. Mais, comme nous l'avons vu, ce *régime* (2) se développe et devient de plus en plus menaçant, avec chaque année qui s'écoule, pour toutes les entreprises légitimes des Européens dans le continent africain (3).

(1) et (2) En français dans le texte anglais.
(3) Comme on l'avait prévu, dès que la « clique belge » a, dans un but d'exploi-

Le *Domaine privé* maudit, et toutes les misères qu'il a engendrées ne peuvent pas durer toujours. Comme tout ce qui est « la négation de Dieu », ce régime périra. Mais que trouvera-t-on après lui, quand l'Etat du Congo aura disparu? Une contrée immense, habitée par des populations farouches, de race bantou, gardant toujours au cœur la haine des blancs; une armée nombreuse recrutée parmi les anthropophages, exercée à guerroyer dans la brousse, habile à se servir des modernes engins de destruction (1); des sauvages qui n'auront appris, au contact de la « civilisation » européenne, qu'à tuer leurs semblables; instruits dans l'art de se massacrer; impatients de saisir la première occasion offerte à eux de tourner leurs armes contre leurs maîtres d'un jour; plus intraitables, plus dangereux, plus dégradés qu'avant l'arrivée des agents du roi Léopold, collecteurs de caoutchouc, qui, sous prétexte de régénération, ont greffé chez les indigènes, sur les défauts nés de l'ignorance, les vices les plus affreux que la civilisation de l'Europe moderne apporte avec elle en Afrique : la cupidité, l'hypocrisie, la cruauté, la débauche.

Dans leur propre intérêt le plus évident, pour l'amour de l'humanité et du droit, au nom des principes éclairés d'une bonne adminis-

tation, obtenu de l'Espagne une partie du territoire de la Muny (récemment cédé à l'Espagne par la France), les événements ordinaires se sont produits. Un correspondant, dont le nom commande le respect à tous, et qui peut parler *de visu* de la question, a écrit à l'un de ses amis d'Angleterre que l'on commettait de gaieté de cœur des « atrocités »; des indigènes étaient fusillés, des villages brûlés, au cours de la récolte de l'ivoire par les concessionnaires belges; « les violences exercées atteignent les indigènes indistinctement », ajoute-t-il. La même « clique » menace Fernando Po. (*Note de l'Auteur.*)

(1) En outre des quantités considérables de fusils, appartenant à divers modèle et des munitions que l'Etat du Congo importe pour l'armement et l'équipement de ses soldats, réguliers ou non, il est moralement certain, bien qu'on ne puisse le prouver, que les agents de l'Etat et ceux des compagnies du *Domaine privé* encouragent les chefs les plus puissants du Haut-Congo à leur procurer de l'ivoire en leur offrant des armes à tir rapide et des cartouches. Sur ce point, un certain M. Léon Berthier, écrivant de la partie supérieure du Congo français au journal de Paris, la *Dépêche coloniale* (numéro du 16 juillet 1902), s'exprime ainsi : « Le M' Bomou (affluent du Haut-Oubangui, qui constitue la frontière entre les possessions françaises et congolaises et qui prend sa source à l'entrée du bassin du Nil), le M' Bomou, ici très large, forme la base méridionale du carré, c'est la route par où l'ivoire passe sous notre barbe pour être vendu sur l'autre rive aux Belges qui le paient en fusils Albini, malgré tous les Actes de Berlin et de Bruxelles qui interdisent la vente des fusils à percussion. » L'auteur de cet article poursuit en ajoutant qu'il a des documents prouvant l'exactitude de sa déclaration. (*Note de l'Auteur.*)

tration, au nom du bon sens politique, les Puissances ne peuvent tolérer la propagation du mal qui, par la faute du roi Léopold de Belgique, a gagné l'Afrique occidentale et centrale. Et là ne s'arrêtent pas leurs responsabilités. Il faut tarir la source du mal. Il faut arracher la plante venimeuse et la jeter à la voirie. Il faut demander à l'Etat du Congo de rendre compte de ses crimes contre la civilisation, de ses outrages envers l'humanité, des méfaits sans exemple et irréparables qu'il a commis.

. . . .

Et quel enseignement pour les peuples occidentaux! L'Etat du Congo a concrétisé de façon vivante les conseils funestes donnés avec tant de prodigalité et d'insouciance sur la politique à suivre envers les indigènes de l'Ouest africain. Nous voyons par son exemple où conduisent ces théories quand on les met en pratique. Tout ce qu'on dit pour présenter comme puéril le respect de la propriété indigène, comme ridicule le maintien des institutions locales, comme efficaces les expéditions répressives, comme nécessaire au noir la notion de « la dignité du travail »; les demandes de concessions territoriales, l'apologie des monopoles; toutes les mesures législatives enfin que l'on prend en conformité de ces vues ou de certaines d'entre elles, tout cet ensemble tend à produire, à des degrés divers, en Afrique occidentale un état de choses semblable à celui que l'on rencontre au Congo. Du côté des Puissances, les mobiles peuvent être excellents, les intentions honnêtes et pures. Mais dès qu'on enfonce le coin, même très légèrement, dès qu'on édicte des mesures ou qu'on sanctionne des actes fondés sur la négation du droit naturel de l'indigène à sa terre et aux fruits qu'elle produit, dès qu'on admet officiellement qu'il est légitime d'obliger de vive force l'indigène à donner ce qui doit lui être acheté dans une transaction loyale, nous sommes entraînés vers une politique de réaction dont nul ne peut prédire les conséquences ou la fin. A ces conceptions l'Afrique tropicale oppose son immensité, son climat et ses populations prolifiques. On peut se livrer à des expériences toutefois; un succès apparent peut quelque temps les accompagner; un succès durable ne leur sera jamais assuré. L'Afrique tropicale *ne peut de façon permanente être soumise à un système de coercition,* et si on prétend y arriver en mettant entre les mains d'indigènes de modernes engins de destruction, l'Europe ne fera qu'ensevelir ses ambitions dans le sol africain.

Mais l'Europe peut accomplir pour le triomphe du bien une œuvre grandiose dans l'Afrique tropicale, et réserver en même temps à ses populations tout le bénéfice de cette politique. Séparer les deux choses est impossible. Le mal qui se produit dans l'Afrique tropicale aura toujours son contre-coup en Europe. L'Européen a besoin du nègre, et le nègre a besoin de l'Européen. En occupant le continent noir l'Europe a assumé une lourde responsabilité. Il est bon peut-être de rappeler à l'occasion à nos hommes d'Etat que si l'Europe oubliait dans des préoccupations d'ordre matériel sa responsabilité morale, elle s'exposerait à susciter l'apparition d'une certaine Némésis. Et ces pages ne sauraient mieux se clore que sur les paroles d'une femme pleine de sagesse et de bonté, à qui n'avaient pas échappé l'objet et l'étendue du problème :

« Non seulement les nègres ne disparaissent pas devant la civilisation européenne en Afrique, mais encore ils ont accru leur nombre en Amérique où les a conduits l'esclavage. Ce fait nous amène à penser que ces nègres sont l'une des grandes races du monde — une race encore à ses débuts et devant laquelle s'ouvre un immense avenir. Cet avenir et ce qu'il lui réserve dépendent des Européens, dont l'activité plus grande, l'habileté plus féconde dans les arts et dans l'industrie assurent la supériorité ; mais tout ce que permet cette supériorité c'est d'influer à la fois sur les destinées du nègre et celles de l'Européen, en les rendant également favorables ou communément désastreuses. Quoi que nous fassions en Afrique aujourd'hui, il y aura dans mille ans des Africains qui en subiront encore les effets, heureux ou malheureux (1). »

(1) Mary Kingsley, dans son *Histoire de l'Afrique occidentale*.

TABLE DES MATIÈRES

PREMIÈRE PARTIE

DEUXIÈME PARTIE

TROISIÈME PARTIE

QUATRIÈME PARTIE

CINQUIÈME PARTIE

Imp. Paul Dupont. — Paris, 1er Arrt. — 485.4.1903. (Cl.)

Imp. PAUL DUPONT. — Paris, 1er Arrt. — 485 bis.3.1904 (Cl.)

www.ingramcontent.com/pod-product-compliance
Ingram Content Group UK Ltd.
Pitfield, Milton Keynes, MK11 3LW, UK
UKHW020305230726
13925UKWH00001B/231